"十四五"时期国家重点出版物出版专项规划项目
智能汽车关键技术丛书

智能汽车网络安全技术

赵 睿 高振海 高 菲 著

机械工业出版社

智能汽车的快速发展衍生了网络安全问题，每出现一种新的联网接口和电子功能，都将产生新的攻击途径，攻击的影响范围覆盖整个智能汽车生态系统。近年来，以信息篡改、病毒入侵、恶意代码植入等手段获得智能汽车电子系统访问权限，通过对内部车载网络进行攻击而引发的敏感数据泄露、车辆远程恶意控制等汽车网络安全问题愈发严峻。本书探讨了汽车行业面临的网络安全挑战、智能汽车的网络安全需求以及安全防护和隐私保护措施，共分三个部分：第一部分概述了智能汽车网络安全的研究现状与未来趋势，同时介绍了智能汽车的电子系统以及通信网络；第二部分详解了攻击智能汽车的方法以及脆弱性分析方法；第三部分详解了智能汽车网络安全开发框架以及涉及的防护技术，通过整体考虑安全态势、纵深防御的安全架构，确保完整性、广度与深度。

本书适用于汽车智能技术研究与应用等行业的有关人员学习参考，也可作为大专院校汽车相关专业师生的参考书。

图书在版编目（CIP）数据

智能汽车网络安全技术 / 赵睿，高振海，高菲著.
北京：机械工业出版社，2024.12. -- （智能汽车关键技术丛书）. -- ISBN 978-7-111-77559-1

I．U463.67

中国国家版本馆 CIP 数据核字第 2025QF2138 号

机械工业出版社（北京市百万庄大街 22 号　邮政编码 100037）
策划编辑：孙　鹏　　　　　　　　责任编辑：孙　鹏　李崇康
责任校对：邓冰蓉　张雨霏　景　飞　封面设计：鞠　杨
责任印制：刘　媛
北京富资园科技发展有限公司印刷
2025 年 7 月第 1 版第 1 次印刷
169mm×239mm・19.5 印张・334 千字
标准书号：ISBN 978-7-111-77559-1
定价：159.00 元

电话服务　　　　　　　　　　　网络服务
客服电话：010-88361066　　　　机　工　官　网：www.cmpbook.com
　　　　　010-88379833　　　　机　工　官　博：weibo.com/cmp1952
　　　　　010-68326294　　　　金　书　网：www.golden-book.com
封底无防伪标均为盗版　　　　机工教育服务网：www.cmpedu.com

前　言

伴随着汽车智能化、网联化、电动化及共享化需求的逐渐深入，汽车的内涵和外延不断丰富，具备了复杂的环境感知、智能决策与控制能力，实现了汽车电子系统内部近百个电子控制单元的网络互联，以及车与车、车与人、车与路、车与设备、车与电网、车与互联网、车与云端平台的高价值资源全方位网络互联。汽车与外界之间的界限变得模糊，从孤立的机械单元逐步转变为智能交通系统、智慧城市系统的核心节点，运行超过1.5亿行代码，协同边缘端、云端设备实现座舱管理、动力总成管理、能源管理、底盘安全、信息娱乐、驾驶辅助和自动驾驶等多种功能。

智能汽车的快速发展衍生了网络安全问题，每出现一种新的联网接口和电子功能，都将产生新的攻击途径，攻击的影响范围覆盖整个生态系统。近年来，以信息篡改、病毒入侵、恶意代码植入等手段获得智能网联汽车电子系统访问权限，并向其内部车载网络进行攻击而引发的敏感数据泄露、车辆远程恶意控制等汽车网络安全问题愈发严峻。针对智能网联汽车的攻击事件与日俱增，攻击类型呈现出多样化的发展趋势，涉及车钥匙、服务器、手机应用、诊断接口以及智能驾驶、智能座舱与智能底盘域控制器等，攻击影响范围从单辆车扩大至同一车型甚至与云端互联的全部车辆。攻击每时每刻都在全球各地上演，而能够引起关注的攻击只是冰山一角。现阶段汽车正面临巨大的网络安全风险，对功能安全的影响正在不断加剧，对车内驾乘人员、交通系统乃至国家的安全构成了严重威胁，网络安全已经成为影响传统汽车面向智能网联汽车发展过渡的关键。

发动机功率、油耗、驾驶舒适性以及汽车底盘和车身的精度用来定义传统汽车质量，随着越来越多的核心车辆功能通过在专用硬件上运行的软件实现，这些组件的网络安全性与功能安全性都将成为汽车行业质量另一类非常重要的因素。当前出台的原则与法规以汽车联网、自动驾驶等应用场景为目标，引导汽车产业链上各环节加强对安全保障投入的探索模式，各个国家汽车产业组织正在积极研究并发布汽车网络安全相关政策和指南等，为行业提供可实施的网络安全防护设计原则与规范。汽车产业链较为复杂，需多级供应商协同探索保障汽车信息安全的解决方案。当前，企业与机构处于被动应对状态，远未达到"安全可控"，迫切需要从整体视角分析智能汽车的网络安全态势，纵深协同地设计智能汽车的网络安全架构。

值此智能网联汽车、智能交通系统产业发展的关键时期，本书探讨了汽车行业面临的网络安全挑战、智能汽车的网络安全需求以及安全防护和隐私保护措施，以期与业界专家、学者等同仁共同推动智能网联汽车网络安全事业发展。本书共分三个部分：第一部分概述了智能汽车网络安全的研究现状与未来趋势，同时介绍了智能汽车的电子系统以及通信网络；第二部分详解了攻击智能汽车的方法以及脆弱性分析方法；第三部分详解了智能汽车网络安全开发框架以及涉及的防护技术，通过整体考虑安全态势、纵深防御的安全架构，确保完整性、广度与深度。

上述三部分内容由7章构成，详细深入地阐述了智能汽车网络安全的开发、技术、创新和服务。

第1章简要概述了汽车行业的技术革新以及新技术带来的网络安全问题，介绍了汽车网络安全相关的行业标准以及法规与政策问题，同时总结了智能汽车网络安全的发展趋势与部署挑战。

第2章概述了智能汽车的电子系统的技术现状与未来趋势，聚焦智能汽车的车载通信网络，概述了车载网络技术及电子电气架构的现状与发展趋势。

第3章详解了攻击智能汽车网络的方法，包括直接物理攻击、间接物理攻击、近距离无线攻击和远距离无线攻击。

第4章概述了智能汽车的网络安全目标与设计原则，详细介绍了密码学基础要素以及智能汽车网络安全架构与开发流程。

第5章详解了智能汽车网络安全相关的用例分析与系统建模、威胁建模和风险评估方法，以及网络安全需求定义方法。

第6章详解了智能汽车网络安全防护技术，包括涵盖处理层安全、通信层安全、网关层安全和接口层安全的保护性和预防性措施。

第7章详解了智能汽车网络安全的验证与评估方法。

本书由吉林大学汽车工程学院赵睿、汽车仿真与控制国家重点实验室高振海和高菲著。在本书写作过程中，吉林大学汽车仿真与控制国家重点实验室的胡宏宇、何磊、陈国迎、张天瑶，汽车工程学院的刘慧琳、刘金硕、樊宇泽，同济大学的罗橙，以及长春大学的于赫等帮助搜集整理资料，并进行了校核工作。

初稿完成后，承蒙一汽奥迪的刘家侨审阅了书稿，提出了许多宝贵建议，作者表示衷心感谢。

恳请读者对本书的内容和章节安排等提出宝贵意见，并对书中存在的错误及不当之处提出批评和修改建议，以便本书再版修订时参考。

作　者

目 录

前 言

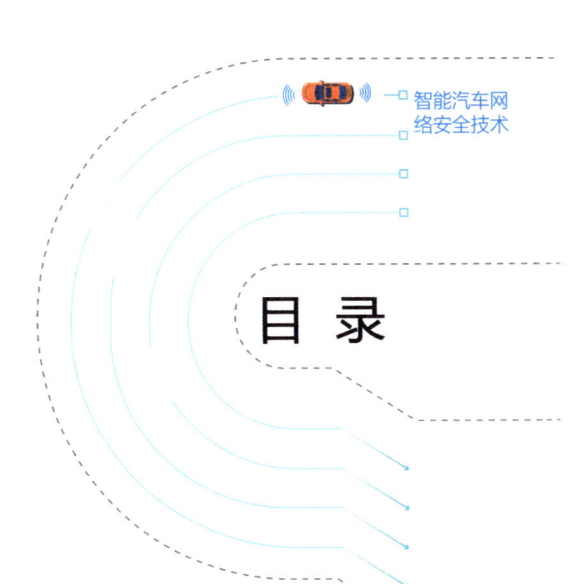

第1章 智能汽车网络安全概述

1.1 智能汽车与网络安全的历史演变 / 001
    1.1.1 智能汽车的发展概况 / 001
    1.1.2 网络安全的发展概况 / 014

1.2 智能汽车的网络安全形势 / 019
    1.2.1 智能汽车网络安全的攻击案例 / 020
    1.2.2 智能汽车网络安全的攻击向量与攻击影响 / 020

1.3 智能汽车的网络安全范畴 / 023
    1.3.1 汽车电子系统 / 023
    1.3.2 汽车通信网络 / 024
    1.3.3 车联网 / 027

1.4 智能汽车的网络安全行业现状 / 028
    1.4.1 政策与法规 / 029
    1.4.2 行业标准与实践 / 032

1.5 智能汽车网络安全发展趋势与防护部署挑战 / 040
    1.5.1 智能汽车网络安全的发展趋势 / 040
    1.5.2 智能汽车网络安全防护的部署挑战 / 042

第2章 智能汽车网络安全范畴

2.1 汽车电子系统 / 046
    2.1.1 车身舒适系统 / 046
    2.1.2 底盘控制系统 / 051
    2.1.3 动力传动系统 / 052
    2.1.4 智能座舱系统 / 054
    2.1.5 自动驾驶系统 / 055
    2.1.6 电子控制单元安全威胁 / 062

v

2.2 车载通信网络 / 064
　　2.2.1 车载通信网络发展历史 / 064
　　2.2.2 车载网络技术基础 / 066
　　2.2.3 车载通信网络概述 / 072
　　2.2.4 车载网络安全威胁 / 088

2.3 车联网 / 090
　　2.3.1 车联网模型 / 090
　　2.3.2 车联网应用 / 092
　　2.3.3 车联网通信与系统 / 093
　　2.3.4 车联网特征 / 094
　　2.3.5 车联网安全问题 / 094

2.4 汽车电子电气架构 / 096
　　2.4.1 电子电气架构的演进 / 097
　　2.4.2 电子电气架构发展趋势 / 101
　　2.4.3 电子电气架构安全需求 / 101

第3章 智能汽车网络攻击

3.1 攻击向量与案例分析 / 103
　　3.1.1 直接/间接物理攻击 / 105
　　3.1.2 近距离无线攻击 / 108
　　3.1.3 远距离无线攻击 / 111

3.2 攻击流程与方法 / 114
　　3.2.1 威胁建模流程 / 114
　　3.2.2 攻击方法 / 117

第4章 智能汽车网络安全与隐私保护

4.1 智能汽车网络安全目标与设计原则 / 122
　　4.1.1 智能汽车的网络安全设计目标 / 122
　　4.1.2 智能汽车网络安全设计原则 / 125

4.2 密码学与信息安全基础技术 / 127
　　4.2.1 密码学与信息安全基础技术概述 / 127
　　4.2.2 密码学原语 / 128
　　4.2.3 密码学防护协议 / 133
　　4.2.4 访问控制 / 135
　　4.2.5 防火墙 / 138
　　4.2.6 入侵检测 / 139

目 录

4.3 智能汽车的网络安全架构　　　　　　　　　/ 141
 4.3.1　安全处理层　　　　　　　　　　　/ 141
 4.3.2　安全网络层　　　　　　　　　　　/ 144
 4.3.3　安全网关层　　　　　　　　　　　/ 146
 4.3.4　安全接口层　　　　　　　　　　　/ 147
 4.3.5　安全管理层　　　　　　　　　　　/ 148

4.4 智能汽车的网络安全开发流程模型　　　　　/ 149
 4.4.1　概念阶段　　　　　　　　　　　　/ 150
 4.4.2　开发阶段　　　　　　　　　　　　/ 151
 4.4.3　测试阶段　　　　　　　　　　　　/ 152

第 5 章　智能汽车网络安全需求定义

5.1 用例分析　　　　　　　　　　　　　　　　/ 155
 5.1.1　功能概述　　　　　　　　　　　　/ 156
 5.1.2　组件概述　　　　　　　　　　　　/ 156
 5.1.3　功能应用场景与流程　　　　　　　/ 157
 5.1.4　资产标识　　　　　　　　　　　　/ 158
 5.1.5　功能定义　　　　　　　　　　　　/ 159

5.2 系统建模　　　　　　　　　　　　　　　　/ 159

5.3 威胁建模　　　　　　　　　　　　　　　　/ 162
 5.3.1　基于 STRIDE 的威胁建模方法　　　/ 163
 5.3.2　基于攻击树的威胁建模方法　　　　/ 165

5.4 风险评估　　　　　　　　　　　　　　　　/ 166
 5.4.1　攻击严重性　　　　　　　　　　　/ 167
 5.4.2　攻击概率　　　　　　　　　　　　/ 168
 5.4.3　攻击可控性　　　　　　　　　　　/ 169
 5.4.4　非安全关键功能风险评估　　　　　/ 170
 5.4.5　安全关键功能风险评估　　　　　　/ 171

5.5 安全需求定义　　　　　　　　　　　　　　/ 172

第 6 章　智能汽车安全防护措施

6.1 安全的车端处理　　　　　　　　　　　　　/ 177
 6.1.1　受信任启动　　　　　　　　　　　/ 179
 6.1.2　受信任密钥管理　　　　　　　　　/ 180
 6.1.3　受信任执行　　　　　　　　　　　/ 183
 6.1.4　安全车端处理实例　　　　　　　　/ 187

VII

6.2	安全的车载网络		/203
	6.2.1	安全通信协议	/205
	6.2.2	通信异常检测	/210
	6.2.3	安全车端网络层案例1——随机Diffie-Hellman密钥交换协议	/211
	6.2.4	安全车端网络层案例2——基于分层多级密钥链的组播认证协议	/215
	6.2.5	安全车端网络层案例3——车载以太网安全通信协议	/233
	6.2.6	安全车端网络层案例4——信息安全防护协议性能与开销之间的量化权衡模型	/240
6.3	安全的车载网关		/242
	6.3.1	防火墙	/242
	6.3.2	分区域网络隔离	/245
	6.3.3	异常检测	/245
6.4	安全的车载接口		/275
	6.4.1	安全的证书管理系统	/275
	6.4.2	隐私保护	/277
	6.4.3	PRESERVE：V2X安全通信系统	/279
6.5	安全的管理		/281

第7章 智能汽车网络安全验证

7.1	安全验证流程		/285
7.2	安全测试技术		/287
	7.2.1	代码审计	/287
	7.2.2	漏洞扫描	/288
	7.2.3	模糊测试	/288
	7.2.4	渗透测试	/288
	7.2.5	侧信道攻击测试	/290
	7.2.6	功能安全测试	/290
	7.2.7	基于数字孪生的安全测试	/291
7.3	安全测试标准		/291
7.4	安全测试工具		/292

参考文献 /294

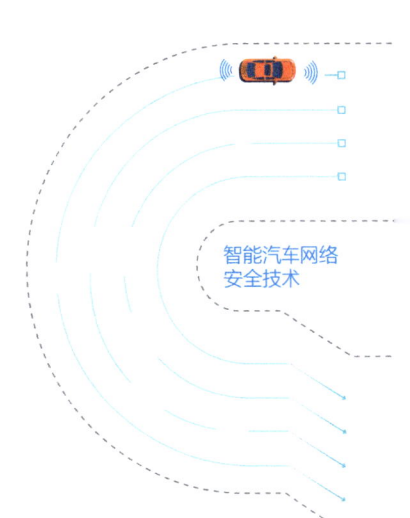

第1章
智能汽车网络安全概述

汽车的智能化、网联化、电动化与共享化交汇叠加，协作赋能产业变革，软件与电子的价值比重逐渐升高，智能汽车产业的供应链和价值链正在全面重构，网络安全在铸造智能汽车主动安全基座方面起着至关重要的作用。本章介绍智能汽车与网络安全的历史演变；全面解析智能汽车当前面临的网络安全形势，包括攻击案例，以及攻击向量与影响；探讨智能汽车网络安全范畴，包括汽车电子系统、车载通信网络与车联网；介绍智能汽车网络安全政策与法规、行业标准与行业建设方面的现状；展望智能汽车网络安全的发展趋势，同时分析智能汽车网络安全防护的部署挑战。

1.1 智能汽车与网络安全的历史演变

1.1.1 智能汽车的发展概况

1. 智能网联汽车的历史沿革

由卡尔·本茨发明的第一辆机动汽车诞生至今已有130多年，该车重265kg，每千米耗油10L，最高速度16km/h。至此，汽车行业以提高交通效率、消除交通事故、为驾乘人员提供安全保障和舒适性能为目标一直向前演进。初期智能汽车自动驾驶技术起源于1925年，伴随着全球车辆定位技术、激光雷达技术、人工智能技术与车联网技术的革新，真正意义上的自动驾驶技术于20多年前诞生，并在21世纪初呈现出接近实用化的趋势。

1925年，美国无线电设备公司的自动驾驶研究项目"American Wonder"被认为是最早的自动驾驶技术研究，该项目中的自动驾驶汽车由后方的另外一辆汽车中的计算机所控制。1939年，纽约世界博览会Futurama展馆里，通用展示了自动驾驶愿景，如图1-1所示。

a）美国无线电设备公司研究的由计算机控制行驶的汽车 　　b）通用公司在世界博览会展示的自动驾驶汽车

图1-1　智能驾驶发展初期

在20世纪80年代初，智能交通系统（Intelligent Traffic System，ITS）的研究显著增加，如图1-2所示。1980年，卡内基梅隆大学的"NAVLAB"项目设计了第一个基于视觉的自动驾驶车辆，以98%的自动驾驶情景行驶了2850mile（1mile≈1.609km）。1986年，梅赛德斯-奔驰的"VaMoRs"项目实现了自动驾驶汽车横向和纵向的协同控制，最高速度达到63km/h。美国国防部高级研究计划局于1984年推出了结合计算机视觉、光探测和测距、全球定位系统引导车辆的机器人控制技术的自动驾驶汽车。1989年，卡内基梅隆大学的科学家率先在自动驾驶车辆上使用人工智能技术，其在NAVLAB的自主导航测试车辆上应用人工神经网络，使车辆具有初步的感知能力。

a）NAVLAB项目研究的基于视觉的自动驾驶车辆 　　b）VaMoRs项目的自动驾驶车辆 　　c）嵌入初步感知能力的NAVLAB自动驾驶汽车

图1-2　真正意义上的智能驾驶发展阶段

在20世纪90年代中期，通用汽车通过提出OnStar远程信息处理技术开启了智能车辆与其他车辆、基础设施通信连接的研究。美国交通部引入了"联网车辆"一词，提出车辆能够在行驶时与其他车辆（Vehicle-to-Vehicle，V2V）和基础设施（Vehicle-to-Infrastructure，V2I）通过专用短程通信（Dedicated Short Range Communications，DSRC）和蜂窝车联网（Wireless Access in the Vehicles Environment，WAVE）进行通信。随后，车联网扩展到车对万物（Vehicle-to-Everything，V2X）通信，如应用蜂窝技术将车辆连接到互联网和物联网。

2000年后，来自卡内基梅隆大学、斯坦福大学和麻省理工学院等的研究人员在智能车辆上配置了各种传感器，包括摄像头、激光雷达、GPS、惯性测量单元、雷达等，并对多传感器融合进行了研究。2009年，谷歌推出了基于高精度地图的自动驾驶汽车，其能够通过多种传感器感知周围环境并识别障碍物和相关标志，2012年，Google无人驾驶车型改为四驱版，累计完成了超过300000mile的测试里程。此后，自动驾驶汽车发展迅速，2014年，特斯拉推出Autopilot自动驾驶系统，支持有条件的自动驾驶；2016年，英伟达创建了端到端驾驶神经网络架构，使用前置摄像头拍摄的图像来学习控制车辆，并将其直接映射为转向命令，成为推动自动驾驶应用落地的关键技术；2017年，Waymo宣布在未配置安全驾驶员的情况下测试自动驾驶汽车；2018年，Waymo宣布其自动驾驶车队在公共道路上的路测里程已达800万mile，Waymo成为第一家推出全自动出租车服务并将其商业化的自动驾驶技术公司，如图1-3所示；2021年，Mobileye公司宣布其基于视觉与激光雷达方案的自动驾驶系统Mobileye Drive已经实现商用，2022年，搭载Mobileye Drive的自动驾驶汽车在美国开始路测；2022年，百度发布新一代无方向盘无人车Apollo RT6，目前总测试里程超过3200万km；2022年，特斯拉推出超算架构，以支撑机器学习算法的大规模训练；英伟达推出下一代自动驾驶AI计算平台，能够将车辆整个计算基础平台集成至单个片上系统中。车联网技术同样迎来了发展的第二阶段，该阶段主要围绕车载信息服务与智能驾驶方面，如以"云"为中心的车辆应用与服务、基于空中更新（Over the Air, OTA）技术的车辆更新服务、基于车联网的驾驶辅助应用等。近几年，车与物联网设备（Vehicle-to-Device，V2D）、车与能源网（Vehicle-to-Grid，V2G）互联进一步发展，不断丰富车对万物的互联生态。图1-4展示了智能网联汽车的发展时间线。

图1-3　Waymo自动驾驶汽车

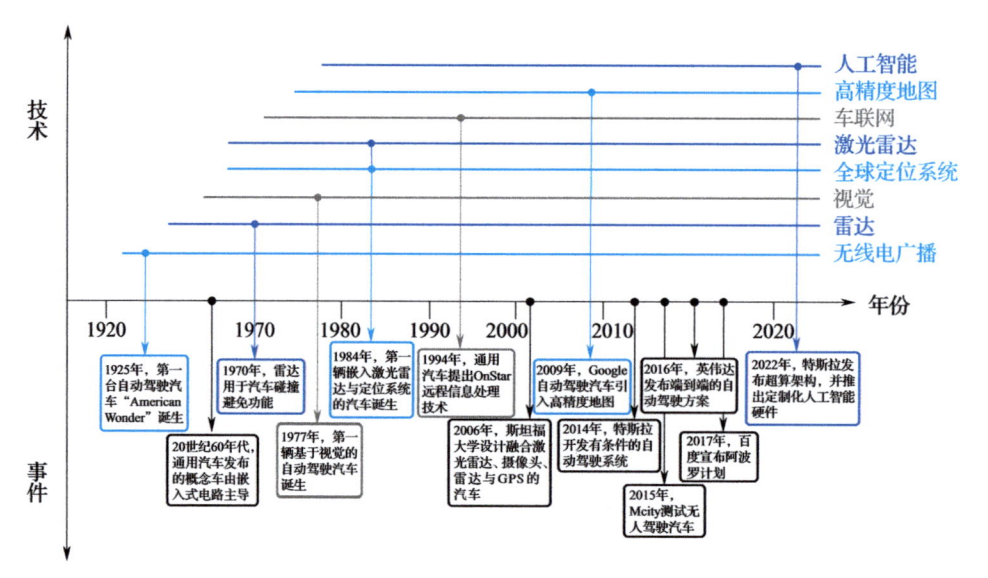

图1-4 智能网联汽车发展的时间线

2. 智能网联汽车的基本概念

智能网联汽车（Intelligent Connected Vehicle，ICV）是智能车与车联网的有机联合，国家发展改革委等11部委联合印发的《智能汽车创新发展战略》对智能网联汽车的定义为：通过搭载先进传感器等装置，运用人工智能等新技术，具有自动驾驶功能，逐步成为智能移动空间和应用终端的新一代汽车；工业和信息化部与国家标准化管理委员会联合印发的《国家车联网产业标准体系建设指南》对智能网联汽车的定义为：搭载先进的车载传感器、控制器、执行器等装置，融合现代通信与网络、人工智能技术，实现车与X（人、车、路、云端等）智能信息交换、共享，具备复杂环境感知、智能决策、协同控制等功能，可实现"安全、高效、舒适、节能"行驶，并最终可实现替代人来操作的新一代汽车。

汽车智能化主要面向智能驾驶与智能座舱两个维度发展。智能驾驶是指集成了智能感知、决策和控制技术的综合体，能够替代人类操作，实现安全、舒适、节能、高效行驶。智能驾驶的目标是具备面向全天候全场景的自动驾驶能力，其发展可分为辅助驾驶阶段与无需人工干预的全自动驾驶阶段。国际自动机工程师学会（SAE International）发布了针对智能驾驶汽车更为细致的六级自动化程度等级标准（即 SAE J3016[1]），对应着不同的智能驾驶应用场景，如图1-5所示，其中L0至L2级为具备驾驶员辅助系统的智能汽车，L3级至L5级为具备自动驾驶系统的智能汽车。

第 1 章　智能汽车网络安全概述

自动驾驶分级	NHTSA	L0	L1	L2	L3	L4	L5
	SAE	L0	L1	L2	L3	L4	L5
名称		人工驾驶	辅助驾驶	部分自动驾驶	有条件自动驾驶	高度自动驾驶	完全自动驾驶
定义		由人类驾驶员驾驶汽车	车辆对方向盘和减速中的一项操作系统提供驾驶，人类驾驶员负责其余的驾驶动作	车辆对方向盘和减速中的多项操作系统提供自动驾驶，人类驾驶员负责其余的驾驶动作	车辆完成绝大部分驾驶操作，人类驾驶员需保持注意力集中以备不时之需	由车辆完成所有驾驶操作，人类驾驶员无须保持注意力和环境（但限定道路和环境条件）	由车辆完成所有驾驶操作，人类驾驶员无须保持注意力
驾驶操作		人类驾驶员	人类驾驶员和车辆	车辆	车辆	车辆	车辆
盲区监测		倒车辅助	全息影像	人类驾驶员	车辆	车辆	车辆
接管		人类驾驶员	人类驾驶员	人类驾驶员	人类驾驶员	车辆	车辆
应用场景		无		限定场景			所有场景

自动驾驶系统：
- 前向碰撞预警
- 后向碰撞预警
- 车道保持辅助
- 自适应巡航（ACC）
- 自动紧急制动
- 车道偏移预警
- 全息影像
- 后向自动/紧急制动
- 后方交通穿行提醒
- 前方交通穿行提醒
- 盲区监测/倒车后视

半自动/自动泊车 —— 交通拥堵辅助 / 高速公路驾驶辅助 / 疲劳驾驶预警

高速拥堵辅助 / 高速驾驶 / 代客泊车

非结构性道路驾驶

L4 自动驾驶

图 1-5　智能驾驶自动化程度分级

005

智能驾驶主要包括三层核心技术：感知层、决策层与执行层，如图1-6~图1-10所示。感知层主要是指通过摄像头、毫米波雷达、激光雷达、车联网与定位等传感器观测环境，了解自己与周围环境中参与者的位置与状态[2]。决策算法主要依据感知数据，依托车载计算平台规划车辆驾驶决策和驾驶路径[3]。执行层主要是通过线控系统控制车辆按照规划的路径执行行驶操作[4]。

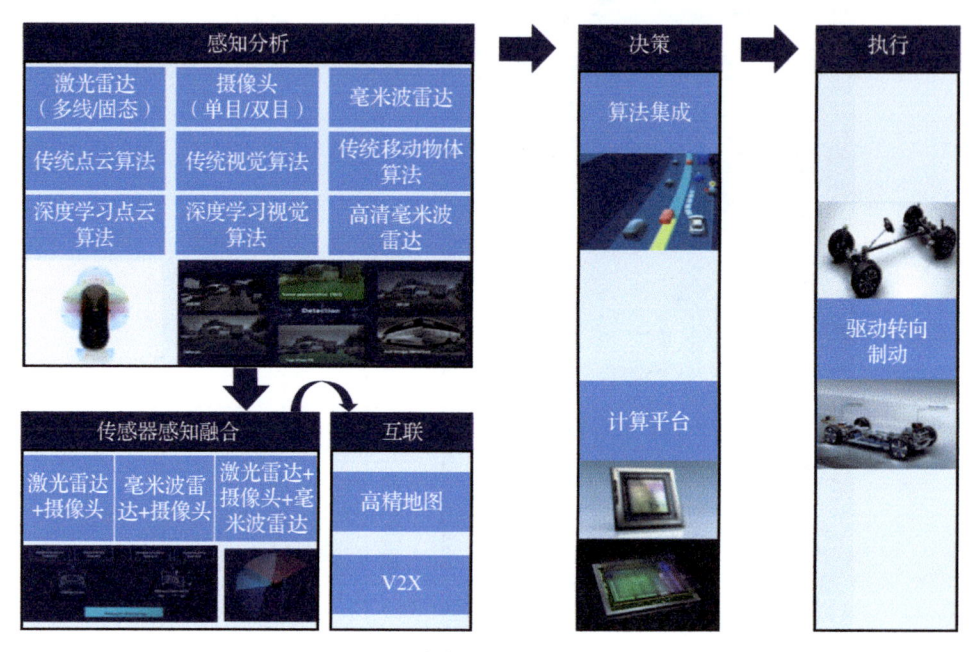

图1-6 智能驾驶关键技术架构

智能座舱是指集成了智能化和网联化技术、软件和硬件，并能够通过不断学习和迭代对座舱空间进行智慧感知和智能决策的综合体[5]，如图1-11所示，能够融合用户需求与情感，满足用户不同应用场景。智能座舱的主要构成包括：车载信息娱乐系统、仪表显示系统、抬头显示系统、中控系统、流媒体后视镜系统、视觉感知系统、语音交互系统以及其他部件或软件。

汽车网联化主要是采用无线通信技术对交通车辆的动态信息进行有效利用，包括辅助驾驶类消息与信息娱乐消息，以在车辆运行中提供不同的功能服务。车联网（Internet of Vehicles）概念引申自物联网，是以车内网、车际网和车载移动互联网为基础，按照约定的通信协议和数据交互标准，在车-X（X：车、路、行人及互联网等[6]）之间，如图1-12所示，进行无线通信和信息交换的大系统网络，以实现面向安全、效率、信息服务、交通管理、高级智能驾驶等领域的应用[7]。

第1章 智能汽车网络安全概述

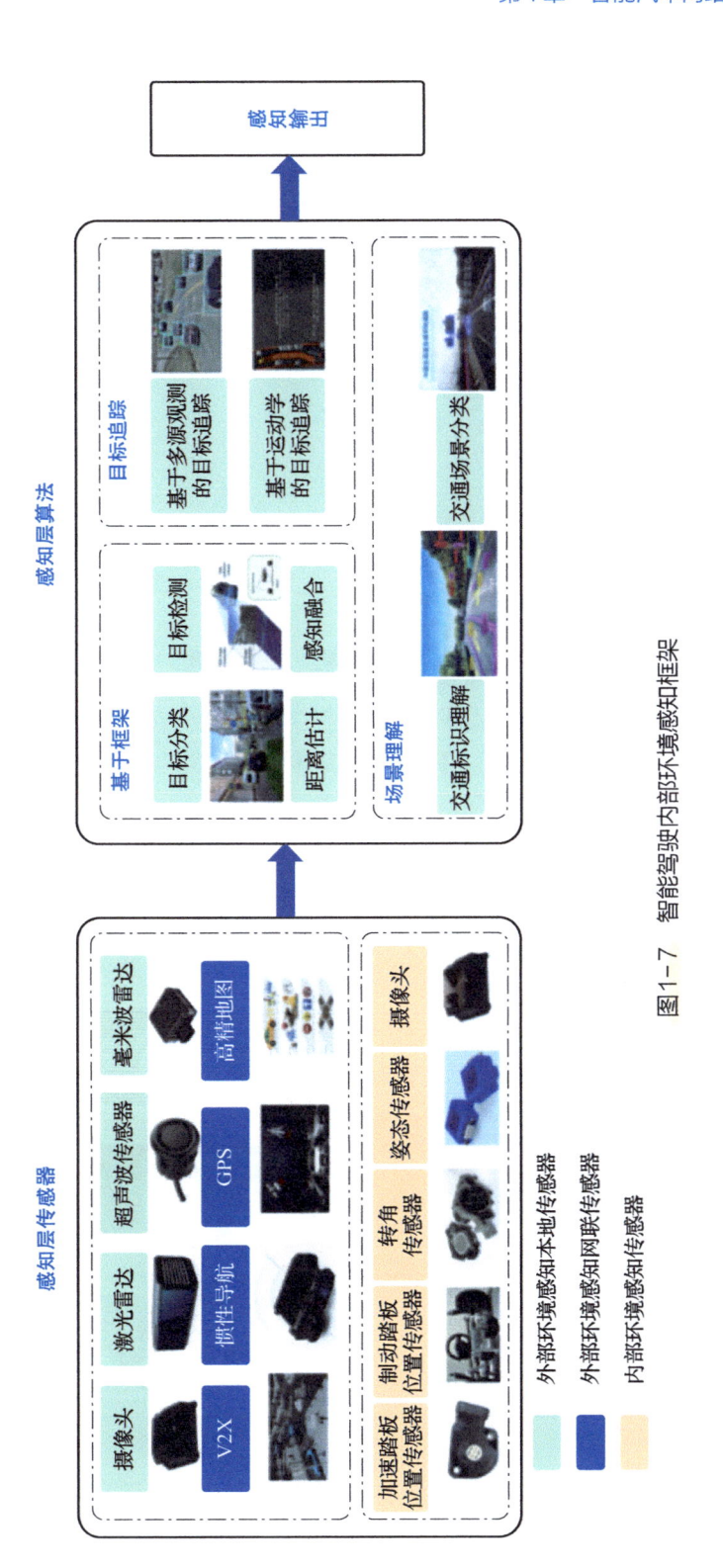

图1-7 智能驾驶内外部环境感知框架

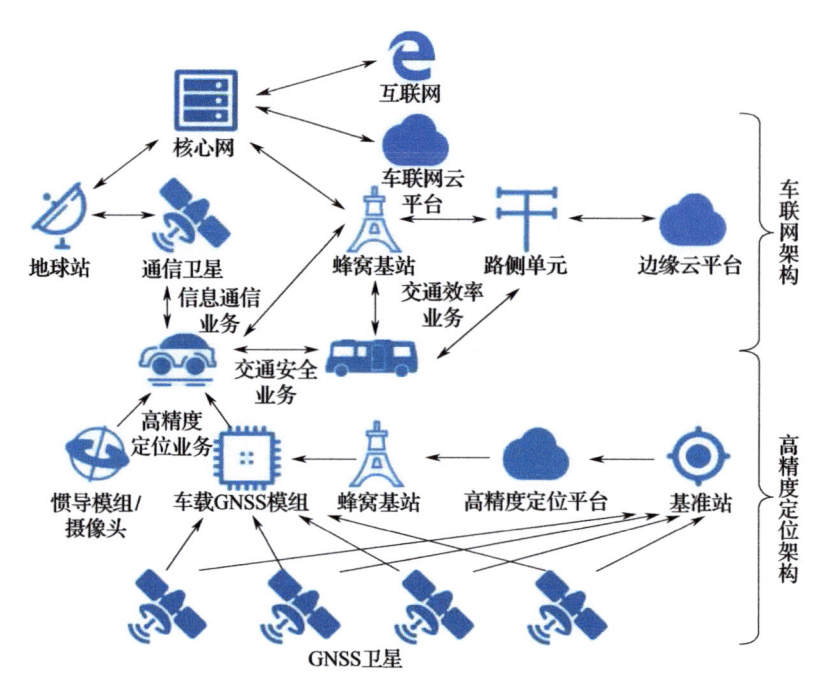

图1-8 智能驾驶外部环境感知框架

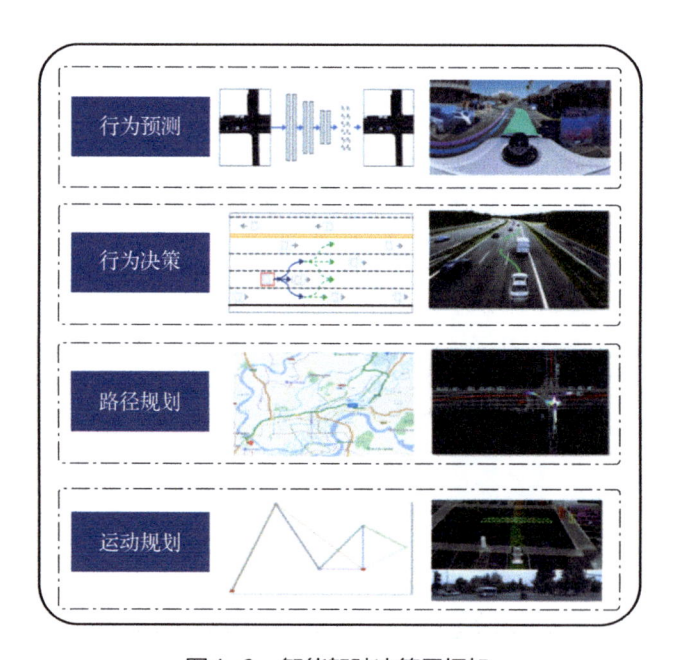

图1-9 智能驾驶决策层框架

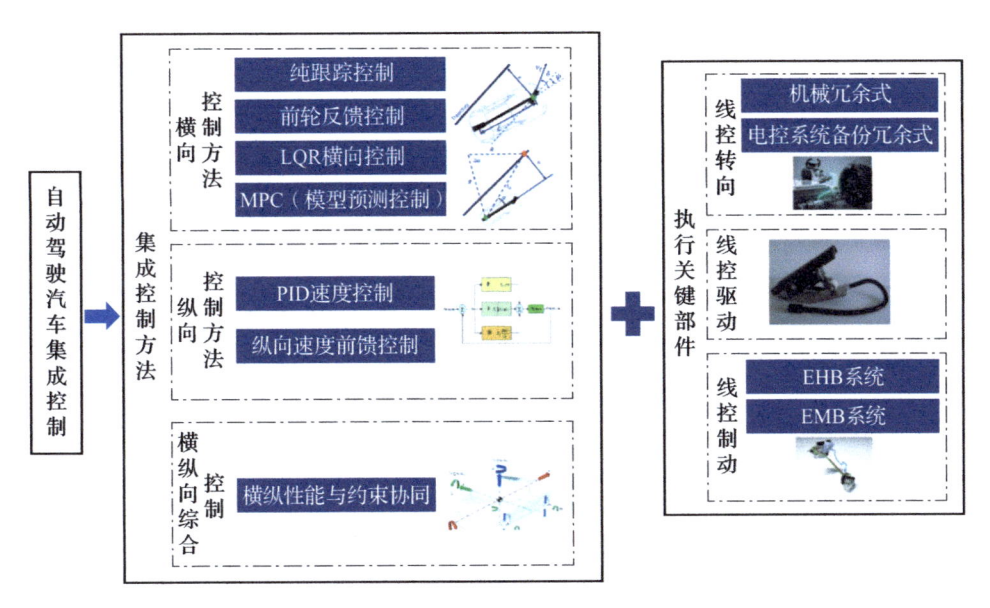

图1-10　智能驾驶执行层框架

图1-11　智能座舱框架

车联网体系主要由三个层次结构组成：云系统、管系统和端系统。云系统是生态链多源信息的汇集平台，具备数据汇集、海量存储、应用服务、设备管理与实时交互等功能。管系统提供车与车、车与人、车与路、车与设备、车与能源、车与云、车与网的互联互通，保障车载自组织网络与多混杂网络之间通信的可服务性能。端系统负责通过各种车载传感器采集和获取车辆的数据，包括车辆实时运行参数、道路环境参数以及预测参数等。

图 1-12 车联网应用场景

3. 智能网联汽车的产业结构

伴随着智能化、网联化、电动化与共享化的发展，智能网联汽车的产业结构发生了革命性的变化，汽车产业加速重构。如图 1-13 所示，产业链自底向上覆盖了传感器、芯片、算法、数据、通信供应商，传统一级供应商，以及出行服务商等。信息技术、通信技术与传统交通深度融合，催生了更多业务场景和商业模式，重塑出行产业生态圈。

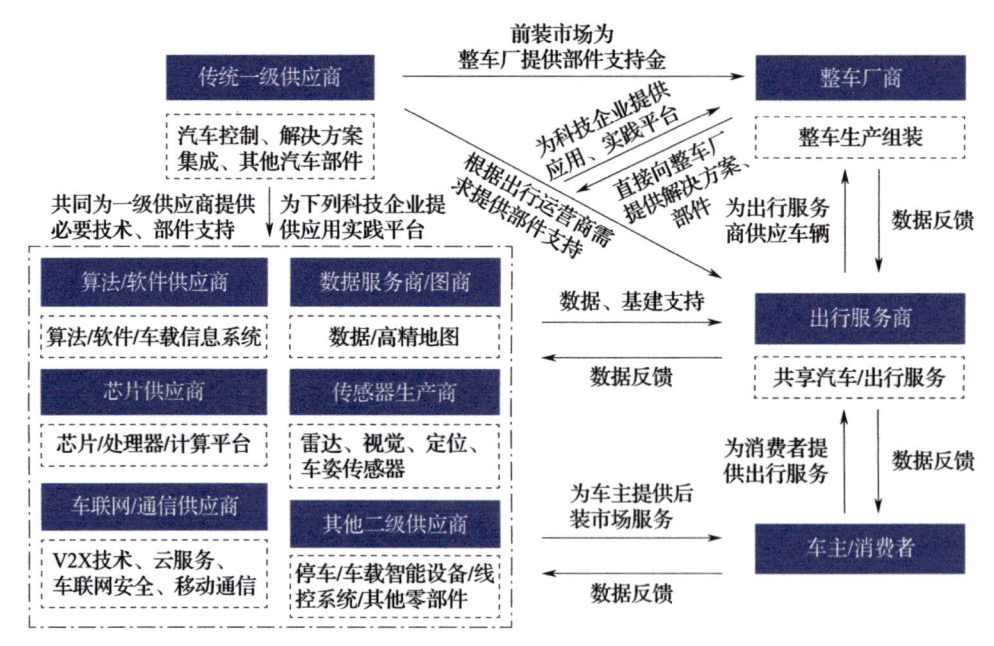

图 1-13 自动驾驶供应链

4. 智能网联汽车的发展趋势

（1）智能化 未来，汽车智能化将向功能完备性、安全可靠性与按需定制方向发展，自动驾驶技术加速普及，自动驾驶算法研发与测试强度将成为关键，如图 1-14 所示。在智能驾驶方面，L1/2 级自动驾驶技术已相对成熟，渗透率将快速提升，L3 级自动驾驶技术正处于导入期，L4、L5 技术仍处于试验、封闭或半封闭园区运营阶段。商业模式将从硬件主导向软件定义演进，产品购买向订阅服务演进。在智能座舱方面，未来将向高舒适性、高拟人性与高安全性方向发展，打造人类办公和娱乐的第三生活空间，并辅助智能驾驶系统提供驾驶员状态与行为分析等功能[8]。同时，智能座舱将利用虚拟现实技术打破空间交互的界限。基础技术与设施助力智能电动汽车发展，包括通信与电力，车端－边缘端－云端协同的方案将成为未来智能座舱服务与充电服务的主流发展趋势，如图 1-15 所示。

图 1-14　智能网联汽车智能化驾驶发展趋势

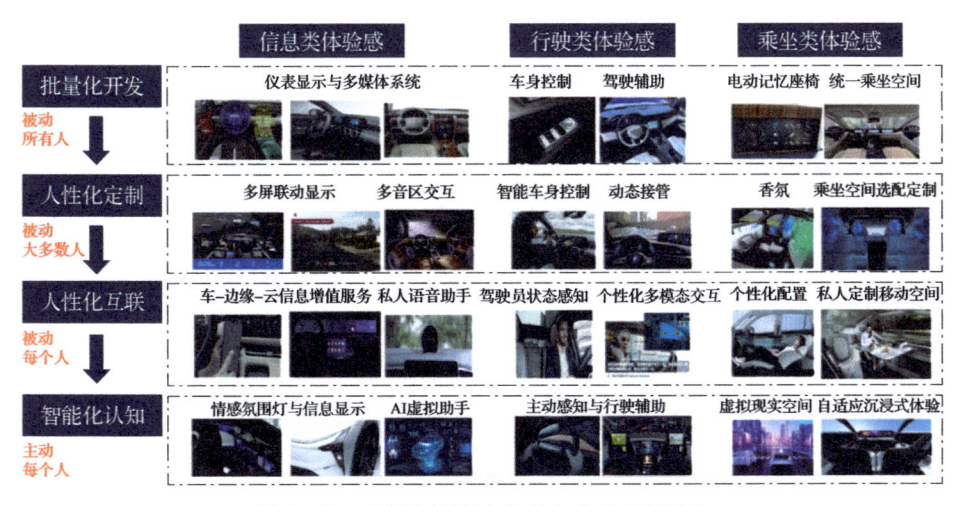

图 1-15　智能网联汽车智能化座舱发展趋势

(2) 网联化　汽车网联化在资源共享需求推动下将向车与万物互联的方向发展，如图 1-16 所示，车辆将与可能影响或受车辆影响的任何其他实体进行通信，包括车与车、车与人、车与路、车与设备、车与电网、车与互联网、车与云端平台的高价值资源全方位网络互联。据 JuniperResearch 预测，到 2025 年，联网汽车每小时将产生 25GB 的数据，如果完全自动驾驶，则高达 500GB。

01 V2I	02 V2V	03 V2C	04 V2P	05 V2X
在车辆和道路基础设施之间无线交换数据，以获取有关事故、施工、停车等信息	车辆之间的数据共享，如位置、感知信息等，以避免交通堵塞和事故	车辆与基于云的后端系统之间的通信使得车辆处理服务和应用程序之间发送信息和命令	车辆、基础设施和个人移动设备之间的通信，以告知行人环境，从而实现安全、机动性和环境进步	车辆与其他物体或道路使用者之间的任何数据交换或通信，例如交通信号灯、道路标记、交通标志等

图 1-16　智能网联汽车网联化发展趋势

在麦肯锡 C3X 框架中[9]，如图 1-17 所示，基础式互联（L1）和个性化互联（L2）包括安卓汽车系统、苹果 CarPlay、支付宝等，在这两个级别上实现数

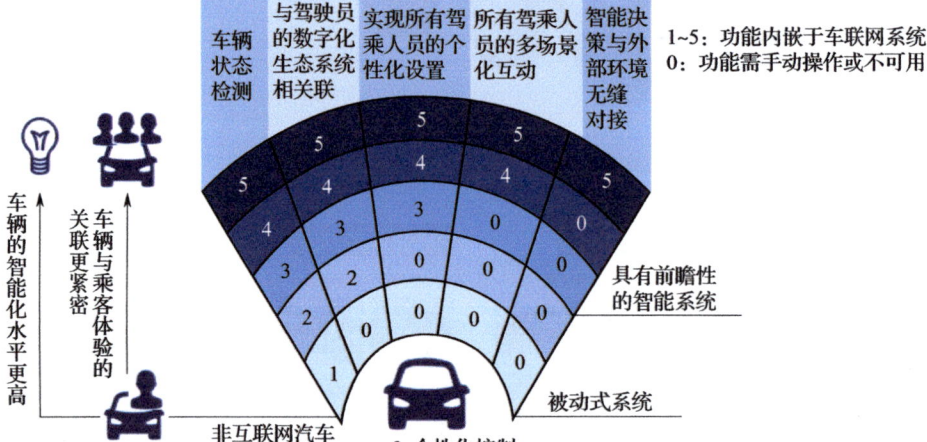

1~5：功能内嵌于车联网系统
0：功能需手动操作或不可用

1. 基础式互联
驾驶员能够跟踪车辆基本使用情况并监测技术状况

2. 个性化互联
驾驶员使用个人账号登录并通过外部数字化生态系统和平台获取数字化服务

3. 个性化控制
所有驾乘人员均可按个人偏好定制自己的信息娱乐内容，且支持定向广告

4. 多场景实时互动
所有驾乘人员与车辆实时互动，并接受定制化的服务及功能推荐

5. 虚拟代驾
所有驾乘人员的显性和隐性需求均由认知化的AI预测并实现

图 1-17　智能网联汽车业务发展趋势

据的货币化已经成了诸多企业盈利的核心。达到 L3 水平时，车联网系统的关注范围会扩展到驾驶员之外的全部同乘人员，他们同样可以享有个性化控制、信息娱乐和定向广告。L4 则通过多模式（例如语音和手势）提供实时交互，允许驾乘人员与车辆自然"对话"，并通过该对话接收来自车辆服务和功能相关的主动建议。当达到框架顶层的 L5 时，系统将成为"虚拟代驾"——即认知化的 AI。AI 系统将胜任高度复杂的通信和协调任务，能够预测乘员需求并完成复杂且突发的任务。

（3）电动化　未来智能网联汽车的充电将向智慧充电、高压充电与动态无线充电、移动机器人充电与太阳能充电等多模式发展[10]。微电网能够在电动汽车移动信息互联终端与充电桩这个固定信息互联终端之间组成能源、信息、交通网络[11]。如图 1-18 所示，电动车不再只是接收电能，还将成为一种储能设备，并为微电网输送电力，充电桩也不仅只是为电动车充电，已经兼具能源汇集和调度、自动支付、技术升级和信息服务等功能[12]。

图 1-18　智能网联汽车电动化发展趋势

（4）共享化　未来智能网联汽车将向共享化方向发展，如图 1-19 所示，共享出行已经成为集互联网、人工智能、大数据于一身的全新业务场景，精准匹配出行供需资源，同时可满足用户的多元化需求[13]。

图 1-19　智能网联汽车共享化发展趋势

安全将成为智能网联汽车未来发展的根基与前提,包括信息安全、功能安全以及预期功能安全[14]。汽车信息完全领域已出现多个软硬件方案提供商以及测试验证企业,未来信息安全法规与标准将进一步完善,车企将更重视智能网联汽车的信息安全问题,信息安全方案将从当前的计算机领域移植方案转向面向汽车领域的专用超轻量、强实时与高安全解决方案[15]。面向功能安全和预期功能安全的分析、设计与测试验证方案以及配套软硬件工具链将继续发展,以缩小智能驾驶软件复杂度与系统安全性之间的差距[16]。

1.1.2　网络安全的发展概况

1. 网络安全的历史沿革

图1-20列出了网络安全攻击事件与防护技术诞生的时间表。

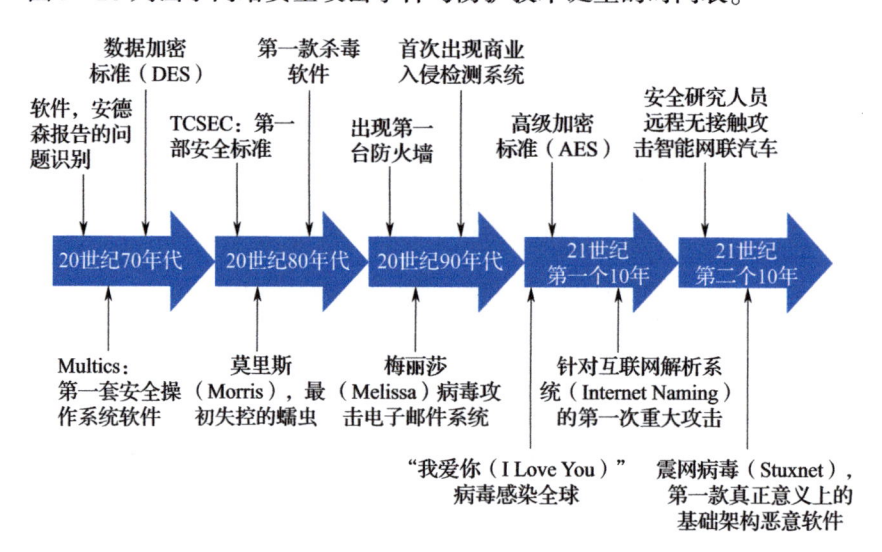

图1-20　网络安全的历史沿革

20世纪70年代,研究员Bob Thomas创建了一个名为Creeper的计算机程序,该程序能够在ARPANET网络中移动。电子邮件的发明者雷·汤姆林森(Ray Tomlinson)编写了程序Reaper,该程序追逐并删除了Creeper。Creeper是第一个病毒软件示例和第一个自我复制程序,使其成为有史以来第一个计算机蠕虫。随着对计算机与网络应用依赖与需求的增长,政府逐渐意识到网络安全的重要性,着重避免未经授权的数据和系统访问,开发了Multics计算机系统的安全内核,从而开创了早期的计算机安全性保护技术。

20世纪80年代，网络攻击有所增加，包括面向国家和实验室的攻击，并首次提出了特洛伊木马和计算机病毒两个术语。1985年，美国国防部发布了可信计算机系统评估标准（又名橙皮书），提供评估处理机密信息或其他敏感信息的软件的信任程度与制造商需要在其商业产品中加入哪些安全措施方面的指导。1986年，德国黑客使用加利福尼亚州伯克利的一个互联网网关入侵了400台军用计算机，网络安全防护被更加重视，文件大小变化与潜在感染迹象首次关联，内存突然减少直到今天仍然被看作潜在的攻击迹象。1987年，商业杀毒软件首次诞生，德国研究者清除了Vienna病毒，执行了最早的病毒清除工作。1988年，莫里斯蠕虫诞生。1989年，IBM将其内部防病毒项目商业化。

1990年出现了第一个多态病毒，同时欧洲计算机反病毒研究所成立，基于签名的防病毒软件诞生，但二进制文件与病毒"签名"数据库比较的方式较为低效且误报率较高。1996年，病毒使用了新技术和创新方法，包括隐身能力、多态性和"宏病毒"，对防病毒软件的检测和清除能力提出了新的挑战。美国宇航局的一位研究人员开发了第一个防火墙程序。在20世纪90年代末期，电子邮件激增，在改变通信方式的同时，也为病毒开辟了新的切入点。1999年，梅丽莎病毒通过Word文档进入用户的计算机，然后将自身的副本通过电子邮件发送到Microsoft Outlook中的前50个电子邮件地址，修复损失约为8000万美元。

随着全球更多家庭和办公室可以使用互联网，网络犯罪分子拥有更多的设备和软件漏洞能够利用。2000年，第一个开源防病毒引擎OpenAntivirus Project诞生。2001年，ClamAV推出第一个商业化的开源杀毒引擎，Avast推出免费的防病毒软件，为大众提供功能齐全的安全解决方案。2001年，通过使用受感染的页面替换干净的页面或在合法网页上"隐藏"恶意软件的感染技术诞生，同时即时通信服务受到攻击，通过互联网聊天渠道传播的蠕虫开始出现。2007年，Panda Security在其防病毒产品中将云技术与威胁数据结合，防病毒软件降低计算机性能的壁垒通过云服务被打破。操作系统安全技术不断创新，内置于系统中的网络安全保护层执行定期的补丁更新，提供防病毒软件与防火墙。随着智能手机的普及，Android和Windows移动防病毒软件产生。

21世纪10年代，网络攻击继续影响着各国的国家安全，并使企业承受高额的经济损失。2012年，沙特黑客在网上公布了超过40万张信用卡的详细信息；2013年，美国政府中央情报局前雇员爱德华·斯诺登复制并泄露了国家安全局的机密信息；2013年，恶意黑客闯入雅虎，破坏了雅虎30亿用户的账户和个人信息；2017 年，WannaCry 勒索软件在一天内感染了 230000 台计算机；2019 年，多次 DDoS 攻击迫使新西兰股市暂时关闭。

随着数字化发展程度的提高，各领域网络安全问题越发严峻，黑客挖掘了更多攻击向量和创新了更多攻击类型，网络攻击每时每刻都在全球各地发生，而引发关注的攻击只是冰山一角；与之对应的安全防护技术也在随之创新，但仍处于被动状态，安全可控的数字网络空间仍需有效的安全防护技术捍卫[17]。

2. 网络安全的基本概念

网络安全（Cyber Security）是指网络系统的硬件、软件及其系统中的数据受到保护，不因偶然的或者恶意的原因而遭受到破坏、更改、泄露，系统连续可靠正常地运行，网络服务不中断[18]。构建可信任的系统需保护网络安全的三个属性：

机密性（Confidentiality）——确保网络系统信息传输与存储的隐秘性，避免未经授权的用户有意或无意地访问关键信息。

完整性（Integrity）——确保信息无论是在传输或存储的生命周期中，保证其正确性与一致性，未经授权的用户在其网络传输期间不会修改或操纵数据或信息。

可用性（Availability）——确保网络系统信息与服务在授权用户请求时保持可用状况，并能满足使用需求。

除机密性、完整性与可用性之外，身份验证与授权在控制对系统资源的访问、策略执行、审计等方面也发挥着重要作用。身份验证指针对某些识别凭证的传入请求验证机制。授权指用户拥有执行特定操作的批准或特权。

网络攻击指智能引导、故意诱导系统故障，包括破坏、揭露、修改、使软件或服务失去功能、在没有得到授权的情况下偷取或访问任何一台计算机的数据等[19]，常见的攻击包括未经授权的访问、在传输过程中嗅探数据包以捕获关键信息、网络通道过载以阻止系统对授权用户提供服务以及欺骗真实主机的 MAC 地址以捕获数据并诱导中间人攻击等。

3. 网络攻击

安全防护源自对恶意攻击的抵御，防护体系需建立在对攻击者的深刻理解之上。防御者通常面向攻击者的意图、能力与资源等属性设计防护策略。攻击者的意图通常旨在禁用、破坏或控制计算系统，以及更改、阻止、删除、操纵或窃取这些系统中保存的数据，从而造成破坏或者影响力操控等。攻击者的能力包括知识、方法、设备、经验等多个方面，独立黑客与规模化的攻击团队在通信拦截、软件逆向、密码分析与攻击隐身等方面均存在较大差别。攻击者的资源包括资金和人工等，攻击资源能够影响攻击的效果。根据攻击目的不同，黑客通常分为白帽黑客与黑帽黑客，白帽黑客通常没有恶意，入侵网络系统进行安全验证或漏洞评估，经常因报告漏洞而被黑客公司雇用或奖励，黑帽黑客通常为个人利益或恶意手段采取攻击行为。据 UpstreamSecurity 报道，2010 年到 2020 年间黑帽黑客攻击率为 49.3%，白帽黑客攻击率为 45.8%，其他为 4.9%[20]。

攻击执行步骤如图 1-21 所示，包括寻找攻击点、在系统中潜伏、获取访问权限、侦察目标系统、接入目标系统、攻击目标及评估攻击效果，循环执行链式攻击以达到预期效果。综合攻击者的意图、能力、资源，评估攻击目标并预测攻击影响对于构建防御体系而言至关重要，需明确系统中各个子系统如何支持目标系统的功能，构建级联故障模型，理解与预测攻击的方向。

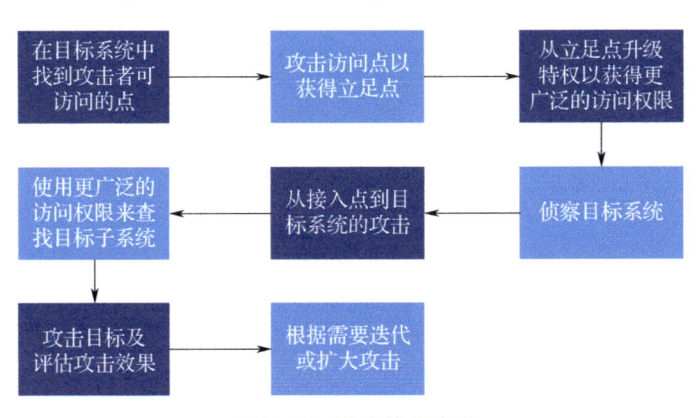

图 1-21 攻击执行步骤

网络攻击的类型通常包括恶意软件、网络钓鱼、中间人攻击、拒绝服务攻击与 SQL 注入等。恶意软件包括间谍软件、勒索软件、病毒和蠕虫，通常在用户单击危险链接或电子邮件附件时安装具有风险的软件。网络钓鱼是一种发送欺诈性通信的方法，其目标为窃取或获取敏感数据，如信用卡和登录信息，或在受害者的机器上安装恶意软件。中间人攻击指攻击者侵入网络发送方与接收方中间，如非安全的公共 Wi-Fi，进行数据的过滤、窃取与伪造等。拒绝服务攻击旨在使系统、服务器或网络耗尽资源或带宽的流量，从而使得系统无法满足合法请求。SQL 注入指攻击者将恶意代码插入使用 SQL 的服务器，以此欺骗服务器执行非授权的任意查询，从而得到相应的数据信息[21]。

4. 安全防护方案

网络空间具备复杂性，分布式系统基于信息交换实现各种功能。在维度与耦合性方面，网络系统具备多维度和强耦合特征，多个分布式的主机通过网络连接协同，功能之间存在高度依赖性，难以追溯攻击发生在何处、如何开展以及预防、控制网络攻击；在速度与可检测性方面，攻击聚合慢，不易察觉，当攻击出现物理表现时，往往已造成巨大的损失。因此，网络安全防护体系需包含多维度的安全解决方案，如图1-22所示，包括构建加密认证、入侵检测、审计、授权、防火墙与入侵检测避免等安全防御机制，以最大程度避免攻击的发生；设计网络态势感知机制以检测攻击事件相关数据，增强网络态势识别能力；建立网络态势认知机制以评估攻击对系统功能影响的严重性等级，以及预测进一步攻击步骤，以期改变系统风险状况；形成网络监控系统以制定和执行动态防御策略，对应不断变化的网络攻击[22]。

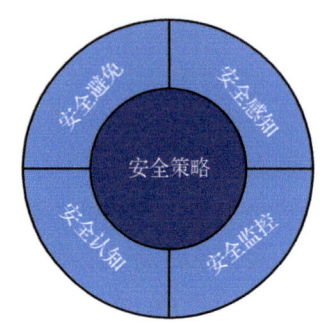

图1-22 安全防护方案各模块之间关系

安全防御应以最小化系统风险为目标，而非最大化网络安全投资的规模。网络安全防护方案设计需在其达到的安全性能与目标系统功能、其他性能之间进行权衡，包括有限系统资源（如算力、电力、存储空间和网络带宽等）、用户友好度（如登录口令繁琐程度等）、系统功能影响（如安全操作导致功能违背实时性、安全资源消耗导致功能降级、安全操作导致功能异常等）、系统性能影响（如应用延迟等），如图1-23所示。

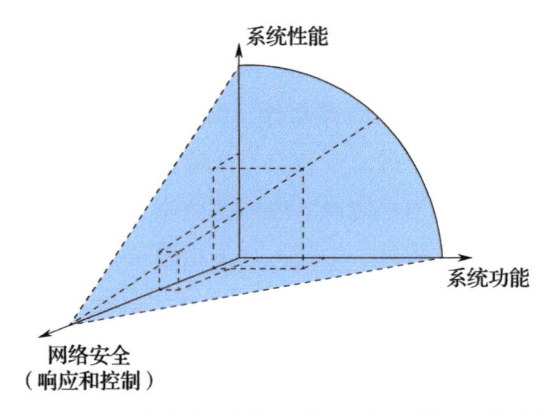

图1-23 网络安全、系统功能与系统性能之间的权衡

1.2 智能汽车的网络安全形势

汽车行业正在经历巨大的变化，智能化、网联化、电动化与共享化的快速发展衍生了网络安全问题，每出现一种新的联网接口和电子功能，都将产生新的攻击途径，攻击的影响范围覆盖整个生态系统，如图 1-24 所示。在智能化方面，每辆汽车内部近百个 ECU 连接到 5~10 种混杂异构的车载网络架构，运行超过 1.5 亿行代码，导致其具有类似计算机的安全风险，包括数据被盗、远程劫持、固件更改等。在网联化方面，广泛的连接性创建从智能交通解决方案到定制化的智能服务，数据信息交换更加频繁，电子功能更加协同融合，也为黑客攻击提供了更多途径，安全从车内扩展至整个交通系统。在电动化方面，频繁的充电应用为电动汽车和充电站之间不受保护信息开辟了一条链路，充电系统软件/硬件、通信链路都成为可利用的攻击面。在共享化方面，共享出行已经成为集互联网、人工智能、大数据于一身的全新业务场景，精准匹配出行供需资源，同时可满足用户的多元化需求，重塑了出行产业生态圈，引发各大车厂和互联网企业纷纷布局该领域，但同样为汽车增加了更多的攻击面，包括共享平台、用户隐私和资产等。

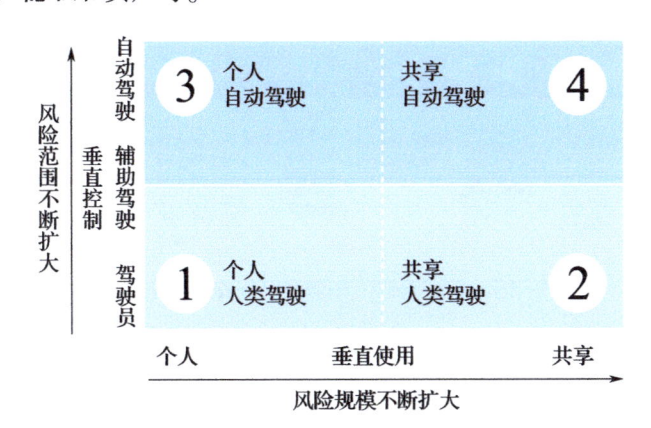

图 1-24 智能汽车的网络安全形势

攻击每时每刻都在全球各地上演，根据 AV-TEST 研究所的数据，恶意程序的数量在过去十年中急剧增加，从 2011 年的大约 6500 万个增加到 2020 年的大约 11 亿个，超过 11000 个 CVE 在 NIST 的国家漏洞数据库中注册，而能够引起关注的攻击只是冰山一角[23]。随着智能网联汽车产生与搜集高价值数据的增长以及关键功能外延程度的扩展，汽车将成为黑客高度重视的目标，现阶段汽车正面临巨大的网络安全风险，对功能安全的影响正在不断加剧，对车内驾乘人员、交通系统乃至国家的安全构成了严重威胁，网络安全已经成为影响传统汽车向智能网联汽车发展过渡的关键。

1.2.1　智能汽车网络安全的攻击案例

在过去的 10 年中，智能汽车网络安全攻击事件的数量急剧增加，据 Upstream Security 统计，2019 年攻击事件数量已增长至 2016 年的 7 倍。同时，针对智能网联汽车的攻击类型呈现出多样化的发展趋势，涉及 PKES 车钥匙、TSP 服务器、手机 App、ODB 接口以及 ADAS 控制器等，攻击影响范围从单个车辆扩大至同一车型甚至与云端互联的全部车辆。智能移动生态系统中的每个部分都受到安全漏洞和黑客攻击的影响，包括远程恶意控制、车辆和私人信息被盗等，随着越来越多的联网车辆上路，每起事故的潜在损害呈指数级上升，使汽车行业各级供应商与驾乘人员面临着网络安全引发的风险。图 1-25 列出了从 2010 年到 2020 年针对智能网联汽车的典型攻击事件。

图 1-25　智能网联汽车典型网络安全攻击事件

2020 年后，面向智能网联汽车的攻击事件数量持续增加，其中远程攻击数量持续增加，面向信息娱乐系统的攻击比例扩大，汽车网络安全正处于一个拐点。网络事件在复杂性和影响力上显著增长，威胁着安全和敏感数据，并带来重大运营影响[24]。

1.2.2　智能汽车网络安全的攻击向量与攻击影响

1. 智能汽车网络安全的攻击向量

攻击向量指黑客获取访问权限的手段，单个事件可能包含多个攻击媒介，据 Upstream Security 报道，面向智能汽车的网络攻击向量主要包括互联网/云服务器、无钥匙进入系统、移动应用程序、OBD 端口、信息娱乐系统、传感器、电子控制单元、车载网络、Wi-Fi、蓝牙、蜂窝网络、车联网、全球定位与 USB 接口，如图 1-26 所示[17]。

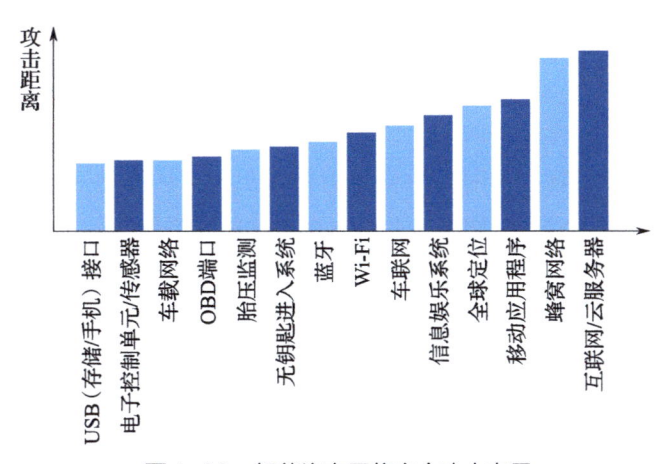

图 1-26　智能汽车网络安全攻击向量

云服务器攻击涉及远程信息处理命令和控制服务器、数据库服务器、网络服务器等，黑客无需靠近车辆即可访问敏感数据甚至控制车辆，车辆与服务器之间的远程连接使得网络攻击的成本更低、范围更广、影响更大，危及道路使用者的生命与财产安全[25]。

移动应用程序在汽车行业应用较为广泛，它提供与汽车互联融合服务，将 iOS 或 Android 设备功能镜像到汽车的仪表板信息娱乐单元，甚至提供获取车辆的全球定位坐标、追踪路线、开启车门、起动发动机等功能。然而，在移动应用程序为驾乘人员提供高便捷与舒适体验感的同时，也将网络安全风险因素引入了联网汽车环境，移动应用程序可用作访问车辆和应用程序后端服务器的攻击媒介，其相关的软件漏洞或通信弱点可能会被黑客恶意利用并造成严重损害。

信息娱乐系统通常包括仪表板、中央信息显示模块和网关，其中仪表板和中央信息显示模块通常运行通用操作系统，网关通常运行实时操作系统，物理攻击向量包括 USB 接口、诊断接口与以太网接口等，网络攻击向量包括蓝牙、Wi-Fi 与蜂窝网络等。操作系统漏洞、无线通信网络漏洞都将可能被黑客利用，进而对信息娱乐系统实施攻击。

无钥匙进入系统能够无线解锁车门并起动汽车发动机，是盗窃车辆最常见的攻击媒介之一。系统由电子元件和嵌入式软件组成，黑客能够得以利用软件中的安全漏洞，包括中继器盗窃、加密算法缺陷与软件逻辑缺陷等。

OBD 端口向外部提供了对车辆内部电子系统的访问途径，是黑客常用的汽车攻击手段，该方式需要黑客对车辆本身进行物理或近距离访问，通过注入恶意 CAN 总线消息操纵汽车系统。

传感器系统包括超声波传感器、毫米波雷达、摄像头、测速仪与导航仪等，黑客能够通过对传感器的干扰和欺骗，使自动驾驶系统产生错误决策，实现对自动驾驶功能的攻击。例如，利用超声波传感器固有缺点，在环境中放置其他超声波发射源发射同样频率的超声波，影响接收端的信噪比，从而导致无法检测出车辆周围的障碍物；利用 LED 灯照射摄像头，破坏视觉感知；通过干扰激光雷达点云的方式生成对抗样本，欺骗激光雷达检测系统等。

电子控制单元是汽车中负责控制特定响应与功能的小型计算存储设备，可通过故障注入干扰芯片的正常工作，导致其跳过指向某些特定指令或通过应用代码更新的方式植入恶意代码进行攻击。

车载网络即连接汽车电子与电器部件的网络架构，实现各类电子装置之间实时可靠的数据传输，依据总线特征不同，分别应用于车身控制系统、动力总成系统、线控底盘系统、信息娱乐系统和自动驾驶系统。车载网络是汽车的"神经"系统，当前网联化的发展趋势使得车载网络与移动互联网远程连接，实现了汽车电子单元数字资产由线下向线上的转移和外延，然而同时也增加了内部资产在外网的暴露程度及车辆响应与控制功能的安全风险。

2. 智能汽车网络安全的攻击影响

在过去十几年中，智能网联汽车生态系统中几乎每个部分都受到了网络安全威胁的影响，如图 1-27 所示。图 1-28 显示了汽车网络安全事件的影响，前三种攻击事件涉及汽车盗窃、控制车辆系统以及数据隐私。现代每辆智能网

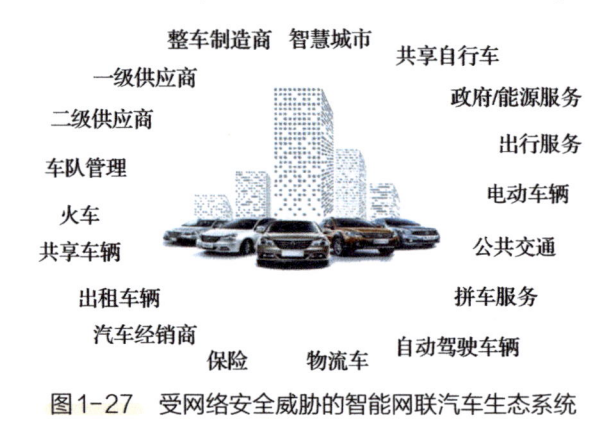

图 1-27 受网络安全威胁的智能网联汽车生态系统

联汽车中各类电子装置的数量将超过 200 个，设备由一级、二级和外围供应商生产，供应链任一环节存在网络安全隐患，都可能促使黑客渗入车辆系统的内部发起攻击，并造成巨大的影响，数以万计的车辆被召回导致企业声誉和经济受损，甚至威胁驾乘人员的生命安全[26]。

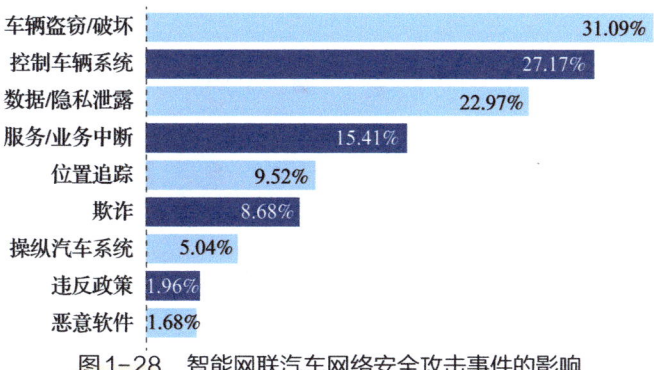

类别	比例
车辆盗窃/破坏	31.09%
控制车辆系统	27.17%
数据/隐私泄露	22.97%
服务/业务中断	15.41%
位置追踪	9.52%
欺诈	8.68%
操纵汽车系统	5.04%
违反政策	1.96%
恶意软件	1.68%

图 1-28　智能网联汽车网络安全攻击事件的影响

1.3　智能汽车的网络安全范畴

智能汽车是机械本地化向电子网联化转变的产物，汽车电子系统是智能汽车的核心构成，面向智能汽车的网络攻击其本质是面向联网汽车电子系统的网络攻击。当前，针对智能网联汽车的网络攻击渗透路径多以车联网、车载网为媒介，以汽车电子系统为目标，攻击与其相关的控制与服务功能。智能汽车的网络安全范畴涵盖了汽车电子系统、汽车通信网络以及车联网。

1.3.1　汽车电子系统

汽车电子系统是汽车内部控制电子系统和车载服务电子系统的总称[27]。控制电子系统与车内机械系统协作，包括车身舒适控制系统、发动机控制系统、底盘控制系统、自动驾驶系统等。车载服务电子系统与汽车自身的性能并无直接关联，旨在提供服务性功能，包括车载信息娱乐系统及个人设备交互信息系统等，如图 1-29 所示。

动力总成系统指根据驾驶员请求（例如，通过节气门位置传感器或制动踏板传递的加速、减速等）和其他部分的要求来控制发动机或电机的系统，包括发动机控制、电子节气门控制与电池管理等。

底盘控制系统指根据驾驶员发出的请求（转向、制动或加速指令）、道路轮廓和环境条件，控制车辆与道路（车轮、悬架等）相互作用的子系统，包括

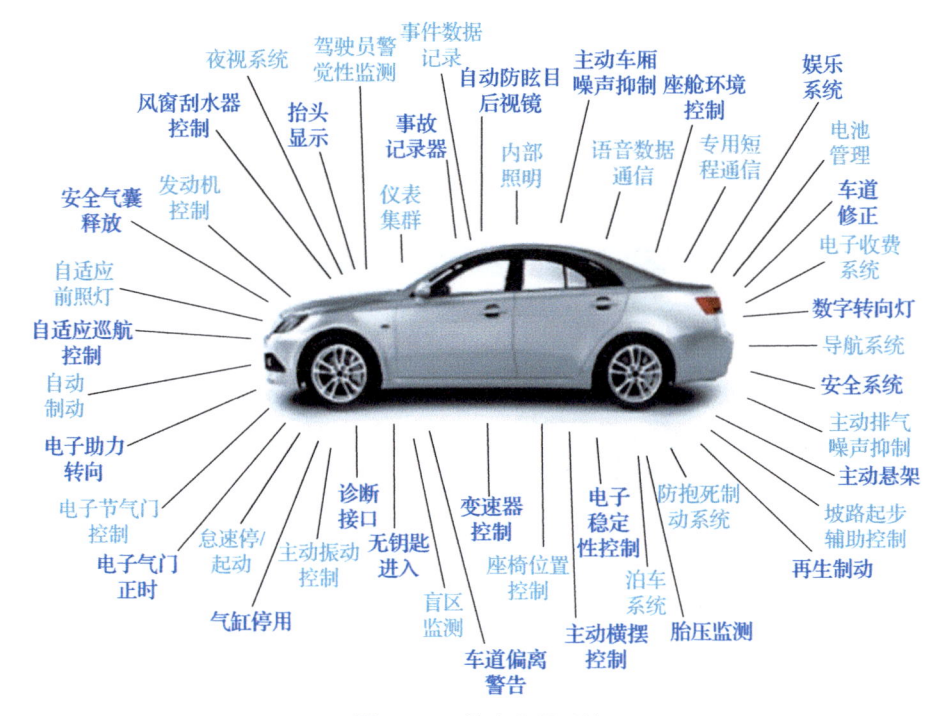

图 1-29 汽车电子系统

线控系统、防抱死制动系统、车身稳定控制系统、自动稳定控制与四轮驱动等。

车身舒适系统指为驾乘人员提供舒适性控制的系统,包括车内外照明控制、中央门锁、电动车窗、智能刮水器、无钥匙系统、电动转向柱、电动座椅、辅助加热系统与智能空调器等。

自动驾驶系统指通过传感器(包括车载摄像头/超声波传感器/毫米波雷达/激光雷达等)感知车身周围环境,并作出相应决策对车辆自动驾驶相关功能进行实时控制的系统,包括自适应巡航、盲区监测、自动紧急制动、变道辅助与非结构化道路自动驾驶等。

智能座舱系统指座舱空间进行智慧感知和智能决策的综合体,支持车辆之间或车辆与道路基础设施之间、车辆与云端以及车辆驾驶员和乘客之间的信息交换,包括车载信息娱乐系统、仪表显示系统、抬头显示系统、中控系统、流媒体后视镜系统、视觉感知系统、语音交互系统以及其他部件或软件。

1.3.2 汽车通信网络

车载通信网络指连接车内组件(如电子控制单元、传感器和执行器),进行数据传输的通信网络,如图 1-30 所示。面向不同汽车电子系统在实时性、

第1章 智能汽车网络安全概述

LIN

LIN是单主控协议,具有出色的性价比,主要用于基于开关或传感器输入的执行器控制等应用。

- 后视镜控制 — LIN节点
- 灯光控制 — LIN节点
- 车门控制 — LIN节点

MOST

MOST是高品质音频的车载多媒体网络,旨在简化车内多媒体设备的连接。

MOST Application Example

FlexRay

FlexRay是一种高速确定性通信网络,旨在应用于对时间确定性要求较高的线控底盘系统中。

- 制动控制
- 制动踏板控制

FexRyBusCNA
FexRyBusCNB

CAN

CAN是车载局域网标准协议,主要用于主网络以及动力子系统、底盘子系统和车身子系统。

网关
- 主动安全系统 — 毫米波雷达
- 车身系统 — 车辆信息
- 动力系统 — 运动控制信息
- 底盘系统 — 安全带控制信息

Ethernet/Ethernet AVB

故障诊断以及自动驾驶智能座舱系统

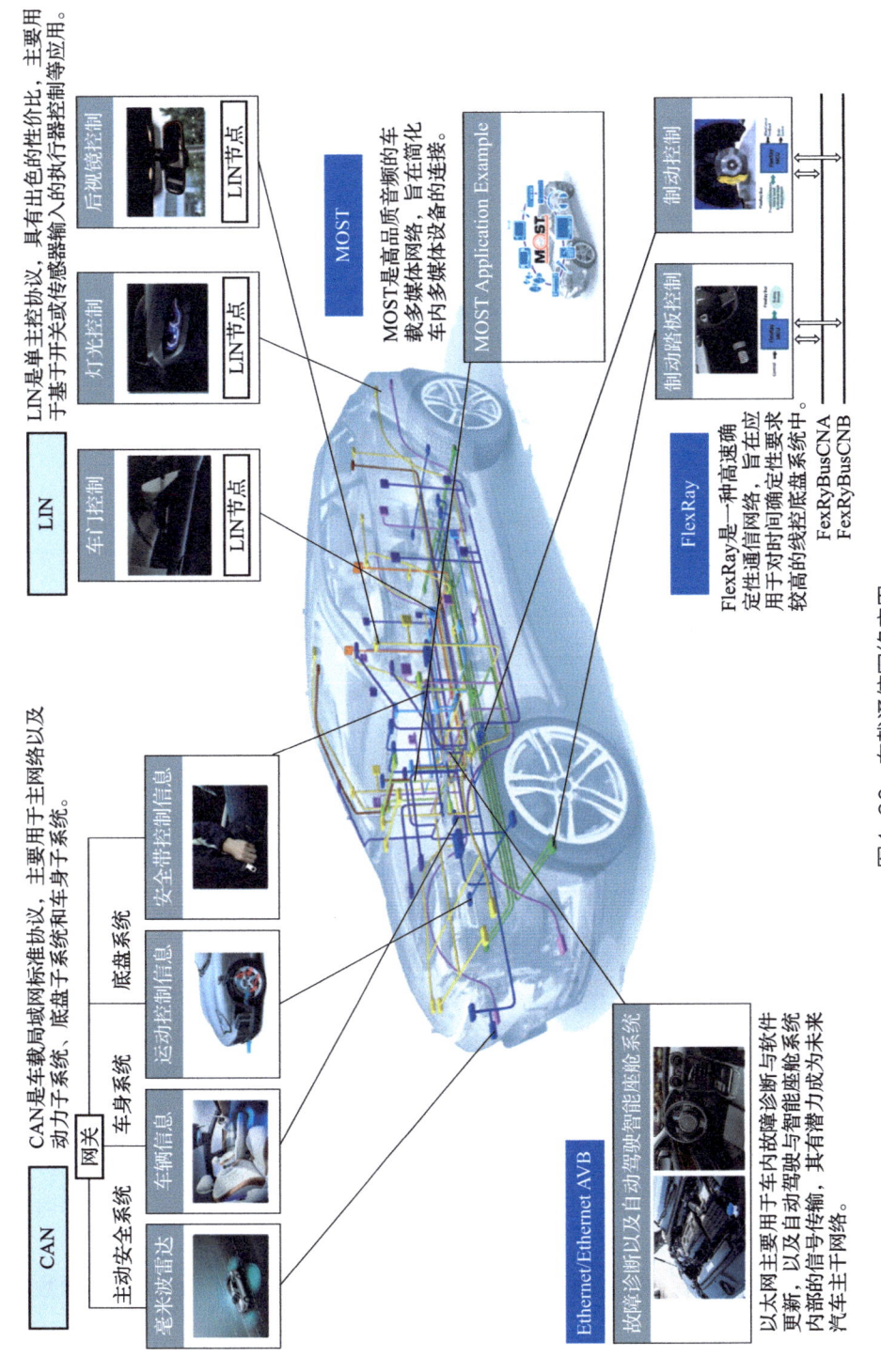

以太网主要用于车内故障诊断与软件更新,以及自动驾驶与智能座舱系统内部的信号传输,其有潜力成为未来汽车主干网络。

图1-30 车载通信网络应用

025

时间确定性、数据负载等方面的特定传输需求，多种具备不同特征的车载网络相继产生，包括本地互联网络（Local Interconnect Network，LIN）[28]、控制区域网络（Controller Area Network，CAN）[29]、FlexRay[30]、面向媒体的系统传输（Media Oriented System Transport，MOST）[31]、汽车以太网（Automotive Ethernet）[32]与串并/并串 SerDes（Serializer/Deserializer）[33]等，表1-1总结了车载网络的性能与特征，更多内容将在第2章中详细讨论。

表1-1 车载通信网络特征

网络	最大传输速率	最大帧负载	AUTOSAR支持	仲裁方式	隔离	拓扑
LIN	20kbit/s	8字节	是	调度	物理网络	总线型
CAN	1Mbit/s	8字节	是	优先级仲裁	物理网络	总线型/星形
CAN FD	8Mbit/s	64字节	是	优先级仲裁	物理网络	总线型/星形
CAN XL	10Mbit/s	2048字节	部署中	优先级仲裁	物理网络	总线型/星形
FlexRay	10Mbit/s	254字节	是	调度	物理网络	总线型/星形/混合型
MOST25	25Mbit/s	64字节	否	调度	物理网络	环形
10Base-T1S	10Mbit/s	1500字节	是	AVB/TSN	虚拟局域网	总线型
100Base-T1	100Mbit/s	1500字节	是	AVB/TSN	虚拟局域网	交换型
1000Base-T1	1 Gbit/s	1500字节	是	AVB/TSN	虚拟局域网	交换型

LIN总线是用于低速底层传感器与执行器级别的局部网络连接协议，最高传输速率为20kbit/s，最大负载为8字节，采用时分多址的网络访问技术避免网络冲突。

CAN总线是低速和中速汽车控制应用中最常用的协议，最高传输速度为1Mbit/s，最大有效载荷为8字节，CAN FD（灵活数据速率）与CAN XL的引入将带宽提升至8Mbit/s与10Mbit/s，有效载荷提升至64字节与2048字节。无线CAN将物理层双绞铜线替换为无线电，传输时将发送器中CAN数据转换为无线协议并在接收器中复位。

FlexRay是一种基于时间触发的高数据速率、高确定性与高容错总线协议，通过时分多址方式避免网络冲突，适用于对实时性、时间确定性要求严苛的底盘线控系统。FlexRay使用带有铜线或光纤的星形或总线型拓扑的一部分，具有双通道配置，可提供增强的容错性和/或增加的带宽。

MOST是一种串行通信系统，通过光纤电缆传输控制数据、视频和音频数据，第一代网络传输速率可达到24.8Mbit/s，支持环形网络拓扑，易于添加或删除MOST设备。

汽车以太网适用于传输车内具有高带宽、高实时性需求的智能座舱及自动驾驶相关的数据,传输速率最高为10Gbit/s,采用载波侦听多路访问(CSMA/CD)策略避免消息冲突,支持总线型、环形、树形、星形和网形等多种拓扑结构。为进一步适应汽车电子系统对以太网传输时间确定性等方面的要求,车载以太网协议族被不断扩展,包括以太网音视频桥接技术(Ehernet Audio/Video Bridging,AVB)[34]、时间触发以太网(Time-Triggered Ethernet,TTEthernet)[35]以及时间敏感网络(Time-Sensive Network,TSN)[36]等。

1.3.3 车联网

车联网通过无线通信实现车与车、车与人、车与路、车与设备、车与电网、车与互联网、车与云端平台的高价值资源全方位网络互联,在此技术上产生创新应用,包括安全性、机动性、连通性、便利性应用[37],如图1-31所示。

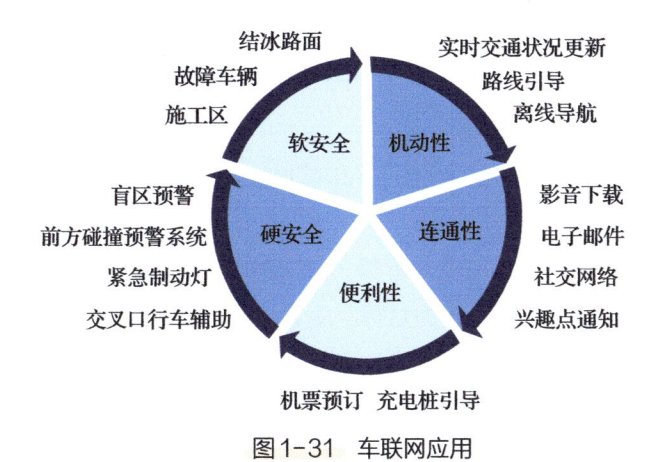

图1-31 车联网应用

安全性应用旨在基于车联网传输避免碰撞或危险态势预警信息,如紧急制动灯、交叉口行车辅助、盲区预警以及天气、道路异常情况预警等,其中碰撞避免类应用对车联网通信的实时性与可靠性等方面要求较高,传输延迟通常需保持在100ms之内,危险态势预警类应用对车联网通信质量的要求较低,能够容忍一定的通信延迟和误码率。

机动性应用旨在基于车联网信息提高交通效率,改善交通情况,如导航、实时交通状况更新等,便利性应用旨在提高驾驶舒适性、便利性,如车机互联等,该类应用需较高的通信带宽,能够容忍更长的通信延迟。

车联网的通信模式包括车与车本地广播模式、车与车的多跳信息传播模式、车与路的广播模式以及车与路的双向通信模式。车联网的无线通信技术包括蓝牙、Wi-Fi、专用短程通信、蜂窝网络、卫星服务和数字广播等。

车联网通信特征包括：①通信过程较为短暂，通信持续时间通常为几秒；②通信实体变化较快，通常为陌生车辆，因此对安全性能要求较高，需在短时间内验证对方身份与信息的真实性，同时需保护车辆信息的机密性与通信的隐私性。表1-2总结了车联网无线通信特征。

表1-2 车联网无线通信特征

项目	专用短程通信	Wi-Fi	蓝牙	4G	5G	卫星数字广播
通信覆盖范围	数百米	数百米	小于100 m	大于10 km	数百米	国家区域内
通信延迟	10ms	10ms	10ms	数十毫秒	低于10ms	10~20 s
V2V 本地广播	支持	支持	无可能	需要服务器	需要服务器	不支持
V2V 多次转发	支持	支持	无可能	需要服务器	需要服务器	不支持
V2I 本地广播	支持	支持	无可能	部分服务商提供	部分服务商提供	支持
V2I 双向通信	支持	支持	无可能	支持	支持	不支持

1.4 智能汽车的网络安全行业现状

面向智能汽车当前的网络安全形势，各国持续出台了相关的原则与法规，以汽车联网、自动驾驶等应用场景为目标，引导汽车产业链上各环节加强对安全保障的持续投入，同时汽车产业组织正在积极研究并发布汽车网络安全相关政策和标准等，为行业提供可实施的网络安全防护设计原则与规范，如图1-32所示。

SAE	ISO	UNECE	VDA	IPA	AUTO-ISAC
ISO/SAE 21434* SAE J3061 SAE J3101	ISO 26262 ISO/SAE 21434 ISO/AWI 24089*	WP.29 CSMS and SUMS	信息安全评估	车辆信息安全的方法	汽车ISAC最佳实践
标准	标准	法规	最佳实践和框架	最佳实践和框架	最佳实践和框架
中华人民共和国工业和信息化部	NHTSA	AUTO ALLIANCE	HM Government	AUTOSAR	AUTOMOTIVE
国家车联网产业标准体系建设指南（智能网联汽车）	现代车辆网络安全最佳实践 自动驾驶系统2.0	车辆技术与服务的消费者隐私保护原则	智能网联汽车网络安全关键原则	安全车载通信	汽车SPICE
最佳实践和框架	最佳实践和框架	最佳实践和框架	最佳实践和框架	标准	最佳实践和框架

图1-32 信息安全政策与标准

1.4.1 政策与法规

1. 政策动态

欧洲为满足智能汽车的信息安全需求，在政策法规方面采取了多项举措。2017年，英国政府发布《智能网联汽车网络安全关键原则》，提出8大方面原则，涉及管理层推动、安全风险管理与评估、产品售后服务与应急响应机制、整体安全、系统设计、软件安全管理、数据安全与弹性设计。2017年，欧洲汽车制造商协会发布了一套六项关键原则，以增强对联网汽车和自动驾驶汽车的保护，使其免受网络威胁。2020年，欧洲数据保护委员会发布联网车辆个人数据保护原则。欧盟从2022年7月起对所有新车型强制实施信息安全法规UNECE WP. 29 R155[38]与R156[39]。

美国于2015年发布了《美国智能交通系统战略规划（2015—2019）》，将智能网联汽车作为美国智能交通系统的重点。2017年，美国国会通过汽车安全和隐私草案，同年，美国国家公路交通安全管理局（National Highway Traffic Safety Administration，NHTSA）发布《联邦自动驾驶系统指南：安全愿景2.0》，要求厂商采取措施应对网络威胁和漏洞，对驾驶辅助系统进行安全评估。

日本于2014年开始实施自动驾驶系统研发计划，2018年9月，日本国土交通省发布《自动驾驶汽车安全技术指南》，明确自动驾驶汽车必须满足的安全条件。日本信息处理推进机构（IPA）定义了汽车信息安全模型，涉及防漏洞安全编码、安全应对与隐私保护机制等。

我国对智能汽车的信息安全问题较为重视，2017年6月起《中华人民共和国网络安全法》正式实施，明确要求包括车厂、网络运营者履行网络安全保护义务，采取技术措施保障网络安全、稳定运行，有效应对网络安全事件，维护网络数据的完整性、保密性和可用性。《中国制造2025》将汽车网络安全列为关键基础问题进行研究，推动车联网整体架构、关键共性技术、标准规范、核心产品形成安全防护体系。2018年，工业和信息化部印发《车联网（智能网联汽车）产业发展行动计划》，明确近期建设车联网应用服务和安全保障体系。2021年，国家互联网信息办公室等部门发布《汽车数据安全管理若干规定（试行）》。《国家车联网产业标准体系建设指南（电子产品与服务）》的标准体系主要包括基础产品、汽车电子产品、网络设备、服务与平台、网络与信息安全等标准，标准体系的技术结构如图1-33所示。

基础产品	终端	网络	平台	服务
材料	电子控制单元	计算机网络	接口	交通信息
	车载信息终端		协议	导航服务
分立器件	车载显示终端	移动通信网络	架构	娱乐信息
集成电路	车载监控终端		管理	安全行驶
	多传感器融合	卫星通信网络		在线商务
传感器	电池管理系统		维护	远程控制
	制动控制系统	汽车总线	运营	道路救援
基础软件	新能源汽车关键电子产品		功能	灾害救援

网络与信息安全

图1-33 车联网产业标准体系技术结构图

2. 法规动态

2020年6月，联合国世界车辆法规协调论坛（WP.29）通过了网络安全法规R155与软件升级法规R156。R155规定OEM需要满足网络安全强制法规要求，提供基于风险管理的网络安全管理流程体系证据，获得CSMS（Cyber Security Management System）合格证书，网络安全管理系统适用于开发、生产和后期维护阶段。整个法规要求车企进行车辆的风险评估、应用风险缓解的措施，并对网络安全风险缓解措施进行测试与验证，还需具备风险的持续监控和改进能力，如图1-34所示。

风险评估 → 缓解风险、测试验证 → 监控、评估、持续改进

图1-34 WP.29 R155法规要求

车辆制造商应证明其网络安全管理系统中使用的流程可确保充分考虑了安全性，包括：

1）制造商组织内用于管理网络安全的流程。

2）用于识别车辆类型风险的流程，考虑图1-35中的威胁以及其他相关威胁。

3）用于评估、分类和处理已识别风险的流程。

4）验证所识别的风险是否得到适当管理的流程。

5）用于测试车辆类型网络安全的流程。

6）用于确保风险评估持续有效用的流程。

7）用于监控、检测和应对网络攻击、网络威胁和车辆类型漏洞的流程，以及用于评估所实施措施是否仍然有效的流程。

8）用于提供相关数据以支持对未遂或成功的网络攻击进行分析的流程。

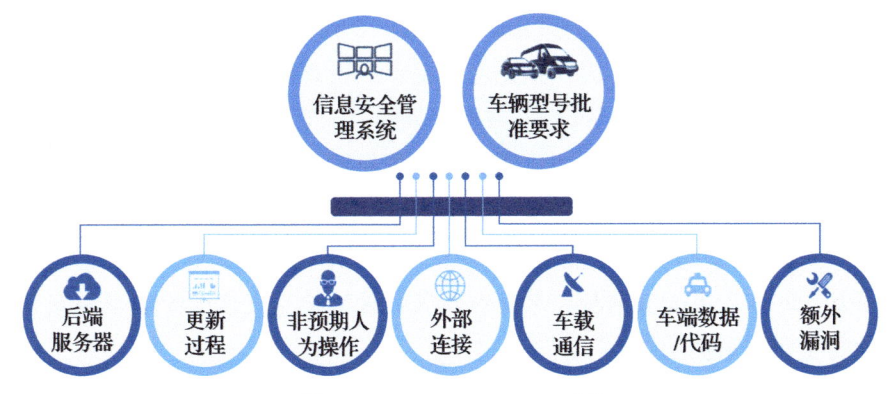

图1-35　WP.29 R155 威胁

R156 规定 OEM 需要满足关于在软件更新和软件更新管理系统方面批准车辆的统一规定，每个 OEM 提供符合软件更新要求的证据，获得 SUMS（Software Update Management System）合格证书。

软件更新要求包括：

1）应保护软件更新的真实性和完整性，以合理防止其受到损害并合理防止无效更新。

2）当车辆类型使用 RXSWIN 时：每个 RXSWIN 应是唯一可识别的，当车辆制造商修改型式认证相关软件时，如果导致型式认证延期或新的型式认证，则应更新 RXSWIN。

3）通过使用电子通信接口（OBD 端口），每个 RXSWIN 应以标准化方式易于读取其中哪些被批准。

4）如果车辆上没有 RXSWIN，制造商应向审批机构声明车辆或单个 ECU 的软件版本，并与相关的型式认证相关联。每次更新声明的软件版本时，都应更新此声明。在这种情况下，软件版本应通过使用电子通信接口，至少通过标准接口（OBD 端口）以标准化方式容易读取。

5）车辆制造商应保护车辆上的 RXSWIN 和/或软件版本免受未经授权的修改。

无线更新附加要求包括：

1）车辆在软件更新方面应具备以下功能：①车辆制造商应确保车辆能够在

更新失败或中断的情况下将系统恢复到以前的版本，或者在更新失败或中断后可以将车辆置于安全状态；②车辆制造商应确保仅当车辆有足够的电量来完成更新过程（包括可能恢复到先前版本或使车辆进入安全状态所需的电量）时才能执行软件更新；③当更新的执行可能影响车辆的安全时，车辆制造商应展示如何安全地执行更新。

2）车辆在软件更新方面应具备以下功能：车辆制造商应证明车辆用户能够在执行更新之前获知更新，提供信息应包括：①更新的目的，包括更新的重要性以及更新是否用于召回、安全和/或安保目的；②车辆功能更新带来的任何变化；③完成更新执行的预期时间；④在执行更新期间可能无法使用的任何车辆功能；⑤任何可以帮助车辆用户安全执行更新的指令。

3）在驾驶时执行更新可能导致不安全的情况下，车辆制造商应：①确保在执行更新期间车辆不能被驾驶；②确保驾驶员无法使用任何会影响车辆安全或成功执行更新的车辆功能。

4）执行更新后，车辆制造商应展示以下内容：①车辆用户能够被告知更新成功（或失败）；②车辆用户能够被告知实施的更改以及用户手册的任何相关更新（如果适用）。

5）车辆应确保在执行软件更新之前必须满足先决条件。

1.4.2 行业标准与实践

1. 行业标准

国际标准化组织（International Organization for Standardization，ISO）下设的道路车辆技术委员会 TC22 主要负责道路车辆及其装备的兼容性、互换性、安全性以及性能评价试验规程的标准化工作。2016 年，ISO/TC22 道路车辆技术委员会成立 SC32/WG11 Cybersecurity 信息安全工作组，开展信息安全国际标准的制定工作。2016 年 10 月，基于 SAE J3061[40]，参考 V 字模型开发流程，工作组确定标准范围为电子电气系统（Electricity and Electronics System）、系统间的接口交互（Interface Interactions of Systems）、系统间的通信（System Communication），标准内容涉及信息安全管理、威胁分析和风险评估、信息安全概念阶段开发、架构层面和系统层面的威胁减轻措施和安全设计（包括信息安全的设计、集成、验证和确认）、软硬件层面的信息安全开发、信息安全开发过程中的支持流程（包括需求管理、可追溯性、变更管理和配置管理、监控和事件管理）[41]。

工作组发布的标准为 ISO/SAE 21434[42]，该标准旨在使 E/E 系统的工程设计能够适应不断变化的技术和攻击方法，通过该标准设计、生产、测试的产品具备一定信息安全防护能力，包含了整体网络安全管理、项目相关的网络安全管理、持续的网络安全活动、风险评估方法、各个阶段产品开发过程以及分布式的网络安全活动。如图 1-36 所示，ISO/SAE 21434 考虑的范围仅限于车辆内部或周边的网络安全相关项目和组件，包括售后市场和服务部件，相关项由组件构成，用于执行车内各个功能，相关项与资产相关，资产具备信息安全属性，属性对应破坏场景，威胁场景导致破坏场景，信息安全目标对应破坏场景，被分配到相关项，组件和相关项都被分配信息安全需求。图 1-37 展示了 ISO/SAE 21434 的流程框架。

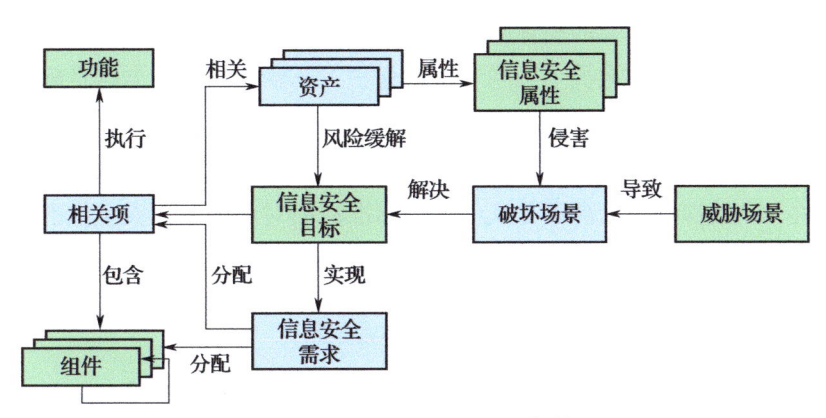

图 1-36　ISO/SAE 21434 相关项

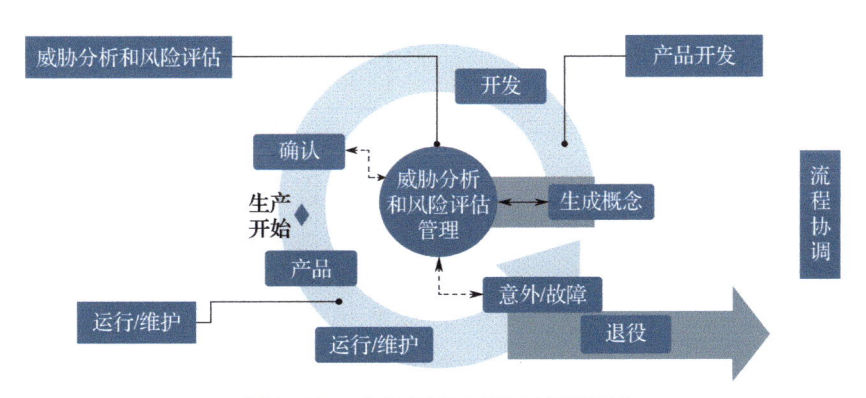

图 1-37　ISO/SAE 21434 流程框架

国际自动机工程师学会（SAE International）下设的全球车辆标准工作组（Global Ground Vehicle Standards Group）负责汽车电子系统网络安全方面的标准化工作，J3061 对汽车电子系统的网络安全生命周期开发提供了重要的过程依据，其中 J3061-1 "Automotive Cybersecurity Integrity Levels" 将 ACSIL 与安全相关的威胁与 ISO 26262 中的 ASIL 相关联；J3061-2 "Security Testing Methods" 定义了软件和硬件相关的安全测试方法；J3061-3 "Security Testing Tools" 列出了安全相关工具及其功能制造商的内部列表。J3101 "Requirements for Hardware-Protected Security for Ground Vehicle Applications"[43]为车辆的硬件定义了一套通用的安全要求。J3138 "Guidance for Securing the Data Link Connector（DLC）"[44]面向车载诊断，要求轿车以及轻型和中型货车提供数据链路连接器，以支持将诊断信息传送到车外设备，并通过网关隔离的通信总线。

在我国，全国汽车标准化技术委员会（TC114）下属的智能网联汽车分技术委员会（SC34）负责智能网联汽车领域标准，并成立了信息安全工作组，支撑智能网联汽车标准体系的整体架构。工作组在传统信息安全技术要求的基础上，进一步提出了驾乘人员个人隐私数据保护、车辆控制指令类信息确认等标准制定。全国汽车标准化技术委员会智能网联汽车分标委拟定了汽车信息安全标准的子体系框架，从评估、防护、测试三个维度和基础、共性问题、关键系统与部件、功能应用与管理以及其他相关标准层面对汽车信息安全标准制定进行了梳理，如图 1-38 所示。

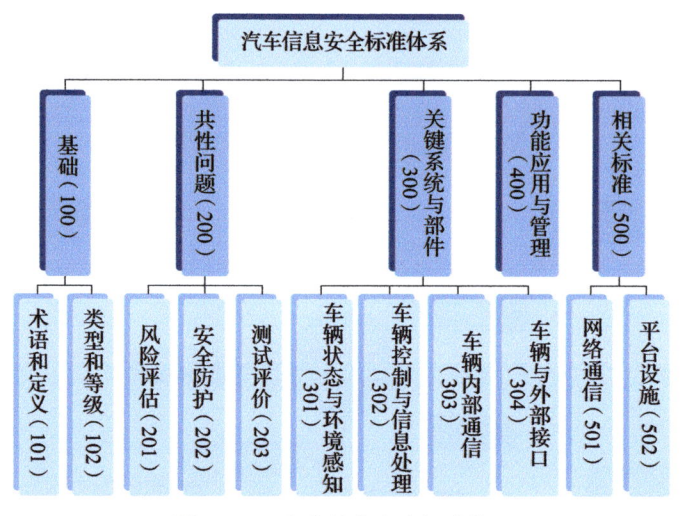

图 1-38　汽车信息安全标准体系

全国信息技术安全标准化技术委员会（SAC/TC26）负责全国信息安全技术、安全机制、安全服务、安全管理、安全评估等领域标准化工作。信安标委立项关于汽车电子系统网络安全的国家标准项目《信息安全技术　汽车电子系统网络安全指南》，以促进识别和评估网络安全威胁，并将网络安全的设计融入汽车电子系统的整个生命周期过程中。信安标委立项与车联网相关的强制性国家标准项目《信息安全技术 网络产品和服务安全通用要求》，该标准针对网络产品和服务提出了恶意程序防范、缺陷漏洞管理、安全运行维护和用户信息保护等一般安全要求，以及对网络关键设备和网络安全专用产品的增强安全要求。国家互联网信息办公室发布《个人信息和重要数据出境安全评估办法》，配套标准包括《信息安全技术 个人信息安全规范》（GB/T 35273—2020）、《信息安全技术 数据出境安全评估指南》（征求意见稿），用于保护联网汽车数据安全。

中国通信标准化协会（China Communications Standards Association，CCSA）负责面向公众服务的互联网的网络与信息安全标准、电信网与互联网结合中的网络与信息安全标准以及特殊通信领域中的网络与信息安全标准。CCSA TC8 WG2 已经完成了《车路协同系统的安全研究》和《LTE-V2X 安全研究》，CCSA TC5 WG3 已经开展了《基于公众 LTE 网络的车联网无线通信系统总体技术要求》的行标制定。

2. 行业实践

EVITA（E-safety Vehicle Intrusion proTected Applications）[45]是欧盟第七框架计划资助的项目，旨在防止车载网络体系架构中安全相关的组件被篡改，并保护敏感数据。EVITA 参考架构如图 1-39 所示，用于保护车载电子组件（如 ECU、传感器、执行器等）、组件之间和 ECU 内部的连接，以及 ECU 中的软件资产。EVITA 以基于硬件的安全机制为目标，提出了面向汽车硬件安全模块（Hardware Security Module，HSM）的通用结构。HSM 负责执行所有密码应用，包括基于对称密钥的加解密、完整性检查、基于非对称密钥的加解密、数字签名的创建以及用于安全应用的随机数生成功能。

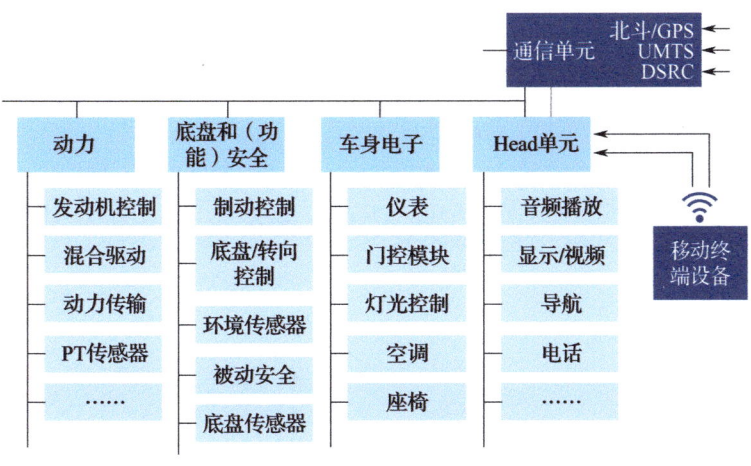

图 1-39 EVITA 安全框架

EVITA 将硬件安全模块分为三个等级：EVITA full HSM、EVITA medium HSM、EVITA light HSM，如图 1-40 所示。其中 EVITA full HSM 主要用于 V2X 通信场景；EVITA medium HSM 用于 ECU 之间的通信场景，相对于 full HSM 减少了非对称密码与哈希算法 ECC-256 和 WHIRLPOOL；EVITA light HSM 用于传感器、执行器之间的通信场景，考虑到成本与效率方面的限制，light HSM 只包含基于 AES-128 的对称加密解密模块，同时没有设置独立的处理和存储单元。表 1-3 梳理了 EVITA 不同保护等级功能对比。

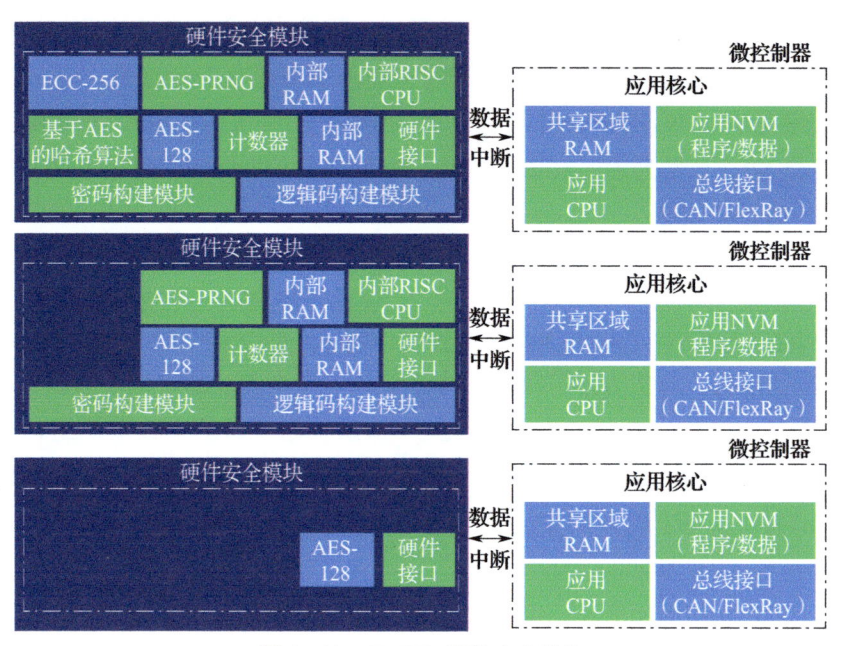

图 1-40　EVITA 硬件安全模块

表 1-3　EVITA 不同保护等级功能对比

HSM	EVITA full	EVITA medium	EVITA light	SHE	TPM
安全启动	认证安全	认证安全	认证安全（可选）	安全	认证
硬件算法	ECDSA、ECDH、AES/MAC、WHIRLPOOL/HMAC	ECDSA、ECDH、AES/MAC、WHIRLPOOL/HMAC	AES/MAC	AES/MAC	RSA、SHA-1、HMAC
硬件加速器	ECC、AES、WHIRLPOOL	AES	AES	AES	无
内置 CPU	可编程	可编程	无	无/预设	预设
计数器	16×64bit	16×64bit	无	无	4×32bit
篡改保护	间接	间接	间接	间接	是
并行访问	是	是	是	否	是

除 EVITA 外，SHE（Secure Hardware Extension）、TPM（Trusted Platform Module）等同样提供了硬件方面的安全解决方案，能够对设备底层软件提供静态完整性保护、身份标识及硬件密码保护等功能。

PRESERVE（PREparing SEcuRe Vehicle-to-X Communication Systems）是欧盟第七框架计划资助项目，目标是设计、实现和测试一个安全、可扩展的 V2X 安全子系统[46]。PRESERVE 以 SeveCom、EVITA、PRECIOSA 等项目为基础，并与 ETSI、IEEE C2C-CC 等方面的标准兼容。PRESERVE 将安全功能分为六个方面：安全通信、安全信息、安全管理、安全分析、安全和隐私策略及密码算法。

PRESERVE 的车辆安全架构主要包括车辆、路侧设施和后台服务，如图 1-41 所示。安全子系统为车载通信和外部的 V2X 通信提供保护，并通过硬件安全模块存储密码证书、加速密码算法。路侧设施与车辆具有相同的架构，并提供网关功能。后台服务提供安全应用服务和安全基础设施。

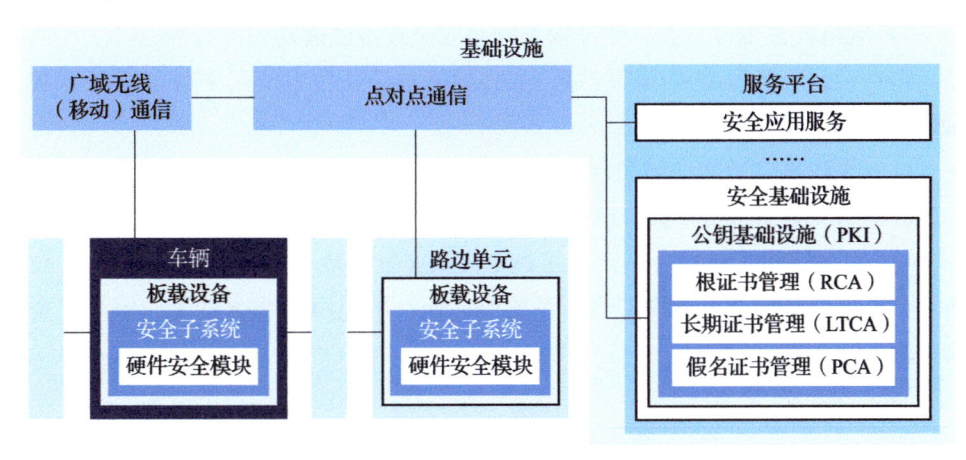

图 1-41 PRESERVE 安全架构

美国国家公路交通安全管理局发布了面向汽车行业信息安全问题的非约束性指南《现代汽车网络安全最佳实践》[47]，该实践建议采用"分层方法"，以降低网络入侵的成功率并减轻非授权访问带来的不良后果，其建立在"识别、保护、检测、响应和修复"功能要求的基础上，并建议汽车工业采用 CIS CSC（Critical Security Controls for Effective Cyber Defense，针对有效网络防御的关键安全控制）推荐的网络安全控制法，包括：

1）执行网络安全差距评估流程。
2）制定实施路线图。
3）有效和系统地执行网络安全计划。
4）将网络安全控制集成到车辆系统并在业务操作过程中执行。

5) 在重复周期内执行流程监控和报告制度。

NHTSA 建议汽车企业需要重点实施的车辆网络安全防护措施包括：

1) ECU 开发者调试接口应增加访问限制，提供充分的保护。

2) 密钥/密码应安全保护，避免泄露。

3) 诊断访问应增加限制，如限制某个诊断操作的影响范围或时间，以最小化当其被滥用时潜在的安全风险。

4) 固件恶意访问防护，如对固件程序进行加密。

5) 固件恶意修改防护，限制修改固件的能力，如使用数字签名技术防止汽车 ECU 启动或更新时被恶意修改。

6) 网络端口、协议和服务使用应增加限制，以防止未经授权的使用。

7) 在汽车电子架构设计中使用分段和隔离技术，提升系统的边界安全性。

8) 车辆内部通信安全保护，如安全关键信息须机密、可信传输。

9) 网络攻击事件日志，使能揭示网络安全攻击或成功入侵行为。

10) 后台服务器增加访问控制，如将加密与认证技术应用于外部服务器和车辆之间的通信过程中。

11) 无线接口增加访问控制。

日本信息处理推进机构（IPA）发布了《汽车信息安全指南》（"Vehicle Information Security Guide"），定义了汽车信息安全模型（IPA Car），如图 1-42 所示，该模型梳理了可能攻击汽车系统的途径、不同汽车功能模块的信息安全对策等。

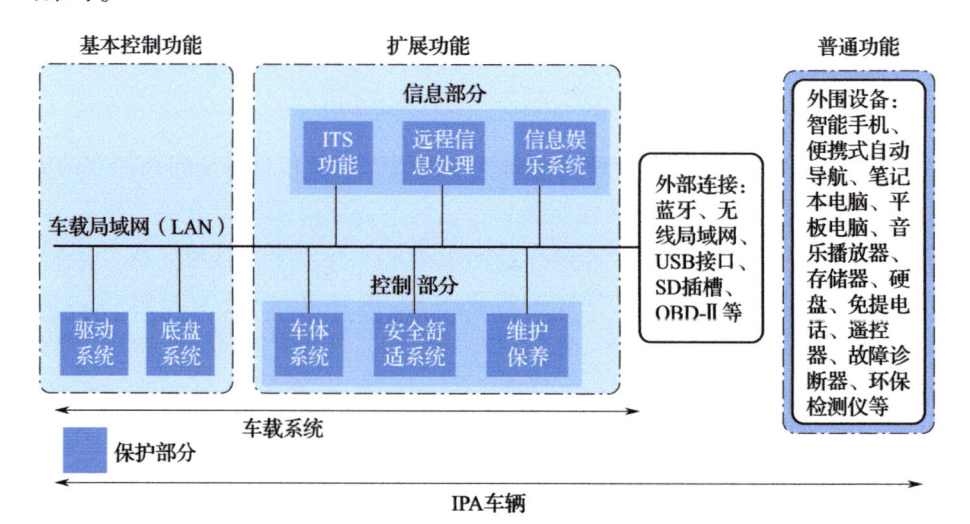

图 1-42　IPA 汽车信息安全模型

第 1 章 智能汽车网络安全概述

AUTOSAR（AUTomotive Open System ARchitecture）[48]是汽车制造商、供应商和其他来自电子、半导体和软件方面公司的联盟，旨在为汽车电气/电子构架提供一套开放的模块化、可扩展、可转换、可重用的行业标准。AUTOSAR 在版本 4.2.2 以硬件安全模块为基础，提供了密码服务层次结构，包含三个层次：密码服务管理、密码硬件抽象和密码驱动程序，如图 1-43 所示。

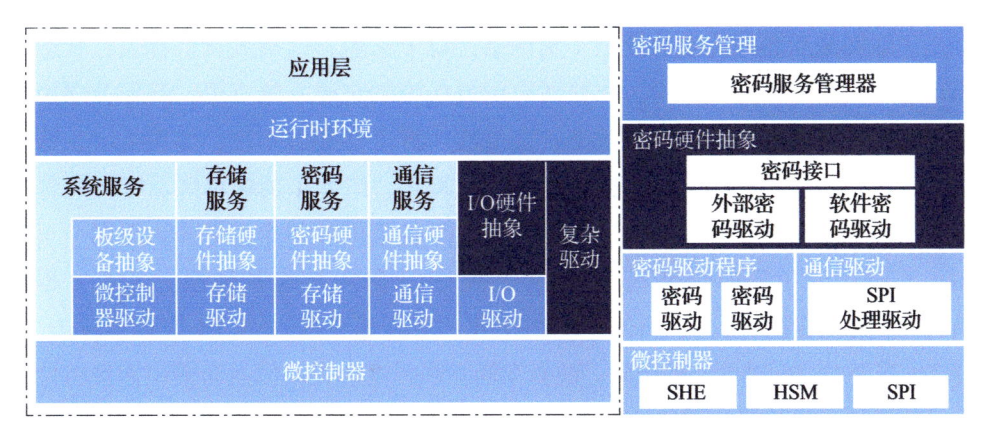

图 1-43　AUTOSAR 密码服务架构

此外，AUTOSAR 还提供了安全通信方面的功能 SecOC（Secure Onboard Communication），如图 1-44 所示。SecOC 在协议数据单元（PDU）层面为关键数据提供可行、具有资源有效特性的真实性机制。

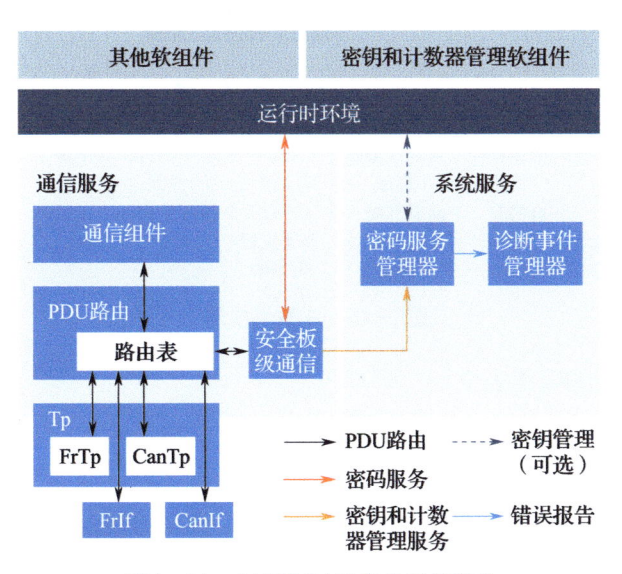

图 1-44　AUTOSAR 安全通信架构

1.5 智能汽车网络安全发展趋势与防护部署挑战

1.5.1 智能汽车网络安全的发展趋势

1. 车联网发展使得攻击种类多样化与远程化

车联网是互联网连接的复杂车辆网络，对于车辆、驾乘人员、行人、智慧城市基础设施等都必不可少，车联网应用包括智能交通系统应用、商务类应用与智慧城市应用，以提高交通效率、安全性、舒适性和娱乐性，如图 1-45 所示。车联网的发展使得攻击种类多样化与远程化，诸如车辆蠕虫病毒将影响整个交通系统中车辆与驾乘人员的安全，攻击影响范围从单个车辆扩大至同一车型甚至与云端互联的全部车辆，IoV 的网络安全性与隐私性至关重要。据 Upstream 的报告统计，从 2010 年到 2021 年的攻击事件中，84.5% 为远程攻击，15.5% 需要对目标进行物理访问。随着车辆互联程度的提高以及车辆中连接组件数量的增加，通过蜂窝网络实现对车辆的远程访问变得更加便利，远程攻击汽车的趋势将会进一步持续，同时对汽车进行物理访问以对其进行入侵的需求显著减少。

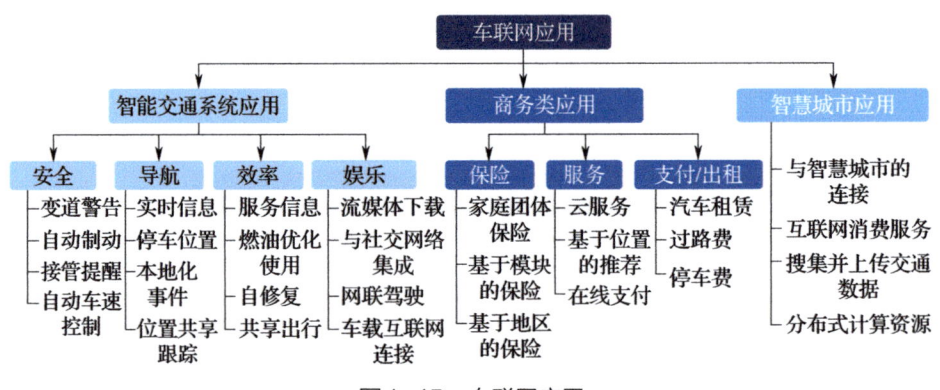

图 1-45 车联网应用

2. 人工智能的网络安全

智能和自动驾驶汽车配备了激光雷达、雷达、摄像头等多种传感器，人工智能技术被广泛应用于智能汽车中，帮助车辆实时监控其状态并感知周围的交通环境，并通过对海量感知信息的过滤和处理，进一步提高智能驾驶能力。一方面，人工智能技术能够用作车辆的网络安全解决方案，例如联网车辆生成和收集数据能够用于诊断汽车，帮助开发准确、实时的分析和异常检测功能，以识别和捕获对用户的威胁；另一方面，人工智能技术的广泛应用同时也开辟了新的攻击途径，带来新的隐私和数据保护挑战，例如基于卷积神经网络的计算机视觉系统易受到对抗性输入的影响，导致图像错误分类，将汽车分类为树或将人分类为交通标志[49]。未来，人工智能技术将持续应用于智能汽车的各个部分，为保护人工智能算法免受黑客攻击，系统设计者应从设计之初就构建人工智能方法的安全防护方案，例如在训练期间检测训练数据以避免恶意数据导致算法在推理时出现故障，如图1-46所示。

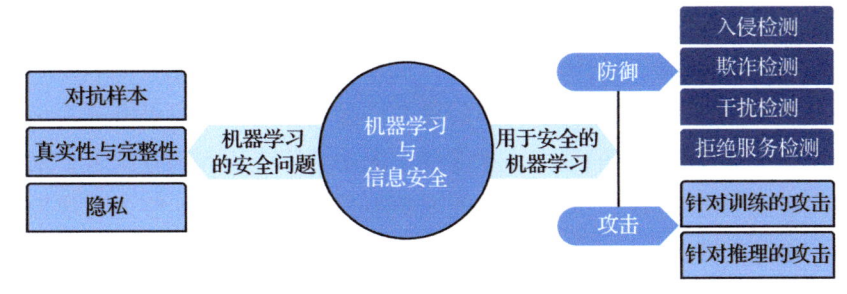

图1-46 人工智能与信息安全

3. 标准与法规助力安全防护

随着标准和法规开始生效，整车厂将协同Tier-1、Tier-2加大力度缓解法规中所涵盖的安全风险，诸如云端、通信段与车端的脆弱性保护，并采取适当的保护行为缓解汽车网络安全风险，如图1-47所示。

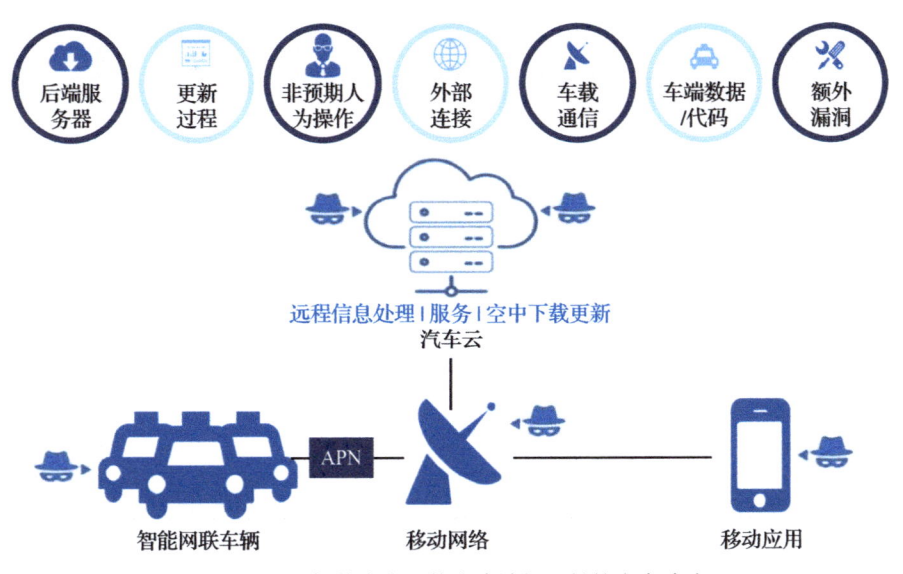

图1-47 智能汽车网络安全法规覆盖的安全威胁

1.5.2 智能汽车网络安全防护的部署挑战

1. 安全性与轻量性之间的权衡与博弈

网络安全与功能安全均是智能汽车设计时考虑的主要方面，汽车电子系统的计算和网络资源限制以及时间和安全性能需求决定了网络安全与功能安全之间的耦合与博弈关系：网络安全任务所增加的资源和时间开销影响着功能任务的实时性与时间确定性，从而会影响系统功能安全；功能安全施加的实时性和可靠性约束，影响着信息安全协议的可行参数设计，包括与可用资源匹配的密码学原语选择以及密码学原语参数选择，从而会影响网络安全，如图1-48所示。目前关于智能汽车安全防护机制的研究已经开始起步，但仍需进一步取得安全性能和资源开销方面的平衡，才能在车辆中实际应用和高效部署。未来如何设计网络安全防护措施，能够令功能安全不受到阻碍，并能够达到理想的网络安全性能是充满挑战性的[50]。

图1-48 智能汽车安全防护方案在安全性与轻量性之间权衡与博弈

一方面，已有的解决方案或是针对传统的计算机网络，或是针对如传感器网络等其他嵌入式网络，或是忽略了对系统既有控制与响应功能产生的影响，无法同时适应时间触发汽车电子系统的低资源开销、长生命周期、高安全性能和强实时性能等要求，使得难以在系统中实际应用和高效部署。因此，汽车网络安全防护方案的设计不能依赖IT领域已有的解决方案，需要充分考虑汽车电子系统的自身需求和特征，结合现有的安全模型和密码技术，研究有利于降低带宽、计算和存储资源开销以及时间开销的轻量化方法，以突破以往安全防护过程引入大量资源和时间开销的瓶颈，在满足系统原有功能可用性的前提下，实现安全防护。

另一方面，随着汽车电子系统智能化程度的提高以及信息安全防护机制的引入，其内部功能应用和安全应用的数量和复杂度、单个电子控制单元被分配的计算任务数量以及车载网络上的通信任务数量都随之激增，由于违背系统可调度性造成功能应用响应时间延迟而导致的车辆功能安全受损问题日益凸显。汽车电子系统功能任务与安全任务在资源占用与调度方面需在防护方案部署时进行权衡与博弈，以保障汽车电子系统在集成安全防护机制后，系统能够达到理想的安全性能和时间性能。

2. 满足高实时与高动态的异常检测与避免

汽车电子系统作为安全关键系统，可信任的电子组件状态，即系统内部电子组件的实时异常检测与避免，同样是保障汽车电子系统网络安全亟须解决的关键问题。当前 IT 领域的异常检测与避免策略缺乏对新威胁或变形恶意软件提供实时/即时响应能力以及安全运营中心持续监控车辆与软件更新能力，难以满足汽车行业的网络安全需求，汽车领域需引入有针对性的网络异常检测与避免方案。

然而，在汽车上部署满足高实时、高动态的异常检测系统具有挑战性：①汽车设备的计算资源和存储空间有限，限制了需要消耗大量的计算资源和存储空间的已有异常检测方案，如基于签名的异常检测方法；②异常检测系统[51]并非通用性系统，而是面向特定的系统或者特定的环境，导致现有其他研究领域中的异常检测方案无法直接应用到汽车中；③目前异常检测系统通常具有较高的误报率，尤其是基于特定的规则或基于统计的方法实现的检测，汽车中在面对未知的攻击和特殊情况时，系统应能够通过自适应的更新过程达到较低的误报率，并具备减轻攻击的能力。因此，如图 1-49 所示，针对汽车通信的动态拓扑结构稳定、实时性要求高等特点，需要实现占用更低通信负载和更小内存空间，同时具备更高可靠、高动态性的异常检测与避免。

图 1-49　智能汽车异常检测与避免

3. 人工智能模型的网络安全防护

人工智能在智能汽车中发挥着重要作用，用于道路检测、车道线检测、智能体检测、交通标志识别、语音识别、行为预测和轨迹规划等，AI 正在推动着自动驾驶的快速发展。同时，人工智能也开辟了新的攻击途径，以及带来新的隐私和数据保护挑战，据统计，AI 攻击的案例已超过 1000 件。对抗样本攻击是目前常见的人工智能攻击手段，如图 1-50 所示，利用 AI 对抗机器学习技术让白色货车"消失"，该类攻击具有迁移性，未来可能在人工智能领域变得愈加普遍。近年来，研究机构和研究人员逐步开展可信任 AI 的研究，包括可解释性、公平性、可靠性或透明性等，未来人工智能的快速发展与普及将使汽车信息安全面临全新的挑战[52]。

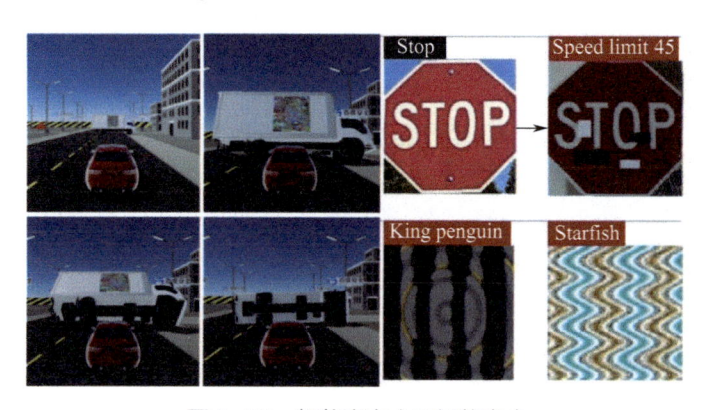

图 1-50 智能汽车人工智能安全

4. 主动与动态安全防护

网络攻击与网络安全一直以来是协同进化发展，每当新的攻击出现，新的网络安全与策略随之出现以阻止该攻击。汽车是安全关键性领域，同时具备产品周期长的特征，其网络安全防御需满足主动、动态需求，具备防御、检测与响应能力，形成汽车面向网络攻击的免疫能力。当前，如何设计网络安全方案，使其实现主动与动态防护，具有一定的挑战性。

5. 供应链繁杂

近十年，OEM 供应链产品相关的通用漏洞披露（Common Vulnerabilities and Exposures，CVE）日益增多，2021 年，与汽车行业相关的新 CVE 高达 139 个，范围涉及芯片、软件与系统等，直接威胁整车产品。制造车辆的原始设备制造商使用由一级供应商生产的数十个软件和硬件模块，这些组件由二级供应商供应给一级供应商的各种单独组件构成，每个组件的质量和安全都依赖生产商。由于漏洞和缺陷并不总是能及时解决，或者根本无法解决，只需要一个常用芯片设计中的一个缺陷就可以对数百万辆汽车造成危险的影响。因此，监督繁杂供应链中每个汽车相关产品的质量和安全至关重要，并具有挑战性。

6. 理解人类行为

制定用户和攻击者的行为模型是分析汽车网络安全威胁与评估安全风险的前提，理解和解释人类行为具有一定的难度，尤其是对于新兴的智能网联汽车领域。

7. 安全度量与评价

制定安全度量和评价标准，以在给定的运行环境中预测或确认汽车网络系统是否具备给定的安全属性，包括确定性和概率性安全度量与评价，对于车辆网络安全验证至关重要。当前，智能网联汽车领域缺乏安全度量与评价的模型和标准，来引导网络安全的评价、设计、制定和部署。

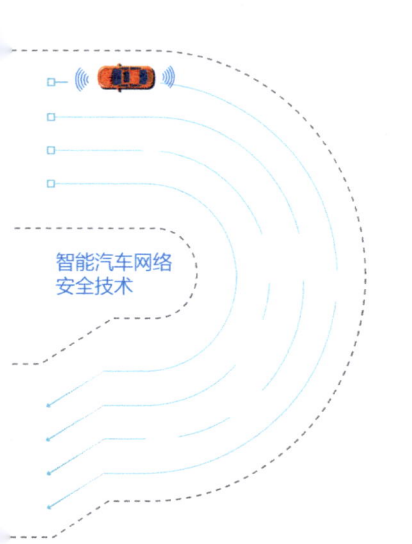

第 2 章
智能汽车网络安全范畴

随着越来越多的功能通过软件嵌入电子控制单元（Electronic Control Unit, ECU）中实现，电子驱动的创新伴随着软件和硬件缺陷和故障，以及漏洞和黑客攻击，安全性成为车辆最重要的质量属性之一，各类电子系统是网络安全重要的保护资产。此外，连接各个电子控制单元的车载通信网络以及连接车辆与外部环境的车联网则是对汽车进行网络攻击的最佳传播途径。相比于物理连接攻击汽车电子系统的方式，网络为攻击带来更大的切入点，实现了更大攻击渗透力和影响力，攻击者通过车载通信网络打通汽车的"神经"系统，从而使得恶意攻击能够通过网络加速传播。本章详细论述智能汽车网络安全范畴，涵盖汽车电子系统、车载通信网络、车联网以及汽车电子电气架构。

2.1 汽车电子系统

汽车电子系统是汽车内部控制电子系统和车载服务电子系统的总称，通常包括传感器、电子控制单元与执行机构[53]，如图2-1所示。电子控制单元通过引脚（直连/总线）读取传感器信号，进行计算，向执行机构输出计算得到的控制信号，完成相应的控制功能。控制电子系统与车内机械系统协作，包括车身舒适控制系统、发动机控制系统、底盘控制系统、自动驾驶系统等。车载服务电子系统与汽车自身的性能并无直接关联，旨在提供服务性功能，包括车载信息娱乐系统及个人设备交互信息系统等。世界上第一个汽车电子系统用来控制发动机功能，如今一辆乘用车内部具备上百个电子控制单元，彼此之间传输上千个信号，嵌入上亿行软件代码完成车内的各个功能，如图2-2所示。

2.1.1 车身舒适系统

车身舒适系统[54]是指为驾乘人员提供舒适性控制的装置，包括车内外照明

第 2 章 智能汽车网络安全范畴

控制[55]、中央门锁[56]、电动车窗、智能刮水器、无钥匙进入/启动[57]、电动座椅、胎压监控[58]、辅助加热与智能空调系统[59]等,如图 2-3 所示。

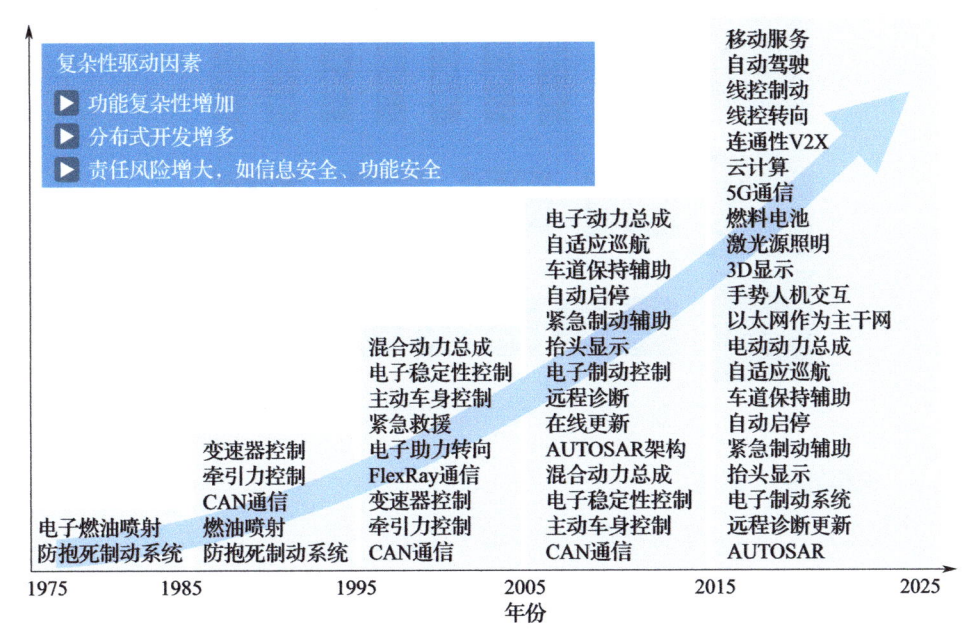

图 2-1 汽车电子系统复杂性

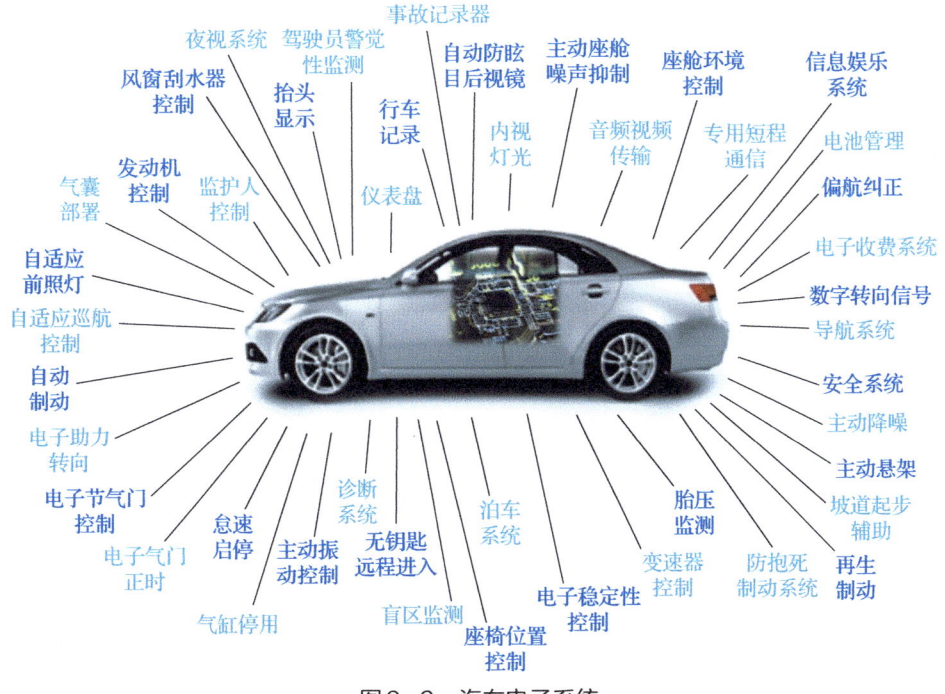

图 2-2 汽车电子系统

047

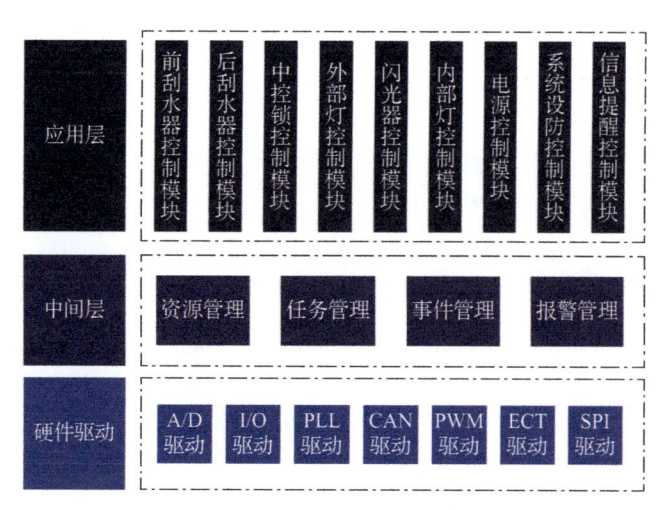

图2-3　车身舒适系统控制模块

1. 无钥匙进入系统

无钥匙进入系统是车身舒适系统中的子系统，早期的汽车信息安全攻击案例大多针对无钥匙进入系统。汽车进入/启动系统经历了多年的发展，最初的车钥匙是机械形式，随着软硬件能力的提高和通信技术的发展，汽车进入/启动系统开始使用数字信息特征或者指纹生物特征进行匹配。如图2-4所示，汽车安全与防盗最初的电子化开始于1994年的发动机防盗（Immobilizer，IMMO），恩智浦半导体将RFID的电子标签技术应用于汽车电子发动机锁，通过汽车与钥匙间的125kHz的无线通信实现电子身份识别，判断启动汽车发动机；随着人们对车辆日常操作便利性及舒适性需求的提升，遥控门禁系统（Remote Keyless Entry，RKE）被应用到汽车中，车主按键触发射频信号发送，车辆接收到信号后，判断钥匙是否与车辆匹配，根据按键进行相应的操作；2003年，恩智浦推出被动无钥匙进入系统（Passive Keyless Entry，PKE），进一步提升了舒适与便利性，当车钥匙进入车辆附近的有效范围时，自动进行身份识别，并在识别成功后执行相应的操作，当车钥匙进入车内同时发动机启动按钮被按下时，车辆能够自动检测钥匙的位置，判断是否在车内驾驶员位置，检测成功则启动发动机。近年来，智能汽车的无钥匙进入系统功能更加丰富，包括解锁开门、远程启动、空调座椅控制等，并与手机协同控制开锁、发动机启动、车窗等，同时支持车辆状态的远程查询。图2-5～图2-7为无钥匙进入系统的架构、信息流与组件，能够看出无钥匙进入功能的实现依赖于多个电子控制单元与通信链路，意味着其具备多个攻击面。

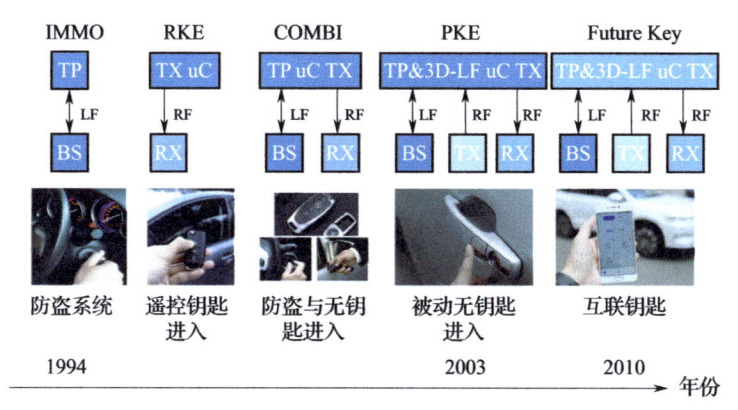

图2-4　智能汽车无钥匙进入系统演进

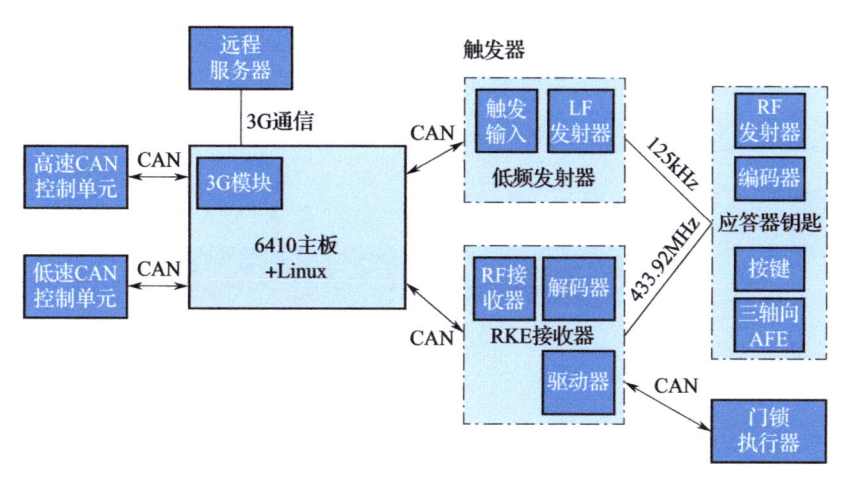

图2-5　无钥匙进入系统架构

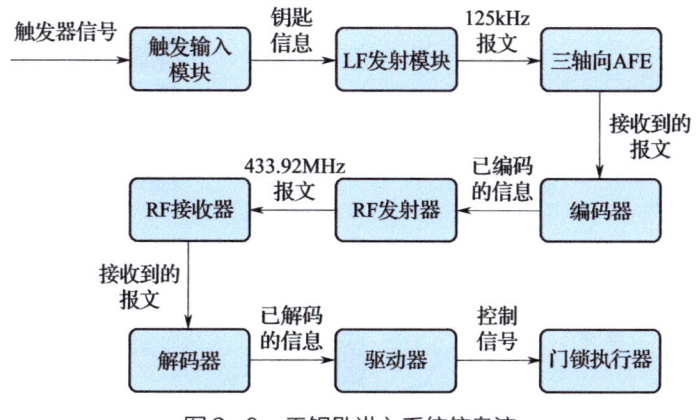

图2-6　无钥匙进入系统信息流

图2-7 无钥匙进入系统组件

2. 灯光控制系统

汽车灯光控制子系统属于车身舒适系统，当前已有面向汽车灯光系统进行网络攻击的案例。灯光控制系统根据车辆状态控制调节照明灯和信号灯，如图2-8所示，包括前照灯、雾灯、尾灯、制动灯、转向灯、行人提示灯、内

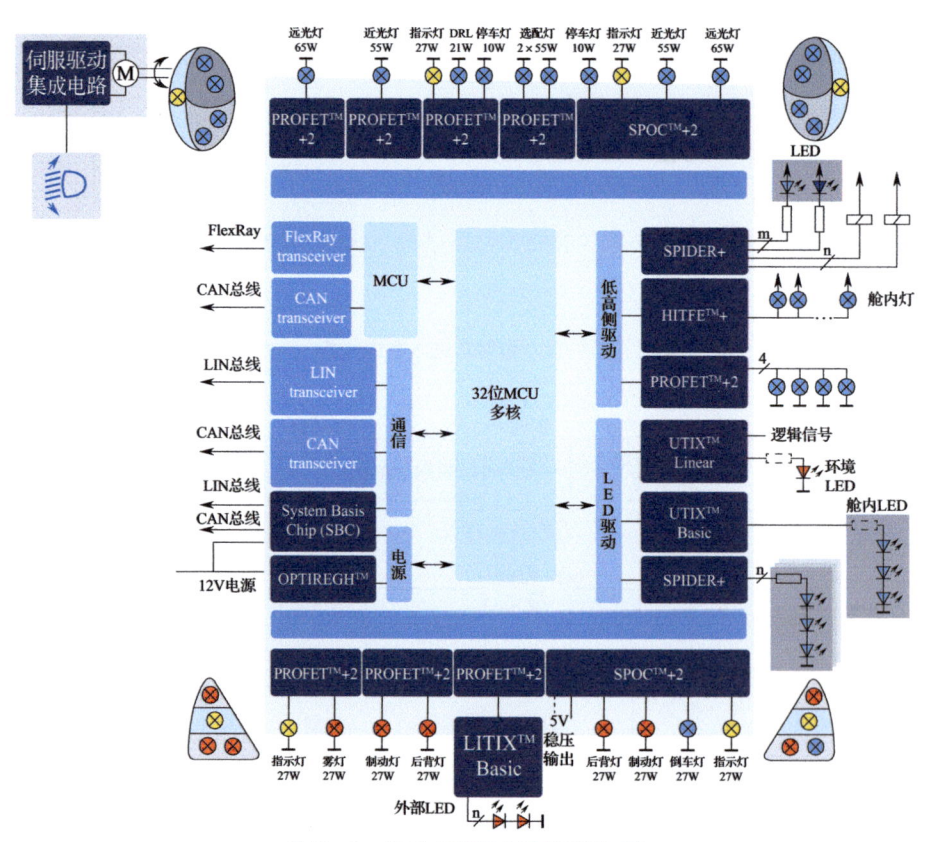

图2-8 汽车灯光控制系统架构图
来源：恩智浦。

部照明灯等。其中，主前照灯用于夜间或昏暗路面照明，一方面需要满足远处照明，同时减少刺目的眩光；另一方面需要满足交通安全的要求，兼顾两侧的照明，以便车辆顺畅安全地通过弯道。转向灯安装在车辆的两端以及前翼子板上，用于表明驾驶员转弯或改换车道意图。转向辅助灯主要用于在驾驶员打方向盘转弯时，单侧灯泡组点亮，协助行驶中的车辆照亮弯路盲区，待方向盘回正后不久，转向辅助灯关闭。近几年，随着自动驾驶技术的发展，车辆能够借助传感器信息来确定照明强度。自适应前照灯系统根据行车速度、转向角度等自动调节大灯的偏转，以便能够提前照亮未到达的区域，提供全方位的安全照明，以确保驾驶员在任何时刻都拥有最佳的可见度，如图2-9所示。

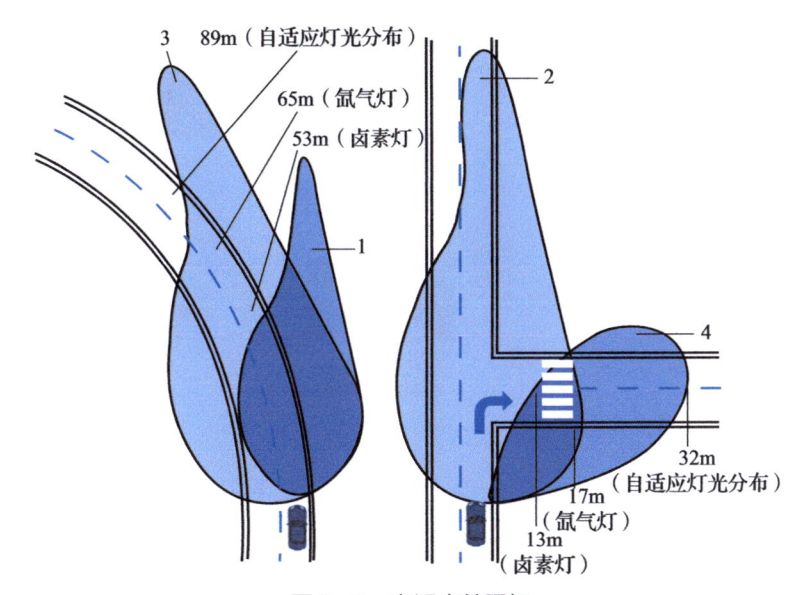

图2-9 自适应前照灯
1—弯道场景下与车身方向一致的照射区域 2—交叉道路场景下与车身方向一致的照射区域
3—弯道场景下与行进方向一致的照射区域 4—交叉道路场景下与行进方向一致的照射区域

2.1.2 底盘控制系统

汽车底盘四大电子系统主要包括传动系统、行驶系统、转向系统与制动系统。随着汽车底盘控制的电子化、智能化和网络化发展，底盘电子控制系统同时包括牵引力控制系统、电子稳定控制系统、电控悬架系统、电动助力转向系统、防抱死制动控制系统、电子制动力分配系统、电子控制制动辅助系统等。

1. 线控制动系统

线控制动系统是智能网联汽车控制执行层的必要关键技术，为智能网联汽车实现自主停车提供了良好的硬件基础,是实现高级自动驾驶的关键部件之一。系统将原有的制动踏板机械信号通过改装转变为电控信号,通过加速踏板位置传感器接收驾驶员的制动意图,产生制动电控信号并传递给控制系统和执行机构,并根据算法模拟踩踏感觉反馈给驾驶员[60]。图2-10为电子液压制动系统组件。线控制动系统的制动踏板与制动执行机构解耦,能够降低部件的复杂性,具有精确的制动力调节能力;基于线控制动系统,能够实现更高品质的防抱死制动系统、电子稳定控制系统与电子驻车制动等安全功能控制,满足先进汽车智能系统对自适应巡航、自动紧急制动、自动泊车等自动驾驶系统的要求。

图2-10 电子液压制动系统组件

2. 车身稳定性控制系统

车身稳定性控制子系统[61]利用传感器对车辆的动态状况和驾驶员指令进行监控,评价车辆实际行驶状态与驾驶员意图的误差,识别车辆不稳定状态,根据评价结果发出调整指令,通过脉冲调整车轮制动力及发动机输出转矩对车辆由于转向过多或转向不足导致的车辆失控危险工况进行自动干预,对车辆横摆力矩进行适当调整,使车辆按照驾驶员的意图行驶,改善车辆的转向响应性及侧向稳定性,如图2-11所示。

2.1.3 动力传动系统

动力传动总成电子控制系统[62]主要功能为保证汽车动力系统在不同工况下均能在最佳状态下运行,从而降低能耗、简化驾驶员的操作,提高汽车的动力

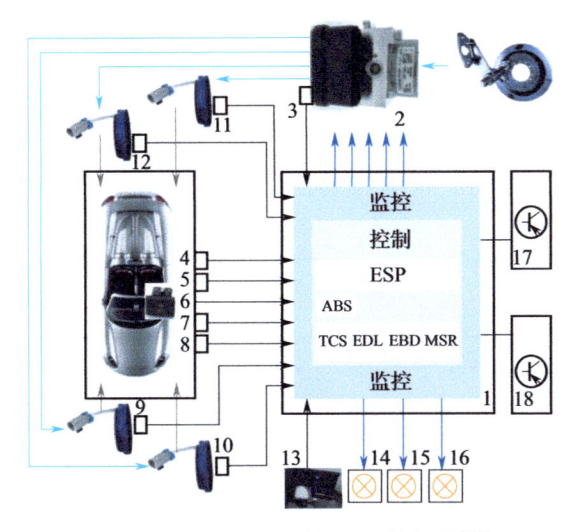

图 2-11 车身稳定性控制系统组件[63]

1—ABS 控制单元　2—液压控制　3—制动压力传感器　4—侧向加速度传感器
5—横摆率传感器　6—ASR/ESP 按钮　7—方向盘转角传感器　8—制动灯开关
9~12—轮速传感器　13—自诊断　14—制动系统警告灯　15—ABS 警告灯
16—ASR/ESP 警告灯　17—发动机控制调整　18—变速器控制调整

性、经济性、舒适性。传统汽车的动力传动总成电子控制系统主要包括发动机管理系统与自动变速器控制系统；新能源汽车的动力传动总成电子控制系统主要包括整车控制系统、驱动电机控制系统与电池管理系统。

1. 发动机管理系统

发动机管理系统[64]根据驾驶员意图调节发动机转矩、满足排放法规要求、降低油耗、提高驾驶舒适性和驾驶乐趣。系统组成部件通常包括电子节气门（调节缸内进气流量和充气效率）、燃油喷射系统（根据进气量计算并提供所需的燃油量）、点火系统（调节点火正时，点燃缸内的可燃混合气）、可变凸轮轴控制（通过改变凸轮轴正时和相位影响缸内混合气形成及混合气中新鲜空气与废气的比例）、涡轮增压（通过提高燃烧室内空气的压力，提高发动机转矩）、燃油蒸气回收系统（回收从油箱泄漏并由活性炭罐吸收的燃油蒸气）。

2. 整车控制系统

整车控制器（VCU）[65]是新能源汽车的核心控制部件，主要功能是解析驾驶员需求、监控汽车行驶状态、协调控制单元工作，如图 2-12 所示。整车控制器主要组件包括电源电路、开关量输入/输出模块、模拟量输入模块及通信模块。其中，电源模块从车载 12V/24V 蓄电池取电，开关量输入模块接收钥匙信号、档位信号、制动开关信号等；开关量输出信号主要用于控制继电器等，如水泵继电器；模拟量输入模块采集加速踏板和制动踏板开度信号及蓄电池电压信号等；通信模块负责与整车其他设备通信，如电机控制器（MCU）、电池管理系统及充电机等。

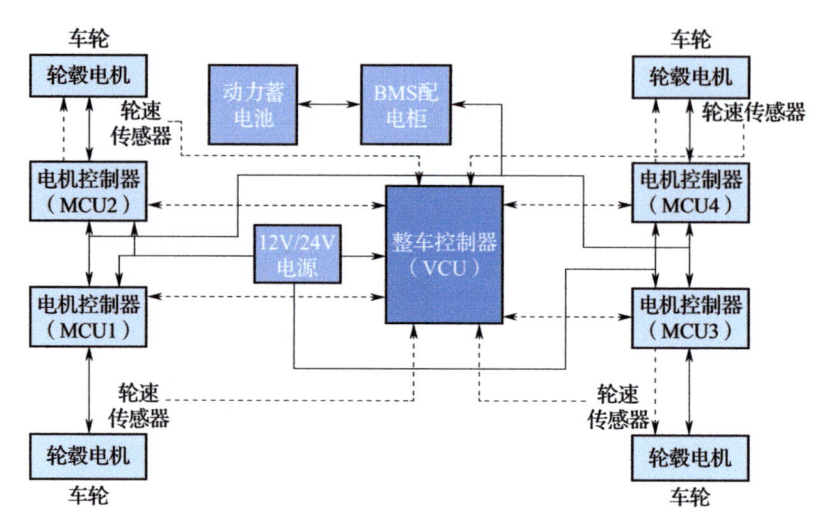

图2-12 整车控制系统组件

2.1.4 智能座舱系统

智能座舱[66]是指集成了智能化和网联化技术、软件和硬件，并能够通过不断学习和迭代对座舱空间进行智慧感知和智能决策的综合体，能够融合用户需求与情感，满足用户不同应用场景。智能座舱的主要构成包括车载信息娱乐系统、仪表显示系统、抬头显示系统、中控系统、流媒体后视镜系统、视觉感知系统、语音交互系统以及其他部件或软件。由于智能座舱同时具备内部网络与外部网络连接的通信能力，并涵盖了多种控制与服务功能，当前已成为黑客攻击的主要目标。

智能座舱的技术框架主要包括硬件层、系统软件层、功能软件层与服务层，如图2-13所示。硬件层包括座舱芯片与座舱控制器，用于为智能座舱提供基础保障与算力支撑。随着智能座舱应用场景的逐渐丰富、应用功能和性能的逐渐提升，智能座舱计算平台的计算性能需求进一步提升。座舱传感器包括摄像头、传声器、体征监测仪等，支撑未来的人机交互场景。系统软件层包括多安全等级操作系统，异构操作系统将成为未来主流方案。功能软件层和服务层包括吸烟检测、通话检测、语音交互、视线唤醒等功能。在5G、车联网与移动边缘计算、云计算技术的推动下，智能座舱采用车端－边缘端－云端协同的方案将成为未来主流发展趋势，边缘端与云端在数据计算与存储能力和实时通信能力方面互为补充，共同作为智能座舱车端的外部资源，助力突破计算和存储限制、AI 训练和成长能力、开发升级丰富多元的座舱服务。

图 2-13　智能座舱技术框架

2.1.5　自动驾驶系统

自动驾驶是指集成了智能感知、决策和控制技术的综合体，实现安全、舒适、节能、高效行驶，并最终可替代人类操作。自动驾驶主要包括环境感知与定位、智能规划与决策、协同控制与执行三大核心子系统。当前对自动驾驶系统进行网络攻击的案例主要包括面向智能传感器的欺骗以及面向人工智能算法的攻击等。如图 2-14 所示，根据自动化水平，自动驾驶可分多个等级，对应着不同的智能驾驶应用场景[1]。

环境感知与定位[67]主要是指通过摄像头、毫米波雷达、激光雷达、车联网与定位等传感器观测环境了解自己与周围环境中参与者的位置与状态。智能规划与决策[68]主要依据感知数据，依托车载计算平台规划车辆驾驶决策和驾驶路径。协同控制与执行[69]主要是通过线控系统控制车辆按照规划的路径执行行驶操作。

感知层部件主要包括激光/毫米波/超声波传感器、摄像头、V2X 通信与精准定位模块，如图 2-15 与图 2-16 所示。感知层的方案主要包括基于视觉的感知算法、基于激光雷达的感知算法以及多传感器融合算法，如图 2-17 与图 2-18 所示。

自动驾驶分级	NHTSA	L0	L1	L2	L3	L4	
	SAE	L0	L1	L2	L3	L4	L5
名称		人工驾驶	辅助驾驶	部分自动驾驶	有条件自动驾驶	高度自动驾驶	完全自动驾驶
定义		由人类驾驶员全权驾驶汽车	车辆对方向盘和减速中的一项操作系统提供驾驶，人类驾驶员负责其余的驾驶动作	车辆对方向盘和减速中的多项操作系统提供自动驾驶，人类驾驶员负责其余的驾驶动作	车辆完成绝大部分驾驶操作，人类驾驶员需保持注意力集中以备不时之需	由车辆完成所有驾驶操作，人类驾驶员无须保持注意力，但限定道路和环境条件	由车辆完成所有驾驶操作，人类驾驶员无须保持注意力
驾驶操作		人类驾驶员	人类驾驶员和车辆	车辆	车辆	车辆	车辆
盲区监测		倒车辅助	全景影像	人类驾驶员	车辆	车辆	车辆
接管		人类驾驶员	人类驾驶员	人类驾驶员	人类驾驶员	车辆	车辆
应用场景		无	限定场景				所有场景
自动驾驶系统		前向碰撞预警；后向碰撞预警；车道保持辅助；后向自动紧急制动；后方交通穿行提醒；前方交通穿行提醒；盲区监测倒车后视	自适应巡航（ACC）；自动紧急制动；车道偏移预警；全息影像	交通拥堵辅助；高速公路驾驶辅助；疲劳驾驶预警；半自动/自动泊车	高速拥堵辅助；高速驾驶；代客泊车	非结构性道路驾驶；L4自动驾驶	

图2-14　自动驾驶等级划分

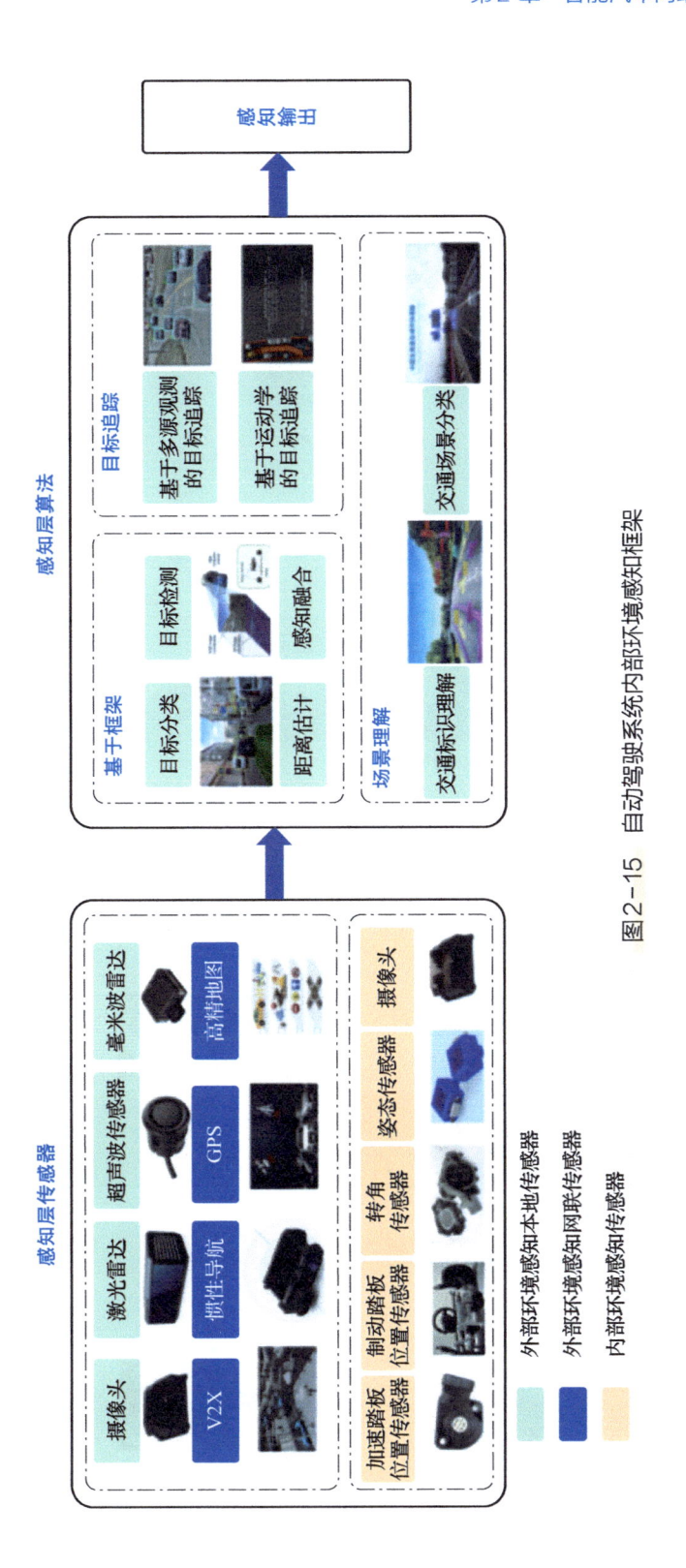

图 2-15 自动驾驶系统内部环境感知框架

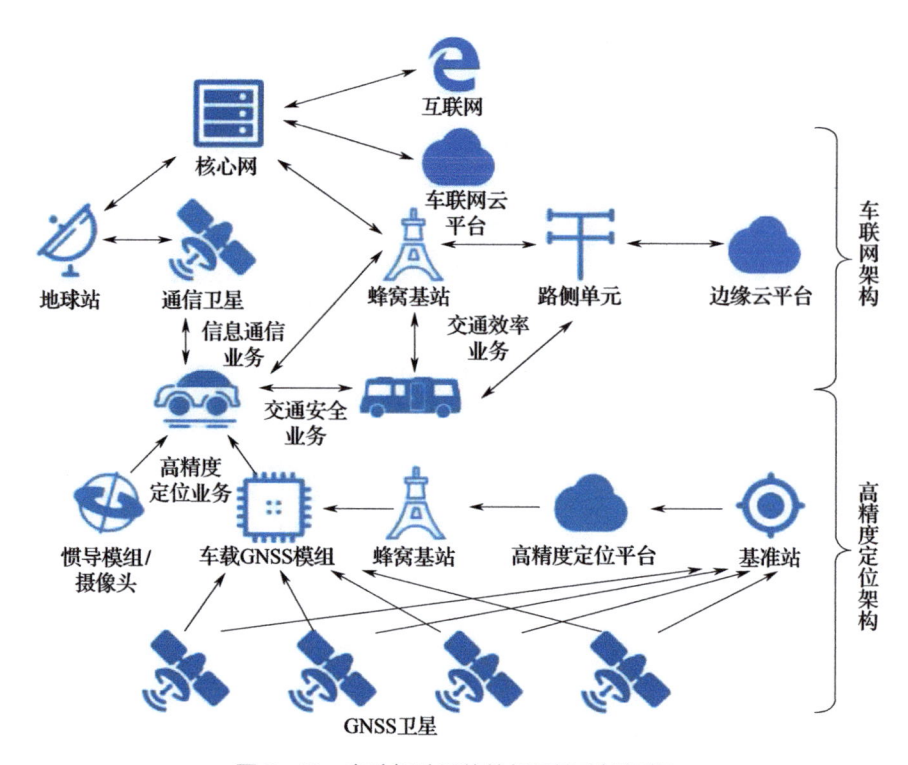

图 2-16 自动驾驶系统外部环境感知框架

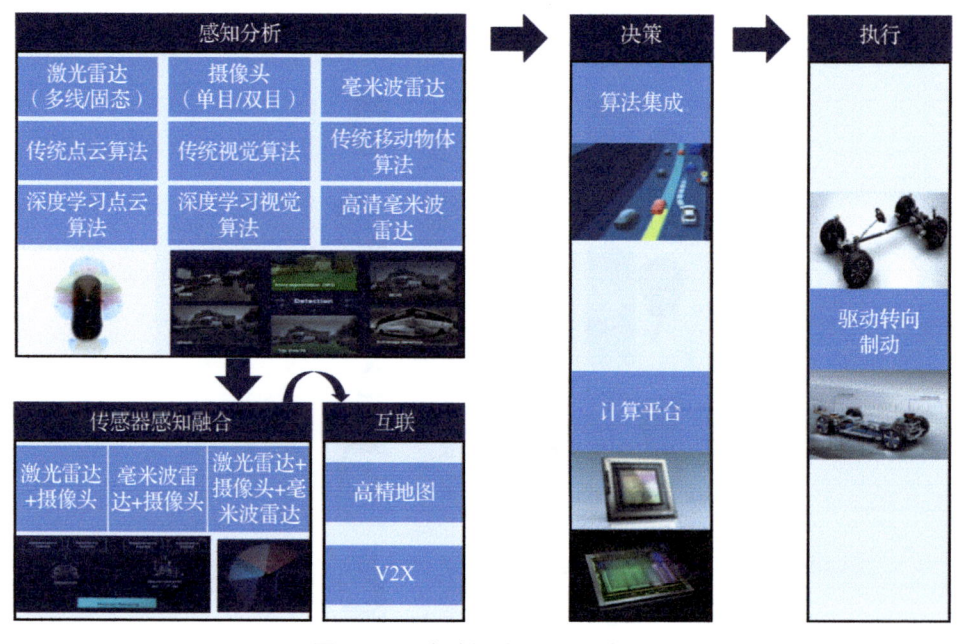

图 2-17 自动驾驶关键技术架构

图 2-18 自动驾驶系统多传感器融合算法

决策层部件主要包括中央计算平台或自动驾驶域控制器，决策层功能模块主要包括行为预测、行为决策、路径规划和运动规划，其中全局路径规划生成一条全局路径；行为决策层在接收到全局路径后，结合感知模块，做出具体的行为决策；运动规划根据具体的行为决策，规划生成一条满足特定约束条件的轨迹，该轨迹作为控制模块的输入决定车辆最终行驶路径，如图 2-19 所示。

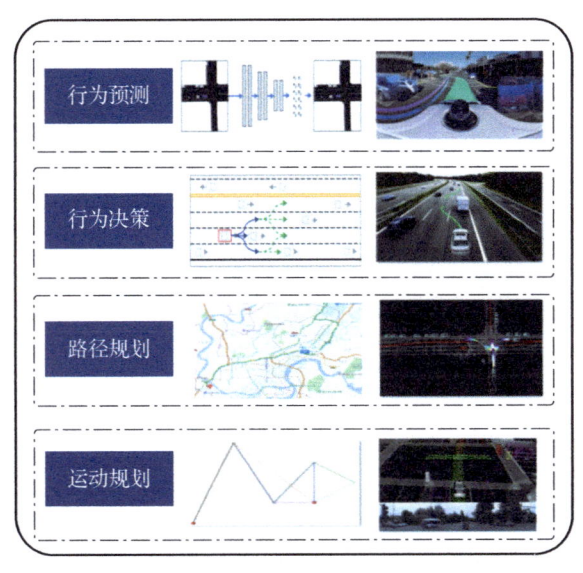

图 2-19 自动驾驶系统决策层功能模块

执行层部件主要包括整车控制器、制动和转向装置，功能为协调各个动力部件的运动，保障汽车正常行驶，如图 2-20 所示。

1. 自适应巡航控制系统

自适应巡航控制（Adaptive Cruise Control，ACC）系统[70]主动调节车辆速度与前方车辆保持安全距离，如图 2-21 所示。ACC 系统主要由雷达、电子控

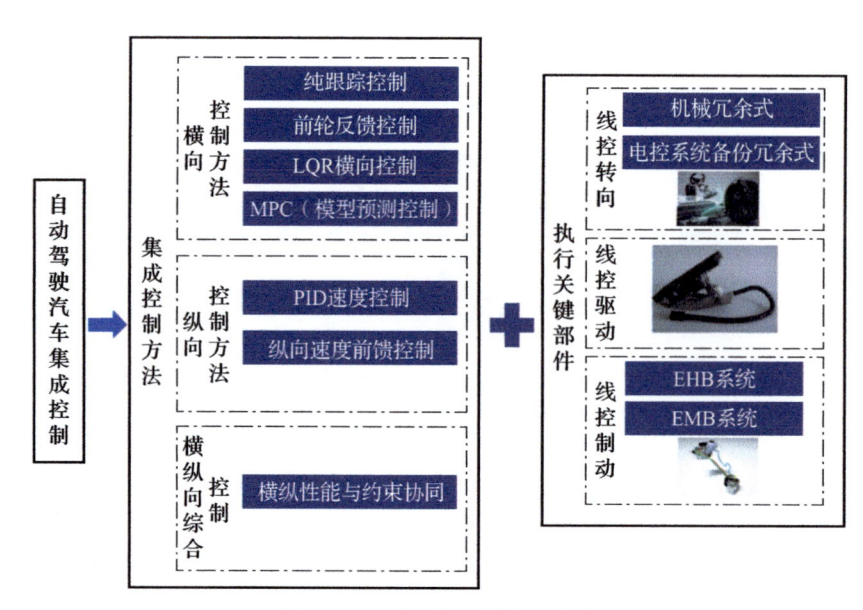

图2-20　自动驾驶执行层框架

制单元和执行器构成，雷达用于测量自车与前方车辆的车头距、相对速度、相对加速度，电子控制单元根据其内存的程序和数据对空气流量计及各种传感器输入的信息进行运算、处理、判断，输出控制指令，执行器主要用于执行 ACC 电子控制单元发出的指令，如节气门开度和制动压力。ACC 的功能需要多个辅助系统通过信号交互协同实现，包括对加速度的设定值需要通过发动机管理系统和制动系统实现，通过操作元件获得驾驶员指示信息，将提示信息通过显示元件展示给驾驶员，多系统之间的数据交换通常通过 CAN 总线实现。

2. 协同式车辆编队控制系统

协同式车辆编队控制[71]指将公路系统中的车辆组成队列，并能够按照期望的队形自动行驶，如图2-22所示。协同式车辆编队控制系统包括信息采集与融合模块、编队控制系统与车辆控制系统。信息采集与融合模块根据协同式车辆编队控制系统的要求，接收或采集 V2X 设备、毫米波雷达、摄像头、CAN 总线与定位设备的信息，对原始信息进行融合，为车辆的决策控制模块提供车辆的行驶状态信息与外部车辆的数据信息。编队控制系统根据自车与邻车的行驶轨迹参数，预测车-车轨迹交叉点，进而计算自车与邻车的接近指数，计算控制指令。车辆控制系统根据编队控制系统输出的控制指令进行相应的车辆运动控制。

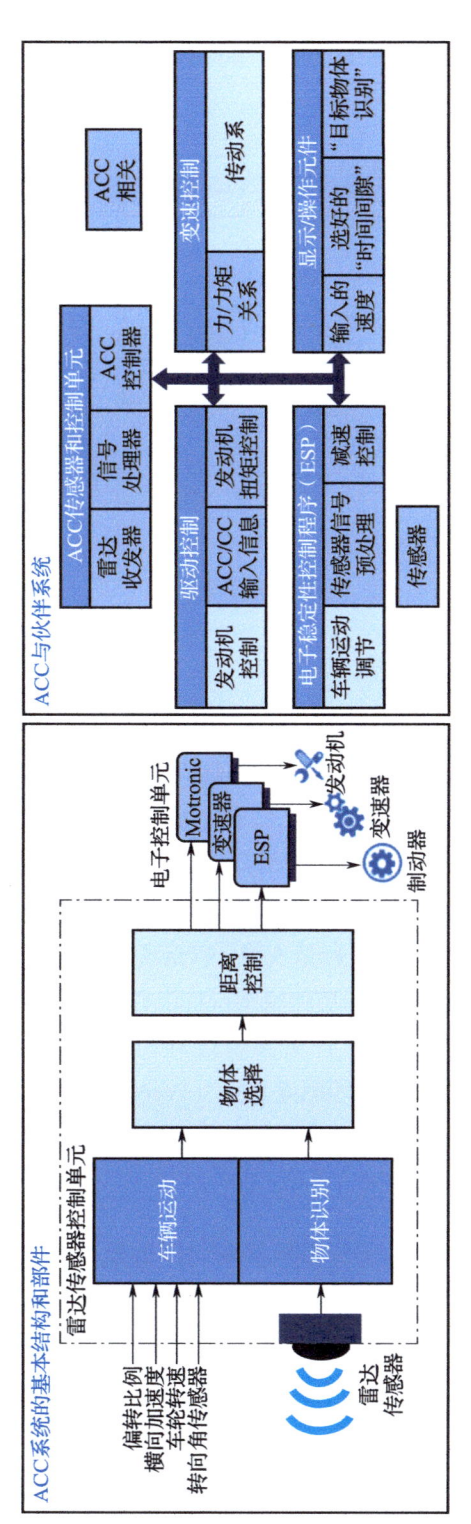

图 2-21 自适应巡航控制系统框架

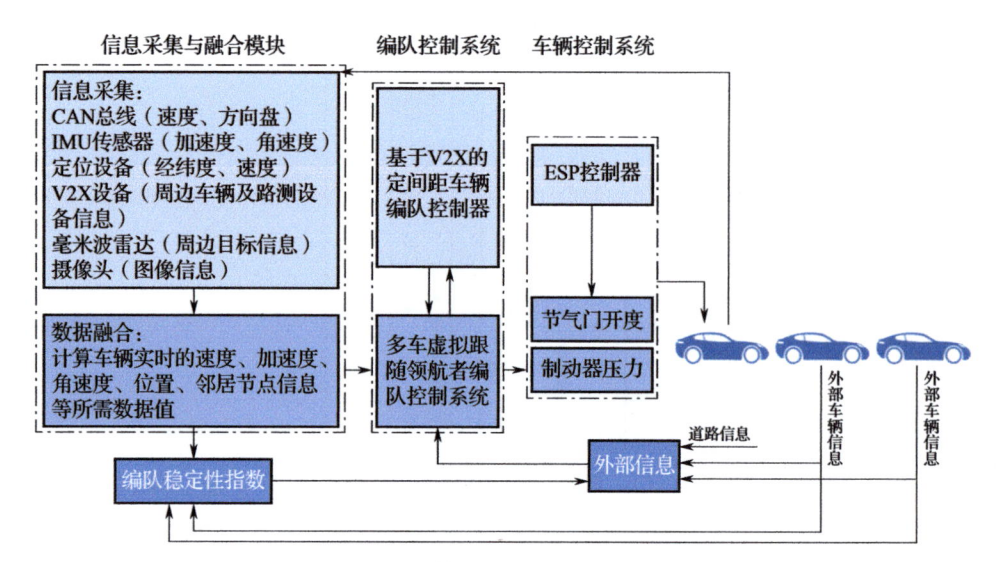

图2-22 协同式车辆编队控制系统

2.1.6 电子控制单元安全威胁

当前，ECU缺乏安全防护机制，易受到黑客攻击，如未经授权的访问、盗窃、信息泄露、影响操作等，并以此作为突破口获得车辆功能的控制权。因此，为了保护ECU免受攻击，需在ECU级别采取网络安全措施。ECU通常包括两类接口，即用户接口和调试接口，用户接口用于正常输入、输出与网络连接，调试接口用于系统内部测试、维护等特权操作。黑客将接口作为攻击向量，进行不同类型的攻击，例如监听、恶意代码植入等。攻击者访问ECU的程度是决定此类攻击程度的关键因素之一。在远程访问级别，攻击者通过车辆外部无线接口攻击ECU，而在本地访问级别，攻击者能够通过其用户与调试接口在集成电路（Integrated Circuit，IC）芯片级或印制电路板（Printed Circuit Board，PCB）级攻击ECU，见表2-1，面向ECU攻击有五种不同级别，对应不同的缓解措施[72]。

1. 通信攻击

通信攻击是由攻击者主动监听系统模块之间的通信或耗尽通道中的带宽。攻击类型包括窃听、泛洪、中间人、重放、虚假消息等攻击。缓解该类攻击的措施包括加密、身份验证和速率限制等。

2. 功能暴露

功能暴露攻击指通过接口对目标部件的弱实现的暴露功能进行攻击。这些攻击的发生主要由于设计缺陷、资源耗尽、软件和硬件错误，以及缓冲区溢出等导致的资源耗尽。缓解该类攻击的措施包括代码分析、主机异常检测、看门狗机制、防火墙等。

3. 非侵入式攻击

非侵入式攻击是一种本地访问级攻击，指通过 ECU 及其组件侧面泄露的重要信息观察系统内部行为，也称为侧信道攻击。攻击类型包括时序分析、电磁分析与光发射分析等。缓解非侵入式攻击的措施包括执行抖动、恒定时间执行和恒定功率执行。

4. 半侵入式攻击

半侵入式攻击是本地访问级攻击，攻击者通过在源电压或信号中引入尖峰或毛刺等，导致 ECU 异常行为或不平衡。缓解半侵入式攻击的措施包括使用光传感器、电源传感器或信号、信息冗余最小化攻击的影响。

5. 侵入式攻击

侵入式攻击指攻击者通过修改 PCB 或 IC 来永久更改系统设计。攻击类型包括微探测、PCB 修改与延迟等。缓解对抗侵入式攻击的措施包括采用篡改检测引脚、伪装、屏蔽和掩蔽等方法。

表 2-1 ECU 攻击类型与缓解措施

入口点	攻击类型		缓解措施
远距离	通信攻击	窃听、泛洪、重放、虚假消息	加密、身份验证、速率限制
	功能暴露	软件错误、硬件错误、资源耗尽、设计缺陷	代码分析、主机异常检测、看门狗机制、防火墙
本土化	非侵入式攻击	时序分析、电磁分析、光发射分析	执行抖动、恒定时间执行、恒定功率执行
	半侵入式攻击	局部光攻击、尖状物、小故障、信号注入、α 粒子穿透	光传感器、电源传感器或信号、信息冗余
	侵入式攻击	微探测、PCB 修改、延迟	伪装、屏蔽、掩蔽、篡改检测引脚

随着汽车电子系统向智能化、网联化方向快速发展，车主获得了更好的驾乘体验感，黑客看到了更多的攻击面，每新增一个功能便会多一个被攻击的载体，每新增一条链路则会多一个攻击切入点，机械的系统难以通过信息学攻击，但具有网联能力的电子系统能够通过信息学的手段进行攻击，第 3 章将详述汽车电子系统被黑客攻击的案例。

2.2 车载通信网络

汽车内部的各个电子系统是网络攻击的目标,而连接各个电子控制单元的车载通信网络以及连接车辆与外部环境的车联网则是对汽车进行网络攻击的最佳传播途径。相比于物理连接攻击汽车电子系统的方式,网络为攻击带来更大的切入点,实现了更大攻击渗透力和影响力,攻击者通过车载通信网络打通汽车的"神经"系统,从而使得恶意攻击能够通过网络加速传播[73]。

网络是由若干节点和连接这些节点的链路构成,表示诸多对象及其相互联系。互联网是指计算机网络与计算机网络之间所串联成的庞大网络系统,以一些标准的网络协议连接。车载通信网络用于连接电子控制单元、传感器与执行器,通过多种面向不同需求定制的网络协议,实现车内电子组件之间的信号传输。与消费电子产品所组成的网络相同,车载通信网络同样需要较低功耗、低成本等。但在网络的传输速率、实时性与生命周期方面,车载通信网络与消费电子网络不同:第一,汽车对速率的需求与用途强相关,如连接信息娱乐系统的网络速率需求要低于连接驾驶辅助系统和底盘控制系统的传输速率需求,因此汽车领域更关注网络的性能匹配网络的应用领域,并非一味追求高传输速率;第二,汽车对网络传输的实时性与时间确定性要求较高,通常传输期限为几毫秒到几十毫秒,以满足控制需求;第三,汽车网络的设计需要满足 10~15 年的车辆运行周期,不同于电子产品 2~3 年的短周期迭代;第四,汽车网络的安全性能要求高于消费电子,其故障或设计缺陷可能导致人身伤害。

2.2.1 车载通信网络发展历史

车载通信网络源于通用汽车公司 1980 年推出的点对点装配线诊断链路(Point-to-Point Assembly Line Diagnostic Link,ALDL),该网络旨在连接动力总成控制单元与工厂的装配线工具。20 世纪 80 年代中后期,许多汽车制造商采用某种形式的网络实现 ECU 到测试工具之间的通信。初期的诊断网络均在外部工具连接到车辆时启动,通信要求低于在车辆正常运行期间处于活动状态的网络。随着排放标准的日益严苛以及提高燃油经济性需求的日益增强,汽车电子的复杂性在 20 世纪 80 年代后期激增,车辆中的 ECU 数量随着时间的推移不断增加,发动机和变速器控制系统中引入了大量传感器,同时多 ECU 需要相同的传感器信息,例如发动机转速、冷却液温度等。为了防止过多的冗余传感器接线,汽车行业开始引入多路通信，旨在将多源信息组合成一个流进行传输，从此开启了实时控制系统的车载网络。20 世纪 80 年代中后期，汽车制造商相继开发了多种多路复用串行数据总线，例如通用 Class2 通信，福特 J1850PWM、克莱斯勒碰撞检测，标致、雪铁龙与雷诺车辆局域网，宝马的 I – Bus 等。

到 20 世纪 90 年代初，发达国家销售的每辆车几乎都具有某种形式的通信网络，博世的控制器局域网（CAN）已成为车载网络的第一个全球行业标准。1990 年，戴姆勒 – 奔驰出售了第一辆配备博世 CAN 总线的量产车，到 21 世纪初，CAN 总线在汽车网络领域占据了全球主导地位。CAN 总线的广泛采用表征了汽车行业从专有的、特定于 OEM 的网络解决方案向行业标准方向转变，具备行业功能清晰、兼容性增强以及低成本优势。

尽管 CAN 总线获得了汽车行业的广泛认同，但随着汽车电子系统功能的增强，其 1Mbit/s 的最大吞吐量和不确定的消息传输延迟使得该技术不适用于某些汽车功能应用。在 20 世纪 90 年代后期，由宝马、戴姆勒 – 奔驰和 OASIS Silicon Systems 开发的 MOST 网络，旨在面向车载多媒体应用，创建一个具有更高的带宽并内置的流数据同步方法的新网络，其在 2001 年作为宝马 7 系车载网络的一部分首次投入生产。同时，沃尔沃等公司面向车身和舒适系统领域的调整电动后视镜、打开和关闭门锁等简单操作，寻找更低成本、更简单的车载网络。1998 年，具备简约单线拓扑和通用异步接收器/发送器进行串行通信的 LIN 总线被行业提出，并标准化为 SAE J1602。宝马、戴姆勒-克莱斯勒、飞思卡尔和飞利浦半导体（现为恩智浦半导体）面向安全关键型控制应用，开发了通信速率更高、同时提供内置冗余和严格实时同步功能的 FlexRay 网络。2006 年，第一款配备 FlexRay 网络的汽车宝马 X5 投产，其 10Mbit/s 的传输速率、双冗余网络拓扑和同步能力，被汽车产业视为安全关键型应用的首选网络。但 FlexRay 的高实施成本导致其采用率低于预期。

随着汽车电子系统向智能化和网联化的进一步发展，其对车载网络带宽、时间确定性等提出了更高的要求，宝马等车企尝试将以太网引入汽车领域。但标准的 100Mbit/s 以太网无法满足汽车电磁兼容性（Electromagnetic Compatibility，EMC）要求，同时 4 对线缆导致线束成本较高。几年前，Broadcom 开发了一种称为 BroadR-Reach 的单对（2 线）以太网物理层，面向长距离设计，具有灵活的数据速率。借助宝马在汽车 EMC 要求领域的帮助，博通公司（Broadcom）将 BroadR-Reach 技术应用于车载应用。OPEN 联盟由博通、恩智浦半导体和哈曼公司于 2011 年成立，旨在将基于 BroadR-Reach 的以太网规范推广为汽车行业标准。2013 年，宝马首次采用以太网作为新款 X 倒车摄像头的实时通信网络。

2014年，博世和OPEN联盟推动BroadR-Reach标准化，使其成为IEEE 802.3以太网规范的一部分。为了满足汽车电子系统日益增长的传输需求，CAN总线衍生出具有灵活和更高数据传输速率的两个变体CAN-FD与CAN-XL。

未来，以太网将遍布整车各个角落，占据主导地位，FlexRay的应用将减少，MOST将完全被以太网替代，CAN-FD和CAN-XL将替代CAN，10BASE-T1S以太网可能会取代CAN或者LIN，如图2-23所示。

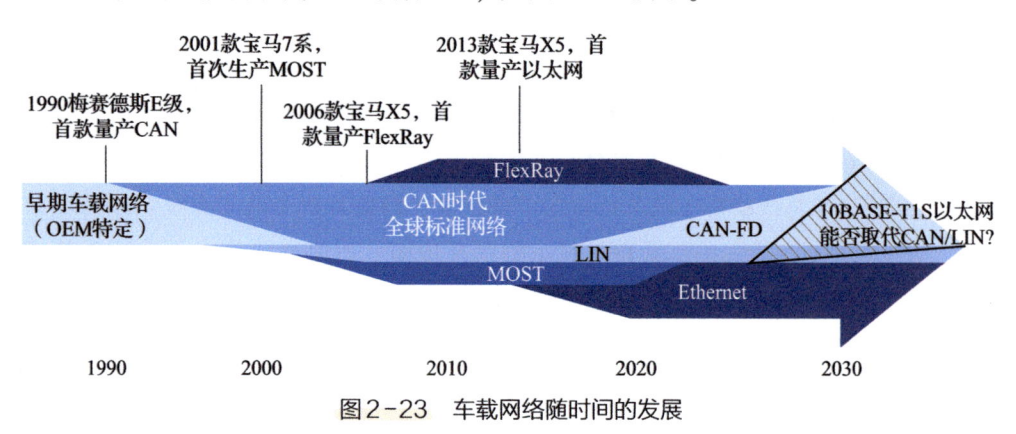

图2-23　车载网络随时间的发展

2.2.2　车载网络技术基础

1. 网络拓扑结构

网络拓扑结构指由网络节点和节点之间相互连接形成的结构关系。当将多个电子控制单元和其他感知、执行设备通过网络连接时，设备连接方式及其整体形状和结构是首要考虑的问题。拓扑是网络的决定性特征，其决定了网络设备的物理设置方式、布线方式，影响网络的设备承载数量、设备间距离以及协议的逻辑特性，如消息格式和访问方法。尽管设计人员能够为网络构建任何类型的结构，但随着时间的推移，几种基本拓扑已成为行业内的标准，包括点对点（或端口）、总线、环形和星形。

点对点拓扑即网络设备直接互联，如图2-24a所示，随着设备增加，线束呈现指数级别增长，是最为简单的网络拓扑，在早期的汽车电子系统中应用较多。

总线拓扑指将所有网络设备连接到一个共享介质上，总线设置简单，使用的电缆相对较少，不需要额外的中央连接设备，同时扩展性与可靠性能较好，增加与删减设备不影响网络其他部分的通信，如图2-24b所示。总线拓扑结构由于其优势被许多早期的局域网技术所采用，如汽车CAN和LIN网络。总线拓扑的缺点主要包括同介质导致的网络资源竞争以及单电缆故障导致整个网络崩溃的问题。随着硬件成本的降低，总线拓扑在家庭与办公网络中的应用逐渐减少，在成本敏感的汽车领域仍有较广泛的应用。

环形拓扑是另一种常见的网络拓扑，每个节点与两个相邻节点互联，数据围绕着环传输，单环结构即单向数据传输存在单点故障问题，双环结构即数据能够在两个方向同时传输，相对较为可靠，车内用于音视频传输的 MOST 网络采用了环形网络拓扑，如图 2-24c 所示。

星形拓扑是迄今为止传统计算机网络中设备连接最常见的基本拓扑结构，也是汽车以太网采用的方法。在星形配置中，设备连接到中央单元（如交换机）的各个端口，每个端口与 ECU 等设备建立独立的点对点链路，如图 2-24d 所示。由于星形拓扑为每个设备使用独立布线，解决了总线网络的资源竞争与单线故障问题。

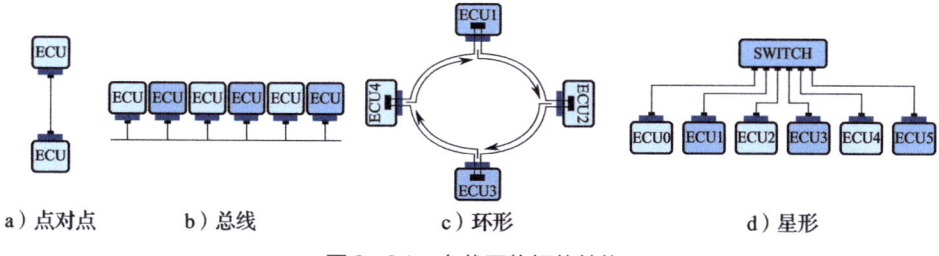

a）点对点　　b）总线　　　　c）环形　　　　　　d）星形

图 2-24　车载网络拓扑结构

2. 网络运行模式

网络的目标是提供设备之间的信息共享，共享方式取决于网络及其组成设备的运行配置方式。网络运行模式主要涉及寻址方法与访问方法。

寻址即让目标接收方识别并接收到消息。网络寻址方式主要包括以网络节点为导向的方式与以消息为导向的方式。在以网络节点为导向的方式下，数据交换基于节点的地址，数据中包含发送和接收节点的地址信息，以便接收方能够有效识别消息，以太网采用节点导向进行网络寻址。在以消息为导向的方式下，数据交换基于消息的标识（Identifier，ID），数据中包含消息标识位，接收方根据消息 ID 判断是否接收并进行处理，如图 2-25 所示。

a）以网络节点为导向的方式　　b）以消息为导向的方式

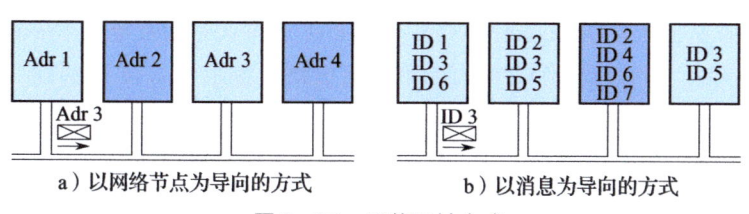

图 2-25　网络寻址方式

总线访问方法可分为时间触发与事件触发,如图 2-26 所示。时间触发属于预测方式,节点遵循提前定义的基于时间的访问方式,从而能够提前避免冲突,即时分多址,适用于车内具有强时间确定性需求的消息,如线控系统消息;时间触发总线的主要缺点为提前调度导致的低扩展性、分布式开发难协同与对异步事件响应能力较差等,优点为传输时间的高确定性与故障节点易识别性等。事件触发属于随机方式,节点在总线空闲时能够任意访问,通常采用以下几种方式避免访问冲突:载波监听、设置主从类型以及消息类型优先级,适用于车内无法预见类、时间确定性要求较低的消息传输;事件触发总线的主要缺点为随机总线占用导致的时间不确定性,优点为高灵活性、对异步事件的快速反应能力、无传输时的低负载等。

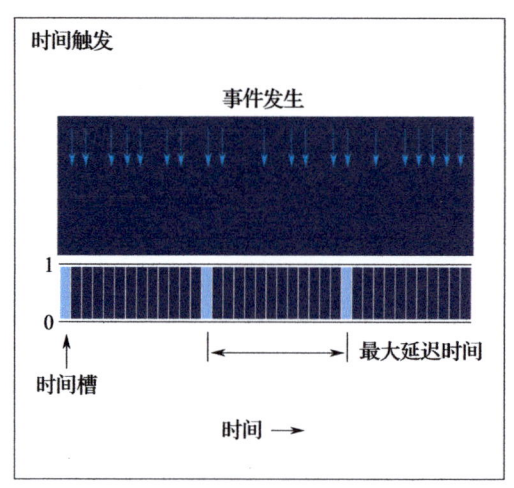

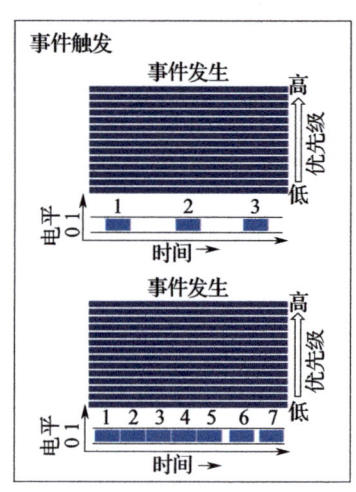

图 2-26 时间触发与事件触发总线传输特征

3. OSI 参考模型

网络技术通常根据功能和任务划分为多个层,每层包含硬件和/或软件元素,执行特定类型的任务,并与它上下的层进行交互。低层负责更为具体的任务并向较高层提供基本数据包交付等服务;高层使用服务来实现更抽象的功能,例如确保可靠的通信,或实现特定用户功能。将网络以层的方式划分旨在层间接口不变的前提下能够灵活替换与扩展。ISO 开放式系统互联(Open Systems Interconnection,OSI)参考模型[74]为不同通信协议的描述提供了基础,是网络体系结构的"通用语言"模型,如图 2-27 所示。

OSI 参考模型低层为物理层、数据链路层、网络层和传输层,其主要关注网络上数据的格式化、编码和传输,屏蔽数据的内容或数据的用途,自低向高

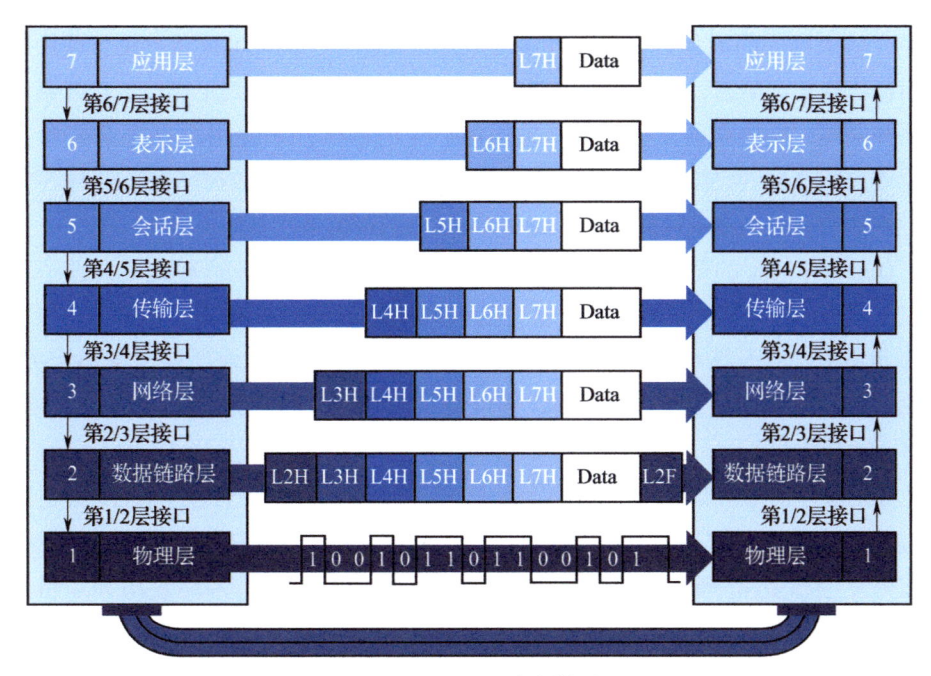

图 2-27　OSI 参考模型

从硬件过渡到软件。OSI 参考模型的高层为会话层、表示层和应用层，其主要与网络上运行的应用相关，数据传输依赖于底层提供服务，通常通过计算机的软件或微控制器等设备上的固件来实现。

OSI 参考模型中的最低层为物理层，其主要功能包括：①拓扑和物理网络设计，例如局域网（Local Area Network，LAN）和广域网（Wide Area Network，WAN）拓扑；②硬件规格的定义，如电缆、连接器、收发器、网络接口卡和其他硬件设备细节等；③编码和解码，物理层负责各种编码和解码功能，这些功能将数据位转换为可传输的信号，反之亦然。

OSI 参考模型的第二层为数据链路层，通常嵌入 LAN 标准，因此以太网、Wi-Fi 和 CAN 等技术有时被称为"第二层网络技术"。数据链路层通常在概念上分为两个子层：逻辑链路控制（Logical Link Control，LLC）和媒体访问控制（Media Access Control，MAC），其中逻辑链路控制子层主要负责建立和控制本地网络上设备之间的逻辑链接，同时充当其下方更复杂的 MAC 子层与上方网络层之间的中介；媒体访问控制子层用来管理设备，控制对共享网络媒体（例如总线）访问的过程，例如，早期以太网使用载波侦听多路访问/冲突检测（Carrier Sense Multiple Access with Collision Detection，CSMA/CD）方法进行媒体访问控制，汽车以太网则不使用共享介质。数据链路层功能主要包括：①数封装，将更高层的消息封装到将在物理层发送的帧中；②本地设备寻址，使用特定目标位置标记信息，如硬件地址或 MAC 地址，将数据传输到正确位置；③错误检测和处理，检测和纠正物理层传输可能产生的错误，如使用循环冗余校验字段；④虚拟 LAN 实施；⑤服务质量，部分服务质量功能在数据链路层实现，如音频视频桥接（Audio-Video Bridging，AVB）协议等。

OSI 参考模型的第三层为网络层，其在第二层单个网络的基础上，进一步定义了互联网络功能。网络层功能包括互联网络级寻址、路由、数据报封装、分段和重组，以及某些类型的错误处理和诊断。网络层和传输层彼此密切相关。网络层常用的协议包括 TCP/IP 协议族以及与 IP 直接相关的协议，如 IPsec、IP NAT 和移动 IP 等。

OSI 参考模型协议栈的第四层为传输层，是一个位于硬件层与软件层之间的过渡层，其主要解决不同的应用程序之间的通信。传输层的主要功能包括：①多路复用和多路分解，使用进程级地址（例如端口）进行多路复用和多路分解，②分段和重组，传输层将从更高层接收的大量数据在源设备上分段成更小的部分，同时在目标设备上重新组装分段数据；③连接建立、管理和终止，传输层面向连接的协议负责建立连接所需的信息交换；④确认和重传，传输层通常用于保证数据的可靠传输；⑤流量控制，传输层协议可用于实现流量控制功能，允许设备"限制"传输速率以处理发送方和接收方之间性能的不匹配。

OSI 参考模型中的第五层为会话层，会话层及上层主要关注软件应用问题，忽略网络实现的细节，其旨在提供在软件进程之间建立和管理会话的功能。一些会话层技术包括称为应用程序接口的软件工具集，它们为网络应用程序的程序员提供一致的服务，同时隐藏低级细节，例如消息寻址和传递。

OSI 模型的第六层为表示层，该层协议通过翻译、压缩和加密等操作任务将数据从一种表示形式转换为另一种表示形式。在许多情况下，特定网络堆栈中不需要此类功能，则转入第七层。

OSI 参考模型的最顶层为应用层，该层实现了用户为通过网络完成各种任务而执行的功能，例如，Web 浏览器应用程序使用应用层提供的超文本传输协议（HyperText Transfer Protocol，HTTP）。

在 OSI 模型中，用于传递特定协议信息的消息称为协议数据单元（Protocol Data Unit，PDU），PDU 向下传递到下一个较低层进行传输，由于该层提供处理该 PDU 的服务，因此称为下层的服务数据单元（Server Data Unit，SDU）。SDU 被封装到该层的 PDU 中，继续向堆栈的下一个较低层传输，直到到达物理层。该过程在接收方设备上相反。

传统汽车网络协议在 OSI 模型基础上进行简化与整合，通常包括物理层、通信层与应用层，其中物理层和应用层与 OSI 模型一致，而通信层则整合了数据链路层、网络层、传输层、会话层与表示层功能。

4. 消息格式

车载网络通信基于一个或一套表征传输规则的协议，每个协议都使用一种特殊的格式化方法来确定它所使用的消息的结构，如图 2-28 所示。一般而言，每条消息包含以下三个基本元素：标头（Header），放置在实际数据之前的信息，例如用于发送有关消息包含的数据以及如何解释和使用这些数据的重要信息，在某些情况下，其能够用于共享通道的管理和访问控制；数据（Data），传输的实际数据，通常被称为消息的有效载荷；标尾（Footer），用于放置在数据之后的信息，通常包含控制信息等。

图 2-28 网络消息格式

5. 时钟同步

时钟同步即所有节点具有共用的时间基，时钟同步协议主要用来确保分布式网络的准确定时和时钟同步，从而使能网络节点根据同步的时间进行信号传输，以保障信号传输的时间确定性。对于时间确定性要求高的车载电子系统而言，如底盘系统，基于同步时钟的时间触发网络协议是其实现数据交换高实时性与高时间确定性的基础。时钟同步标准主要包括 IEEE 802.1AS-2011[75]桥接局域网中时间敏感应用的定时和同步（gPTP）、IEEE 802.1Qat-2010[76]虚拟桥接局域网流预留协议以及 IEEE 802.1Qav-2009[77]虚拟桥接局域网时间敏感流的转发和排队增强功能。

6. 网络性能

车载网络的性能度量通常包括速度、带宽、吞吐量与延迟。速度指特定网络的速度等级，即一个时间单位传输的数据量，如以太网速度为 100 Mbit/s。带宽指网络使用的频带宽度，即数据容量的理论测量。吞吐量指在给定时间段内流过通道的数据量。延迟衡量了从发出数据请求到包含该数据的响应到达所花费的时间，该术语也普遍用于表示网络系统节点对待接收数据的时间冗余，延迟性能对于强实时应用较为重要，重要程度甚至高于带宽，如流式音频和视频、交互功能以及车辆不同组件的实时控制。图2-29示意了不同系统的实时性要求。汽车电子系统对车载网络服务质量的要求还包括带宽预留、延迟最大值、流量优先级和整形以及拥塞限制。与传输文件或消息等常规应用程序相比，服务质量对于多媒体等专业应用程序更为重要。图2-30示意了实际控制系统信息传输延迟。

出于多种原因，在实践中网络通常难以达到理论性能，如网络开销、外部性能限制和网络配置问题等。开销问题意味着并非所有可能的网络容量都可用于数据，部分容量用于数据标头和标尾等用于发送控制信息的传输，网络协议每个级别都存在类似开销，通常损失10%的网络容量。外部性能限制如高电磁干扰造成数据损坏导致重新传输，从而降低整体性能，同时多链路构成的复杂网络性能受限于其瓶颈链路的性能。网络配置问题包括错误配置的硬件或软件以及各种故障、劣质布线等，同样会造成网络性能的降低。上述通过网络优化设计能够有所缓解。

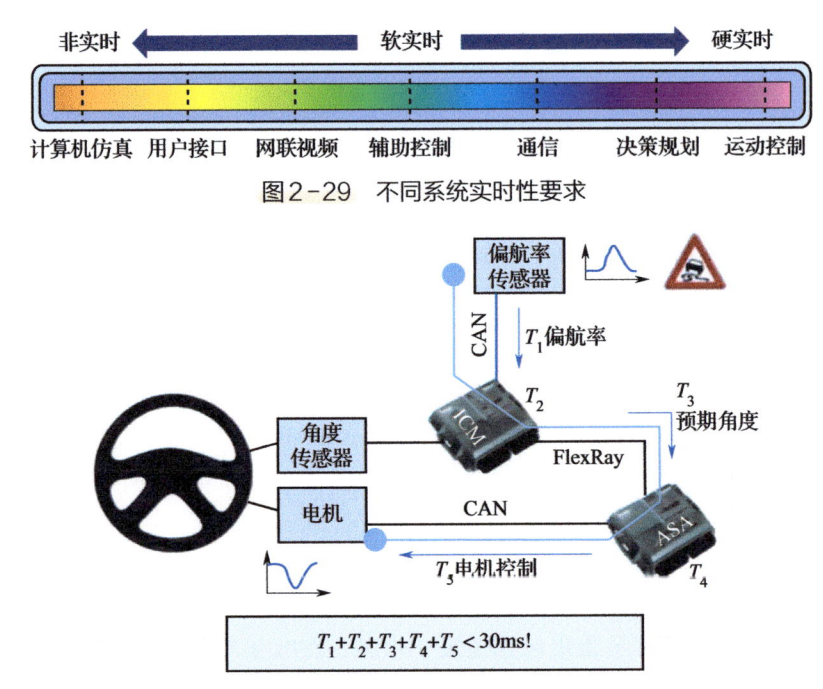

图2-29 不同系统实时性要求

图2-30 实际控制系统信息传输延迟

$T_1+T_2+T_3+T_4+T_5<30\text{ms}!$

2.2.3 车载通信网络概述

当今汽车内部常用的通信网络特征见表2-2，其中CAN总线主要用于传输动力传动与底盘控制系统中的车辆运动信息，如车速、发动机转速、方向盘转角等，该类信息的特征为数据长度小、实时性要求高；LIN 总线主要用于传输车身舒适系统中的车灯控制、空调控制与座椅调节信号等，该类信息的特征为数据长度小、实时性要求低；FlexRay 总线主要用于传输线控底盘系统中的驱动、转向与制动控制信息，该类信息属于安全关键性信息，对带宽、实时性和时间确定性的要求较高；MOST 总线主要用于音视频信息的传输，该类信息的特征为带宽需求高、安全性需求低、实时性需求适中；车载以太网主要用于智能座舱娱乐信息以及智能驾驶系统的感知决策信息传输，座舱娱乐信息主要包括音视频数据，传输需求为高带宽，智能驾驶信息如图像和点云数据，传输需求为高带宽、高安全、高实时以及高时间确定性，面向座舱应用车载以太网扩充了 AVB 协议，面向驾驶应用车载以太网扩充了时间敏感以太网（Time-Sensitive Network，TSN）协议，未来汽车以太网将成为汽车内部的骨干网络，支撑各个子系统之间的信息传输。

表 2-2 车载总线网络

网络	CAN-C 高速 CAN	CAN-B 低速 CAN	LIN	TTP
英文名称	Controller Area Network	Controller Area Network	Local Interconnect Network	Time-Triggered Protocol
总线类型	传统总线	传统总线	传统总线	传统总线及光缆
工作范围	动力系统	舒适系统	舒适系统	安全相关网络
应用场合	发动机控制、驱动系统及 ABS/ESP 组成的网络	车身及舒适电子系统组成的网络	在舒适电子系统上为现有的 CAN 总线等网络提供低成本的扩展	与安全相关的系统组成的网络，如制动转向、铁路道岔或飞机骨架
应用最多的拓扑	总线型	总线型	总线型	星形拓扑
数据传输速率	10kbit/s~1Mbit/s	最大 125kbit/s	最大 20kbit/s	没有规定，通常为 10Mbit/s
最大节点数量	10 个	24 个	16 个	没有规定
控制算法	事件触发	事件触发	时间触发	时间触发
导线种类	铜线（双绞线）	铜线（双绞线）	铜线（单线）	铜线（双绞线）
使用范围	所有车辆	所有车辆	所有车辆	高级汽车、飞机和铁路控制系统
标准	ISO 11898	ISO 11519-2	LIN-Konsortium	TTAgroup
SAE 分类	C 类	B 类	A 类	Drive-by-Wire

(续)

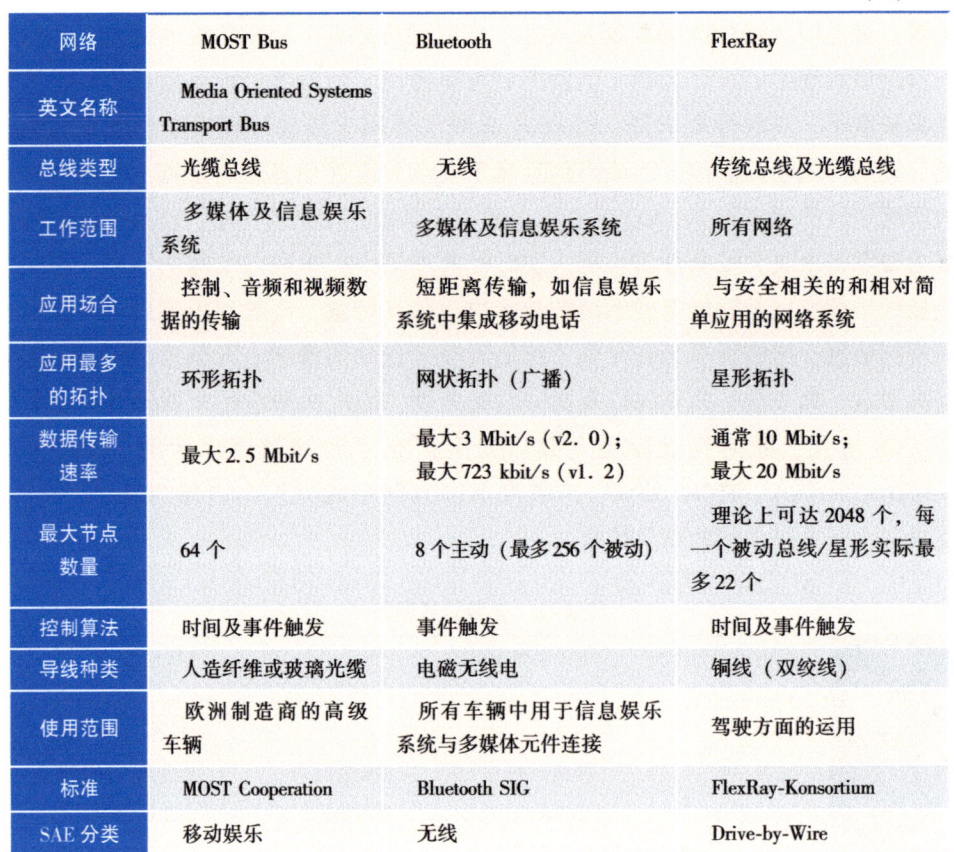

网络	MOST Bus	Bluetooth	FlexRay
英文名称	Media Oriented Systems Transport Bus		
总线类型	光缆总线	无线	传统总线及光缆总线
工作范围	多媒体及信息娱乐系统	多媒体及信息娱乐系统	所有网络
应用场合	控制、音频和视频数据的传输	短距离传输，如信息娱乐系统中集成移动电话	与安全相关的和相对简单应用的网络系统
应用最多的拓扑	环形拓扑	网状拓扑（广播）	星形拓扑
数据传输速率	最大 2.5 Mbit/s	最大 3 Mbit/s (v2.0)；最大 723 kbit/s (v1.2)	通常 10 Mbit/s；最大 20 Mbit/s
最大节点数量	64 个	8 个主动（最多 256 个被动）	理论上可达 2048 个，每一个被动总线/星形实际最多 22 个
控制算法	时间及事件触发	事件触发	时间及事件触发
导线种类	人造纤维或玻璃光缆	电磁无线电	铜线（双绞线）
使用范围	欧洲制造商的高级车辆	所有车辆中用于信息娱乐系统与多媒体元件连接	驾驶方面的运用
标准	MOST Cooperation	Bluetooth SIG	FlexRay-Konsortium
SAE 分类	移动娱乐	无线	Drive-by-Wire

1. LIN

（1）总线特点　LIN 总线专门为传输非安全关键和时间关键性消息设计，例如车辆加热、冷却系统、车灯、车锁、天窗与空调控制等信号。LIN 总线拓扑为多点线性结构，每个网络由一个主节点和多个从节点构成，典型的 LIN 总线最多支持 16 个从节点，40m 的总线长度。物理层是由单铜线构成的，成本较低，其能够接收两种逻辑状态，显性电平为 0V，被称为逻辑 0，隐性电平为电源电压，被称为逻辑 1。考虑到从节点同步与电磁干扰等问题，LIN 总线的数据传输速率较慢，最高为 20 kbit/s，最低为 1kbit/s，电平变化速率为 1~3V/μs。LIN 总线通过主从方式实现总线访问控制，每一个消息帧由主节点发起，从节点响应，包括几种方式：①从节点响应，主节点向一个或多个从节点发送消息，请求数据，例如开关状态；②主节点命令，主节点向从节点发送控制指令，例如接通执行电机；③主节点发起两个从节点之间的通信，由于信息传输完全受主节点控制，从而无需额外的网络仲裁和冲突处理机制。图2-31展示了LIN总线在车内用于车身系统的实例。

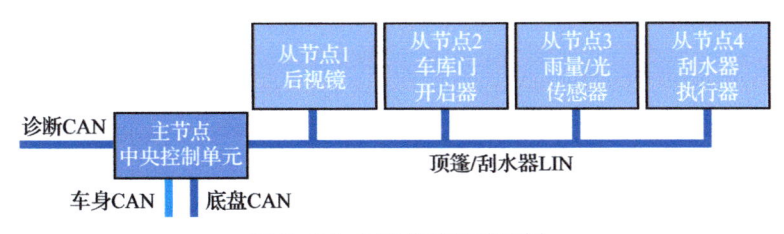

图2-31　LIN总线拓扑实例

LIN总线的数据帧如图2-32所示，包括报文头、数据域与报文尾。报文头包括用于标识报文开始的同步间隔域、用于主从节点同步的同步域以及用于内容寻址的标识符。从节点根据标识符判断是否响应报文，以及是否在报文的数据域内发送数据作为应答。数据域包括最多8个字节的实际传输数据以及每个字节前后各1位的同步。报文尾包括8位数据域的校验和，以保障数据传输的正确性。

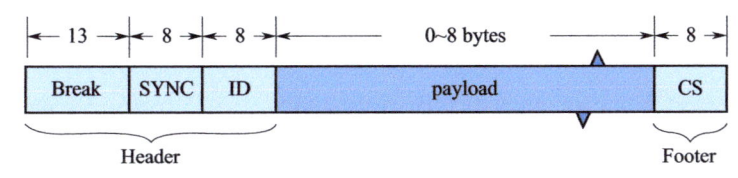

图2-32　LIN总线数据帧格式

（2）总线应用实例　基于LIN总线通信的远程车门开启实例如图2-33所示，系统包括网关节点、车门控制主节点与四个从节点。网关节点负责接收远程控制信息，车门控制主节点负责接收从网关发来的数据，同时转发给需要执行开或关车门指令的从节点，从节点执行相应的车门控制指令并发送返回信息给主节点，数据定义方式见表2-3。

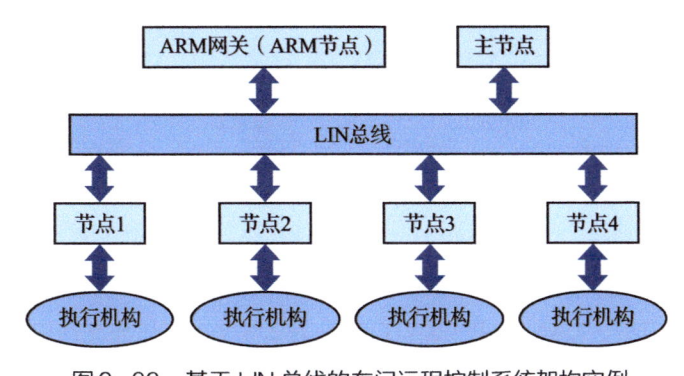

图2-33　基于LIN总线的车门远程控制系统架构实例

表 2-3 LIN 总线数据定义实例

故障命令	0x01	0x02	0x03	0x04	0x05	0x06	0x07	0x08
0x0a	前左车门开	前左车门关	正确执行开门命令	正确执行关门命令	ECU失效或LIN总线失效	ECU正确、执行机构失效	ECU运行中失效或线路运行中故障	执行机构运行中失效
0x0b	前右车门开	前右车门关	正确执行开门命令	正确执行关门命令	ECU失效或LIN总线失效	ECU正确、执行机构失效	ECU运行中失效或线路运行中故障	执行机构运行中失效
0x0c	后左车门开	后左车门关	正确执行开门命令	正确执行关门命令	ECU失效或LIN总线失效	ECU正确、执行机构失效	ECU运行中失效或线路运行中故障	执行机构运行中失效
0x0d	后右车门开	后右车门关	正确执行开门命令	正确执行关门命令	ECU失效或LIN总线失效	ECU正确、执行机构失效	ECU运行中失效或线路运行中故障	执行机构运行中失效

2. CAN

(1) 总线特点　CAN 总线在车内的应用较为广泛，高速 CAN 的数据传输速率为 125 kbit/s ~ 1 Mbit/s，适用于动力传动系统的数据传输，如发动机、变速器、行驶稳定系统和组合仪表等系统之间的通信；低速 CAN 的数据传输速率为 5 ~ 125 kbit/s，适用于车身舒适系统的数据传输，如空调、座椅、车窗、车灯、车镜和导航系统之间的通信，此外 CAN 总线还支持诊断功能，较多攻击案例将 CAN 总线的诊断功能作为切入点实现恶意攻击。

CAN 总线的拓扑主要包括总线拓扑和星形拓扑。CAN 网络节点包括微控制器、CAN 控制器与 CAN 收发器，其中微控制器用来运行应用程序，CAN 控制器负责管理消息的发送与接收，将需要传输的二进制数据转换为数据传输所需的位电流，并将位电流通过引脚传输到 CAN 收发器中，CAN 收发器负责将信号增强，产生差分数据传输所需要的电平，并将增强后的位电流以串行方式发送到总线上（CAN_H 和 CAN_L），如图 2-34 所示。CAN 总线有显性和隐性两种逻辑电平状态，显性电平表示二进制 0，隐性电平表示二进制 1，总线采用非归零码，常用双线传输，即分别作为 CAN_H 和 CAN_L 使用。高速 CAN 和低速 CAN 采用不同的电平传输显性和隐性逻辑状态，如图 2-35 所示，高速 CAN 在传输隐性状态位时，CAN_H 和 CAN_L 电平为 2.5 V，在传输显性电平时，CAN_H 和 CAN_L 的电平分别为 3.5 V 和 1.5 V；低速 CAN 在传输隐性状态位时，CAN_H

和 CAN_L 的电平分别为 0 V 和 5 V，在传输显性电平时，CAN_H 和 CAN_L 的电平分别为 3.6 V 和 1.4 V。为了保障信号传输的正确性，CAN 标准 ISO 11898 定义了推荐总线长度：1 Mbit/s 总线长度规范值为 40 m，500 kbit/s 总线长度最大值为 250 m，125 kbit/s 总线长度为 500 m，40 kbit/s 总线长度最大值为 1000 m，在不采取额外措施的前提下，CAN 总线节点数量上限为 32 个。

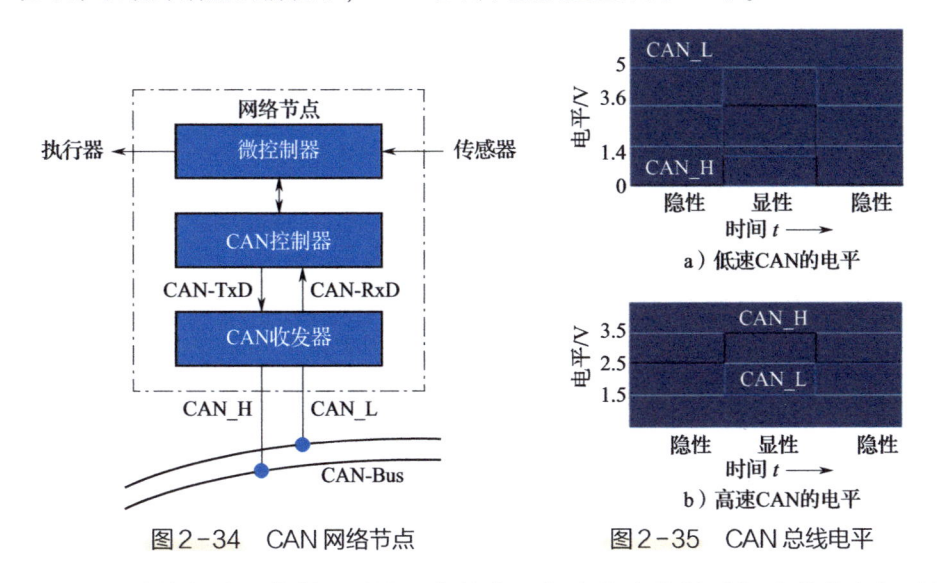

图 2-34 CAN 网络节点

图 2-35 CAN 总线电平
a）低速 CAN 的电平
b）高速 CAN 的电平

CAN 总线的访问控制无需设置主节点，每个节点能够随机在总线空闲时传输报文，当总线冲突时，通过"线与"仲裁机制令高优先级报文先传输。CAN 总线采用面向内容的地址编码，CAN 报文通过唯一的标识符进行地址编码（CAN 2.0A 采用 11 位标识符，CAN 2.0 B 采用 29 位标识符），系统灵活性较高。仲裁机制令显性位覆盖隐性位，即具备最低标识符的节点具备最高优先级，丢失仲裁的节点在总线空闲后重新传输报文，因此 CAN 消息标识符的设置与整个网络系统的实时性能密切相关，在时间与安全关键型的分布式汽车电子系统中，基于最坏响应时间的 CAN 标识符优化分配至关重要。同时，较多黑客利用 CAN 总线仲裁机制进行总线拒绝服务攻击。

随着汽车系统对内部网络传输带宽需求的增加，CAN 总线发展了具有灵活和更高数据传输速率的两个变体：CAN FD 与 CAN XL。CAN、CAN FD 与 CAN XL 总线的报文帧如图 2-36 所示，包括报文头、数据域与报文尾。CAN 的数据域长度最大为 8 个字节，CAN FD 为 64 个字节，CAN XL 为 2048 个字节。CAN 总线没有固有统一时间基，但仍然是非常受欢迎的车载网络，相对成本较低，有潜力作为控制域的骨干网，适合传输控制类的信号。

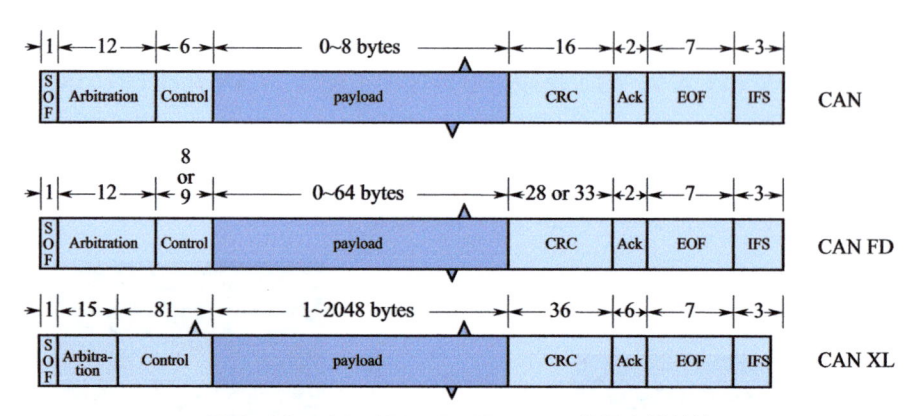

图2-36 CAN/CAN FD/CAN XL 的报文帧结构

（2）总线应用实例　基于 CAN 总线通信的远程车身控制系统架构如图2-37所示。车端系统包括网关节点与车身控制主节点，网关节点负责接收远程控制信息，车身控制主节点负责接收从网关发来的数据，执行相应的车身控制指令并发送返回信息给主节点，数据定义方式见表2-4，系统实例如图2-38所示。

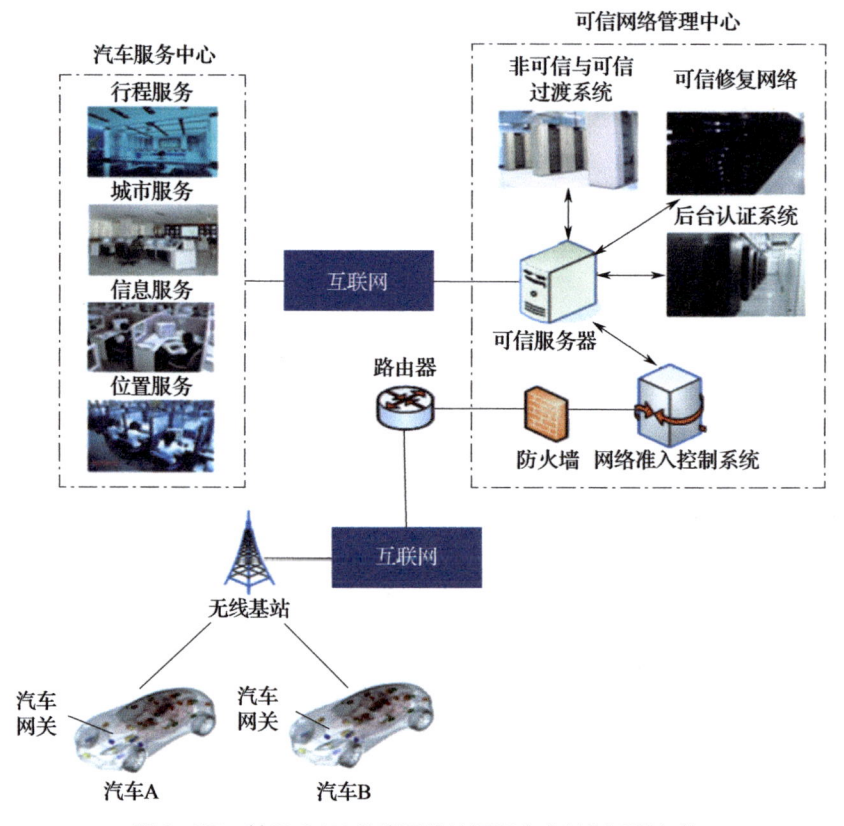

图2-37　基于 CAN 总线通信的远程车身控制系统架构

表 2-4 CAN 总线车灯控制数据定义实例

报文名称	报文标识符 (ID.20~ID.13,其余位为0)	报文数据域 (1 个字节)	控制动作
制动灯信号	0000 0001（01H）	FFH	制动灯点亮
		00H	制动灯关闭
倒车灯信号	0000 0010（02H）	FFH	倒车灯点亮
		00H	倒车灯关闭
应急灯信号	0000 0100（04H）	FFH	应急灯点亮
		00H	应急灯关闭
右转向灯信号	0000 1000（08H）	FFH	右转向灯闪烁
		00H	右转向灯关闭
左转向灯信号	0001 0000（10H）	FFH	左转向灯闪烁
		00H	左转向灯关闭
近光灯信号	0010 0000（20H）	FFH	近光灯点亮
		00H	近光灯关闭
远光灯信号	0100 0000（40H）	FFH	远光灯点亮
		00H	远光灯关闭
雾灯信号	1000 0000（80H）	FFH	雾灯点亮
		00H	雾灯关闭

图 2-38 基于 CAN 总线通信的远程车身控制系统硬件实物

3. FlexRay

（1）总线特点 FlexRay 是时间触发网络协议，旨在满足当今汽车行业不断增加的车载实时控制应用对内部网络的一些核心需求，包括确定性的通信机制、更高的通信速率、更灵活的数据通信、更全面的拓扑选择和容错运算。FlexRay 的最大传输速率为 10 Mbit/s，在使用双通道非冗余传输时，能够达到的最大传输速率为 20 Mbit/s。FlexRay 的网络拓扑支持点对点、总线型与星形拓扑,非主动星形拓扑支持的节点数量最多为 22 个,线束长度最大为 24 m。

FlexRay 的硬件单元如图 2-39 所示,主要包括主处理器、通信控制器、各通道的总线驱动器以及一个可选的总线监控器,其中主处理器用来运行应用程序,通信控制器负责执行 FlexRay 总线协议数据链路层的各种工作,如完成节点的时间同步、制定通信调度表以及将处理器信息转换为位流等,总线驱动器负责收发功能,进行逻辑信号和物理电平之间的转换,总线监控器确保网络上仅有具备权限的节点能够传输数据。

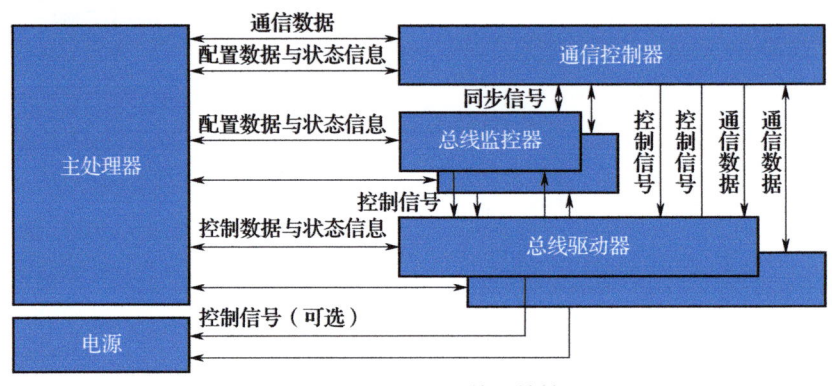

图 2-39 FlexRay 的硬件单元

FlexRay 协议包括 5 个核心机制,如图 2-40 所示,分别为编码和解码、媒体访问控制、帧和符号的处理、时钟同步以及总线监控器过程监控。物理层编码采用非归零方法,每传输一个字节后需插入字节起始序列,以便节点能够对传输状态进行划分。FlexRay 通过对单通道两条不同电缆 BP 和 BM 施加不同电压,能够得到 4 个总线状态,即 Idle_LP、Idle、Data_0 与 Data_1。Idle_LP 用于表示传输开始,在该状态下 BP 和 BM 保持在极低电压,范围为 -200~200 mV;Idle 用于表示总线空闲,在该状态下 BP 和 BM 的电平为 2.5 V,容差为 500 mV;Data_0 用于表示数据 0,在该状态下至少一个发送节点使该通道负差分电压为 -600 mV;

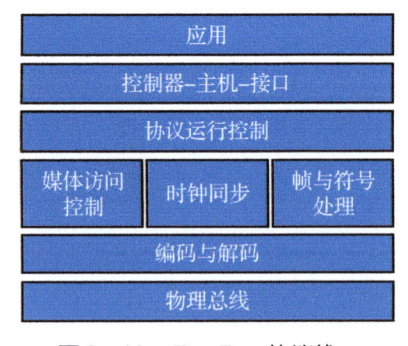

图 2-40 FlexRay 协议栈

Data_1 用于表示数据 1,在该状态下至少一个发送节点使该通道正差分电压为 600 mV。发送节点在 FlexRay 总线上传输主机数据帧之前,需将数据帧转为位流,即将帧分解成各个字节,在帧开始前增加传输启动序列、帧启动序列、字节启动序列以及序列校验码，在位流结束后增加帧终止序列。

FlexRay 的通信以循环周期的方式进行，如图 2-41 所示。FlexRay 总线上的每个电控单元维护一个包含当前周期号的周期计数器，它的范围从 0 到由系统设计者配置的最大值 gCycleCountMax。在每个周期开始时，周期计数器的值按 1 递增，当达到 gCycleCountMax 时，其重新置为 0。每个通信周期包含 4 个时间段：静态段（Static Segment，ST Segment）、动态段（Dynamic Segment，DYN Segment）、符号窗（Symbol Window，SYW）和网络空闲时间（Network Idle Time，NIT）。在静态段内，一个静态的 TDMA 机制用来仲裁发送，而动态段则使用一个动态的微时隙（Mini-Slotting）机制，也称为柔性的时分多址（Flexible Time Division Multiple Access，FTDMA）机制进行仲裁。符号窗用来发送协议特征符以进行网络监护及总线唤醒的一段时间间隔，网络空闲时间是网络上连接的电控单元用来计算，进行时钟同步的一段空闲时间段。静态段由多个大小相等的时隙（Slot）组成，每个时隙用来传输一个携带信号的数据帧。每个电控单元维护一个静态时隙计数器用来记录当前的静态段时隙号。动态段内信息传输长度并不固定，通过微时隙控制总线访问。

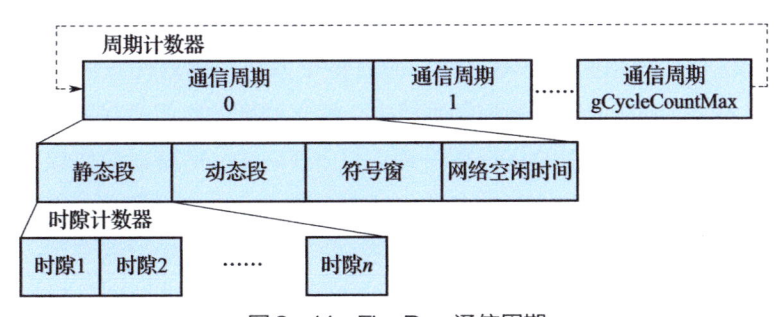

图 2-41 FlexRay 通信周期

FlexRay 数据帧由帧头（Header Segment）、有效数据段（Payload Segment）和帧尾（Trailer Segment）三个部分组成，如图 2-42 所示。帧头包括保留位（Reserved Bit）、负载段前言提示位（Payload Preamble Indicator）、空帧指示位（Null Frame Indicator）、同步帧指示位（Sync Frame Indicator）、起始帧指示位（Startup Frame Indicator）、帧标识（Frame ID）、有效数据长度位（Payload Length）、头部 CRC（Header CRC）和周期计数器（Cycle Count）。有效数据段包括 0~254 个字节（byte），即 0~127 个双字节的数据。帧尾包括整个帧的 CRC。FlexRay 时钟同步定时基于通信循环的最小时钟节拍数、通信循环持续时间以及最小时钟节拍持续时间，不同网络节点晶振节拍的偏差通过频率修正与相位修正补偿。

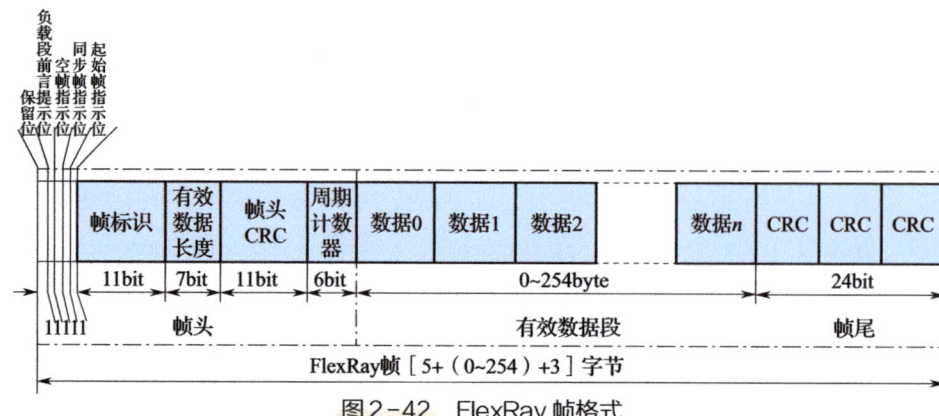

图 2-42 FlexRay 帧格式

（2）总线应用实例　FlexRay 总线应用于汽车电子系统的实例如图 2-43 所示，每个车载电子系统需要执行一系列并发的实时控制应用，每个应用由一个或多个预先定义好特定功能的一系列独立或相互关联的任务和信号组成，每个任务在特定控制单元的处理器上运行，信号在网络上传输。为了充分利用时间触发网络 FlexRay 确定性通信的优势，通信任务（以下简称为信号）和计算任务（以下简称为任务）的优化调度较为重要，如果两个调度彼此不能相互协调，不仅无法保证应用的时间确定性，而且整个系统在延迟性方面的性能都会明显下降。在基于 FlexRay 车载控制系统中，优化调度的作用是在同时满足应用的时间约束、信号和任务间的执行顺序约束以及 FlexRay 网络通信协议约束的前提下，以优化衡量某个系统性能的参数指标为目标，为共享处理器的各个任务分配处理器资源，即任务起止时刻，为共享网络的各个信号分配带宽资源，即周期号和时隙号。基于 FlexRay 通信的车载系统调度通常考虑两类优化目标：其中一个是最小化使用的时隙标识符数量或时隙数量（取决于应用单发送时隙复用机制还是多发送时隙复用机制），由于未分配的时隙标识符或时隙可以被连接同一个 FlexRay 总线上的新的电控单元使用，因此该目标是大部分已有研究工作所采用的度量网络扩展性的指标；另一个是最大化所有具有时间期限路径的松弛度，即路径完成时间与截止期限的差值，控制任务能够有更多的时间冗余度。

图 2-43　基于 FlexRay 与 CAN 通信的汽车电子系统硬件

4. MOST

（1）总线特点　MOST 总线主要面向车内的信息娱乐系统中的多媒体音频、视频流传输，传输速率从 24.8 Mbit/s，提升到 50 Mbit/s、150 Mbit/s。MOST 使用最原始的环形拓扑结构，所有连接在 MOST 上的设备组成一个环，其中一个设备作为时序主控，产生数据传输所需要的数据帧，其他设备通过数据帧与时序主控同步。MOST 网络采用光纤作为传输介质，不易受电磁干扰影响，但维护较难，光纤的扭曲和弯曲会影响音视频的传输质量。MOST 网络中的设备通过一个 16 位的地址访问，寻址方式通常包括：①逻辑地址，每个设备具有唯一的逻辑地址，该地址能够从主控节点开始根据位置动态地设置，范围为 0x00 ~ 0x13F，或静态地由生产商制定；②物理地址，每个设备具有物理地址，该地址由设备在环境中的位置确定，地址范围为 0x400 ~ 0x33F；③组地址，每个设备能够在 0x3000 ~ 0x33F 内被指定一个组地址；④广播地址，该地址能够对 MOST 系统中所有设备进行寻址。MOST 设备模型如图 2-44 所示，总线的报文帧如图 2-45 所示，包括管理域、控制通道、同步通道和异步通道。

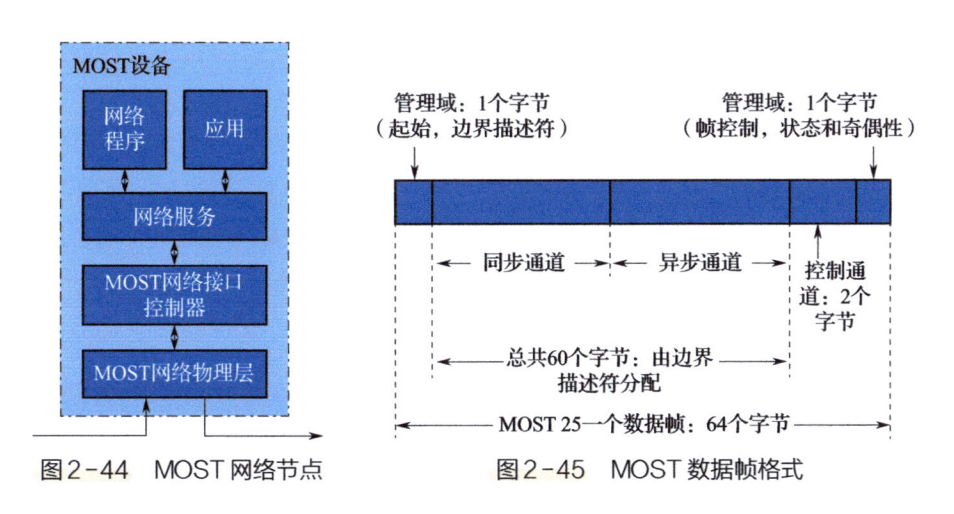

图 2-44　MOST 网络节点

图 2-45　MOST 数据帧格式

（2）总线应用实例　基于 MOST 总线通信的语音识别控制系统实例如图 2-46 所示，系统包括语音识别节点、收听节点、播放节点和手动控制节点，实现通过语音与手动方式控制车载设备，并支持与其他总线网络（如 CAN、LIN）交互的网关接口，使用 MOST 网络同时传输控制数据（语音/手动控制命令）、同步数据（音频/视频数据流）、异步数据（电子地图/Internet 数据）。

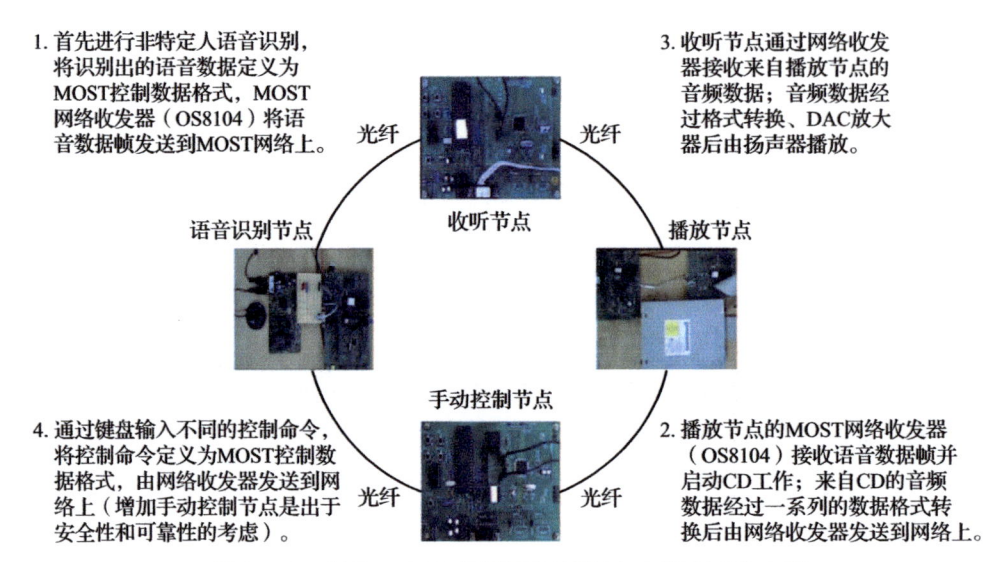

1. 首先进行非特定人语音识别，将识别出的语音数据定义为 MOST 控制数据格式，MOST 网络收发器（OS8104）将语音数据帧发送到 MOST 网络上。

3. 收听节点通过网络收发器接收来自播放节点的音频数据；音频数据经过格式转换、DAC 放大器后由扬声器播放。

4. 通过键盘输入不同的控制命令，将控制命令定义为 MOST 控制数据格式，由网络收发器发送到网络上（增加手动控制节点是出于安全性和可靠性的考虑）。

2. 播放节点的 MOST 网络收发器（OS8104）接收语音数据帧并启动 CD 工作；来自 CD 的音频数据经过一系列的数据格式转换后由网络收发器发送到网络上。

图 2-46　基于 MOST 总线通信的语音识别控制系统实例

5. Ethernet

车载以太网是一项新兴技术，面向汽车多媒体和驾驶辅助系统提供 100Mbit/s 以上的多路访问全双工数据传输。与 CAN 和 LIN 等传统车载网络相比，车载以太网具有更好的安全特性和低延迟，其采用基于 IP 的路由方案，能够防止攻击者通过成功攻击某个 ECU 完全控制整个以太网。车载以太网目前主要包括 100BASE-T1、1000BASE-T1 与 2.5/5/10GBASE-T1，对应标准分别为 IEEE 802.3bw、IEEE 802.3bp 与 IEEE 802.3ch。车载以太网采用双绞线，适应汽车的低成本需求和抗电磁干扰需求，同时仍然延续传统以太网的全双工形式，如图 2-47 所示。通过智能交换机进行数据路由与转发，支持树形、星形等拓扑结构，具备较强的可扩展性，如图 2-48 所示。

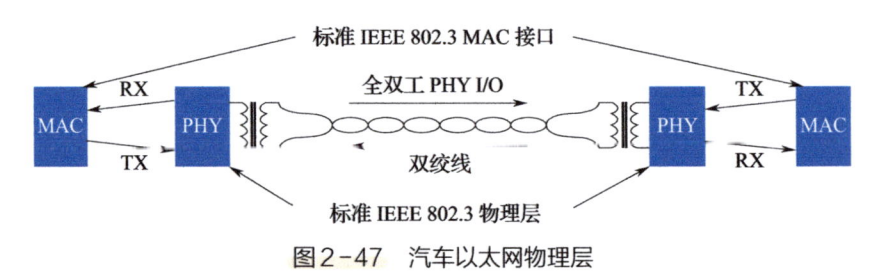

图 2-47　汽车以太网物理层

以太网帧的数据帧标识方式不同于 CAN、LIN 与 FlexRay 等现场总线，其是面向发送方与接收方的网络，帧 Header 填写的 MAC 目的地址和源地址用来标识数据段信息，其帧结构见表 2-5。

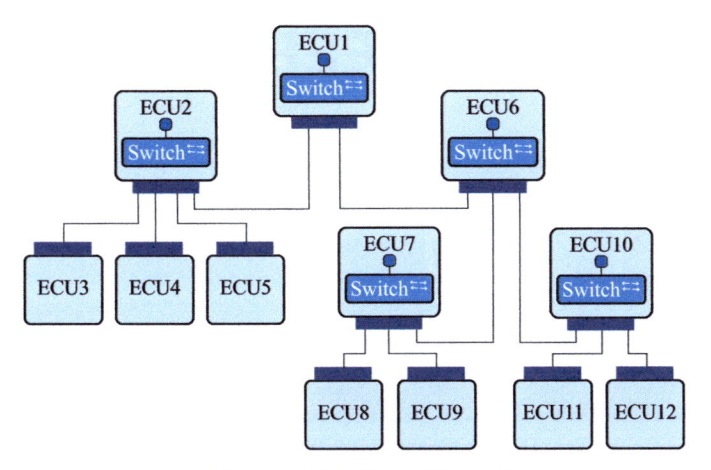

图 2-48 汽车以太网拓扑结构

表 2-5 汽车以太网数据帧结构

\multicolumn{9}{c	}{802.3 以太网帧结构}
前导码	帧起始定界符	MAC目的地址	MAC源地址	802.1Q标签（可选）	以太类型（Ethernet 1）或长度（IEEE 802.3）	有效载荷	帧校验序列（32-bit CRC）	帧间隙
7 octets	1 octet	6 octets	6 octets	4 octets	2 octets	46~1500 octets	4 octets	12 octets
\multicolumn{9}{c	}{←64 ~1518 octets (16~1522 octets 对 802.1Q 标记帧)→}
\multicolumn{9}{c	}{←84~1538 octets (88~1542 octets 对 802.1Q 标记帧)→}

IEEE 802.3 规定了 OSI 网络模型的第一层和第二层，能够与普通以太网的数据链路层技术进行无缝连接，并可以支持高层的网络通信协议（如 TCP/IP 协议族）。TCP/IP 协议族主要对应 OSI 参考模型的网络层和传输层，是一类协议的统称。网络层主要包括 ARP（地址解析协议）、ICMP（因特网控制报文协议）、IPv4/v6（因特网协议类型 4/6）、IPv4 Autoconfig（IPv4 本地地址动态配置）等，传输层主要包括 TCP（传输控制协议）、UDP（用户数据报协议）。车载以太网应用层协议对应 OSI 参考模型的第 5~7 层，直接面向用户，协议主要包括 SOME/IP（基于 IP 协议的可伸缩面向服务中间件）、DHCP（动态主机配置协议）、DOIP（汽车诊断服务协议）、HTTP（超文本传输协议）、Service Discovery（服务发现）等。应用层协议可以为用户提供多种服务，是用户能够具体应用的部分，如 DOIP 可以应用到车辆诊断和固件升级。车载以太网的协议总体架构如图 2-49 所示。

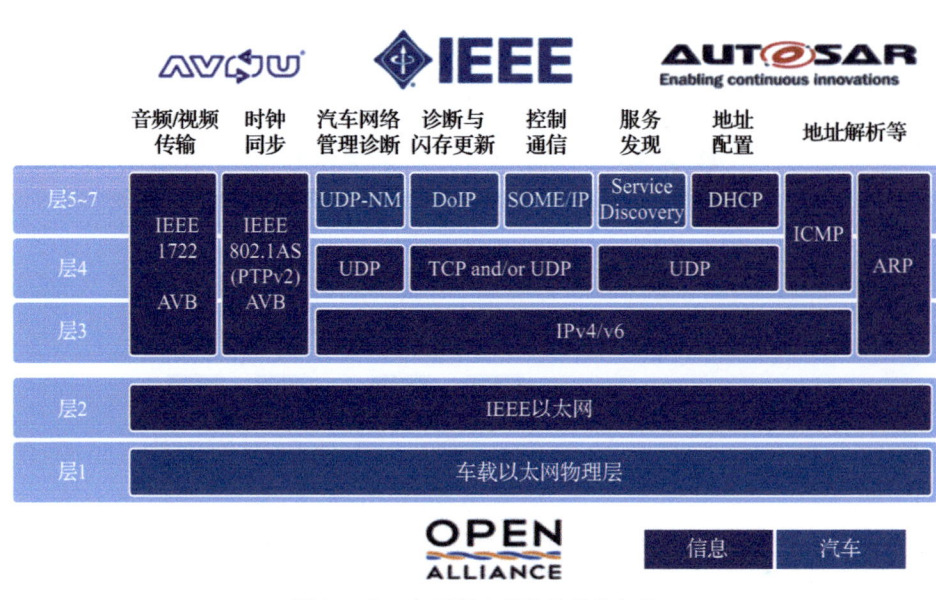

图 2-49　车载以太网协议总体架构

此外，为了适用车内具有高带宽需求的音视频数据以及具有时间确定性的自动驾驶感知与控制数据，汽车行业在以太网上层增加流预留、时钟同步协议等协议[78]，提供可靠、实时与时间确定性通信，形成包括虚拟桥接局域网 IEEE 802.1Q（Virtual Bridged Local Area Networks，VLAN）、音视频桥接网络（Audio Video Bridging，AVB）、时间敏感网络（Time-Sensitive Network，TSN）以及时间触发以太网（Time-Triggered Ethernet，TTE）规范，如图 2-50 所示。

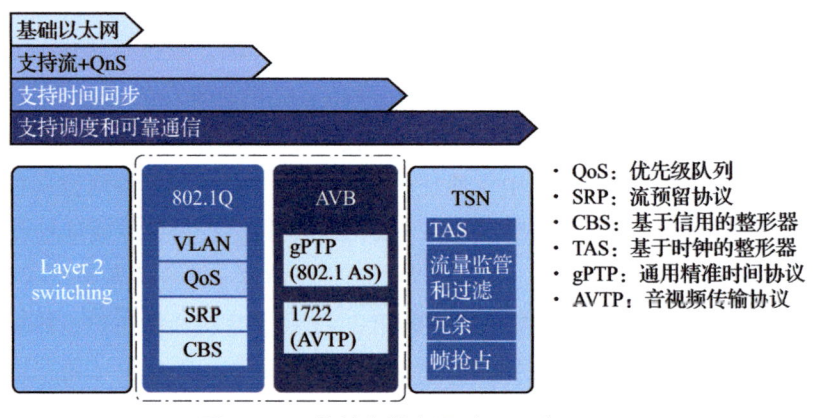

图 2-50　从基本以太网到 AVB 与 TSN

IEEE 802.1Q 协议是一种用于以太网上数据包优先级标记的技术，用来在虚拟局域网上标记数据包，在以太网数据包头增加一个额外的字段来存储消息优先级值，支持 8 个优先级，能够在不对网络协议做任何修改的情况下满足一定信息的硬实时延迟约束，实现网络传输的实时性要求，该技术在一些车载系统上得到了应用。

AVB 在传统以太网的基础上，通过保障带宽、限制延迟和精确时钟同步技术，支持面向音频、视频的网络多媒体应用。AVB 增强了传统以太网的实时音视频传输性能，同时与传统以太网技术兼容，有潜力成为下一代车载多媒体及娱乐系统实时传输网络的主流技术。随之，AVB 任务组在其章程中扩大了时间确定性以太网的应用需求和适用范围，覆盖音频视频以外的更多领域，如工业、汽车、制造、运输和过程控制，以及航空航天、移动通信网络等，并成立了工业互联网的实时性工作组，称为 IEEE 802.1 TSN。TSN 技术为以太网协议的 MAC 层提供了一套通用的时间敏感机制，其主要的特性集中在时间同步、流量调度、网络管理以及安全可靠四类，在确保以太网数据通信时间确定性的同时，为不同协议网络之间的互操作提供了可能。

TTEthernet 是由 TTTech 基于以太网标准开发的一个新的具有确定性、同步以及无冲突特点的网络协议，已成为国际自动机工程师学会标准（SAE AS6802）。TTEthernet 同时支持三种传输方式：①时间关键型的周期消息以时间触发的方式（TT）进行发送，其时钟同步机制使数据传输能够以精确的时间间隔发生；②实时性需求相对较低或非关键型的消息以限速方式（RC）传输，其容量低于时间触发数据，但能够提供预定的带宽；③传统以太网的访问控制方式（BE）进行发送。TTEthernet 旨在满足未来智能实时控制系统对通信网络的高带宽、时间确定性、低成本和标准化等需求，以及混合关键度系统对通信网络高可用性的需求，如图 2-51 所示。

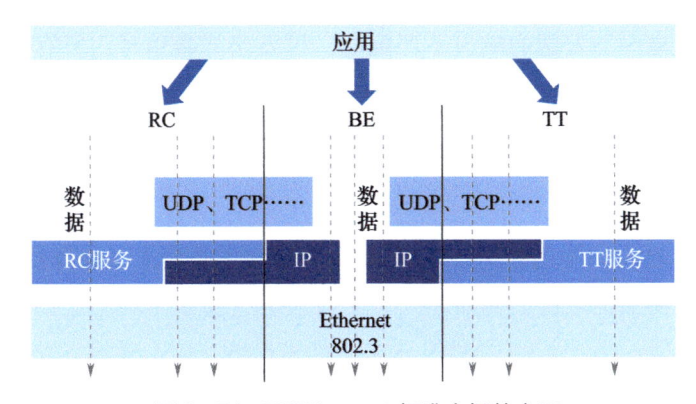

图 2-51 TTEthernet 标准之间的交互

6. 串并行网络

SerDes 是 Serializer/Deserializer 的缩写，即串行器和解串器，是一种将并行数据转换成串行数据发送，将接收的串行数据转换成并行数据的技术，支持单向的高速传输，速率能够达到 12Gbit/s。双向的数据传输，I2C 能够用来反向配置数据或者传输控制数据，该传输技术当前并没有成熟的协议标准，是一种点对点的网络，不涉及消息冲突问题，适用于驾驶辅助系统感知数据传输，未来有望在车内广泛应用。

2.2.4　车载网络安全威胁

车载网络使得黑客无接触攻击汽车成为可能，多个攻击案例表征车载网络已成为黑客攻击汽车的重要载体，当前车载网络正面临严峻的安全威胁。

1. LIN 安全威胁

LIN 的主从模型易受到消息欺骗、响应冲突和报文头冲突攻击。消息欺骗攻击指攻击者发送带有虚假信息的报文关闭 LIN，从而中断车辆通信。消息响应冲突攻击指攻击者同时传输带有错误标头的非法消息和有效消息，以利用 LIN 的错误处理协议，使得合法从节点停止消息传输[79]。报文头冲突攻击指攻击者传输非法标头以与主节点发送的有效标头发生冲突，从而导致从节点执行非法功能。缓解 LIN 总线的网络安全威胁可通过以下措施：①响应字节分配，由于攻击很难更改发生冲突时响应的第一个字节，可将重要数据设置为响应的第一个字节传输；②增加消息认证码（Message Authentication Code，MAC），MAC 能够保护 LIN 从节点仅识别有效响应，但该方式的计算资源消耗使得其在 LIN 中较难实现；③从节点检测到错误时发送异常信号，当从节点在监控总线时检测到总线电平与发送的响应不匹配时，可发出异常信号，所有节点转移到安全状态。此外，当从属节点中没有连续检测到错误时，每个节点都会从安全状态返回到正常状态。

2. CAN 安全威胁

CAN 总线在车内应用较为广泛，总线在设计之初并未考虑网络安全问题，易于受到不同类型的攻击，例如注入、伪造、拒绝服务（DoS）、窃听、重放和总线关闭攻击等。由于 CAN 总线并未采用加密传输，攻击者接入总线便可窃听到总线上传输的广播数据，通过网络嗅探工具，能够进一步破解数据背后的物理含义。注入攻击指攻击者将虚假信号发送到 CAN 总线，影响其正常通信功能[80]。伪造攻击通常发生在窃听攻击之后，攻击者通过对总线网络的嗅探，尝试按照所窃听系统的应用层协议，伪造成某个合法节点，在 CAN 总线注入满足协议的控制指令。重放攻击指攻击者不断重新发送过去合法 CAN 数据帧以阻碍车辆的实时操作。总线关闭攻击指攻击者在标识字段之外与其他 ECU 同时传输不同比特，CAN 总线将其标识为错误，当错误计数器的数值大于 255，进入总线关闭模式，ECU 被强制关闭，该机制使得攻击者能够实施 DoS 攻击。同时，攻击者不断传送高优先级 CAN 数据包，阻碍有效的低优先级数据包并妨碍车内通信的正常进行，实现 DoS 攻击。针对伪造攻击、窃听攻击、注入攻击和重放攻击等，通过对 CAN 报文进行加密和验证能够有效缓解。针对 DoS 攻击，能够通过异常检测与避免措施缓解。

3. FlexRay 安全威胁

在 FlexRay 中，最常见的威胁类型是窃听攻击、伪造攻击、注入攻击与重放攻击。窃听攻击指攻击者访问 FlexRay 消息并获取所有信息，导致数据泄露。由于 FlexRay 总线使用时分多路访问，系统固有调度不允许在任意时隙接收消息、更改消息中的某些字节并在随机时间再次发送，与 CAN 总线相比，对 FlexRay 总线进行伪造、注入与重放攻击的难度更大。通过对 FlexRay 报文进行加密和验证能够有效缓解上述威胁，安全通信协议的设计可充分利用该网络时间触发的特征[81]。

4. MOST 安全威胁

MOST 中常见的攻击类型包括同步中断攻击和干扰攻击。在同步中断攻击中，攻击者发送伪造的定时帧来篡改 MOST 的同步。在干扰攻击中，干扰器反复发送误导性消息以中断合法的低优先级消息或通过控制通道不断请求 MOST 的数据通道。缓解该威胁的措施包括对源节点进行身份验证、对交换的消息进行加密以及实施防火墙和网关[82]。

5. 车载以太网安全威胁

车载以太网安全面临的威胁包括完整性攻击、网络访问攻击、DoS 攻击和机密性攻击。网络访问攻击指攻击者通过交换机接入以太网络，获得网络访问权限控制其他节点或交换机，或远程访问以太网。机密性攻击指攻击者访问网络时，窃听网络活动。完整性攻击指攻击者终端对截获的消息进行篡改等操作。以太网的 DoS 攻击包括面向破坏物理层链路或硬件的攻击，以及面向链路层资源耗尽的攻击。面向上述攻击的缓解手段包括数据加密、认证以及虚拟局域网分段等[83]。

2.3 车联网

互联网在人们日常成活中不可或缺，覆盖人们生活的大范围空间。近年来，物联网快速发展，设备之间通过网络交换高价值信息提供大量的创新应用。随着物联网的发展，智能交通系统领域出现了一种新范式，即车联网（Internet of Vehicles, IoV）。IoV[84]是以车内网、车际网和车载移动互联网为基础，按照约定的通信协议和数据交互标准，在车 – X（X：车、路、行人及互联网等）之间，进行无线通信和信息交换的大系统网络，实现本标准选择面向安全、效率、信息服务、交通管理、高级智能驾驶等领域的应用，如图2 – 52所示。车联网的安全性关乎到整个智能交通系统的安全，现有车联网架构缺乏认证、授权等安全防护措施，同时车联网的动态性、复杂性与资源受限性等特征使得安全防护措施在其部署具有一定的挑战性。

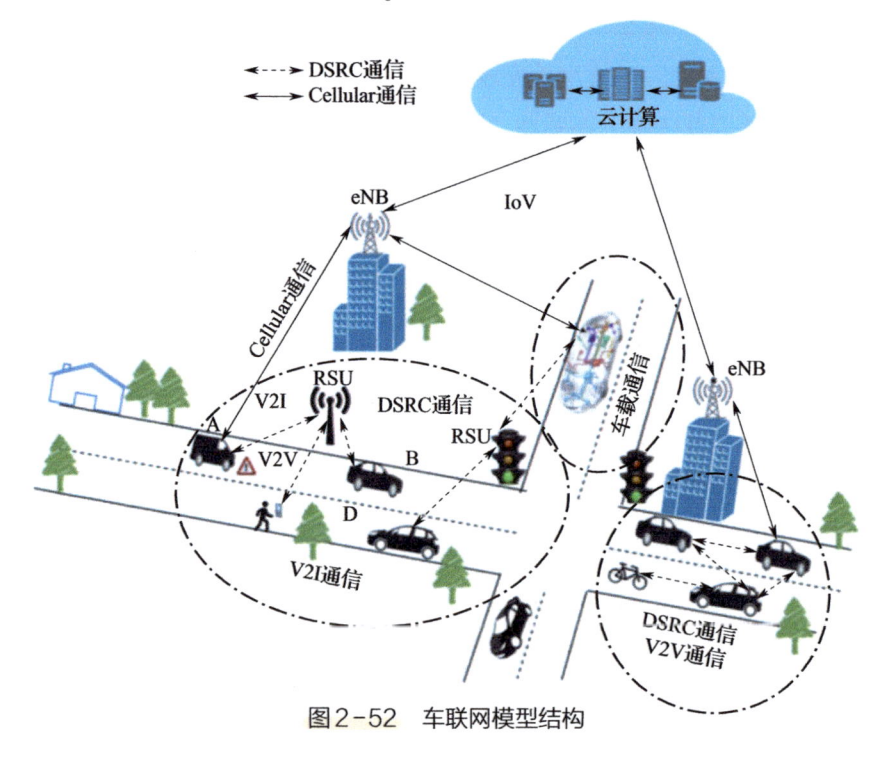

图2-52 车联网模型结构

2.3.1 车联网模型

车联网体系结构主要由三个部分组成：云系统、管系统和端系统。云系统是生态链多源信息的汇集平台，具备数据汇集、海量存储、应用服务、设备管理与实时交互等功能。管系统提供车与车、车与人、车与路、车与设备、车与能源、车与云、车与网的互联互通，保障车载自组织网络与多混杂网络之间通信的可服务性能。端系统负责通过各种车载传感器采集和获取车辆的数据，包括车辆实时运行参数、道路环境参数以及预测参数等。

Castillo 等人[85]提出了一个用于 IoV 的 7 层架构模型，如图 2-53 所示，模型详细表示了每一层的实际过程和功能，包括：

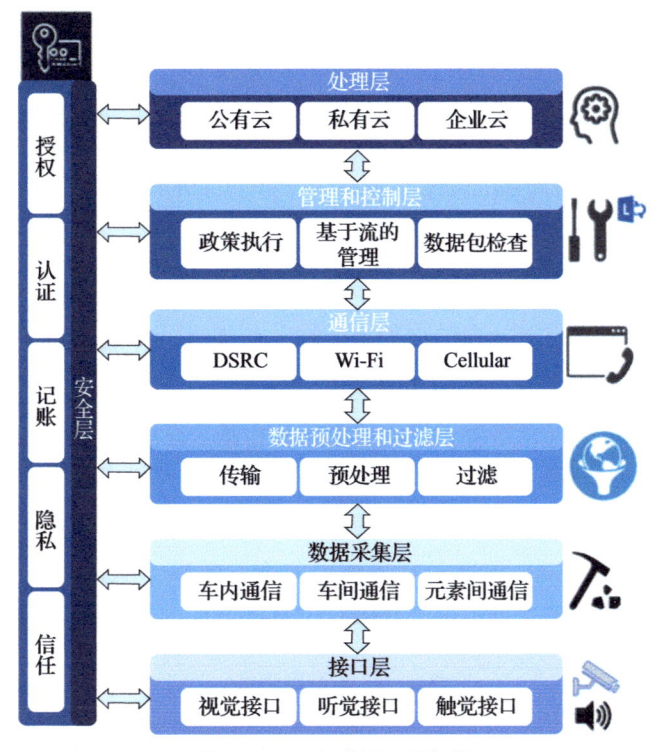

图 2-53 车联网 7 层架构

1）接口层：该层负责管理从不同界面获得的通知，如视觉界面（如风窗玻璃上的闪烁灯）、听觉界面（如警报）和触觉界面（如座椅振动），同时管理车内、车间和其他不同的对象接口。

2）数据采集层：该层负责从车内、车间、传感器、执行器、电控单元、路侧单元以及其他与道路安全、交通数据和信息娱乐相关的智能设备等不同来源收集信息。

3）数据预处理和过滤层：该层主要负责对大量采集数据中的无关信息进行预处理和过滤，以减少数据拥塞和带宽消耗。

4）通信层：在车联网中，存在几种异构的车载通信模式：802.11p、Wi-Fi、蜂窝网络（cellular）与短距离无线通信（DSRC）。车联网网络根据通信环境的特点，为用户提供无缝连接和 QoS 最优的无线网络。

5）管理和控制层：该层负责管理网络服务提供商并控制数据包流，如进行基于流的管理、数据包检查、政策执行和流量工程。

6）处理层：该层使用不同类型的远程和本地云计算基础设施处理大量信息，存储从较低层接收到的信息，并根据统计分析做出智能决策，开发新型应用程序。

7）安全层：该层负责所有层的安全，通过实现数据授权、身份验证、记账、访问控制可用性、完整性、不可否认性、机密性、隐私和信任等安全功能来提供网络安全性，保护车联网免受不同类型的网络攻击，缓解安全问题。

2.3.2 车联网应用

车联网通过无线通信使能车与车、车与人、车与路、车与设备、车与电网、车与互联网、车与云端平台的高价值资源全方位网络互联，在此技术上产生创新应用，包括安全性、机动性、便利性应用。安全性应用旨在基于车联网传输避免碰撞或危险态势预警信息，如紧急制动灯、交叉口行车辅助、盲区预警以及天气、道路异常情况预警等；机动性应用旨在基于车联网信息提高交通效率，改善交通情况，如导航、实时交通状况更新等；便利性应用旨在提高驾驶舒适性、便利性，如车机互联、车载影音等。中国汽车工程学会面向合作式智能运输系统发布了团体标准，标准包括了面向安全、效率、信息服务、交通管理、高级智能驾驶等领域的典型应用，具体应用参见表 2-6。

表 2-6 车联网应用

序号	类别	主要通信方式	场景分类	应用名称
1	安全	V2V	Event/Period	前向碰撞预警
2		V2V/V2I	Event	交叉路口碰撞预警
3		V2V/V2I	Event	左转辅助
4		V2V	Event/Period	盲区预警/变道预警
5		V2V	Event/Period	逆向超车预警
6		V2V-Event	Event	紧急制动预警
7		V2V-Event	Event	异常车辆提醒
8		V2V-Event	Event	车辆失控预警
9		V2I	Event	道路危险状况提示
10		V2I	Event	限速预警
11		V2I	Event	闯红灯预警
12		V2P/V2I	Event	弱势交通参与者碰撞预警

(续)

序号	类别	主要通信方式	场景分类	应用名称
13		V2I	Event	绿波车速引导
14	效率	V2I	Event	车内标牌
15		V2I	Event	前方拥堵提醒
16		V2V	Event/Period	紧急车辆提醒
17	信息服务	V2I	Event	汽车近场支付

2.3.3 车联网通信与系统

车辆与外界交互安全信息的通信模式主要包括车车本地广播模式、车车多跳信息传播模式、车路本地广播模式、车路双向通信模式、车车间接通信模式等。

车车（V2V）本地广播模式：车辆向通信范围内的其他所有车辆以直连的方式发送消息，例如车辆通过 V2V 本地广播告知相邻车辆当前的位置、行驶方向和速度信息等状态信息，该模式是实现车车协同避撞安全应用的基础。该类通信实时性、可靠性与安全性要求较高。

车车多跳信息传播模式：车辆发送的信息通过其他车辆转发，从而使能远距离车辆之间的通信，该模式能够用于硬安全应用与软安全功能，如发布危险道路信息和交通状况信息。车车多跳信息传播模式需要制定车车协同信息传播协议与机制在通信实时性、可靠性、网络负载、安全性之间进行权衡。

车路（V2I）本地广播模式：车辆接收来自路侧设备的广播信息，包括交通控制相位和时序信息、危险道路状况信息、信息安全证书信息等，该通信模式能够通过短程无线通信以及手机、卫星覆盖的数字广播服务实现。

车路（V2I）双向通信模式：车辆与路侧单元进行双向通信，如停车场导航、电子邮件、电子购物等应用以及安全证书管理，该通信模式通过车辆接入蜂窝网络或接入短程无线网络实现。

当前，覆盖上述通信模式的短程无线通信技术主要包括蓝牙、Wi-Fi 与专用短程通信。远程无线通信包括蜂窝网络、卫星服务和数字广播服务。表 2-7 简要总结了无线通信技术的时间延迟、覆盖范围和所支持汽车通信模式的对比。

表 2-7 无线通信技术对比

项目	DSRC	Wi-Fi	蓝牙	3G	4G	SDARS
通信距离	数百米	数百米	最大 100m	数十千米	数十千米至 100km	一个国家区域内
通信延迟	10ms	10ms	10ms	50ms 至数百毫秒	数十毫秒	10~20 s
连接启动时间	0s	3~5s	3~4s	数百毫秒至数秒	50 ms	数秒

(续)

项目	DSRC	Wi-Fi	蓝牙	3G	4G	SDARS
V2V 本地广播	支持	支持	无可能	需要服务器	需要服务器	不支持
V2V 多次转发	支持	支持	无可能	需要服务器	需要服务器	不支持
V2I 本地广播	支持	支持	无可能	部分服务商提供	部分服务商提供	支持
V2I 双向通信	支持	支持	无可能	支持	支持	不支持

车载设备的硬件架构主要为车载处理单元、定位系统、无线电通信子系统，如图 2-54 所示；软件架构如图 2-55 所示。

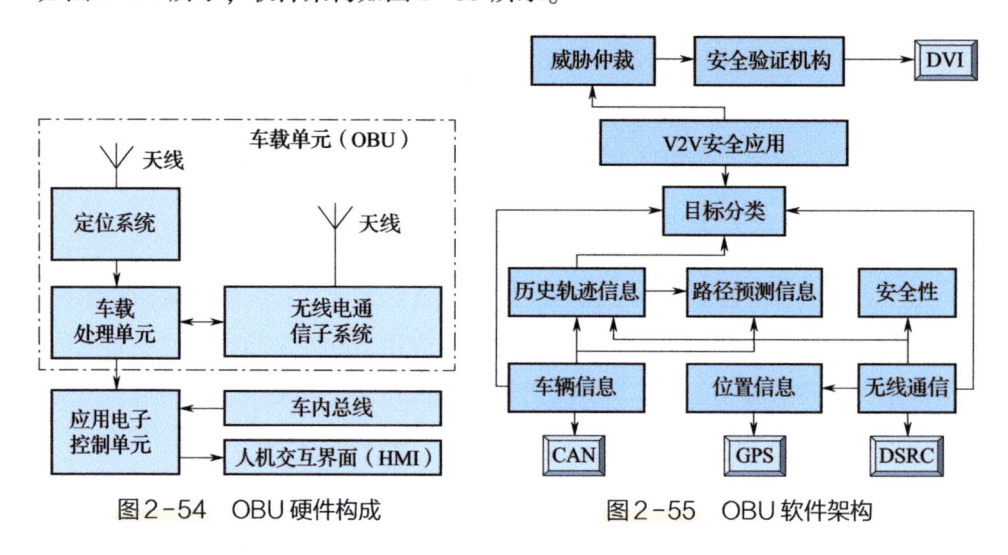

图 2-54　OBU 硬件构成

图 2-55　OBU 软件架构

2.3.4　车联网特征

车联网的特征主要包括：①复杂通信：IoV 中的通信基于安装在车辆中的不同类型的内部和外部传感器，例如 LiDAR、雷达、GPS、摄像头、停车、制动、燃料和温度传感器等，信息较为混杂。此外，通信复杂度随着车联网车辆密度的增加而变大；②动态拓扑：在 IoV 中，各种类型的传感器和异构组件相互通信，车辆在道路上高速移动，同时分布不均匀，从而导致网络拓扑的动态性；③能源和处理能力：与车载网络节点相比，车辆与外部通信设备的处理能力和存储空间相对于车内网络节点而言，能够处理更复杂的运算。

2.3.5　车联网安全问题

车联网的安全威胁不容小觑，其安全性影响到车辆乃至整个智能交通系统，保护车联网免受潜在的黑客和攻击者的侵害至关重要。车联网系统常见的攻击类型包括：

1）身份验证攻击。在 IoV 系统中，身份验证攻击较为常见，如女巫攻击、伪造攻击等，恶意车辆为单个车辆创建多个虚拟身份或者伪装为其他车辆，使得其他交通车辆错误接收恶意消息，进而实现各种形式的功能影响。面向身份验证攻击，常用的安全防护方案有基于身份的密码学（IBC）、数字签名与防篡改设备（TPD）技术等。

2）可用性攻击。攻击者扰乱通信系统的可用性或使资源过载导致车辆功能失效，如信道干扰攻击、拒绝服务（DoS）攻击、分布式拒绝服务（DDoS）攻击与贪婪攻击等。信道干扰攻击指攻击者中断车辆或基础设施之间的无线通信。DoS 攻击指攻击者使 IoV 资源过载，无法处理系统功能请求。同样，DDoS 攻击指攻击者利用多个系统以分布式方式攻击特定目标系统，使车辆节点无法使用目标资源。

3）完整性攻击。完整性攻击指在车联网系统中恶意车辆注入虚假信息或修改车辆实体之间交换的原始信息。完整性攻击的常用手段包括中间人攻击、会话劫持攻击、信任攻击、定时攻击与消息抑制攻击等。

4）隐私攻击。隐私攻击指攻击者未经授权获取车辆的信息，导致车辆隐私暴露，进而威胁驾乘人员的人身安全与财产安全。隐私攻击以隐私为目标，通过嗅探车内元素之间的交互信息，获取车辆的密码、访问码等信息。

5）访问控制攻击。访问控制攻击指攻击者获得访问控制权并窃取车辆凭证以冒充合法车辆并进行恶意活动。访问控制攻击的手段包括字典攻击、暴力攻击等。缓解此类攻击的措施包括限制对系统的访问、采用健壮的密码策略、未知访问时的账户锁定策略等。

车联网安全需求主要包括：

1）认证或不可否认性。车辆身份认证和网联数据认证是车联网的首要安全要求。当智能车辆利用车联网信息作为其控制功能的数据来源时，需在应用数据之前认证其来源。

2）可用性。需保证车辆在高动态的交通条件下，随时能够彼此通信以及与基础设施相互通信。

3）完整性。车联网中数据的完整性保证了数据在传输和存储过程中的一致性。

4）隐私。隐私是车联网安全中关注的问题之一，车辆作为智能交通系统的节点，配合车路协同各类应用的同时，车联网系统需确保车辆的隐私能够得到保护。

5)访问控制。需确保车联网系统中,车辆只能访问其有权访问的服务,通过访问控制为车辆分配可访问的资源。

车联网面临的挑战主要包括:

1)安全和隐私。IoV 系统的安全和隐私至关重要,是主要的安全挑战性问题之一。在 IoV 系统中,需要对恶意车辆的识别进行监视和追踪,以便识别恶意车辆并对其采取必要的措施,同时需保障车辆的隐私,避免将网联信息泄露,使得黑客获取车辆用户信息,进而获得车辆功能控制权限。

2)延迟约束。在 IoV 应用领域,延迟在传递安全相关消息方面起着非常关键的作用,需保证消息在严格的时间期限内传输完成。现有的通信基础设施难以满足该类消息的延迟约束,此外,在部署安全操作后,延迟约束将更难保障。

3)容错性。IoV 系统必须是容错的,通信网络需高度可靠,即使在存在恶意车辆的情况下也能提供实时通信。

4)互操作性。互操作性是车联网系统中车辆互联的关键挑战之一。由于异构网络模型(例如切换时间和选择最佳无线网络技术来交换信息),IoV 中存在互操作性挑战。IoV 部署安全机制应保障在车辆节点之间保持组织良好且可扩展的管理和通信,如图 2-56 所示。

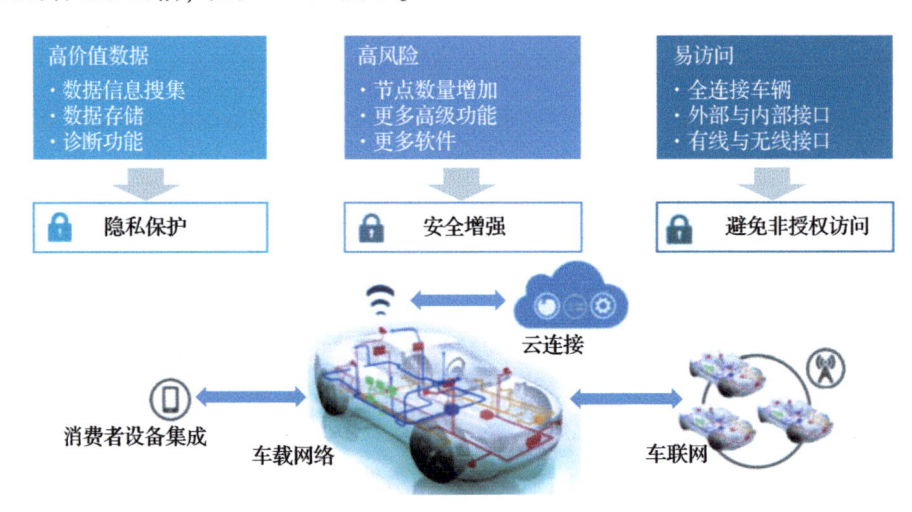

图 2-56 互联汽车安全挑战

2.4 汽车电子电气架构

架构通常用来描述建造设计,建筑行业设计师设计一栋建筑需根据需求和边界条件,从不同方面形成架构图,以描述建筑各组成部分的几何关系和电气连接。转换至汽车行业，电子电气架构（Electrical/Electronic Architecture，EEA）将传感器、ECU、线束、电子电气组件有机组合，实现汽车整体的配置和功能。EEA 的设计影响到系统功能到硬件的分配、数据网络的规划以及电能的分配。通过重复利用模块、接口、测试等模块化设计方法，将多项功能的电控逻辑全部进行标准化设计，显著减少开发时间和成本，形成向后兼容、规模化、可支配性、可扩展性的电子电气架构。

2.4.1 电子电气架构的演进

电子电气架构的演进路径为传统分布式架构、混合式架构、域架构、中央集中式架构以及边云协同架构，如图 2-57 所示。电子电气架构变革的驱动因素包括：①ECU 算力无法协同，相互冗余，资源浪费；②不同嵌入式操作系统与应用程序提供商，难以维护升级；③分布式架构，线束成本增加，装配难度大；④软硬件强耦合，使得第三方应用开发者无法与这些硬件进行便捷的编程，成为制约软件发展的瓶颈。图 2-58 为当前车辆的数据传输量。

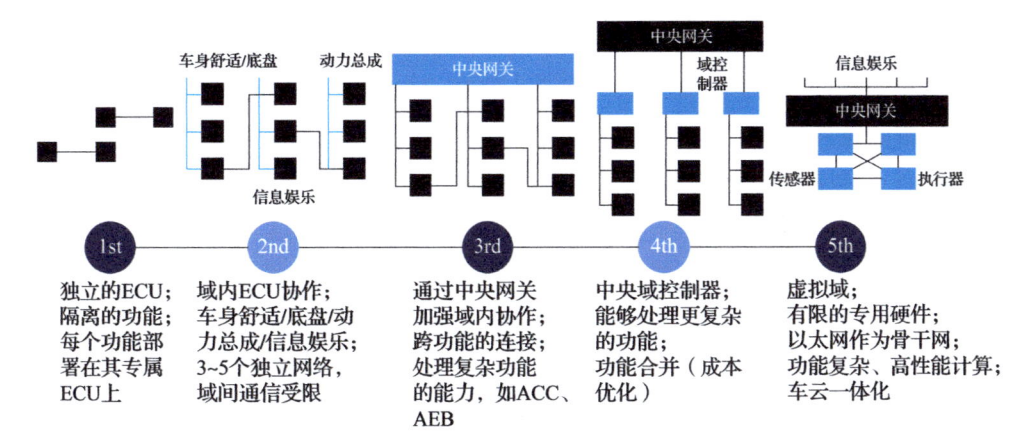

图 2-57 电子电气架构演进

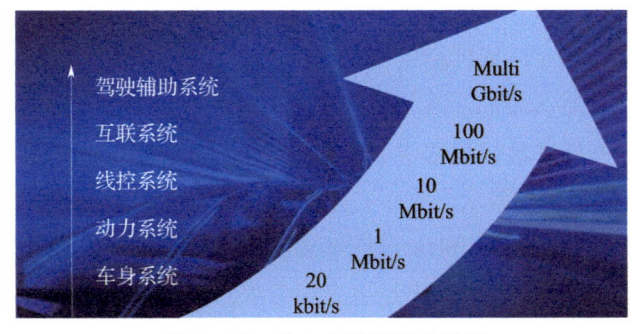

图 2-58 汽车每秒数据传输量

传统车型上传感器与电子控制单元（ECU）一一对应，具有独立设计的 UI/UX，从各自的来源获取数据，可能由独立的供应商开发。随着车身安全、网络、娱乐等功能的丰富，车内 ECU 数量急剧增加。目前高端车型的 ECU 数量达到 50~70 个，从而导致成本增加以及车内电子线路复杂。汽车内部的电子电气架构正在从分布式逐渐转向混合式、域架构以及集中式架构。

域控制器接入多个传感器信号并分析处理后发出指令，具有强大的硬件计算能力与丰富的软件接口支持，更多核心功能模块集中于域控制器内，系统功能集成度大大提高，对于感知与执行的硬件要求降低。当前，车内电子架构可划分为 3~5 个域，包括智能驾驶域、智能信息域、车身域、底盘域、动力域。2019 年 3 月，大众汽车宣布将重构整车电子电气架构，将车上原来的 70 多个来自于 200 多个供应商的 ECU，统一为 3 个大的计算平台，并为这些计算平台用统一的语言开放应用程序。MEB 平台的电子电气架构围绕 3 个中央计算机搭建，分别为 ICAS1、ICAS2 和 ICAS3。ICAS1 由大陆提供并且搭载 EB 的 Adaptive AUTOSAR，其主要负责车内应用服务，同时为 ECU 提供跨网通信能力，包括车身控制、电动系统、高压驱动、灯具系统、舒适系统等，以及为不同的局域网提供不同的安全防护；ICAS2 主要用于支持高级自动驾驶功能；ICAS3 主要为娱乐系统的域控制器，集成导航系统、仪表系统、HUB、智能座舱软件算法和配套硬件。MEB 电子电气架构中 3 个中央计算机之间使用 1000Mbit/s 进行通信，ADAS 的传感器与控制器之间采用的是 100Mbit/s 进行通信，执行器之间大多数是通过 CAN FD 进行通信。未来，车内或将所有功能集中到一个域控制器中，同时支持与云端协同运算。图 2-59 展示了大众 E3 架构通信模式以及大众车载服务器概念设计。图 2-60 展示了大众 ID.4 电子电气架构涉及的网络与通信速率。

软件架构自底向上通常包括系统软件、功能软件与应用算法软件，其中系统软件包括虚拟机、操作系统与中间件，功能软件包括自车功能相关的软件，如感知、决策与控制底层软件模块，应用软件包括上层应用软件[86]。面向服务的架构（Service-Oriented Architecture，SOA）是将一个系统所具有的能力抽象成可调用的并具有标准接口的服务，从而可以通过调用服务或者调用多个服务的组合来满足系统的业务需求。汽车有限的资源和能力与无限的需求之间的矛盾是系统设计面临的最大挑战，SOA 设计思想应用在汽车上，是为了在设计开发汽车电气系统时，使用相同的能力满足更多的需求，使用更少的能力满足相同的需求。电子电气架构的硬件（芯片）+ 基础软件（OS）+ 通信协议（车载以太网）

共同推进 SOA 在汽车上的应用（感知场景类服务 + 控制决策类服务 + 动作执行类服务）。图 2-61 展示了汽车软件架构，图 2-62 展示了面向 SOA 的软件架构。

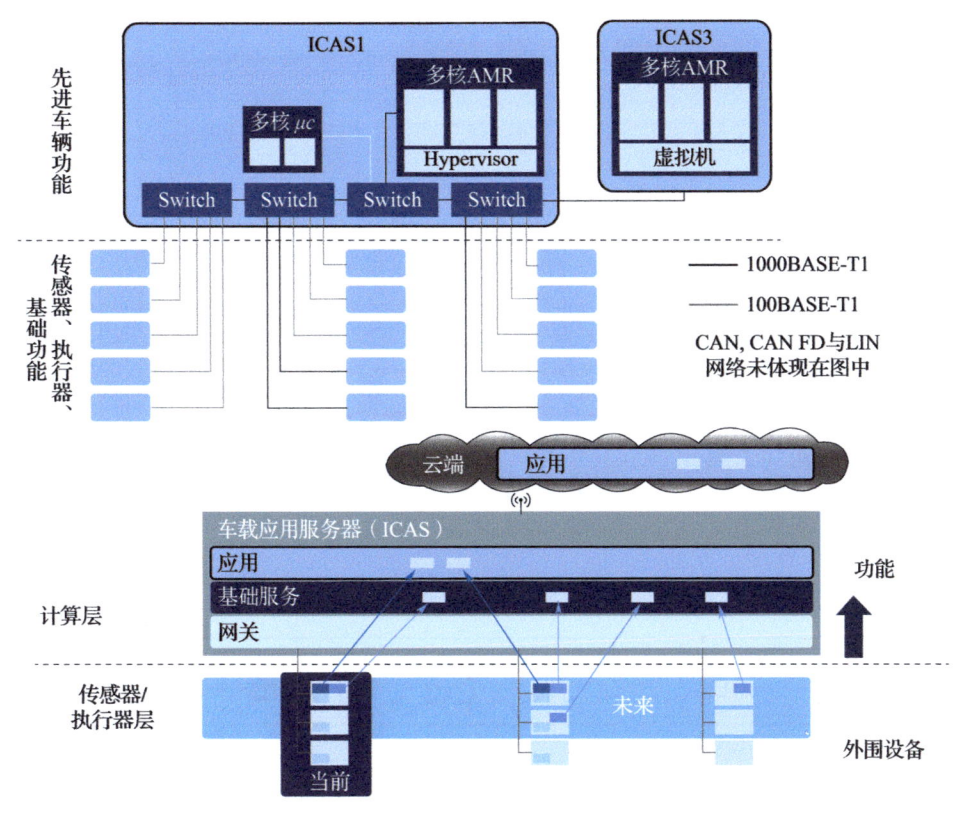

图 2-59　大众 E3 架构通信模式以及大众车载服务器概念设计

图 2-60　大众 ID.4 网络与通信速率

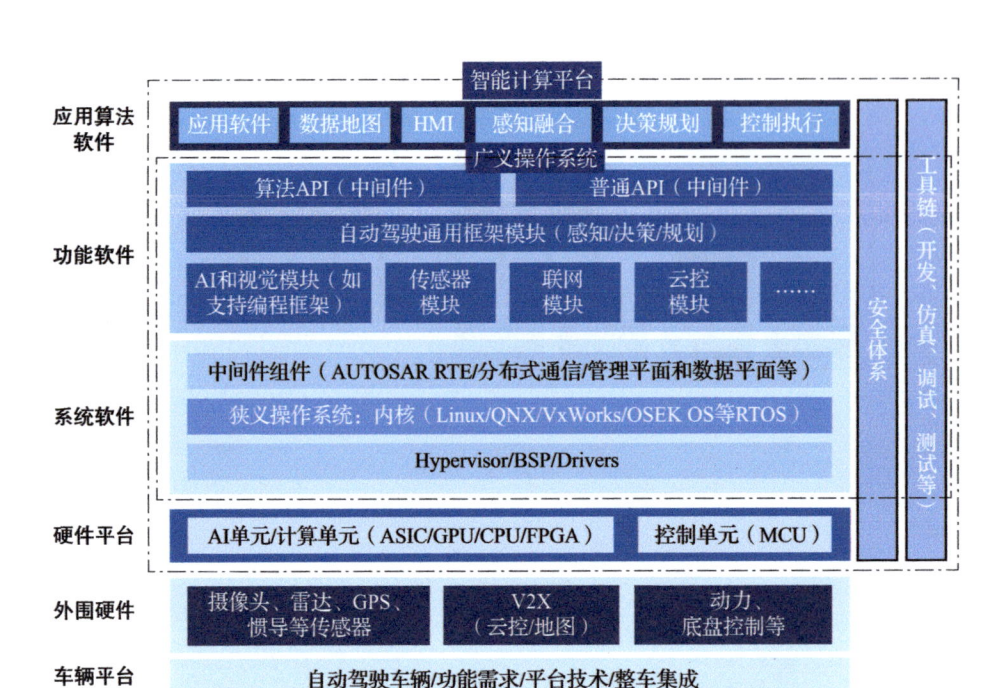

图2-61 系统软件架构

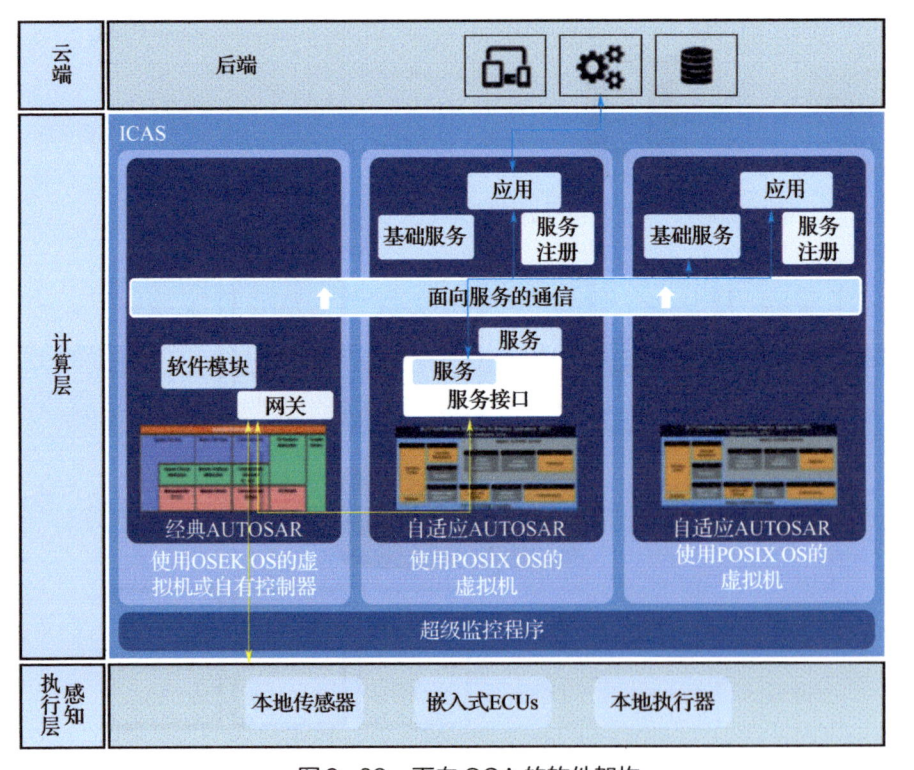

图2-62 面向SOA的软件架构

2.4.2 电子电气架构发展趋势

整车电子电气架构与应用架构将向集中式转变,传统的电子电气架构与应用架构无法适应当前以及未来多种类、多复杂性的功能,未来整车的电子电气架构与应用架构将从分布式转向集中化,提供高可复用性、高可扩展性与高灵活性。以域控制器为代表的域集中式电子电气架构未来将发展为以高性能的中央计算单元为基础的集中式架构,集中式架构将协同云端,云端为各种应用程序提供基础服务,车内和云端架构的无缝结合,将成为汽车电子电气架构发展趋势,以车云计算方式实现软件定义车辆终极目标;未来,以太网将遍布在整车各个角落,占据主导地位,以太网以及基于以太网开发的时间敏感网络将成为车内的智能座舱与智能驾驶主干网络,MOST 将完全被以太网替代,FlexRay 的应用将减少,CAN FD 和 CAN XL 将替代 CAN,10BASE-T1S 以太网可能会取代 CAN 和 LIN,SerDes 高速串行总线有望成为感知层的主要网络。图 2-63 展示了宝马提出的面向未来的电子电气架构。

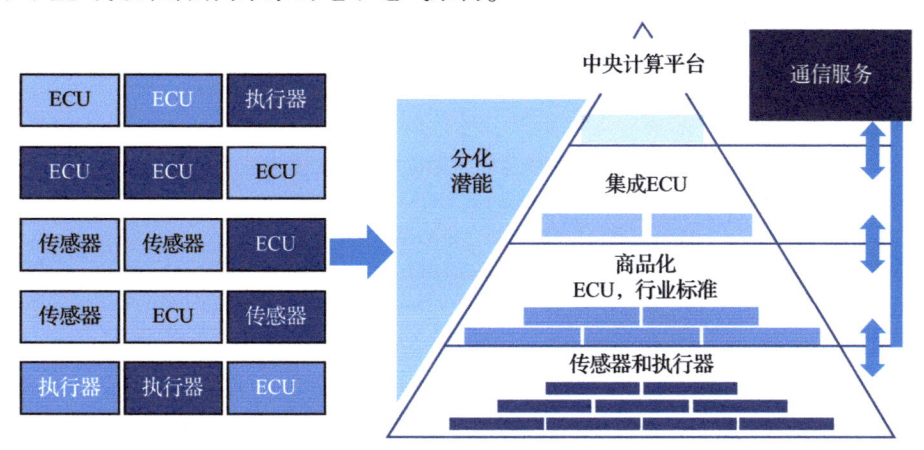

图 2-63 整车电子电气架构发展趋势

2.4.3 电子电气架构安全需求

保护汽车电子电气架构的网络安全需采用纵深防御的安全架构,如图 2-64 所示,包括:

1)安全接口——采用安全的通信协议保护车辆与外部的连接,防火墙屏蔽车辆网络,借助车辆专属证书为固件更新提供保护。

2)安全网关——采用隔离避免非安全关键性系统影响安全关键性系统;防火墙屏蔽各类攻击,避免非法的外部指令发送到单个设备或整个网络上;入侵防御系统实时监测网络通信的异常情况。

3）安全网络——采用安全的通信协议和密钥管理保护车内控制单元之间的通信链路。

4）安全处理——通过安全的引导、调试、软件签名、硬件安全模块等多个解决方案为ECU层面上的数据和固件提供防护。

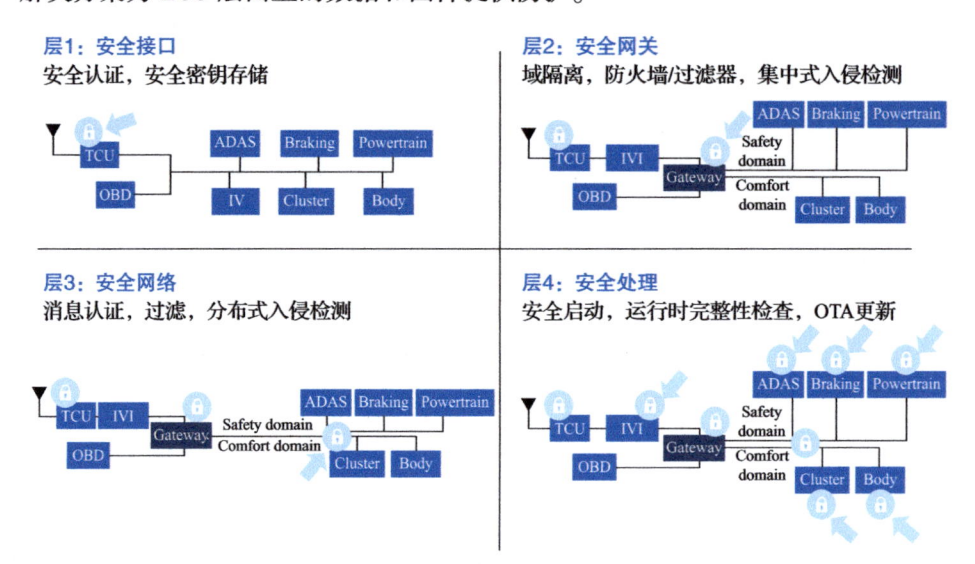

层1：安全接口
安全认证，安全密钥存储

层2：安全网关
域隔离，防火墙/过滤器，集中式入侵检测

层3：安全网络
消息认证，过滤，分布式入侵检测

层4：安全处理
安全启动，运行时完整性检查，OTA更新

图2-64　汽车电子电气架构多层级安全需求

TCU—车载通信单元（Telematics Control Unit）　OBD—车辆诊断接口（On-Board Diagnostics）
IVI—车载信息娱乐系统（In-Vehicle Infotainment）
ADAS—高级驾驶辅助系统（Advanced Driver-Assistance Systems）
OTA—远程无线升级（Over-The-Air）

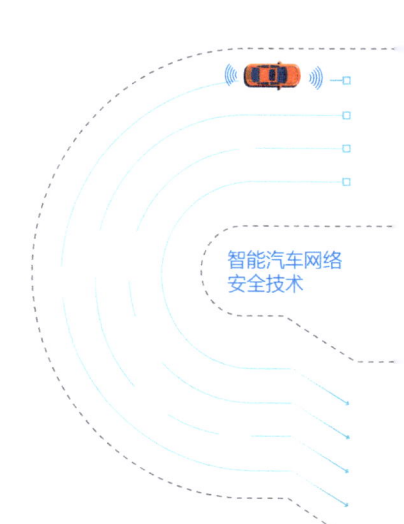

第 3 章
智能汽车网络攻击

随着汽车智能化、网联化程度的提高，汽车所面临的信息安全问题也愈发严峻。越来越多汽车厂商遭遇漏洞威胁，攻击面涉及从云端到汽车终端的各个领域和环节，如内容提供服务、手机应用、远程信息处理单元、车载信息娱乐系统、车载控制系统、车载网络等。汽车作为公共交通系统的重要组成部分，一旦被黑客控制，不仅会造成驾驶员的隐私披露、人身伤害和财产损失，同时还会导致汽车制造厂商品牌和声誉受损，甚至上升成为危及国家安全的社会问题。攻击的可见性无论是对于整车厂、供应商还是消费者都是至关重要的，攻击和防御向来都是互相促进的，对于智能汽车而言，明晰攻击向量与攻击途径是制定防护方案的前提。本章首先梳理智能汽车的攻击向量与近几年智能汽车的攻击案例；在此基础上，总结面向智能汽车进行网络攻击的流程与方法。

3.1 攻击向量与案例分析

随着智能汽车内部电子系统与物理环境、周边基础设施、云端以及其他嵌入式系统的互联日益增多，系统被攻击的可能性随之增大。当前汽车电子系统在设计时几乎没有任何信息安全防护方面的考虑。一旦系统的某个节点被攻击者通过任意一个网络连接接口攻陷，攻击者能够非常轻松地向系统内部安全相关的实时控制网络注入伪造的消息或进行消息重放，进而破坏系统的正常操作，导致系统故障。汽车能够通过直接/间接物理访问、短距离无线信道及长距离无线信道等各种接口被攻击[17]，图 3-1 展示了当今汽车上可能被攻击的通信接口。

Upstream Security 发布了 2010—2019 十年间汽车攻击事件报告[20]，对攻击事件、途径进行了详细归纳，报告统计，针对智能网联汽车的攻击事件与年俱增，攻击类型呈现出多样化的发展趋势，涉及无钥匙进入、服务器、手机应用、诊断接口（Onboard Diagnostic，OBD）以及传感器等，攻击影响范围从单个车

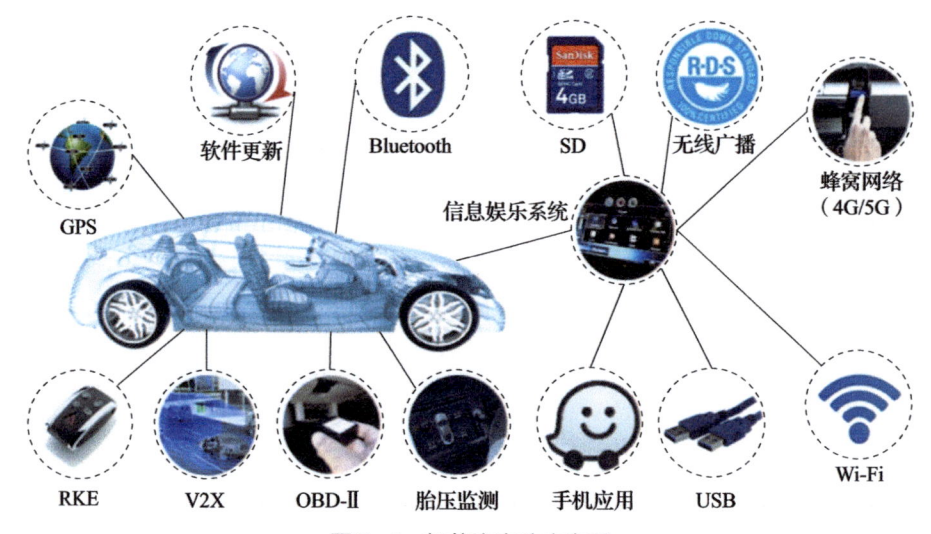

图3-1 智能汽车攻击向量

辆扩大至同一车型甚至与云端互联的全部车辆,如图3-2所示。2020年后,汽车的攻击事件仍持续增加,影响持续扩大。

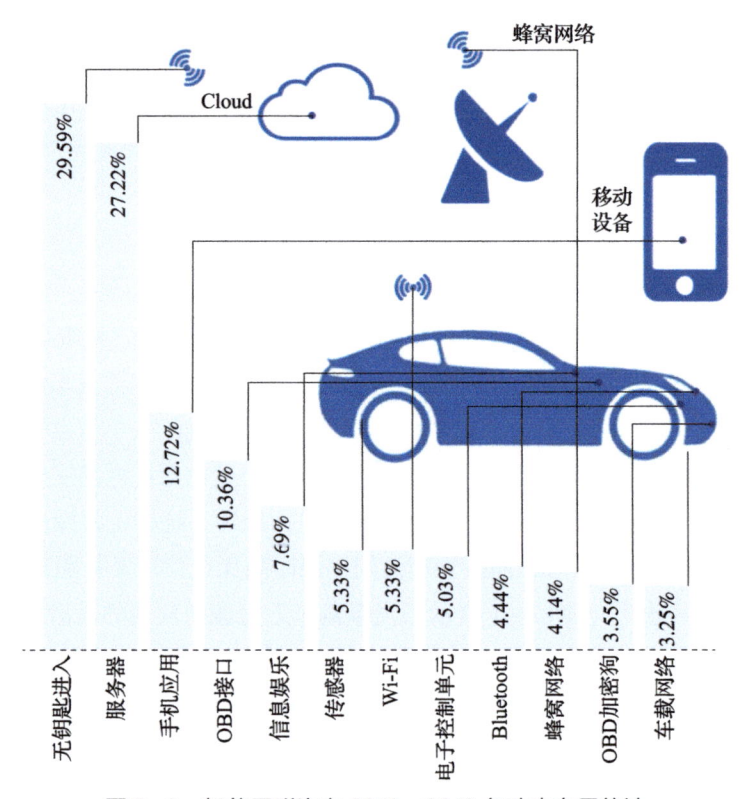

图3-2 智能网联汽车2010—2019年攻击向量统计

3.1.1 直接/间接物理攻击

1. 攻击向量

直接/间接物理攻击指通过物理攻击面渗透到车辆内部，直接/间接攻击车辆的功能。当前直接/间接物理攻击主要包括 OBD 接口、信息娱乐系统（In-Vehicle Infotainment，IVI）、ECU 与远程信息控制单元（Telematics Control Unit，TCU）等。

OBD 接口预留的主要目的为从 ECU 读取诊断数据，允许维修人员读取汽车当前的状态，进行主动诊断测试，从而识别故障原因。但另一方面，由于通过该接口能够读取甚至更改 ECU 内存，向 CAN 总线发送消息，其已经成为黑客攻击汽车的重要向量。

ECU 运行车内车身舒适、动力总成、底盘控制、信息娱乐与自动驾驶功能，黑客能够通过攻击电子控制单元破坏车辆功能。2020 年 8 月，一组研究人员与 10 多家汽车制造商和供应商合作，评估了 40 多个开发中的 ECU 的硬件和软件，在其中发现了 300 多个漏洞。研究人员根据 ISO/SAE 21434 为每个漏洞分配了风险评分，结果表明 ECU 越复杂，其中存在的漏洞就越多，高风险漏洞的百分比上升。

IVI 系统通常会预留光盘、U 盘、手机等互联接口，支持通过上述接口对系统文件进行不同形式的读写；同时，信息娱乐系统与车载网络连接，使得攻击者能够通过在光盘、U 盘与手机中植入恶意程序，对该系统以及与该系统存在通信连接的其他汽车电子系统功能进行攻击。

TCU 系统与远程信息处理服务器连接，传输车辆 GPS 的位置信息、行驶速度、车辆等信息，从而实现车辆跟踪、遥测收集、远程命令和其他服务。黑客通过对车辆 TCU 进行逆向工程，能够访问 TCU 后端之外的公司网络和服务器。

2. 攻击案例

（1）OBD-Ⅱ 安全研究人员通过 OBD-Ⅱ 端口发送和接收 CAN 消息（例如发动机转速、车速、VIN 等），并从移动的车辆上获取实时 GPS 坐标，CAN 和 GPS 数据能够被泄露到云端，通过网络浏览器远程监控汽车，如图 3-3 所示。图 3-4 展示了通过 OBD-Ⅱ 接口获取车辆信息的实例。

（2）TCU 2017 年，三名研究人员发现福特、宝马、英菲尼迪和日产汽车的远程信息控制单元（TCU）中处理 AT 命令的组件存在缓冲区溢出漏洞（漏

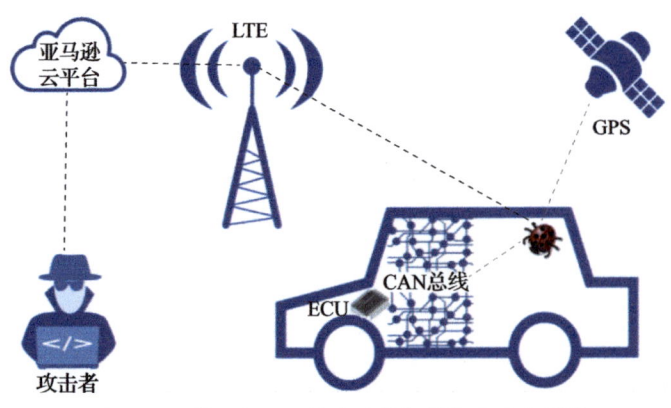

图3-3 以 OBD-Ⅱ为中心的智能汽车攻击链路

图3-4 通过 OBD-Ⅱ接口获取车辆信息

漏洞编号 CVE-2017-9647），漏洞影响 S-Gold 2（PMB 8876）蜂窝基带芯片。执行该攻击，攻击者需要对汽车有物理权限。图3-5 为该漏洞描述。

图3-5 CVE-2017-9647 漏洞描述

360智能网联汽车安全实验室两位研究员公布了其分析的车载信息服务终端（Telematics Box，T-Box）攻击方式，包括：①使用漆包线将 T-Box 集成电路板上 cSIM 卡和手机以飞线的方式连接，研究人员能够通过手机共享的热点连接到 T-Box 的内网探索车辆内部通信网络；②检测 T-Box 的集成电路板，查找供应商预留的调试接口或者隐藏的特殊功能的引脚并以飞线的方式使计算机与 T-Box 集成电路板相连接，使用串口调试工具对其调试输出打印日志，能够得到一些敏感信息，如接入点名称、物联网卡号、集成电路卡识别码、私网服务器 IP 地址和本地监听端口等信息，为后续的深入研究的基础。图3-6 展示了该攻击方式。

图3-6　T-Box 攻击方式[87]

研究人员对 T-Box 的攻击链如下：通过观察 T-Box 集成电路板，寻找存储芯片，使用串口工具提取固件或重新烧写添加后门的固件，并通过调试端口连接 T-Box 开发的服务和提取配置文件等操作。由于控制汽车的消息指令在 T-Box 内部生成，且在蜂窝网络传输层面是加密的，因此需提取固件分析出加密算法和密钥，进而得到消息会话的内容。通过对 T-Box 的综合分析，利用渗透测试手段发现车联网中其他安全问题，并让远程控制形成一条通路实现远程控制车辆。攻击过程如图 3-7 所示。

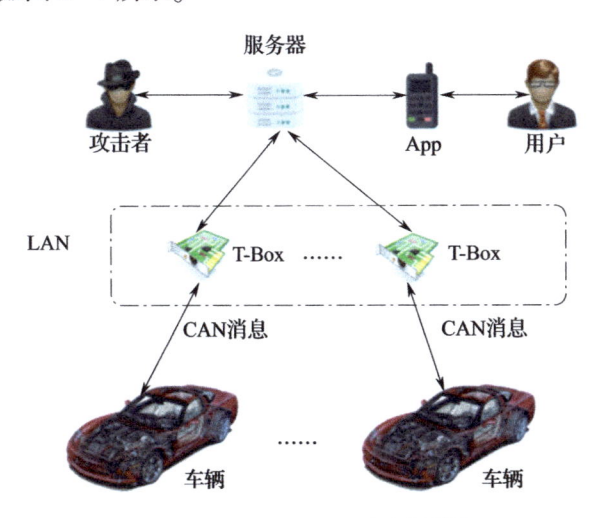

图3-7　T-Box 可用攻击链[87]

（3）IVI　马自达车机系统的漏洞在 2014 年 5 月就被 Mazda 3 Revolution 论坛用户发现，自此，马自达论坛的车主们一直在使用这些"黑客手段"定制汽车的信息娱乐系统、调整设置或安装应用程序。Turla 的 mazda_ getInfo 项目在 GitHub 上开放，可让使用者在其 U 盘上复制一组脚本，插入汽车的仪表板即可在 MZDConnect 固件之上执行恶意代码，如在汽车仪表盘上显示文本或显示终端命令，如图 3-8 所示。

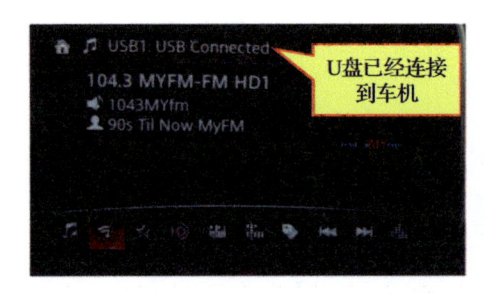

图 3-8　马自达信息娱乐系统 USB 攻击

3.1.2　近距离无线攻击

1. 攻击向量

近距离无线攻击指通过近距离无线攻击面渗透到车辆内部，进而攻击车辆的功能。当前近距离无线攻击面主要包括蓝牙、Wi-Fi、DSRC、无钥匙进入、胎压管理系统与人工智能（Artificial Intelligence，AI）软件等。

蓝牙是智能汽车与手机等设备传输信号的标配通信模式，当前蓝牙的漏洞都能成为智能车辆的威胁，但该模式通常难以渗透到车内控制网络。

Wi-Fi 是智能汽车当前普及度较高的近距离网络，很多车型提供了 Wi-Fi 热点功能，便于驾乘人员访问，同时黑客也能够利用车辆开放的 Wi-Fi 连接访问安全关键网络与功能。研究人员能够通过破解 Wi-Fi 解锁车门和行李舱、改变座椅位置并进入信息娱乐系统，甚至接入 CAN 总线操纵车辆的驾驶功能。

DSRC 的典型应用包括 ETC 与 V2V 相关应用，同样成为了黑客攻击的重要向量。当前通过 DSRC 对车辆进行攻击的手段有通信保密性、完整性、通信密钥管理与数据解析漏洞等。

无钥匙进入系统通过无线通信传输车钥匙与车内解码器之间信号，从而实现车门的开启与发动机启动等功能。目前，无钥匙进入系统已成为黑客重点攻击向量。

胎压管理系统是智能车辆广泛配备的系统，安装在车轮上的传感器通过无线通信将采集到的胎压数据传输至管理模块。当前胎压管理系统并未增加网络安全保护措施，易于被黑客攻击。

AI 软件在车内被广泛用于近距离感知，推动着自动驾驶的快速发展。同时，AI 也开辟了新的攻击途径，以及带来新的隐私和数据保护挑战，据统计 AI

攻击的案例已超过 1000 件。通过欺骗感知人工智能算法进行智能汽车攻击的案例逐年增多，包括视觉、雷达欺骗等。对抗样本攻击是目前常见的人工智能攻击手段，即在分界线附近随便找一个点，略微修改它的参数，让它移动到函数图上分界线的另一侧。该类攻击具有迁移性，这也就意味着未来这种攻击方式会在人工智能领域变得很普遍。例如，利用 AI 对抗机器学习技术让白色货车"消失"（百度安全）；修改图标欺骗人工智能等。近年来，研究机构和研究人员逐步开展可信任 AI 的研究，包括可解释性、公平性、可靠性或透明性等，未来人工智能的快速发展与普及将使汽车信息安全面临全新的挑战[88]。

2. 攻击案例

（1）无钥匙进入　对无钥匙进入系统进行攻击的途径包括中继器攻击与密码学协议破解等方式。中继器攻击过程如下：攻击者利用一个中继类的设备尝试寻找和靠近车辆的钥匙，进而识别、放大车钥匙和车辆之间的通信信号，欺骗车辆钥匙在车辆附近，并利用无钥匙进入系统的正常功能解锁车门、启动车辆，最终偷走车辆。整个过程并未涉及破解钥匙与车辆的认证算法等机制，中继设备只是采集车钥匙发送的信号，并不篡改信号内容，也没有解密和破坏通信协议。攻击工具并不昂贵，同时不需要具备较高的专业知识即可发动此类攻击。图 3-9 为中继器攻击的流程示意。

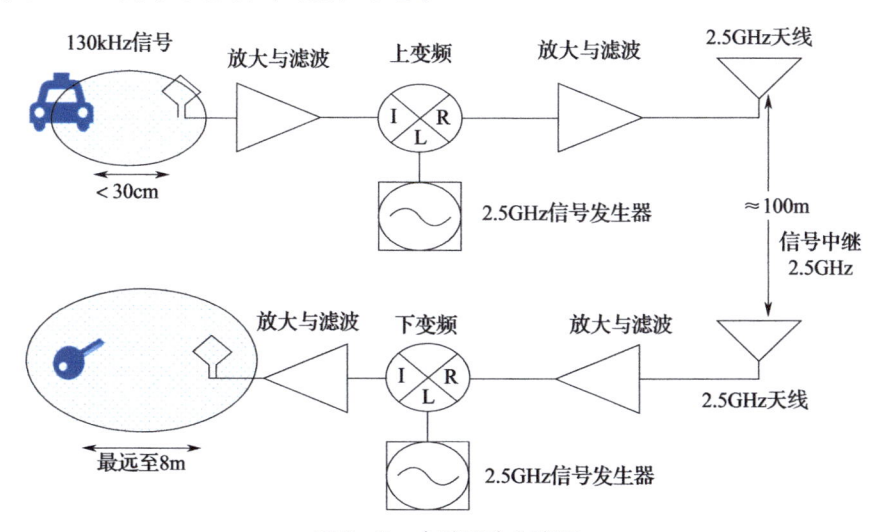

图 3-9　中继器攻击流程

2018 年，比利时鲁汶大学安全团队利用特斯拉 PKES 系统被爆出的编号为 CVE-2018-16806 的 CVE 漏洞，通过对 DST40 加密算法的破解，在数秒内完成对特斯拉 Model S 钥匙的复制，最终成功"盗走"车辆。2019 年，这一团队在亚特兰大的 Cryptographic Hardware and Embedded Systems（CHES）安全大会上发表演讲，在特斯拉修复漏洞后，其团队再次具备复制车钥匙的能力。该团队表示这次的破解工作需要更近的距离，同时也耗费更长的时间才可以成功复制车钥匙。图 3-10 为车钥匙通信协议被解示意。

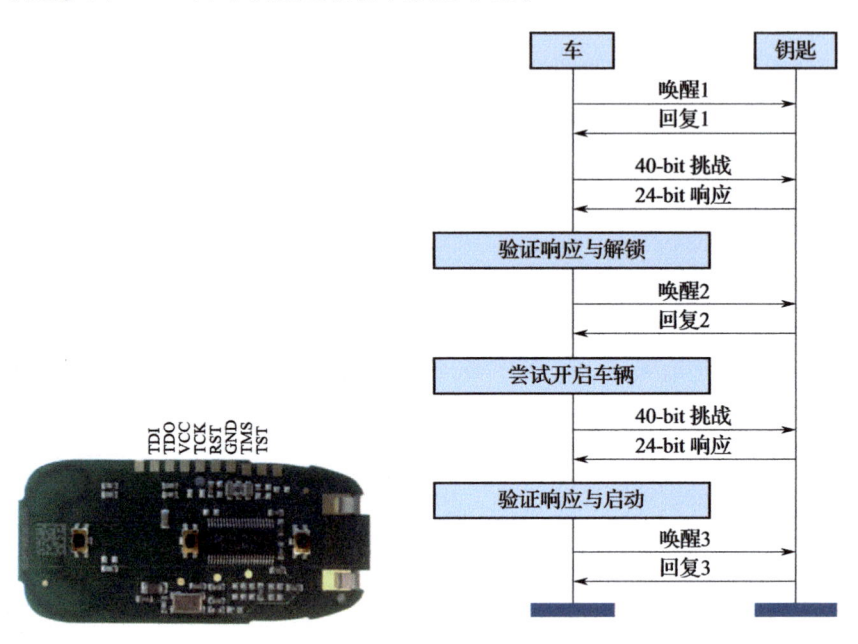

图 3-10　车钥匙通信协议破解[87]

（2）Wi-Fi　2014 款 Jeep Cherokee 提供车载 Wi-Fi 热点，通过 IVI Uconnect 系统访问。默认的 Wi-Fi 加密方法是 WPA2，随机生成的密码至少包含 8 个字母和数字字符，攻击者通过从 OMAP 芯片中反汇编"WifiSvc"二进制文件，识别用于构建随机密码的算法，如图 3-11 所示。进而，攻击者攻击 Wi-Fi 热点，进行端口扫描，利用 6667 端口用于进程通信与过程调用 D-BUS 会话总线实现对车辆的 IVI 系统的攻击，包括调节音量、温度与显示攻击图片等。

图 3-11　以 Wi-Fi 为核心的攻击链路[89]

（3）AI 欺骗　自动驾驶感知系统通常配备多个超声波传感器、摄像头和毫米波雷达。通过对传感器的干扰和欺骗，能够使自动驾驶系统产生错误决策，实现对自动驾驶功能的攻击[90]，如图 3-12 所示。

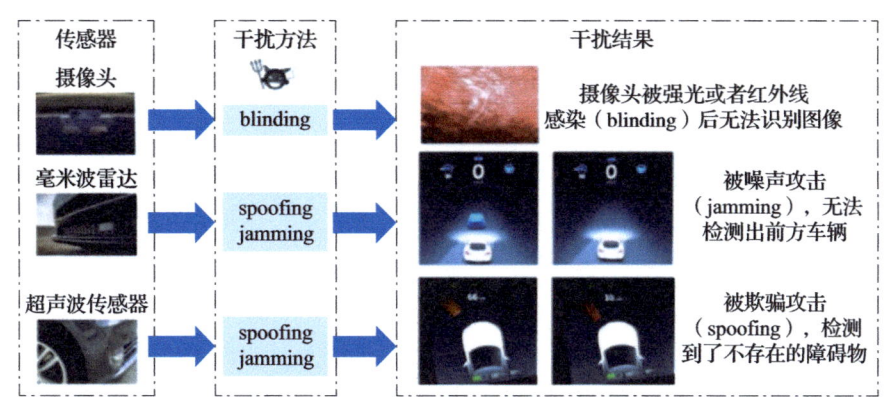

图 3-12 AI 攻击

1）干扰超声波传感器。超声波发射仪发射信号，遇到障碍物后返回，通过发送信号与接收信号的时间差计算障碍物与车辆之间的距离。超声波传感器固有的缺点是，环境中若有其他超声波发射源发射同样频率的超声波，会严重影响接收端的信噪比。利用超声波传感器的弱点，能够进行"噪声攻击"，利用超声波仪播放更大强度的同频率超声波，车辆的超声波感应器无法回收自车发出的信号，从而无法检测出车辆周围的障碍物；超声波传感器"欺骗攻击"令噪声源在合适的时机播放适当频率和强度的超声波，能够起到欺骗的作用，将障碍物距离拉近等。超声波传感器"隐身攻击"令超声波被吸附材料吸收，将障碍物隐藏等。

2）干扰毫米波雷达。毫米波雷达工作在频段 77GHz，攻击过程通常先降频、分析信号、获取信号具体的频段、带宽和调制方式等数据，同样可进行噪声和欺骗攻击。在攻击测试过程中，研究人员能够让高速行驶的特斯拉忽略前方的障碍物，也能够让特斯拉凭空制动。

3）干扰高清摄像头。特斯拉驾驶辅助系统通过摄像头采集前方图像数据，摄像头 MCU 进行图像识别，将识别结果通过 CAN 总线传输到 ADASECU，进行相应决策和控制。在攻击测试中，研究人员利用 LED 灯照射摄像头，破坏感知。

4）激光雷达攻击。研究人员通过一种基于梯度的 LiDAR-Adv 方法，生成在各种条件下，更容易逃避激光雷达检测的对抗样本。研究者对生成的对抗样本进行 3D 打印，并在百度阿波罗自动驾驶平台上进行测试，获得了大于 50% 的攻击成功率。

3.1.3 远距离无线攻击

1. 攻击向量

GPS 是智能汽车进行厘米级定位的远程感知源，错误定位将导致车辆产生错误决策，引发安全问题。"GPS 欺骗"是扰乱自动驾驶系统定位的一种常见攻击手段，通过对搭载 GPS 传感器的终端发送虚假信号的攻击方式欺骗智能手机、无人机、游艇与汽车等。

蜂窝网络是威胁较大的攻击向量，由于该模式能够实现远程无接触可复制攻击车辆，同时该通道与车内控制机构留有连接通道，是最为吸引黑客的攻击向量之一。

云服务器与车辆之间互联，提供远程控制、车辆管理等功能，是威胁较大的攻击向量。近年来，黑客通过对云服务器进行攻击，获得访问权限控制车辆或盗取用户隐私的案例屡见不鲜。

第三方软件为车主提供了诸多便利应用，如远程控制车辆启动、锁定、解锁与跟踪车辆的位置和状态等功能，以及信息娱乐相关功能。同时，第三方软件采用的通信链路以及增加的软件代码也充当黑客能够利用的额外攻击面。据统计，2010—2021 年间，移动应用程序相关的攻击在汽车领域攻击事件占比高达 7.3%。

2. 攻击案例

（1）蜂窝网络　2014 款 Jeep Cherokee 中的 Harman Uconnect 系统能够通过 Sprint 的蜂窝网络进行通信，该远程信息处理系统是车载 Wi-Fi、实时流量更新和远程连接的基础，同时该模块连接到了车内的 CAN 总线，主板上包含无线通信模块与 V850 处理器芯片，具备 CAN-HIS 和 CAN-C 通信的能力，如图 3-13 所示。安全研究人员选择一个具有已知漏洞的微基站，通过 Telnet 访问并利用 BusyBox shell 工具，ping 车辆并通过蜂窝网络进行端口扫描。进一步，利用车辆开放端口与车内控制网络通信，实现远程攻击车辆的行驶功能，包括转向、制动[91]。图 3-14 和图 3-15 为该攻击的软硬件工具和链路。

图3-13　车辆蜂窝网络通信模组与控制芯片

（2）移动 App　日产聆风电动汽车 App 存在漏洞，软件开发者通过任何一辆日产聆风前风窗玻璃上面的 VIN 码，就能够通过日产车载系统手机客户端的身份认证，获取车主身份及车辆充电量信息，并获得车内空调的操控权。尽管

图3-14 蜂窝网络接入软硬件工具

```
破解Wi-Fi密码        1. Uconnect车载系统
购买微型基站渗       找到远程接入的入口——带有桥梁
透到Spring 3G       ECU的功能模块，如车载Wi-Fi、
端口扫描进入         OBD、云服务App、蓝牙功能、浏
多媒体系统           览器等车内应用等，所有兼顾外部
                    消息接收与内部通信功能的模块，
                    都存在可能性，以此展开研究。

多媒体系统与         2. Uconnect与V850控制器连接
V850控制器之         找到从桥梁ECU到核心功能ECU之
间的通信连接         间的通信链路。

V850控制器固件       3. V850控制器固件修改
修改实现恶意指令     解决或绕过通信和固件的安全策略
的发送              设置，进而向CAN总线发送指令，
                    实现攻击。
```

图3-15 远程攻击链路

该漏洞并未涉及加速、制动等车辆控制关键功能，但对续驶里程本就有限的电动汽车而言，远程开启空调的潜在威胁较大。攻击自车过程：攻击者通过聆风手机App查询车辆的基本信息，包括电池充电状态，充电与控制相关，能够远程控制空调的开启，并设定时间，先后发送三个指令，实现对空调的远程控制。攻击其他车辆：利用VIN码发送电池状态的命令，车端提示错误，由于VIN码只有最后五位数字不同，因此使用穷举工具，尝试所有可能的VIN，发送查询命令，进行跟自车一样的攻击顺序。图3-16展示了该攻击的特征和链路。

（3）云服务器 2018年，Vangelis Stykas和George发现厂商Camalp运营的一台服务器存在权限管理问题，攻击者能够获得服务器访问权限控制车辆。2019年，丰田汽车服务器遭到入侵，涉及310万丰田客户的个人隐私。图3-17为云服务器攻击案例。

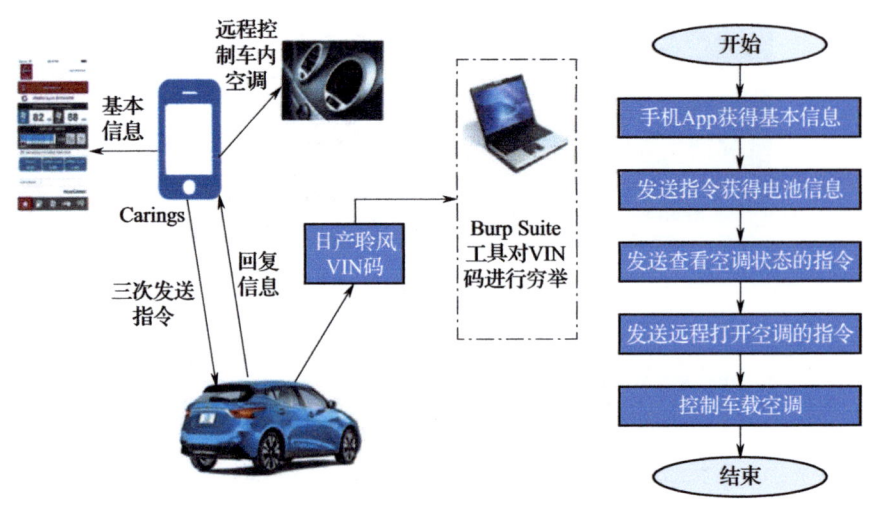

图 3-16 移动 App 攻击的特征和链路

图 3-17 云服务器攻击案例

3.2 攻击流程与方法

3.2.1 威胁建模流程

黑客攻击车辆之前通常会对攻击目标进行建模，探索可采用的所有攻击入口与方式，范围覆盖从单个部件到整车的脆弱性，流程包括寻找攻击面、建模威胁、识别威胁并评估威胁。

1. 寻找攻击面

为了寻找车辆的攻击面，黑客评估车的边界，考虑数据进入车辆的所有方式。车辆外部的通信途径，包括：

1）无线信号，如遥控钥匙、Wi-Fi 与蜂窝通信等。

2）无接触传感器，如视觉、距离传感器等。

3）有线连接，如充电与诊断等。

同时，考虑车辆内部的通信方式，包括：
1）车辆内部音视频输入，如 USB、CD 与蓝牙等。
2）车载网络，如 CAN、LIN、FlexRay、MOST 与 AE 等。
3）硬件，如 ECU、TCU 等。

2. 威胁建模

威胁建模需构建目标的架构信息，识别高风险入口，创建安全检查表以便将可能带来最大回报的攻击入口点列为优先处理对象。除黑客外，威胁建模同样用于保护安全系统开发流程中的概念、设计与开发阶段，随着开发的推进，威胁模型随之更新。车辆是较为复杂的产品，威胁建模通常涉及多个层级。

Level 0 级威胁建模是较为粗糙的构建车辆内部与外部的通信接口，编号标识相关系统，如图 3-18 所示。Level 1 级在 0 级的基础上，进一步标识数据的发送与接收端，如图 3-19 所示，虚线为信任边界，第一位编号延续上一级，自顶部向底部，信任级别递减，穿过信任边界数量越多，通信风险程度越高。Level 2 级在 1 级的基础上，进一步关注某一个相关子系统，如图 3-20 所示，点画线边框内部为同组通信通道，前两位编号延续上一级，能够与外部通信的系统风险级别更高，与内核交互的系统风险级别更高。按照该模式，能够构建更细致、更深层次的威胁模型，程序和库之间、程序和程序之间、甚至函数与函数之间均可构建类似模型，进而进行相应的威胁识别与分析。

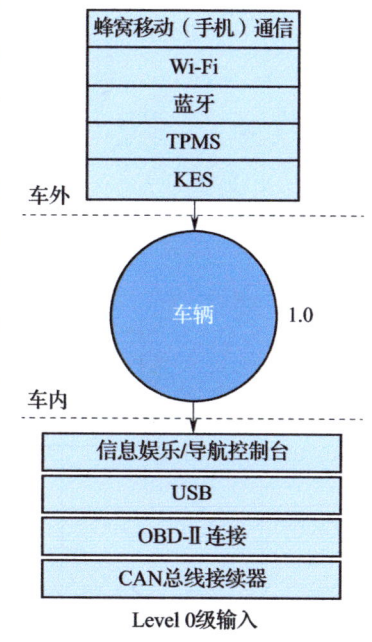

图 3-18　Level 0 级威胁建模

3. 威胁识别

根据构建的多级别威胁模型，能够逐级进行威胁识别。Level 0 级别较为抽象，通常难以在该级别构想出具体攻击场景。针对该实例，Level 0 级别攻击者可能远程控制车辆、解锁车辆、跟踪车辆、在车辆安装恶意软件或窃听车辆与驾乘人员隐私信息等。在 Level 1 级别，可根据通信方式依次识别威胁。

1）蜂窝网络。利用蜂窝网络，攻击者能够从任意位置访问与之连接的车辆内部网络与硬件单元，跟踪车辆运动，建立伪基站窃听隐私信息或干扰车辆正常通信等。

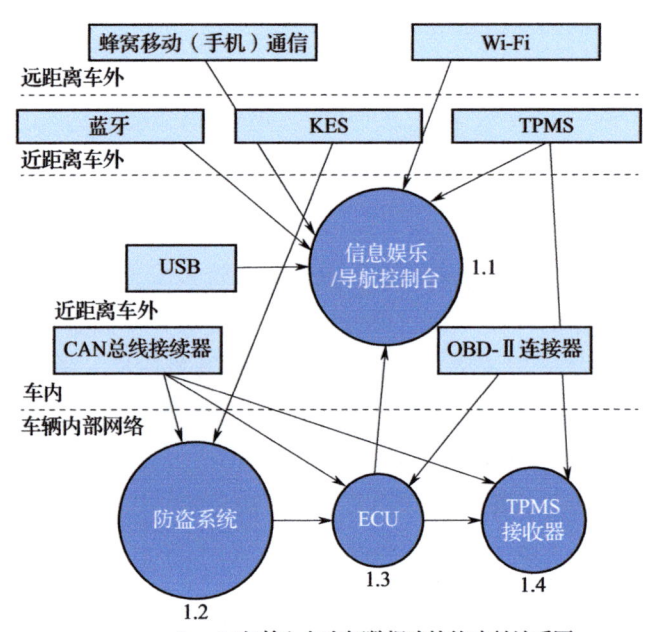

图 3-19 Level 1 级威胁建模

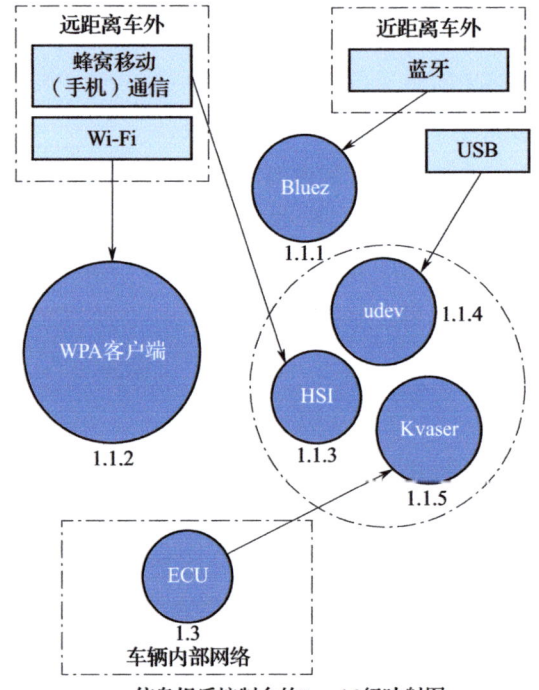

图 3-20 Level 2 级威胁建模

2）Wi-Fi。利用 Wi-Fi 连接，攻击者能够在通信覆盖范围内访问与之连接的车辆内部网络与硬件单元，能够破解 Wi-Fi 密码，设置虚假供应商介入欺骗车辆或拦截 Wi-Fi 通信等。

3）蓝牙。利用蓝牙，攻击者能够在通信覆盖范围内访问与之连接的车辆内部网络与硬件单元，能够在信息娱乐系统中执行代码，利用蓝牙协议栈缺陷或干扰蓝牙设备等。

4）车载网络。利用车载网络，尤其是广泛连接控制系统的 CAN 和 AE，攻击者能够发送恶意数据报文控制车辆功能，破坏车内数据传输，安装恶意诊断设备跟踪车辆等。

5）USB。利用 USB，攻击者能够在信息娱乐系统安装恶意软件或破坏系统。

6）遥控钥匙。针对遥控钥匙系统，攻击者能够持续发送交互信号耗尽车端接收设备电量，通过中继器攻击或暴力破解加密和认证算法盗取车辆等。

7）胎压监测。针对胎压监测系统，攻击者能够跟踪车辆，伪造虚假状态处罚警告或欺骗 ECU 进行过度补偿等。

8）信息娱乐系统。针对信息娱乐系统，攻击者能够安装恶意软件窃听车辆数据、破坏系统操作或发送虚假信息渗透到车内总线访问其他安全关键功能等。

Level 2 级别的威胁更具针对性，分析某个应用程序处理何种连接时的威胁，例如 CAN 通信未采用加解密保护导致通信内容被窃听，未采用消息认证机制导致信息伪造，未采用异常检测与避免机制导致总线遭受拒绝服务攻击等。

4. 威胁评估

在形成威胁模型并识别威胁后，能够进一步对威胁进行评估与分级。Web 测试常用的分级体系 DREAD 通过危害程度、可复现性、可利用性、影响的用户以及易发现性多个维度对威胁进行分级与评估。在汽车领域，ISO/SAE 21434 根据攻击的可能性与严重性量化威胁等级，该部分将在第 5 章详述。

3.2.2 攻击方法

1. 车载网络攻击方法

攻击车载网络的步骤通常包括总线定位与总线逆向。总线定位指通过直连或其他方式连接到车载网络，具备读取车载网络数据包的能力。寻找总线的方式可尝试控制 CAN 总线上电子部件，如车门、车窗等，进而检测特定总线线路特征和电压特征，寻找并通过信号注入设备接入总线线路，对流量进行监控。常用工具如 Linux SocketCAN 接口、Kayak 诊断与监视图形界面、Wireshark 网络监视工具以及 OpenXC CAN 总线逆向工具等。

总线逆向即识别某个信号控制何种功能，逆向车载网络的应用层协议，通常需进行过滤与分析，如基于帧标识对总线数据包进行分组，并记录与显示数据段变化的部分，配合相应的物理操作，分析总线数据与物理含义之间的映射关系，图 3-21 为尝试在录制的数据中寻找车门解锁控制 CAN 数据的流程。模糊测试同样能够用于逆向车载网络应用层协议，但由于功能交互链路的复杂性，该方法效率较低。

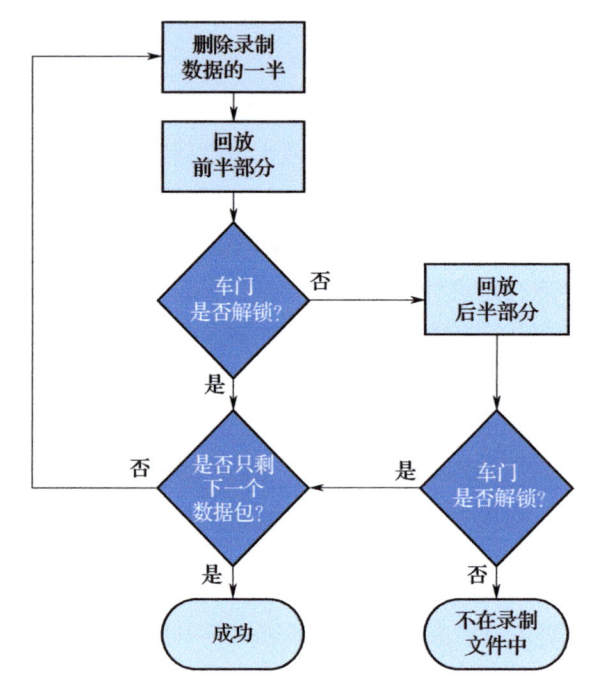

图 3-21 逆向车门解锁 CAN 数据流程

2. 电子控制单元攻击方法

电子控制单元通常具备不同程度的防止其代码和操作被篡改的安全措施，针对 ECU 的攻击通常包括前门攻击、后门攻击与漏洞利用。前门攻击指劫持原始设备制造商的访问机制；后门攻击指使用更为传统的硬件黑客手段；漏洞利用指发现非预期访问机制。常用的工具包括 WinOLS 二进制文件修改程序、IDA Pro 二进制代码分析工具、JTAGulator 工与 ChipWhisperer 旁路分析工具等。

前门攻击通常使用 OBD-II 接口重新编程，利用诊断工具观察、记录与分析，而后扩展功能。前门攻击通常需破解合法访问与编程所需的密码学保护机制，通常为种子-密钥算法。后门攻击通常分析电路板，查找存储器，并读取与反编译，进而分析或替换代码。漏洞利用是通过令 ECU 执行非预期操作触发漏洞，导致设备执行恶意代码。

3. 无线电攻击

无线电攻击指攻击者利用无线信号收发设备，监听、干扰并尝试发送虚假信号。胎压监测信号攻击，可通过增设放大器提升嗅探范围，利用信号发送设备以一定时间间隔发送唤醒信号，触发系统回应，并进行信号解码与逆向分析，进而构造恶意的数据包，通过伪造危险感知信息，能够令车辆进入跛行状态。遥控钥匙攻击可通过向收发双方传输恶意干扰数据，在频段加入噪声，阻止接收器改变滚动码等方式破坏系统正常功能，同时可通过前向预测攻击或字典攻击尝试未授权开启或关闭车门等操作。常用工具包括 Gqrx SDR 信号采集工具等。

4. 攻击案例

攻击发生器用于检测电子控制系统的信息安全性能，如图 3-22 所示，主要包括攻击途径、攻击类型、显示界面和系统管理模块四类模块。

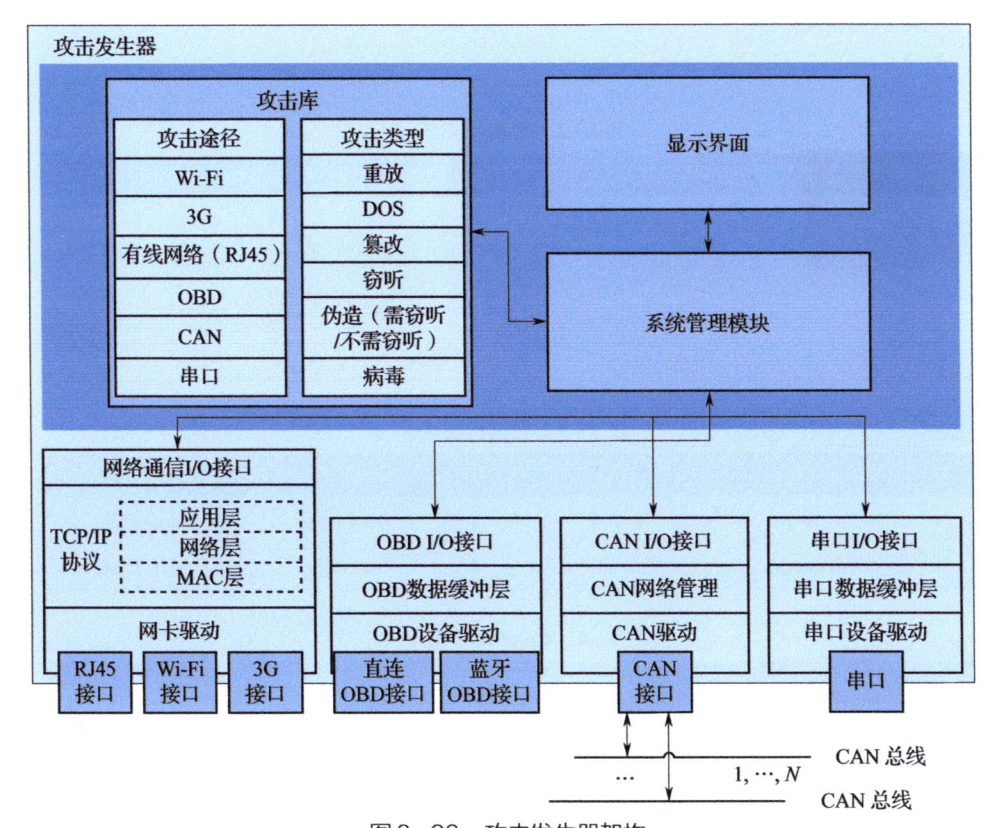

图 3-22　攻击发生器架构

攻击库中保存着所有用于攻击的数据，并且攻击库为系统管理模块对攻击数据的调用提供相关的 API。对应不同攻击类型和通信方式的攻击函数分别调用攻击库中不同的数据。主要包括 7 种攻击类型，分别是：中断，重放攻击，DoS 攻击，篡改攻击，窃听攻击，伪造攻击以及病毒攻击；6 种通信途径：Wi-Fi、3G、有线网络、OBD、CAN、串口。端口扫描方式包括 IP 扫描、端口扫描、Nmap 扫描、Satan 扫描。远程方式包括 Guest、Password Dictionary、FTP-write、SSH、Telnet。攻击范围包括 Ejec、SQL、Load-Module、Perl、Ping。DoS 攻击方式包括 Back、Land、SYN-flood、Smurf、Syslog、Ping-of-death、Invite、Register。表 3-1～表 3-6 列出了攻击种类。图 3-23 展示了攻击发生器软件界面。

表 3-1 攻击大类选项

ID	Attack Type	ID	Attack Type
1	中断	5	篡改
2	窃听	6	DoS
3	伪造	7	重放
4	病毒		

表 3-2 攻击接口选项

ID	Interface Type	ID	Interface Type
1	GPS	5	串口
2	Wi-Fi	6	CAN
3	3G	7	OBD
4	Bluetooth	8	RJ45

表 3-3 扫描攻击子类

ID	Attack Type	说明	ID	Attack Type	说明
1	IP sweep	IP 扫描	3	Nmap sweep	Nmap 扫描
2	Port sweep	端口扫描	4	Satan sweep	Satan 扫描

表 3-4 Remote 攻击子类

ID	Attack Type	说明	ID	Attack Type	说明
1	Guest	密码猜测	4	SSH	SSH 攻击
2	Password Dictionary	口令词典	5	Telnet	Telnet 远程攻击
3	FTP-write	FTP 写攻击			

表 3-5　DoS 攻击子类

ID	Attack Type	说明	ID	Attack Type	说明
1	Back	Back 攻击	5	Syslog	Syslog 攻击
2	Land	Land 攻击	6	Ping-of-death	Ping-of-death 攻击
3	SYN-flood	SYN-flood 攻击	7	Invite	Invite 攻击
4	Smurf	Smurf 攻击	8	Register	Register 攻击

表 3-6　Jurisdiction 攻击子类

ID	Attack Type	说明	ID	Attack Type	说明
1	Ejec	Ejec 注入攻击	4	Perl	Perl 漏洞攻击
2	SQL	SQL 注入式攻击	5	Ping	Ping 攻击
3	Load-Module	Load-Module 攻击			

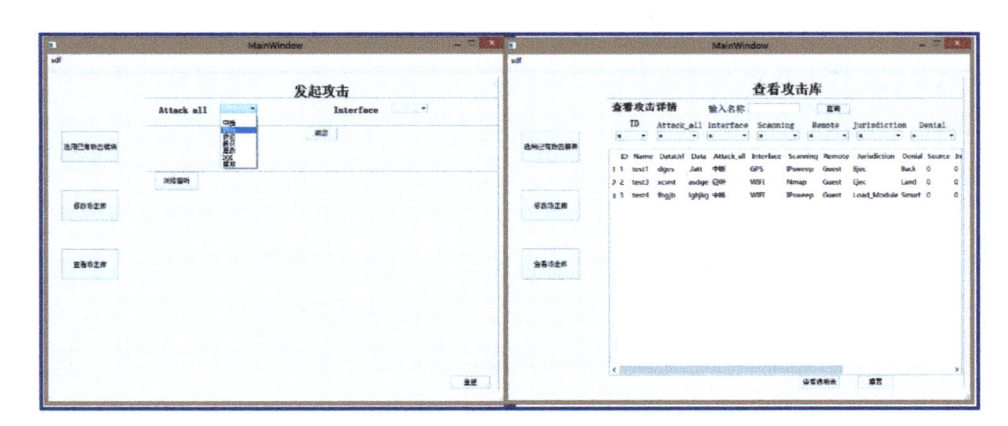

图 3-23　攻击发生器软件界面

第 4 章
智能汽车网络安全与隐私保护

发动机功率、油耗、驾驶舒适性以及汽车底盘和车身的精度用来定义传统汽车质量,随着越来越多的核心车辆功能通过在专用硬件上运行的软件实现,这些组件的功能安全性和网络安全性将成为汽车行业质量的另一类非常重要的方面,当前出台的原则与法规以汽车联网、自动驾驶等应用场景为目标,引导汽车产业链上各环节加强对安全保障投入的探索模式,部分国家汽车产业组织正在积极研究并发布汽车网络安全相关政策和指南等,为行业提供可实施的网络安全防护设计原则与规范。为了使汽车电子系统的工程设计能够适应不断变化的技术和攻击方法,在汽车开发的各个阶段,都需要融入网络安全的概念,包括在概念阶段进行安全需求定义、在开发阶段满足安全需求进行系统的软件硬件开发,在验证阶段进行相应的网络安全测试以评估系统是否符合网络安全需求。本章首先概述智能汽车网络安全目标与设计原则,进一步讲述密码学与信息安全基础技术,包括密码学原语、协议、访问控制、防火墙与入侵检测技术等。在此基础上,本章详细探讨如何利用密码学基础技术,对智能网联汽车进行纵深防御的网络安全保护。

4.1 智能汽车网络安全目标与设计原则

4.1.1 智能汽车的网络安全设计目标

智能汽车的网络安全设计目标为保护汽车相关资产免受网络安全威胁,使得汽车电子信息系统的硬件、软件及其系统中的数据受到保护,不因偶然的或者恶意的原因而遭受到破坏、更改、泄露,系统连续可靠正常地运行,网络服务不中断。智能汽车网络安全保护的资产如图4-1所示。

第 4 章　智能汽车网络安全与隐私保护

图 4-1　智能汽车网络安全保护的资产[92]

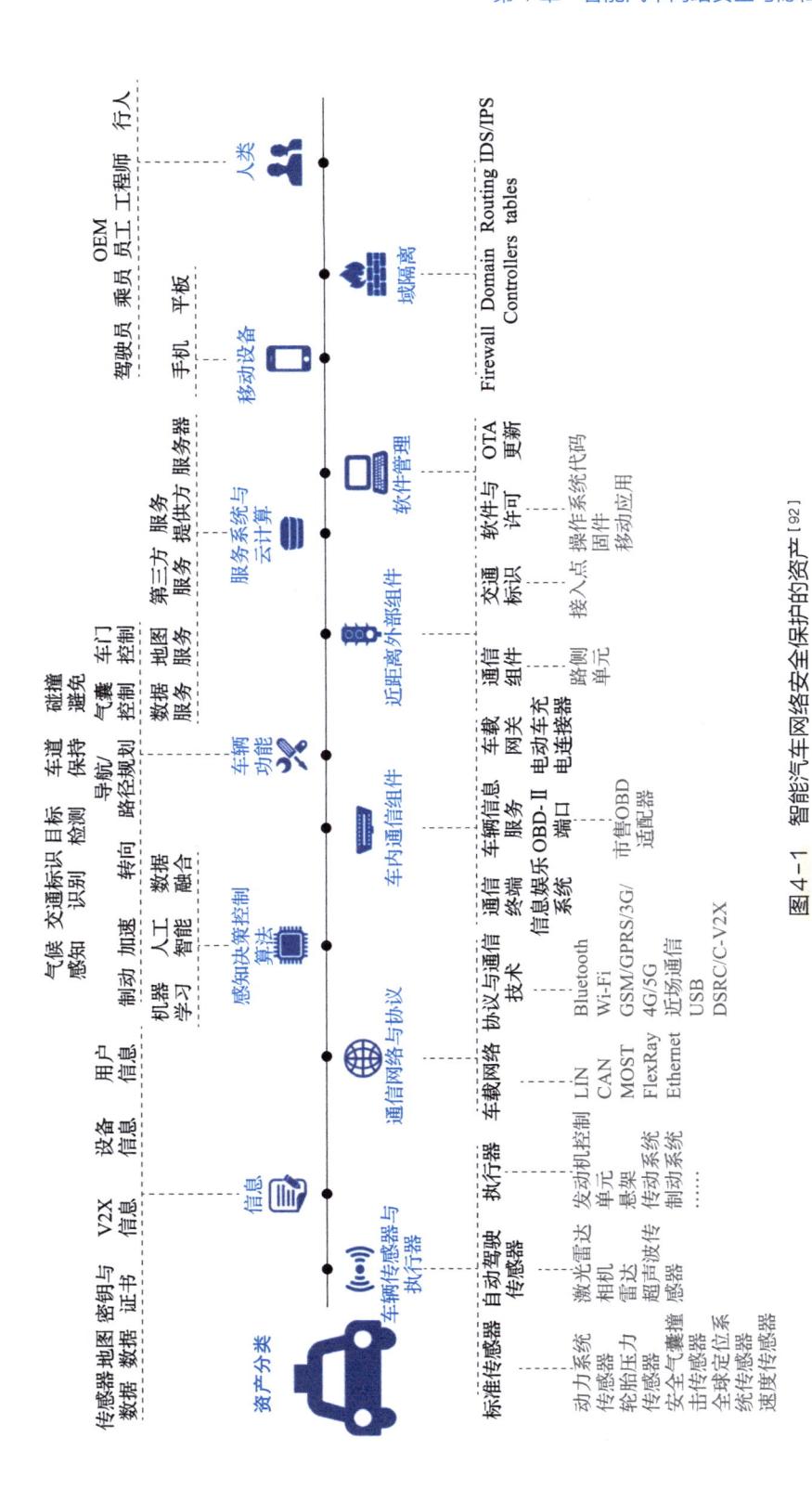

见表 4-1，保护的安全属性通常包括：

1）机密性：对应窃听攻击，指信息披露向未经授权的人公开信息，在车联网领域，车主希望隐私数据（身份、位置、驾驶习性、生活习性等信息）能够保密传输。

2）真实性：对应欺骗攻击，指攻击者冒充某物或某人，车联网环境下，自车希望接收到的环境信息/控制指令是真实的。

3）完整性：对应篡改攻击，指攻击者修改数据或代码，攻击其完整性与准确性，对于智能汽车而言，ECU 代码和网络通信的完整性至关重要。

4）不可否认性：对应抵赖攻击，指攻击者声称未执行任何操作，如智能交通系统中的恶意车辆无法否认发出的消息。

5）可用性：对应拒绝服务攻击，指攻击者拒绝或降级用户服务，车辆各个功能的可用性至关重要，安全关键型控制功能几毫秒的拒绝服务可能带来安全风险。

6）时效性：对应重放攻击，指攻击者对有效消息进行再利用，车辆的运行状态和交通环境是动态的，ECU 响应重放的消息同样会带来安全隐患。

7）授权：提升权限，未经授权获得访问能力，车辆功能应用具备不同的安全等级，跃级访问。

8）隐私：隐私属性或要求适用于实体和一组信息。如果实体和信息集之间的关系是保密的，则隐私需得到保证，例如，攻击者不断记录车辆的位置并知道驾驶员的身份，因此，需要隐私要求来确保利益相关者的匿名性和敏感信息的机密性，识别应用程序引入的敏感信息。对于用户而言，敏感信息可能包括以下内容：①特定汽车和/或驾驶员的身份；②特定汽车和/或驾驶员的当前位置；③特定汽车和/或驾驶员过去的位置；④可用于跟踪特定汽车和/或驾驶员的车辆属性（例如汽车制造商、型号、颜色）；⑤特定汽车和/或驾驶员的行为（例如危急情况的次数、超速）、电话记录、互联网活动、电子邮件信息、账户信息和驾驶记录；⑥参与特定 C2X 交易的特定汽车和/或驾驶员的身份。对于车辆制造商和系统供应商，敏感信息可能包括以下内容：①特定汽车的身份；②汽车制造商和型号；③设计信息（算法、控制参数）；④性能数据。

黑客通常会同时攻击汽车的多个安全属性，以达到威胁目标。同样，安全属性的保护也需要兼顾深度与广度，构建网络安全防御战略，协同各类网络安全防御机制，保护智能汽车的网络安全属性。智能汽车的威胁如图 4-2 所示。

表 4-1 智能汽车网络安全威胁类型与安全属性对应关系

威胁类型	说明	影响的安全属性
仿冒	攻击者冒充某人或某事	真实性、时效性
篡改	攻击者改变传输过程或存储的数据，也可能改变功能（通过软件、固件或硬件实现的功能）	完整性
抵赖	攻击者的行为不能被追溯	不可否认性、时效性
信息泄露	攻击者访问传输过程或存储的数据	机密性/隐私
拒绝服务	攻击者中断系统的合法操作	可用性
特权提升	攻击者执行未被授权的行为	授权

4.1.2 智能汽车网络安全设计原则

智能汽车的网络空间具备复杂性，分布式电子系统基于信息交换实现各种功能，在维度与耦合性方面，网络系统具备多维度和强耦合特征，多个分布式的主机通过网络连接协同，功能之间存在高度依赖性，难以追溯攻击发生在何处、如何开展以及预防、控制网络攻击；在速度与可检测性方面，攻击聚合慢，不易察觉，当攻击出现物理表现时，往往已造成巨大的损失。因此，网络安全防护体系需包含多维度的安全解决方案，包括：构建加密认证、入侵检测、审计、授权、防火墙与入侵检测避免等安全防御机制以最大程度避免攻击的发生；设计网络态势感知机制以检测攻击事件相关数据，增强网络态势识别能力；建立网络态势认知机制以评估攻击对系统功能影响的严重性等级，以及预测进一步攻击步骤，以期改变系统风险状况；形成网络监控系统以制定和执行动态防御策略，应对不断变化的网络攻击。表 4-2 总结了智能汽车网络安全防御架构设计原则。

同时，安全防御应以最小化系统风险为目标，而非最大化网络安全投资的规模。网络安全防护方案设计需在其达到的安全性能与目标系统功能、其他性能之间进行权衡，包括有限系统资源、用户友好度、系统功能影响与系统性能影响等。

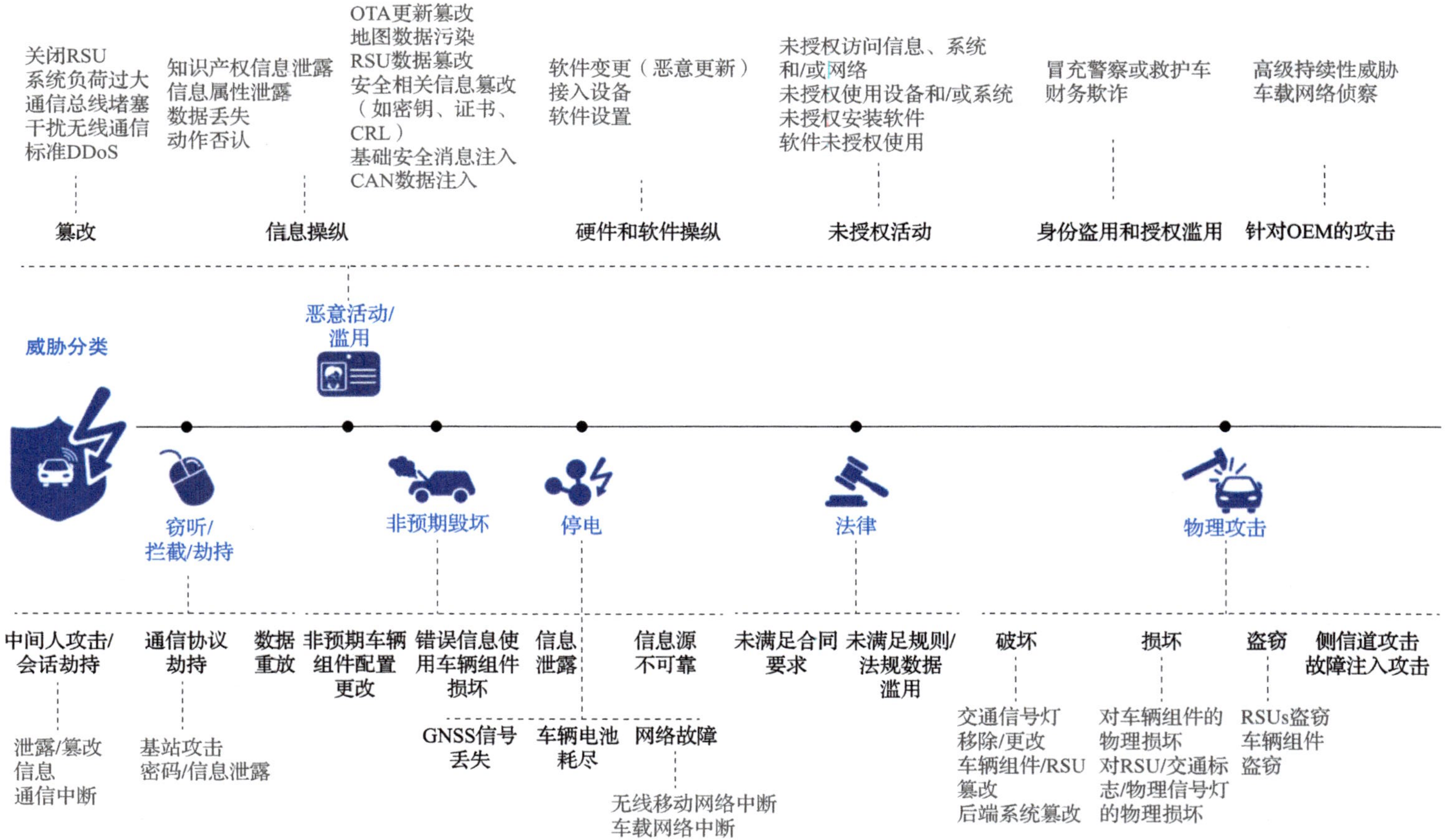

图 4-2 智能汽车网络安全威胁[92]

表 4-2 智能汽车网络安全设计原则

安全原则	描述	安全原则	描述
最小化攻击面	现在的汽车网联化并不规范。增加一个网联功能，通常就增加一个新的通信链路、新的通信实体，应对接口规范化管理，关闭不必要对外开放的端口，影响黑客的信息搜集	不信任第三方系统	避免由于第三方软件漏洞对系统造成影响
默认安全	避免系统配置带来的安全问题，如汽车出厂设置简单的初始化密码，易于被破解；需在系统设计时遵循白名单原则，比如哪些端口允许对外提供服务	功能隔离	避免系统内非安全性功能对安全性功能造成的影响，比如通过信息娱乐系统获得对汽车的访问权限，进而再攻击安全性功能
权限最小化	保持用户能够使用的最小权限，保护权限过大带来的误操作、恶意行为	等级性	对信息机密等级、用户权限等级等进行划分，制定不同的信息安全等级
纵深防御	采取多样化和多层次防御措施。从而当动态化一层或一类防护被攻破后，无法破坏整个信息基础设施或应用系统	动态化	系统设计时尽可能引入可变因素，为升级留有冗余度，具备可扩展性
失败安全	避免由于异常处理代码处理不当等所导致的安全问题	整体性设计	兼顾防护、监控、应急和恢复

4.2 密码学与信息安全基础技术

4.2.1 密码学与信息安全基础技术概述

密码学旨在通过将明文转换为密文来保护通信安全，如图 4-3 所示，其提供基础信息安全服务，如密码算法、密码协议与密钥生命周期管理（包括产生、传输、存储、使用、销毁等）等，防止数据遭到恶意破坏、泄露和更改。密码系统是实现任何安全服务所需的一组基于数学的密码算法，包括密钥生成、加密和解密。

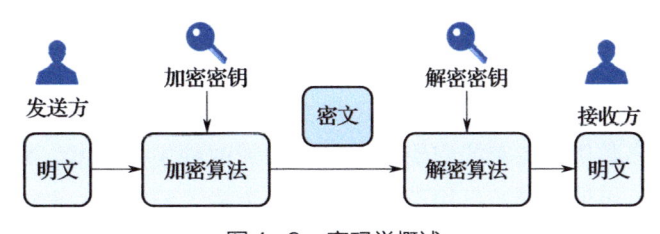

图 4-3 密码学概述

密码系统具有以下组件：

1) 明文：应在整个信息交换过程中保护明文信息免受黑客攻击。
2) 加密算法：加密算法借助加密密钥将输入明文转换为唯一的密文输出。
3) 密文：加密的明文元素。
4) 解密算法：解密算法借助解密密钥将密文转换为原始的明文。
5) 加密密钥：用于从明文生成密文的密钥。
6) 解密密钥：用来从密文计算明文的密钥。

密码学与信息安全基础技术的目标包括机密性、完整性与可用性。信息机密性保护旨在确保信息传输与存储的隐秘性，避免未经授权的用户有意或无意地揭露资料内容，通常采用加密算法；信息完整性保护旨在确保主体或资源就属于所声明者的特性，在存储和传输过程的正确性、一致性、真实性，通常采用消息认证与数字签名；信息可用性保护旨在通过控制未经授权获得网络和访问能力与建立在内网网络边缘上的过滤机制保护信息可用性，通常采用访问控制、防火墙与异常检测等信息安全基础技术，密码学技术占用的资源成本和流程操作引发的延迟对可用性可能产生负面影响。

4.2.2 密码学原语

在密码系统中，密码原语是为信息安全系统构建密码协议的密码算法，通过算法组合获得所需的安全服务。根据密钥的不同，现代密码学分为对称加密与非对称加密两种方式，如图4-4所示。

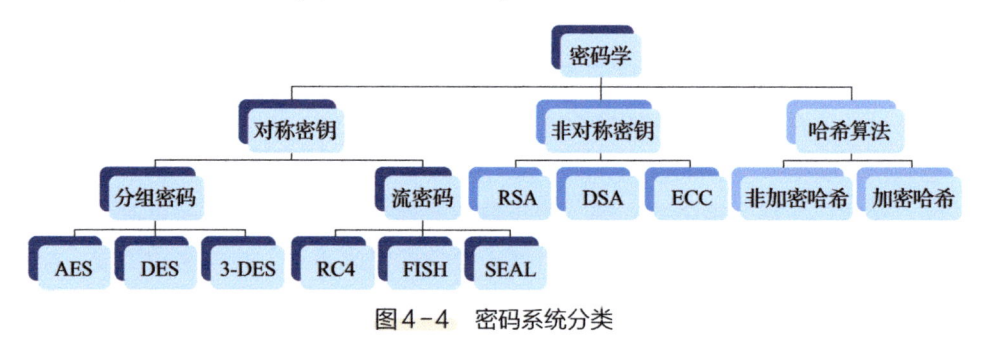

图4-4 密码系统分类

1. 对称加密算法

对称加密算法指加密与解密使用双方已知的相同密钥，如图4-5所示。替换和置换是大多数用于加密的密钥算法中使用的两种主要技术。替换用于将一组值映射到另一组值，置换是用于重新排序每个输入的位置。上述两个过程的迭代使用称为回合。随着轮数的增加，算法变得更加安全。

第 4 章 智能汽车网络安全与隐私保护

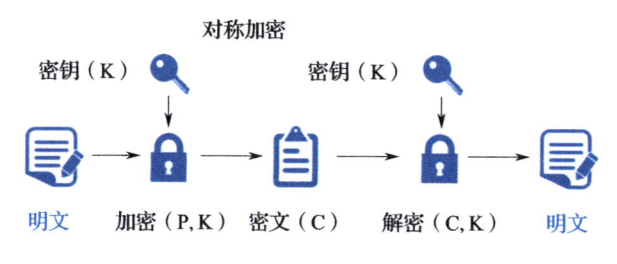

图 4-5 对称加密模式

对称加密体制根据其加密运算的特点，分为流密码（Stream Cipher）和分组密码（Block Cipher）。流密码：数据逐比特加密，即数据流与密码流逐比特进行异或（XOR）运算；分组密码：对数据分组（如 64bit、128bit 等）进行处理。表 4-3 总结了典型的分组加密算法。表 4-4 总结了典型的流加密算法。

表 4-3 典型的分组加密算法

名称	Advanced Encryption Standard（AES）	Data Encryption Standard（DES）	Triple Data Encryption Standard（3-DES）
明文	对称分组	对称分组	对称分组
分组大小	128bits, 192bits, 256bits	64bits	64bits
密钥长度	128bits, 192bits, 256bits	56bits	168bits（3-key），112bits（2-key）
安全性	较安全	安全不足	安全不足
抗密码分析	抵抗差分和线性密码分析能力强	抵抗差分和线性密码分析能力弱	容易受到差分攻击
密钥数量	2^{128}，2^{192}，2^{256}	2^{56}	2^{112}
计算效率	快	中	较 DES 快

表 4-4 典型的流加密算法

名称	Rivest Cipher 4（RC4）	Fibonacci Shrinking（FISH）	Software-Optimized Encryption Algorithm（SEAL）
密钥长度	8~2048bits	可变	—
初始化向量	无初始化向量	—	32bits
内部状态	2064bits	—	—
缺点	初始字节密钥派生	已知明文攻击	—

对称加密算法的特点是算法公开、计算量小、加密速度快、加密效率高。不足之处一方面是密钥传输：加密者如何把密钥安全的传递到解密者手里，直接存储对称加密的密钥，被反编译之后，密钥会被泄露。另一方面是密钥管理：每对通信方每次使用对称加密算法时，都需要使用其他人不知道的唯一钥匙，

使得通信双方所拥有的钥匙数量呈几何级数增长，如果所有用户使用一个密钥，一旦密钥泄露，所有用户信息都会被泄露，安全性不够。因此，对称加密算法在分布式网络系统上使用较为困难。与非对称加密算法相比，对称加密算法能够提供加密却缺乏签名功能，使得使用范围有所缩小。常用的对称加密算法包括 DES、3-DES、AES、RC2、RC4、RC5 和 Blowfish 等。美国国家标准局倡导的 AES 即将作为新标准取代 DES。

2. 非对称加密算法

非对称加密算法又称作"公开密钥加密算法"，非对称加密算法需要两个密钥：公开密钥（public key，简称"公钥"）和私有密钥（private key，简称"私钥"）。每个用户持有由公钥与私钥组成的一对密钥，如果用公钥对数据进行加密，只有用对应的私钥才能解密，而私钥加密的内容，只有对应的公钥可以解开，如图 4-6 所示。尽管公钥和私钥在数学上是相关的，但已知公钥或私钥无法推出另一份密钥。公钥放入公共存储库，而私钥作为秘密存储，PKI（Public Key Infrastructure）则是建立在此技术之上的安全基础体系。由于密钥较长以及算法复杂度高，非对称加密和解密过程较慢，与对称加密相比计算时间慢大约 1000 倍。表 4-5 总结了典型非对称加密算法的特征。

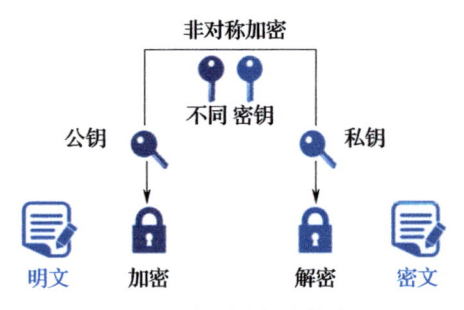

图 4-6 非对称加密算法

表 4-5 非对称加密算法

名称	Rivest-Shamir-Adleman（RSA）	Digital Signature Algorithm（DSA）	Elliptic Curve Cryptography（ECC）
提出者	Ron Rivest, Adi Shamir, 和 Leonard Adleman	美国国家标准技术研究院（NIST），由 Neal 提议	由 Neal Koblitz 和 Victor S. Miller 提议，得到美国国家安全局（NSA）的支持
密钥长度	2048 bits	2048 bits	256 bits
安全性	安全	安全不足	安全性更强，性能更高
基于的数学问题	整数分解	离散对数问题	椭圆曲线离散对数问题
攻击方式	暴力破解攻击，侧信道分析	暴力破解，侧信道分析，时间攻击	量子计算攻击，无效曲线攻击

3. 数字签名算法

数字签名是一种将实体与数字数据相关联的技术，数字签名方案基于公钥密码学，该关联可由接收方以及任何第三方独立验证。发送方通过其私钥计算数据的密码值，并与数据一起发送到接收方，接收方在公钥库中获得发送方的公钥，并对数据进行解密，将解密得到的数值与发送方传输的密码值对比，如一致则证明数据传输的完整性与真实性。由于传输的数据量可能较大，非对称算法效率较低，常规的做法是使用信息摘要和数字签名结合的方式，仅对数据映射的哈希值进行计算。数字签名模式如图 4-7 所示。

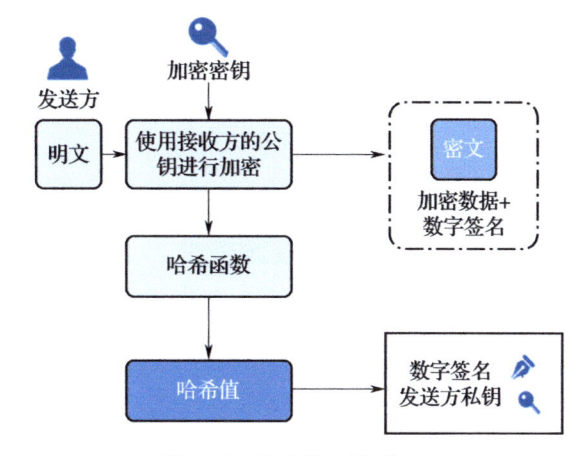

图 4-7　数字签名模式

由于用户的公钥在开放域中可用，因此任何人都可以欺骗他的身份并向接收者发送任何消息，因此出现证书中心（CA），为公钥做认证。证书中心用自己的私钥，对数据传输方的公钥和一些相关信息一起加密，生成"数字证书"。如图 4-8 所示，数字证书整体上包含：①证书基本信息，即证书的序列号、证书主体、证书主体的公钥、证书有效期、发行者主体、证书扩展信息等；②证书签名算法；③证书的签名。验证签名的过程如图 4-9 所示。

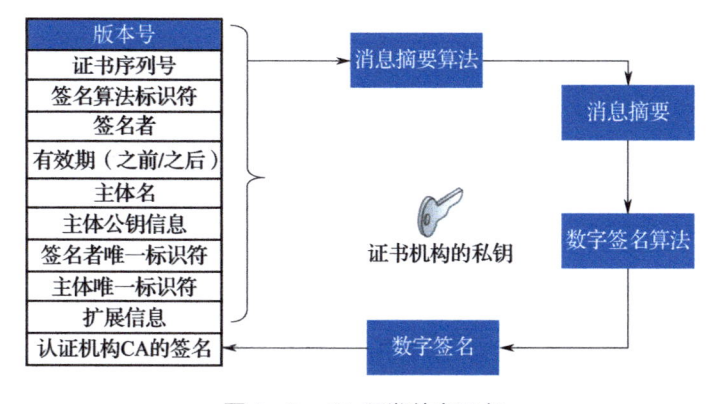

图 4-8　CA 颁发数字证书

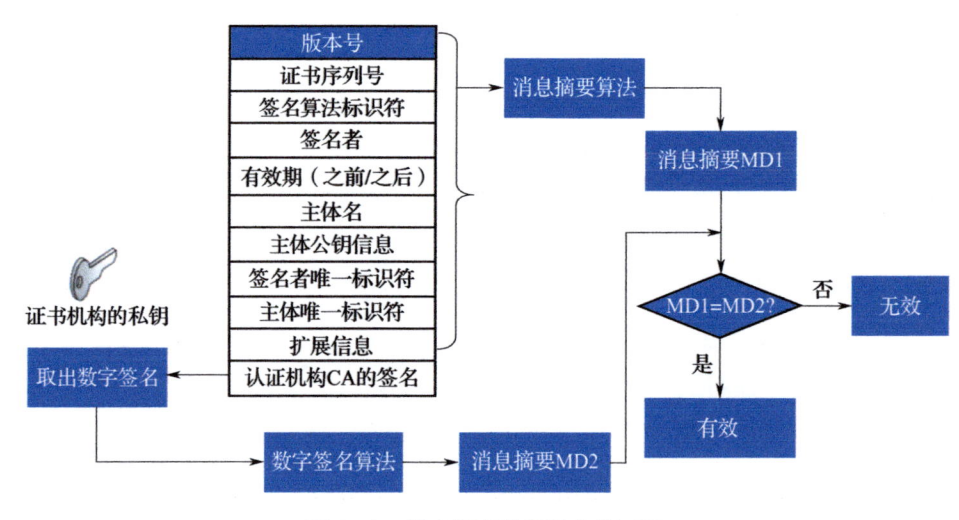

图4-9　数字证书验证签名的过程

4．哈希算法

哈希算法能够将一条任意长度的消息压缩成一个固定长度的哈希序列，例如 SHA-256 的哈希值为 256 位。哈希函数返回的值称为散列值、散列代码、摘要或简称为散列。这些值通常用于索引一个称为哈希表的固定大小的表。使用哈希函数索引哈希表称为哈希或分散存储寻址，该方式在每次检索时以很小且几乎恒定的时间访问数据，避免了有序和无序列表和结构化树的非常量访问时间，以及直接访问大型或可变长度密钥的状态空间通常呈指数级的存储要求。同时，哈希被广泛用于保护数据的完整性。哈希模式如图4-10所示。哈希算法主要具备以下特征：

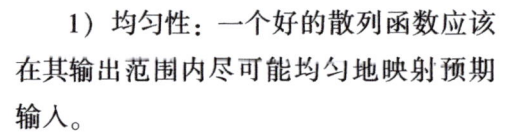

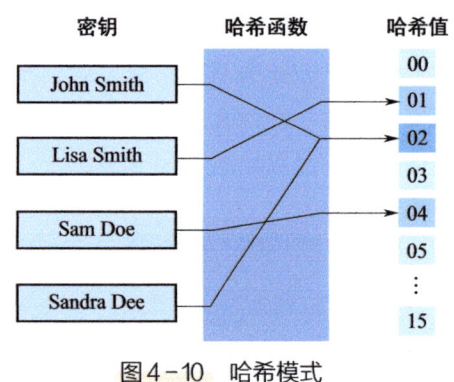

图4-10　哈希模式

1）均匀性：一个好的散列函数应该在其输出范围内尽可能均匀地映射预期输入。

2）无（低）碰撞性：难以构造两条有相同哈希值的消息。

3）不可逆性：无法由哈希值解出原消息。

4）确定性：哈希过程必须是确定性的——这意味着对于给定的输入值，它必须始终生成相同的哈希值。

加密哈希算法是将消息与一个共享密钥作为输入，经过哈希得到结果，对于一个给定的消息，只有知道密钥的一方能够算出结果。加密哈希算法能够用来认证消息的真实性和完整性，同时可以用于密钥派生。硬件安全模块的存储空间有限，很多协议需要不止一个密钥（例如一个密钥用于加密，一个密钥用于计算消息认证码等），为了降低成本，则需要支持通过密钥派生函数由单一密钥生成多种密钥。加密哈希算法能够使用种子密钥作为密钥，并与一些变化的数据共同生成哈希值，哈希值作为派生出的密钥。常见的哈希算法包括 MD5、SHA-1、SHA-256 与 SHA-512 等。图 4-11 为加密哈希的实例。

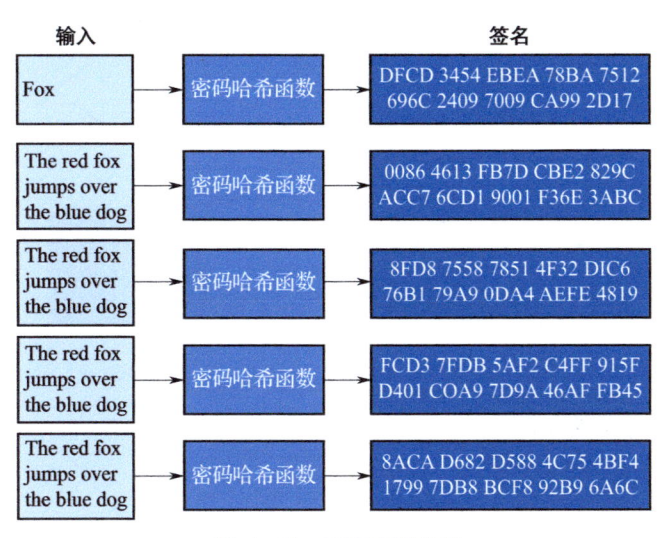

图 4-11 加密哈希实例

4.2.3 密码学防护协议

1. 安全传输协议

为保护网络的安全通信，密码学原语通常根据规则混合使用，协同提供安全保护服务。安全传输层协议（Transport Layer Security, TLS）用于在两个通信应用程序之间提供数据的保密性、完整性以及消息源的真实性服务，客户端与服务器多次握手完成会话密钥的交换，如图 4-12 所示，步骤如下：

步骤一：客户端向服务器发出 ClientHello 消息，用于告知服务器客户端所支持的密码套件种类、最高 SSL/TLS 协议版本、压缩算法以及会话 ID 和随机数。

步骤二：服务器收到客户端请求后，向客户端发出回应 ServerHello。可选步骤：ServerCertificate 服务器端发送自己的证书清单，如果证书信息不足，则可以发送 ServerKeyExchange 用来构建加密通道，例如 RSA 构建公钥密码的参数（E，N），或者 Diffie-Hellman 密钥交换协议参数。可选步骤：CertificateRequest 是在一个受限访问的环境，服务器端也需要向客户端索要证书；服务器端发送 ServerHelloDone 的消息告诉客户端。

步骤三：客户端可选步骤 ClientCertificate 是对服务器索要证书的回应，ClientKeyExchange 是对服务器端密钥交换的回应，CertificateVerify 验证证书，ChangeCipherSpec 是客户端发送编码改变通知，并发送随机数，随后握手完成。

步骤四：服务器端回复编码改变通知，完成握手。

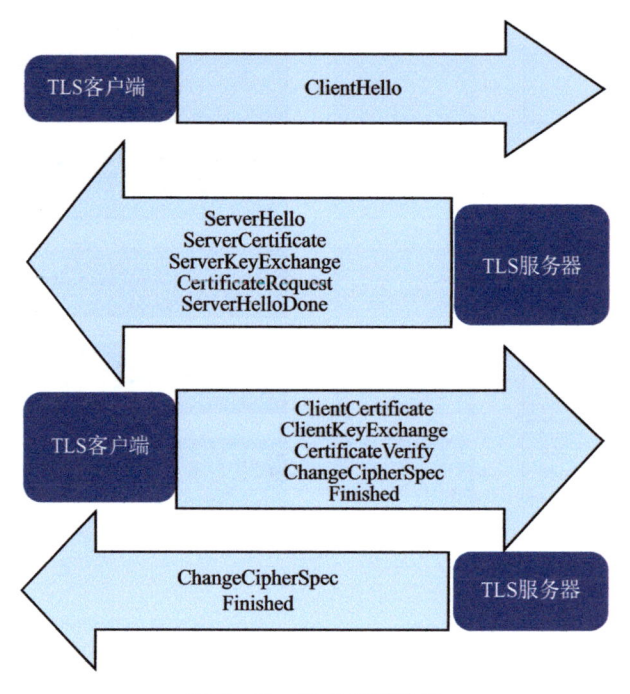

图 4-12 TLS 传输协议

2. 安全车载通信

安全车载通信（Security Onboard Communication，SecOC）模块属于 AUTOSAR 里一个独立的模块，其目的是为 PDUs 级数据交互提供资源高效和实用的认证机制。SecOC 模块能为总线上传输的数据提供身份验证，有效地检测出数据回放、欺骗以及篡改等攻击手段。该规范主要使用带有消息认证码（Message Authencation Code，MAC）的对称认证方法。为了降低重放攻击的风险，则需要在 Secured I-PDU 中加不断更新的数值（Freshness Value，FV）。具体使用何种加密和认证方式，以及如何定义新鲜性其实并不在标准之内，为 OEM 留了各自定制化方案的可选余地，OEM 在实施 SecOC 方案时需要进行新鲜度值管理和密钥管理。

SecOC 通过使用校验和计数器的方式达到对数据的保护，校验通常是使用 AES-128 的 CMAC 算法去计算 MAC，并在发送时进行 MAC 截取；而计数器是使用新鲜度值方式实现，同时 FV 也支持截取。MAC 的计算则是把受保护的 I-PDU 和从新鲜度值管理模块获取的新鲜度值，与密钥结合起来，用于 MAC 的计算。发送方将四个数据（Data ID、Authentic I-PDU、截取后的 FV、截取后的 MAC）封包后一起发出去，而接收方也是相反的应用同样的方法对接收到数据进行解析和 MAC 验证，从而确定数据的正确性。图 4-13 示意了 SecOC 的安全通信过程。

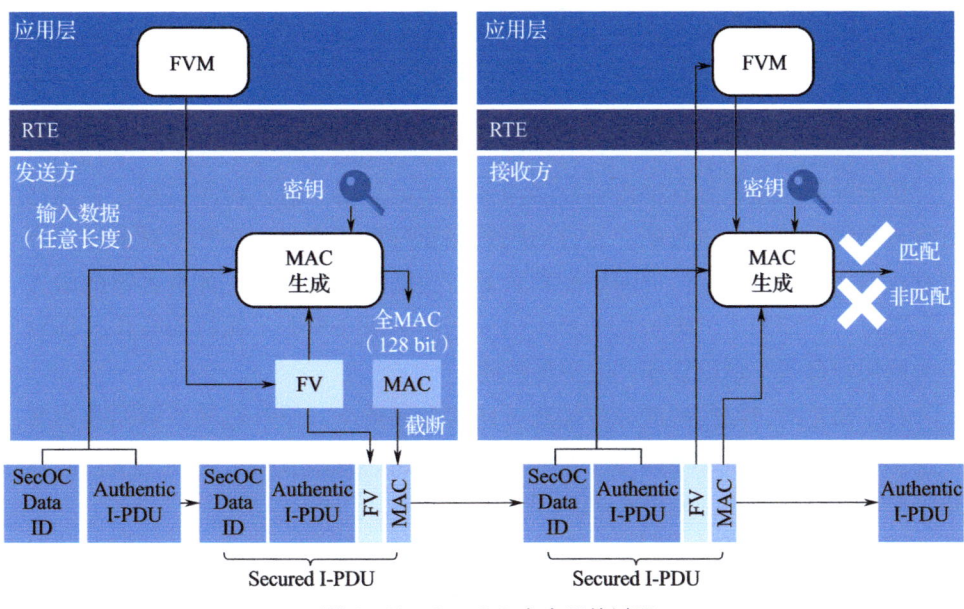

图 4-13 SecOC 安全通信过程

4.2.4 访问控制

访问控制指系统中的主动实体（如进程）是否以及如何与系统中的受动资源（如文件和内存）交互，即通过某种途径准许或者限制访问能力，从而控制对关键资源的访问，如图 4-14 所示。访问控制权限通常包括：

1）读——允许主体查看资源中的数据。

2）写——允许主体向资源写入，并通常读取资源以验证写入操作是否正确。

3）执行——允许主体作为程序执行客体的内容。

4）空权限——禁止所有动作。

5）所有权——允许主体为其他主体设置对预定客体的访问权限。

图 4-14 访问控制图

访问控制通常分为自主访问控制与强制访问控制，自主访问控制让客体的所有者和创建者与客体关联，通过访问控制矩阵设置条目，矩阵由对客体具有所有权的用户自行决定。访问控制列表是自主访问控制关联主体与客体的最古老方式之一，维护了一组映射关系，记录用户和可在资源上执行的操作，面对更大的用户群组，难以管理并且不易扩展。

基于角色的访问控制进一步提高了访问控制效率，缓解访问控制列表为每个主体分配权限的繁重存储与决策开销，其将访问权限分配给角色，用户通过角色与权限进行关联，见表 4-6。

表 4-6 访问控制矩阵实例

用户	客体1 访问	客体2 访问	客体3 访问	客体4 访问
主体1	读，写，所有权	读	写	空权限
主体2	空权限	读，写，所有权	写	执行
主体3	空权限	读	读，写，所有权	执行
主体4	空权限	读		读，写，执行，所有权

强制访问控制针对自主访问控制在敏感数据传播方面的弱点而设计，其限制所有数据使用适当的敏感度标记，并创建有关读写数据的系统访问策略规则，策略遵循不由用户自行决定的数据流，如预定水平的用户不能创建比其敏感度低的客体等。安全网格在强制访问控制策略中进一步细化了控制粒度。强制访问控制与自主访问控制通常结合应用，充分利用二者的优点，如图 4-15 所示。

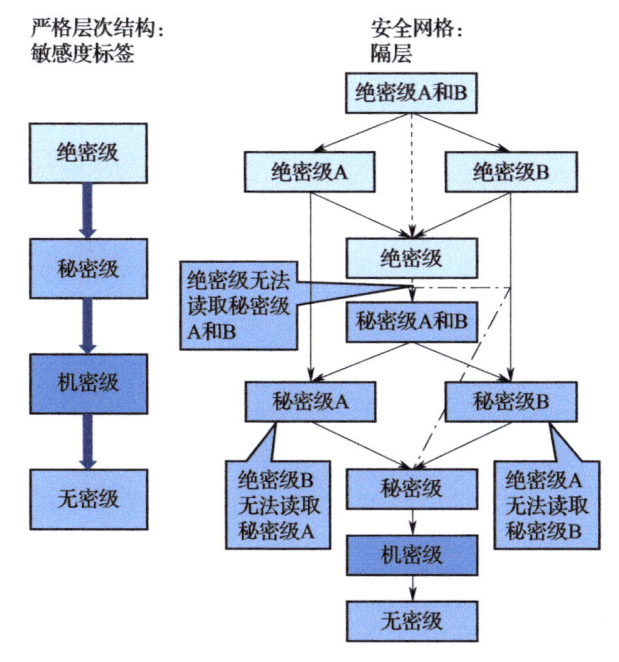

图 4-15　严格层次结构中的敏感度标签与简单安全网格的隔层

汽车电子系统的主体和客体是相对静态的，允许预先设置细粒度的控制，常用基于属性的访问，根据主体的属性、客体的属性、环境的条件以及访问策略对主体的请求操作进行授权许可或拒绝，比基于角色的访问控制粒度更细。并在此基础上，增加控制策略，管理与给予属性的访问控制关联的策略规则。图 4-16 为基于属性的访问控制实例，图 4-17 为策略执行与处理实例。

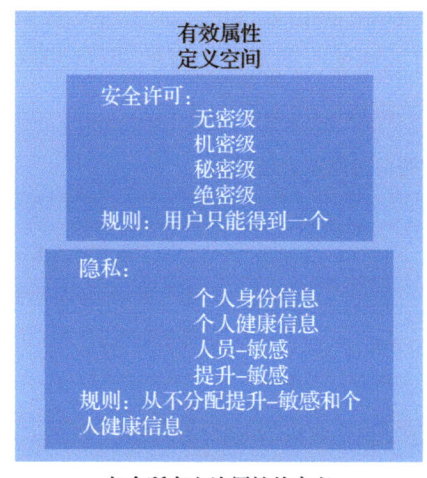

图 4-16　基于属性的访问控制实例

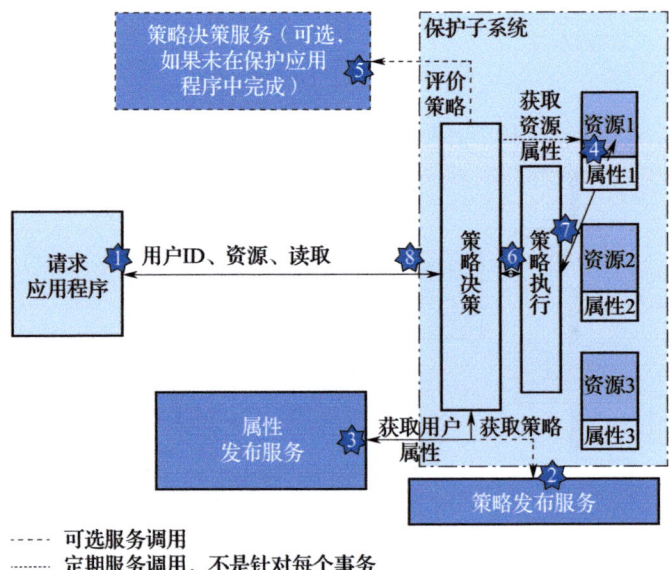

图4-17 策略执行与处理实例

4.2.5 防火墙

防火墙是指在两个或多个网络之间建立单个点的设备，软件、硬件或两者结合，能够对所有网络流量施加安全审核，并阻止不符合指定安全性标准的网络数据和应用程序。防火墙主要用于实现用户身份验证，审核/记录，其通常构成网络安全体系结构的基本元素。防火墙通常包括：

1) 数据包过滤防火墙，大多数集成在路由软件中，基于访问控制规则进行配置，一般检查数据包的源地址、目的地址、源端口、目的端口以及协议类型，具有灵活性和高效性。表4-7为数据包过滤防火墙的实例。

表4-7 数据包过滤防火墙实例

源地址	源端口	目的地址	目的端口	动作	描述
Any	Any	192.168.1.0	>1023	Allow	允许返回TCP连接到内部子网
192.168.1.1	Any	Any	Any	Deny	避免防火墙与外部连接
Any	Any	192.168.1.1	Any	Deny	避免外界用户直接访问防火墙
192.168.1.0	Any	Any	Any	Allow	内部用户可以访问外部服务器
Any	Any	192.168.1.2	SMTP	Allow	允许外部用户向内部发邮件

2) 状态检查防火墙，以流量为单位对报文进行检测和转发，对一条流量的第一个报文进行包过滤规则检查，并将判断结果作为该条流量的状态记录下来，

对于该流量的后续报文都直接根据这个状态来判断是转发（或进行内容安全检测）还是丢弃。

3）应用代理防火墙，将较低层访问控制与应用程序层功能结合在一起，并在 OSI 堆栈的应用程序级别上工作，源和目标之间不能存在直接的端到端连接或会话，防火墙作为消息的代理，可以使用高级用户身份验证和日志记录机制，包括用户或密码身份验证、硬件或软件令牌身份验证、源地址身份验证等，应用代理防火墙的所有流量都必须通过代理并进行分析，因此主要弱点是它们对性能的影响。

深度包检测（Deep Packet Inspection，DPI）技术是在传统 IP 数据包检测技术（OSI L2~L4 之间包含的数据包元素的检测分析）之上增加了对应用层数据的应用协议识别、数据包内容检测与深度解码。DPI 技术可使用其三大类的检测手段：基于应用数据的"特征值"检测、基于应用层协议的识别检测、基于行为模式的数据检测。

车载系统中的防火墙集成在应用软件之间和车辆组件之间，用来防止未经授权而访问车载通信中的不同组件和功能，例如，用于音频和视频配置的用户界面需要访问车辆总线，未经授权访问车辆通信总线可能会导致对车辆部件的不良控制。防火墙中可以进一步引入访问控制和异常检测功能。

4.2.6 入侵检测

入侵检测系统（IDS）旨在检测尝试访问或操纵系统和网络或对信息系统攻击的软件或硬件。入侵检测系统观察系统及其使用情况，并检测异常情况或安全漏洞，其不构成第一线保护，但是在系统受到攻击时在提供警报方面起着重要作用，对于预防措施未能覆盖攻击空间的某个方面、预防措施未部署在目标系统的关键位置、未能针对目标系统部署恰当的防御措施、预防措施失效以及预防措施遭受成功攻击的情况，均具有重要的意义。由于防御机制无法做到无懈可击，检测是必不可少的安全防护手段。

处理入侵通常包括六个阶段，如图 4-18 所示：

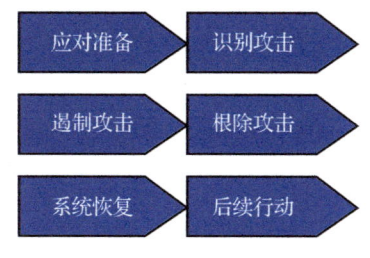

图4-18 入侵检测阶段

1）应对准备：在实际攻击发生之前，设置监视节点体系结构，添加有关系统行为的先验知识。

2）识别攻击：识别发生的攻击类型与现象。
3）遏制攻击：限制可能的损坏。
4）根除攻击：停止攻击并阻止进一步的类似攻击。
5）系统恢复：恢复系统以确保其工作状态。
6）后续行动：通知行政管理部门，准备并收集证据。

检测系统需考虑三个层次：① 特征层，即攻击可能出现在系统运行层的各个方面；② 攻击相关事件层，即与检测攻击相关的监测到的特征序列；③攻击层，即实际发生攻击的层。特征层主要考虑攻击的表现形式与强度等，通过离线分析攻击的每个实例完成，并尝试获得攻击分类的覆盖范围，例如一个蠕虫可能在操作系统的活动进程表中显现，因此活动进程表为该攻击的待观察特征。特征提取在特征分析的基础上构建待检测特征的清单。事件选择进一步分析特征数据流并建立事件描述；事件检测则从提取的特征中检测与攻击相关的事件并报告至更高层。攻击检测分析攻击事件层传输的证据，并进行攻击分级以及进一步的攻击警报。图 4-19 为入侵检测系统考虑的攻击特征。

7	攻击警报 一个警报对应的确定阈值是什么？
6	攻击分级 是哪一种攻击？
5	攻击检测 在事件流中如何检测到攻击？
4	事件检测 在提取的特征中，如何检测到事件？
3	事件选择 "特征流"中的哪些事件与攻击有关？
2	特征提取 在系统中何处可以提取特征？
1	特征选择 在哪些特征中，"攻击"会显现出来？

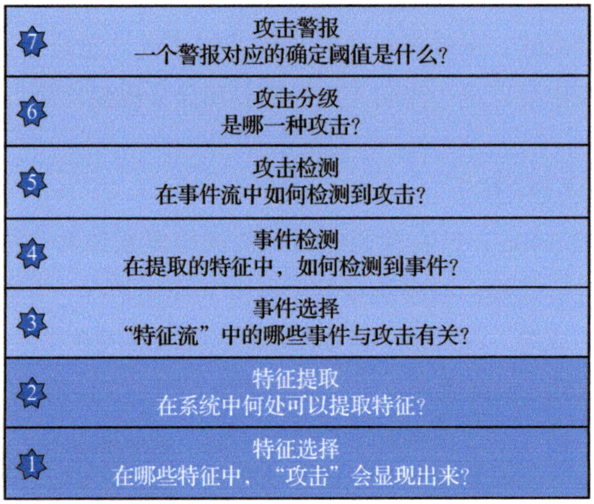

图 4-19　入侵检测系统考虑的攻击特征

根据检测方式的不同，入侵检测通常分为基于签名与异常检测两种，基于签名的检测方式将传入流量与已知攻击模式数据库比较，基于异常的检测方式使用统计信息以不同的时间间隔形成系统的基线使用情况，并与之对比；根据部署方式的不同，异常检测系统能够分为基于主机的方式部署与在网络顶部部署。

与防御策略相似，入侵检测策略同样需兼顾深度与广度，在深度上，需布置多种探针检测边界与内核之间的多种类型攻击；在广度上，需覆盖网络系统的各个角落进行有效检测。同时，可制造蜜罐检测，吸引攻击者，帮助识别攻击。

4.3 智能汽车的网络安全架构

智能汽车的网络安全架构需充分考虑三个维度的信息：风险处理策略、系统状态和风险处理表现形式，如图 4-20 所示。车端安全架构具体包括安全处理层、安全网络层、安全网关层、安全接口层与安全管理层。

4.3.1 安全处理层

安全处理层通常需考虑受信任启动、安全密钥管理与受信任执行，受信任启动进一步包括代码签名检查、电子组件标识检查与产品密钥检查；安全密钥管理进一步包括密钥分发与密钥管理；受信任执行进一步包括访问控制、分区功能隔离、主动内存保护与密码算法加速执行，如图 4-21 所示。

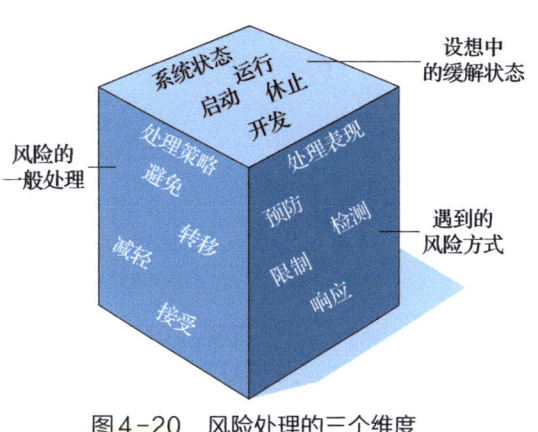

图 4-20 风险处理的三个维度

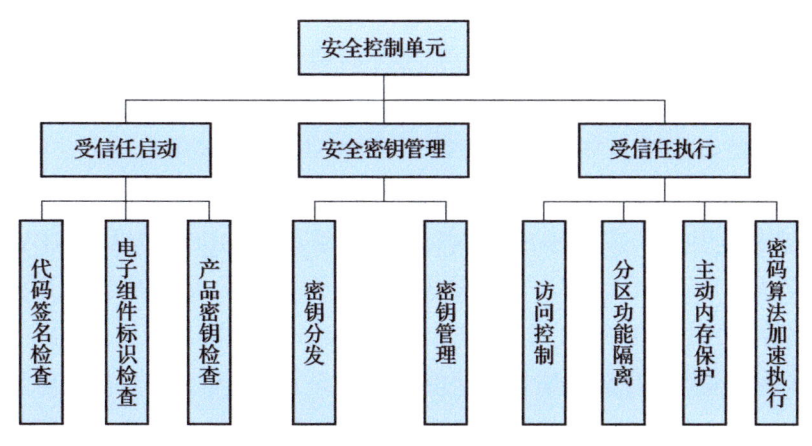

图 4-21 安全处理层

硬件安全模块，即安全协处理器，主要负责执行加解密、完整性检查、随机数生成、密钥存储和派生、引导加载程序的认证等功能，满足了这一层的多个子需求。对于 ECU 级别的安全性，纯软件解决方案安全算法执行速度慢，影响控制的实时性，以及共享内存等导致安全性不足，无法充分保护系统的完整性。硬件安全模块成为为嵌入式系统提供安全性保护的必要先决条件。现有的硬件安全模块主要包括可信平台模块、安全硬件扩展、智能卡、EVITA 硬件安全模块等，如图 4-22 所示。

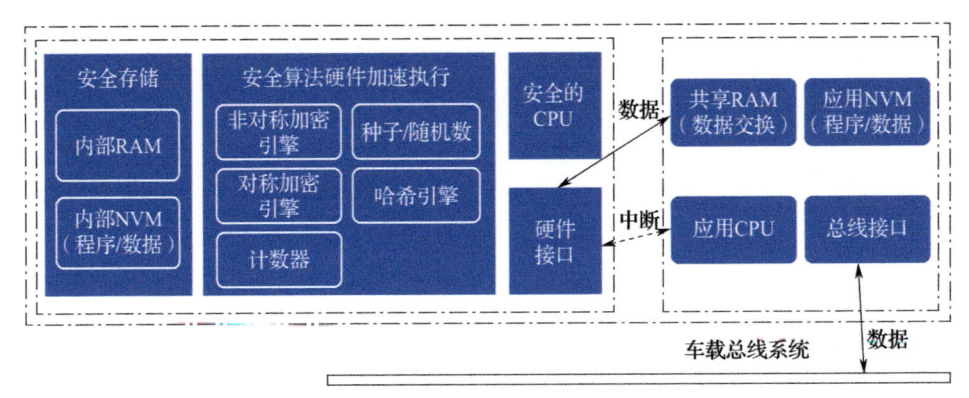

图 4-22 硬件安全模块

车端密钥通常具有明确的层次结构，如密钥存储在硬件安全模块的外部，则每个密钥都有一个指定父密钥，可用于将其加密，存储根密钥是所有其他密钥的主父密钥，位于层次结构的顶部，用于内部密钥的安全交换以及创建密钥到外部存储，制造商验证密钥用于对设备身份密钥和时钟同步密钥进行验证（例如安全更新时）。

受信任启动通常包括如下过程：①MCU 启动并完成硬件初始化；②加载配置数据；③根据配置确定是否使用 HSM；④主核运行 BAF（Boot Assist Flash）程序，可设置直接进入用户程序或待 HSM ready 后进入用户程序；⑤同时，HSM 执行初始化，通过检查后触发主核启动用户程序；⑥将待验证代码指针传递到 AES-128 引擎；⑦AES-128 硬件加速引擎使用 BOOT_MAC_KEY 计算 FLASH 数据块的 CMAC，并将其存储于内部安全 RAM；⑧HSM 将计算得到的 CMAC 与存储的 BOOT_MAC 进行比较，如果一致则通过安全检查；⑨Bootloader 可进一步针对关键程序和数据进行软件级别的安全启动检查，待所有验证通过后将相应的标志位置位；⑩如果相应的标志位被置起，受 Boot 保护的密钥将被解锁，能够被用户程序使用。图 4-23 为恩智浦 MPC5748G 的启动过程。

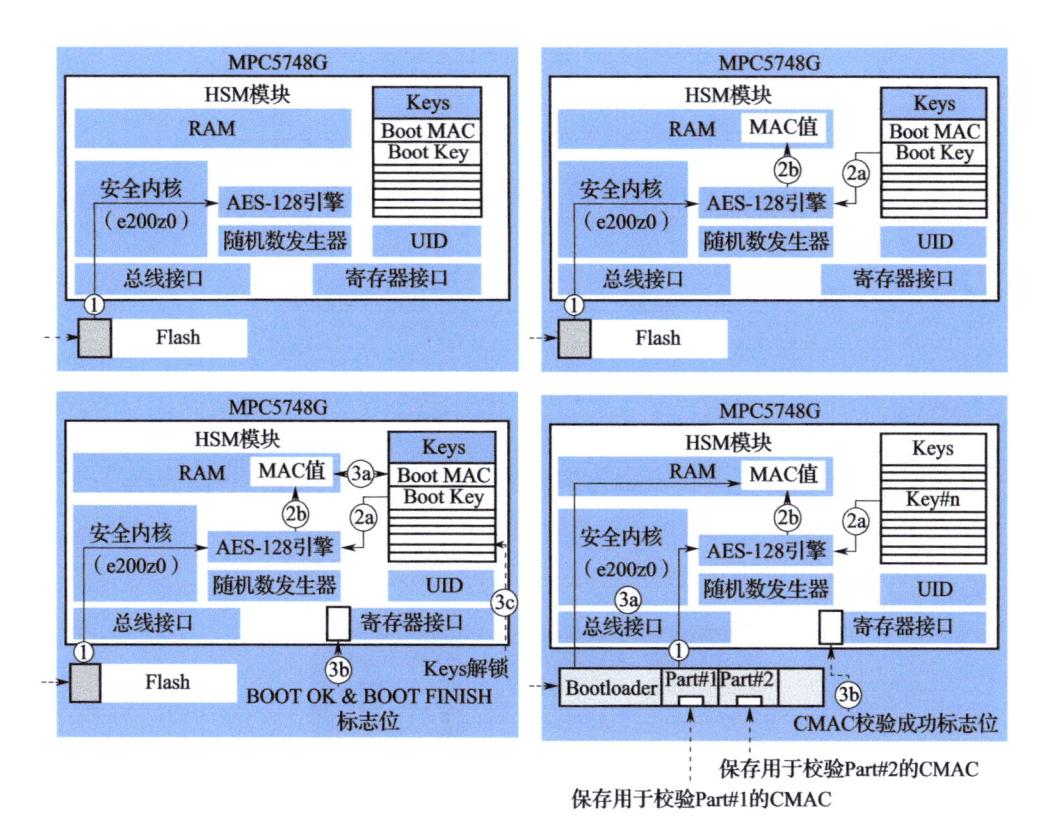

图4-23 受信任启动过程示意图

访问控制组件旨在根据 OEM 配置的访问策略强制限制对于多个网络域和实体（ECU、传感器和网关）的访问。车内访问控制应用于虚拟化 ECU 内部通信（非安全功能不能任意访问安全功能）、域内 ECU 之间的通信、跨域 ECU 之间的通信（信息娱乐域不能任意访问驾驶辅助域）、应用功能访问以及诊断功能访问等。设计原则通常包括：①最小权限原则，为主体配置完成任务所需的最小权限；②默认安全原则：除为主体赋予对资源的显式访问权限外，默认拒绝访问；③权限分离原则：系统不应基于单个条件授予许可，仅当满足多个条件时，才应授予系统和程序访问资源的权限；④绝对中介原则：检查对资源的所有访问，以确保它们是被允许的；⑤动态化原则：允许策略的更新。访问控制原则如图 4-24 所示。

分区功能隔离，避免不同安全需求的功能应用之间相互影响，应用微内核与虚拟化技术实现分区功能隔离，实现安全分区、安全通信与安全维护。微内核开发的核心思想是将核心内核服务与其他更复杂的操作系统服务（例如文件系统、设备驱动程序）分开，仅内核服务需要强制实施进程隔离（例如内存管

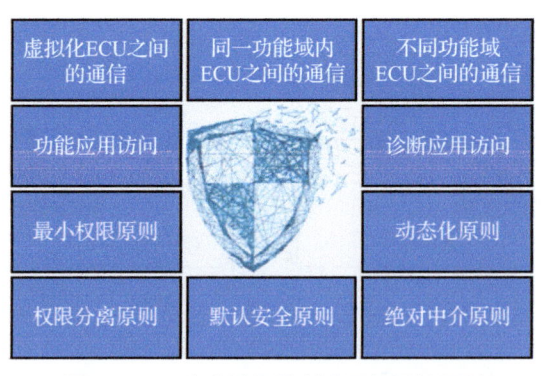

图4-24 车内访问控制应用与设计原则

理、内部进程通信等）。虚拟化技术即每个 OS 在其被分配的虚拟机上运行，受信任与不受信任元素之间通过虚拟机管理器进行通信，硬件资源可以在虚拟机之间共享，也可以直接分配到对应的虚拟机，如图 4-25 所示。

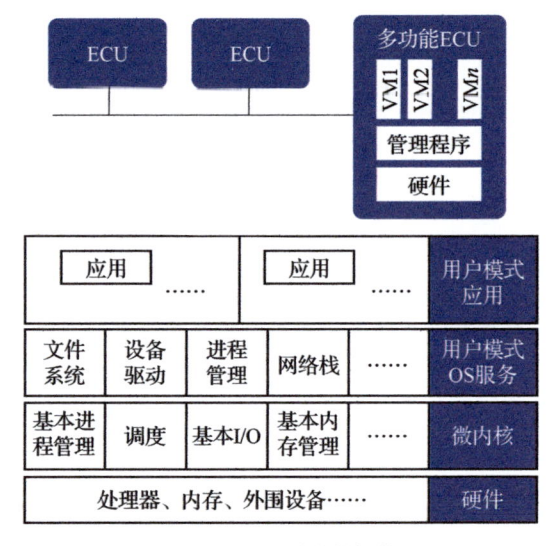

图4-25 微内核架构

4.3.2 安全网络层

安全网络层用于在两个通信应用程序之间提供数据的保密性、完整性以及消息源的真实性。IT 领域的安全通信协议如 TLS，客户端与服务器多次握手完成会话密钥的交换。AUTOSAR 软件包中添加的信息安全组件 SecOC，包括加解密运算、密钥管理和新鲜值管理等一系列的功能。图 4-26 为安全通信会话密钥交换过程以及基于交换的密钥进行安全会话的过程。

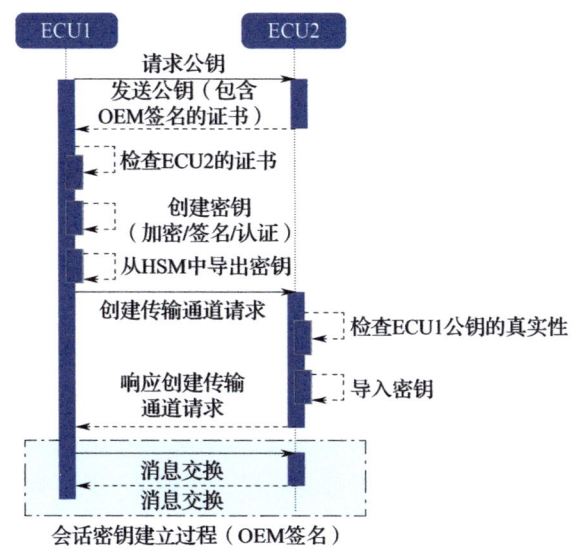

图4-26　安全通信会话密钥交换与安全会话

4.3.3 安全网关层

安全网关通常包括防火墙、分区功能隔离与入侵检测机制。从广义上讲，防火墙可以分为与流量无关并在网络层工作的网络层防火墙和应用程序层防火墙。车载系统中的防火墙集成在应用软件之间和车辆组件之间，用来防止未经授权而访问车载通信中的不同组件和功能，例如，用于音频和视频配置的用户界面需要访问车辆总线，未经授权访问车辆通信总线可能会导致对车辆部件的不良控制。防火墙中可以进一步引入访问控制和异常检测功能。

分区域网络隔离指车辆架构内各功能域之间的通信隔离，如易受到攻击的娱乐信息系统不允许与动力传动系统、底盘系统等安全相关域直接进行通信；以及对具有安全隐患的外部请求进行身份授权认证等，确保相同/不同域的节点之间进行合法数据交互，如图 4-27 所示。

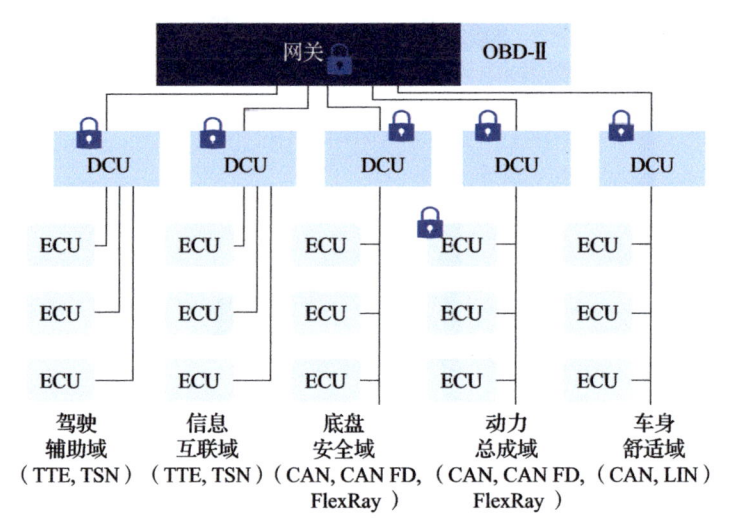

图 4-27 分区通信隔离

入侵检测系统观察系统及其使用情况，并检测异常情况或安全漏洞，其不构成第一线保护，但是在系统受到攻击时在提供警报方面起着重要作用。车载网络与传统网络有很大的差异，例如 CAN 数据帧中没有源字段和目标字段，因此无法采用传统入侵检测系统的方案，根据源和目的地址考虑允许的数据流，ECU 处理能力非常有限，基于签名的入侵检测方法不一定可行，考虑使用一些适用于车载环境的检测方法：

1) 网络监视器：在网络层检查特定类型的数据包的频率、数据包的一致性等；在应用层检查数据的值在一定的合理范围内。

2）执行监视器：监视 ECU 在软件执行周期方面的内部行为，汽车执行模型通常利用软件组件的循环执行，执行时间的上限和下限以及内存消耗是已知的，如果不遵守这些规定，则此模块将触发警报。

3）入侵响应：通过对潜在的入侵做出反应，无论是直接（关闭 ECU）还是间接地对事件的反应都不会对安全至关重要，驾驶员必须参与其中并且车辆的行为会发生变化（即禁用了车辆的某些功能）。

出于成本和维护的原因，设计汽车入侵检测组件的部署方案可以与现有 ECU 集成，可以在总线上部署独立的小节点，如图 4-28 所示。

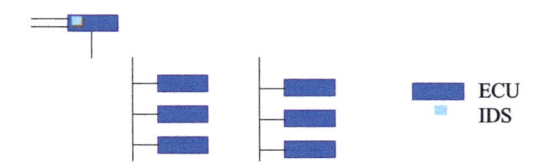

该ECU通常是暴露于外部接口（V2X、多媒体等）以及内部接口（总线系统）最多的一种，易产生单点故障，成本较低。

a）入侵检测组件集中部署示意图

各组件以合作的方式工作并共享全局系统状态，每个分布式节点都必须至少由感知、响应和决策组件组成，成本较高。

b）入侵检测组件分布部署示意图

图 4-28　入侵检测部署示例

4.3.4　安全接口层

安全接口层通常负责车内与车外信息交互的安全性，包括防火墙与安全车联网通信机制。信息的可信赖性和隐私保护是未来协作交通的关键，公钥基础设施（PKI）是创建、管理、分发、使用、存储和吊销数字证书以及管理公钥加密所需的一组角色、策略和过程。PKI 的目的是为一系列网络活动（如电子商务、互联网银行和机密电子邮件）促进安全的信息电子传输。汽车 PKI 系统为 OBU、RSU、手持设备发布证书保障通信的可靠性，同时提供设备认证保障隐私。

当前已有的 C-ITS PKI 模型包括 IEEE 1609.2、NHTSA CAMP SCMS、ETSI TC ITS、EC 和 C2C-C 等。SCMS 是基于公钥基础设施（PKI）车联网消息安全解决方案，其采用加密和证书管理方法来促进可信通信。SCMS 通过为授权的系统参与者颁发数字证书来验证安全性和移动性消息，为了保护车主和运营商的隐私，证书不包含任何个人或设备识别信息，而是用作系统凭证，以便系统中的其他用户可以信任每个消息的来源。SCMS 为车载设备生成注册证书和多个假名证书，用来保护隐私。此外，SCMS 通过不良行为检测识别不良行为者，并在必要时撤销证书。该过程如图 4-29 所示。

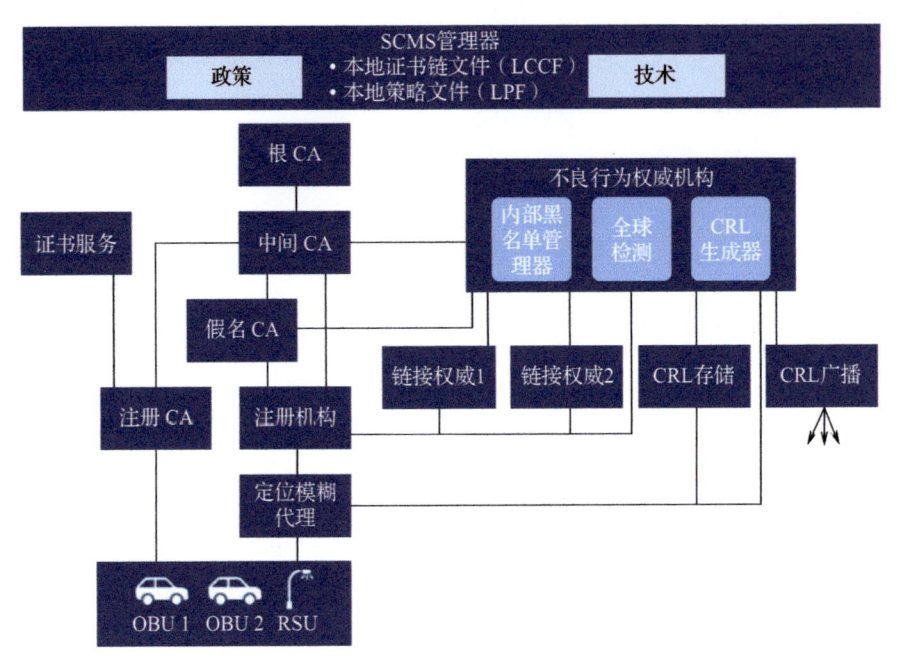

图 4-29　安全接口层 PKI 模型[93]

4.3.5　安全管理层

安全管理层用于云端实时安全监测、漏洞监测与响应以及事件管理与响应等。即使采取了防护措施，依然可能存在残留的风险问题，导致各类信息安全事件发生，并对用户和 OEM 产生直接或间接的负面影响。由于信息安全事件的不可预测性以及其事件后果的严重性，汽车行业有必要建立有效的应急响应机制，并形成相应的应急预案。汽车信息安全事件可能来源于车辆生命周期的任何阶段，在车辆正常运营过程中发生信息安全事件对客户的影响较大。

如图 4-30 所示，安全管理层应急响应有四个关键阶段：准备、识别、评估与修复。应急响应准备内容包括计划、事件定义、角色和责任、触发条件、严重性矩阵、遏制选项图、事件通信工具等。识别指快速、一致且有效地分类和升级已发现的潜在问题与事件，并评估和确认过程有助于促进业务和技术利益相关者之间的协调响应。识别事件的方式包括通过各种内部（例如威胁监视、外围监视）和外部（例如自动情报）机制来识别潜在事件。该阶段需通过事件日志记录事件详细信息，有助于满足有关报告和证据收集的要求。评估与确认事件指验证事件的发生和相关的信息，对事件进行分类和升级，评估事件的影响和范围。修复指从技术上解决事件并管理风险，包括执行技术响应活动（例如根本原因分析、遏制、取证），通过互补的公司响应（例如法规）管理业务风险。关闭阶段需梳理响应过程以评估优点和缺点，考虑并实施长期的补救措施，以使其产品不断发展适应新的威胁，并审计响应程序的有效性，包括评价、实施和监测任何较长期的残余风险补救行动，以及计划的更新跟踪。

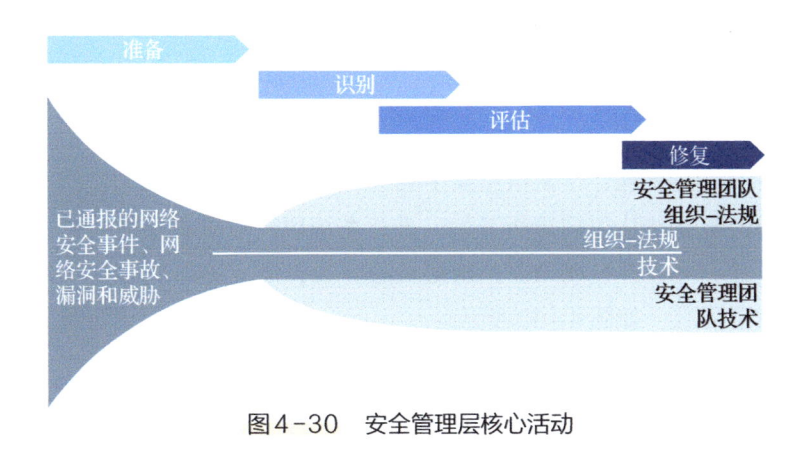

图4-30 安全管理层核心活动

4.4 智能汽车的网络安全开发流程模型

为保护智能汽车的信息安全，在汽车开发的各个阶段，都需融入信息安全的概念，如图4-31所示，具体包括：

1）概念阶段：建立车辆安全架构并定义有效的基本保护级别的要求，同时进行汽车网络安全风险监控，进而进行威胁建模与定义安全需求。

2）ECU和软件开发阶段：根据信息安全需求，制定纵深防御威胁缓解策略，尤其面向高度互联的组件和高安全性功能。

3）集成验证阶段：对开发生命周期中初步确定的风险和新识别的威胁进行全面的安全测试和验证，包括源代码审查、合规测试与渗透测试。

同时，产品发布后，需具备持续的安全监控与快速响应能力。

图4-31 智能汽车网络安全开发流程

4.4.1 概念阶段

在概念阶段需要进行车辆信息安全相关系统的安全需求定义。汽车信息安全技术需求分析往往从用例分析开始，进行系统建模、攻击建模，进一步分析攻击的严重性、可控性、成功率，确定风险等级，形成整车或零部件的风险评估和网络安全需求，如图4-32所示。

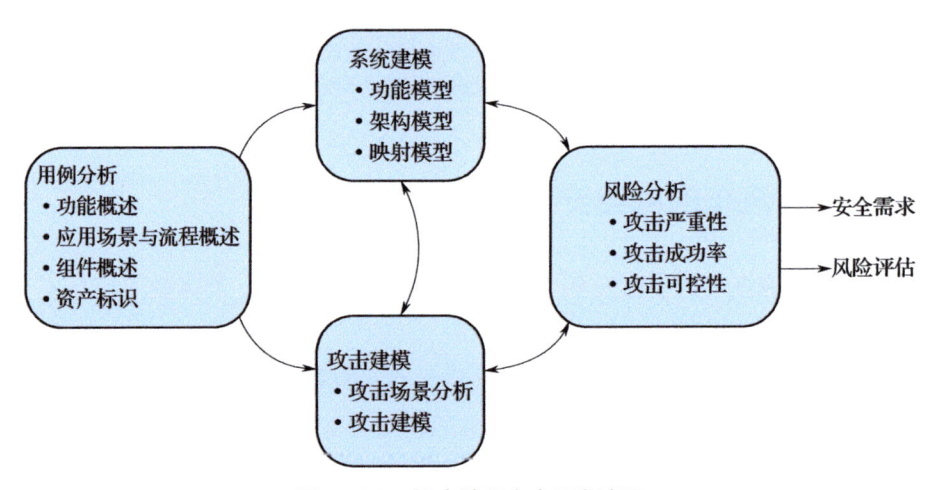

图4-32 概念阶段安全开发流程

1) 用例分析。用例是一种构建场景的方法，将系统看成黑匣子，描述为了满足用户的目标，系统可能需要的功能属性和操作环境，将系统功能和交互行为建立为一系列简单步骤的描述，而非如何完成。在描述的用例中标识要保护的资产（例如ECU、应用/过程、传感器、数据、系统实体之间的通信等）。

2）系统建模。从用例中导出功能视图或数据流图、架构视图、以及功能到架构的映射试图，构建功能模型、架构模型与映射模型。

3）威胁建模。通过用例分析与系统建模，需进一步识别系统可能的安全威胁，并对攻击的可能性和严重性等方面进行分析，并对威胁进行建模。威胁建模的方法较多，例如 STRIDE[94]、攻击树[95]等。

4）风险评估。为了评估攻击相关的"风险"，有必要评估对利益相关者的可能结果的"严重性"、可以成功发起这种攻击的"可能性"以及可控性。

4.4.2 开发阶段

在该阶段，需根据概念阶段形成的安全需求，进行相应的开发。在开发过程中考虑权衡时，需充分考虑三个维度的信息：风险处理策略、系统状态和风险处理表现形式。处理策略提供了处理风险的选项（例如避免、转移、减轻或接受风险），系统状态有助于定义适当的缓解措施，处理表现有助于理解所选方法如何改变所产生的风险。

如图 4-33 所示，开发纵深防御的车端防护安全架构，保护车内软硬件、车内通信的安全与车内数据的安全。车端安全架构具体包括：

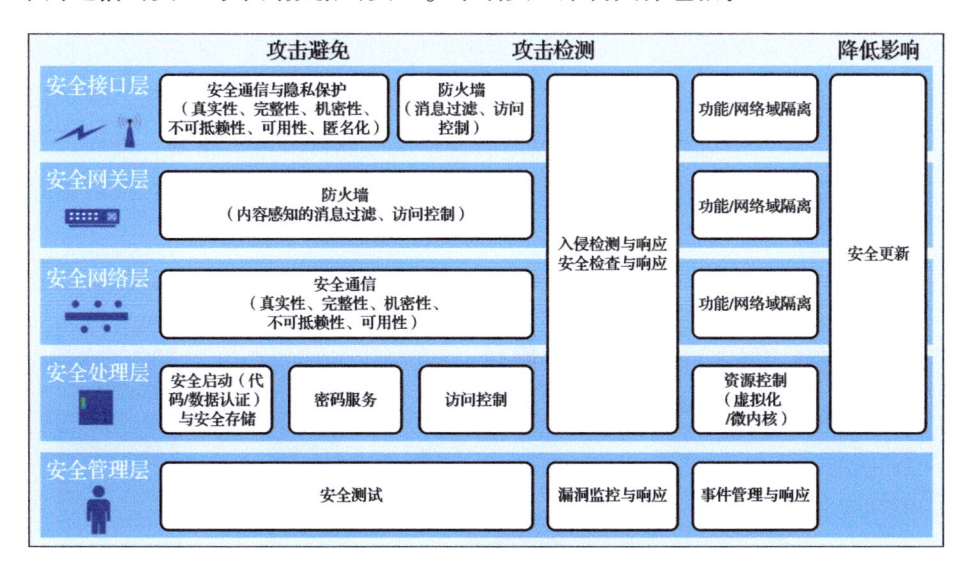

图 4-33 安全的车端架构设计

1）安全处理层：通过安全的引导、调试、软件签名、硬件安全模块等多个解决方案为 ECU 层面上的数据和固件提供防护。

2）安全网络层：采用安全的通信协议和密钥管理保护车内控制单元之间的通信链路。

3) 安全网关层：采用隔离避免非安全关键性系统影响安全关键性系统；防火墙屏蔽各类攻击，避免非法的外部指令发送到单个设备或整个网络上；入侵防御系统实时监测网络通信的异常情况。

4) 安全接口层：采用安全的通信协议保护车辆与外部的连接，防火墙屏蔽车辆网络，借助车辆专属证书为固件更新提供保护。

5) 安全管理层：采用检测与响应措施保护车辆全生命周期的安全性。

4.4.3 测试阶段

信息安全测试能够将安全需求与设计决策直接联系起来，遵循安全需求分析、解决方案建模和面向测试的需求工程组合的三峰模型，确保从初始安全分析和风险评估到定义安全需求的完全可追溯性。信息安全测试通常开始于静态代码分析，进而进行单元测试，最后通过专用方法进一步进行测试，例如模糊测试和鲁棒性评估，直至渗透测试的水平。安全测试难以完备彻底的完成，需要平衡被攻击的成本、破坏性后果与实施适当的安全机制和在整个生命周期中保持安全更新的开销。

智能汽车信息安全测试流程通常从风险点分析开始，根据车内网络、ECU、T-Box、IVI、车外网络、云平台与第三方服务等维度，如图4-34所示，分析所存在的风险点；进行相应的测试方案设计，包括测试工具、测试方法、测试用例等的设计，以及测试环境搭建，包括硬件环境与软件环境的搭建；进而进行信息安全测试，包括用例执行、现象观察、问题分析、漏洞确认等；最后进行测试结果分析，包括漏洞分析汇总与修复建议，如图4-35所示。

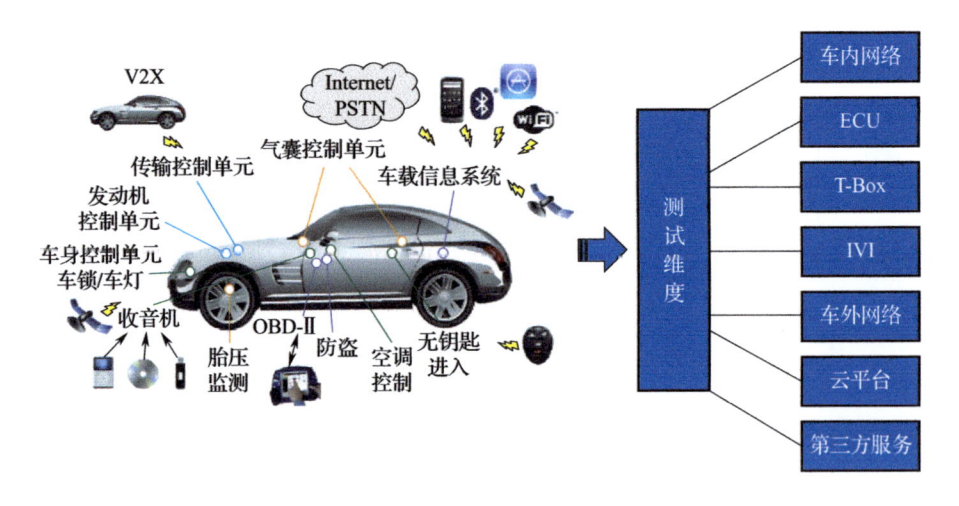

图4-34 当今汽车开放的网联接口与测试维度

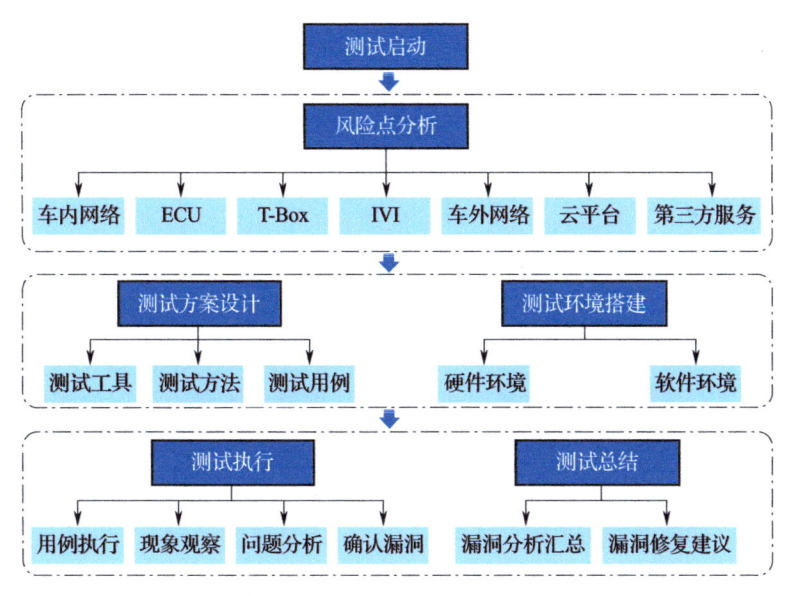

图4-35 汽车信息安全测试流程

测试技术需要包括代码审计、静态应用安全测试、动态应用安全测试、漏洞扫描、模糊测试、侧信道攻击测试、功能安全测试与基于数字孪生的安全测试等。

代码审计指安全测试人员在源代码级别搜索黑客可以利用的编程错误或安全漏洞。该过程关注已实施安全措施的正确行为以及可能处理来自潜在黑客的恶意输入的代码，例如解析器、加密实现或通信堆栈（例如用于网络、无线电、用户界面）。代码审计还可以识别在实施过程中发现的错误，例如输入验证不正确和存储问题（例如缓冲区溢出）。代码审计可通过静态应用安全测试与动态应用安全测试完成。

静态应用安全测试（SAST）为白盒测试，指在代码编译之前扫描应用程序，是汽车行业软件开发人员在其专有代码中检测 SQL 注入、跨站点脚本和缓冲区溢出等安全漏洞的重要方法，主要用于发现软件开发周期早期阶段的问题[96]。

动态应用安全测试（DAST）为黑盒测试，指在运行环境中执行代码测试漏洞和动态变量的行为，并尝试像攻击者一样对其进行破解。

漏洞扫描指利用已知漏洞测试目标系统的安全性。该阶段，测试人员通常使用具有当前已知测试对象弱点的数据库进行测试，例如，在 ECU 环境中扫描统一诊断服务协议以查找典型种子值太低或关键计算算法太弱等弱点。

模糊测试用于检查被测系统的稳健性，测试过程中，安全人员会生成大量非典型或无效输入，以便运行系统的许多不同内部状态，以触发可能导致系统受到网络攻击的故障、异常或不可预见的信息。在汽车领域进行模糊测试，需覆盖与汽车相关的协议，包括 CAN、ISO-TP、UDS、USB、蓝牙、Wi-Fi 和基于以太网的协议 IP、TCP、UDP、FTP、TLS 等。

在渗透测试中，测试人员通过尝试以黑客的方式识别和破解系统的防御机制来访问目标系统及其所有组件和应用程序。在汽车领域，渗透测试通常用于测试单个 ECU、ECU 组或整车的 IT 安全性，以验证由于技术实施错误、第三方供应商的组件、系统组件的异常交互或与概念的偏差等引起的潜在错误。

侧信道攻击测试通常分为被动和主动侧信道攻击测试。在被动侧信道攻击（也称为侧信道分析）中，测试人员通过测量目标系统的物理特性（如时间行为、功耗和电磁辐射）得出有关内部数据处理的结论。主动侧信道攻击旨在故意操纵系统，如典型方法故障注入攻击，测试人员试图通过暂时中断电源或电磁注入等手段在微处理器中引发处理错误。

功能安全测试用于验证所使用的安全机制的规范是否正确和完全实现，需验证安全机制是否在目标平台上正确集成。在车辆环境中，集成测试需协同多个 ECU 与通信网络，以验证分布式部署的车辆功能的安全性[97]。

数字孪生指将物理对象的虚拟模型以数字的形式表示，从而能够在构建之前对其进行模拟以促进预测性维护。数字孪生可用于建模车辆的组件，例如驾驶辅助系统或信息娱乐系统，进行安全分析。基于数字孪生的信息安全测试将数字模型转换为测试用例，例如将全分析结果转化为攻击向量进行漏洞扫描，或将模型换为状态机并进行故障注入和模型检查。

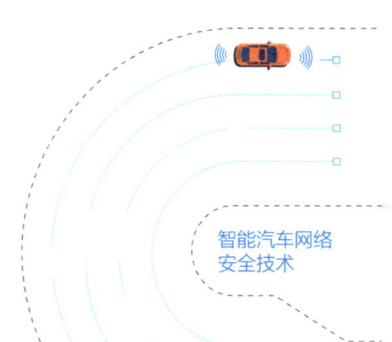

第 5 章
智能汽车网络安全需求定义

智能汽车网络安全技术

智能汽车网络安全设计贯穿整车产品开发与维护运营阶段，在产品概念阶段，需进行车辆信息安全相关系统的安全需求定义，以便后续进行相应的网络安全防护方案开发。如图 5-1 所示，智能汽车网络安全的需求定义通常从用例分析开始，递进地进行系统建模，通过选择、连接和表征通用组件将用例的功能描述构建为通信任务，并将功能描述映射到架构上，为每个任务分配计算节点，为每个逻辑通信信道分配物理链路和内存，定义完全映射的系统。进而进行攻击建模，并分析攻击的严重性、可控性、成功率，确定风险等级，形成整车或零部件的风险评估和网络安全需求，指导安全防护方案的设计。本章依次概述智能汽车网络安全需求定义各个步骤，包括用例分析、系统建模、威胁建模与风险评估所涉及的方法。

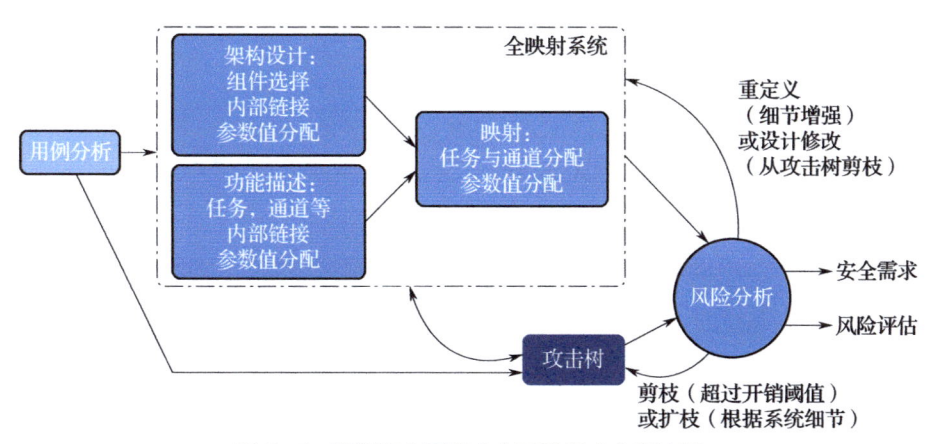

图5-1 智能汽车网络安全开发需求定义流程

5.1 用例分析

用例是一种构建场景的方法，将系统看成黑匣子，描述为了满足用户的目标，系统可能需要的功能属性和操作环境，将系统功能和交互行为建立为一系列简单步骤的描述,而非如何完成。在描述的用例中标识要保护的资产(例如ECU、应用/过程、传感器、数据、系统实体之间的通信等)。

5.1.1 功能概述

功能概述指描述用例的功能,如图5-2所示的主动制动功能描述为:当汽车收到一条车联网消息,指示该汽车有立即与物体碰撞的危险,采用立即制动来避免碰撞[45]。

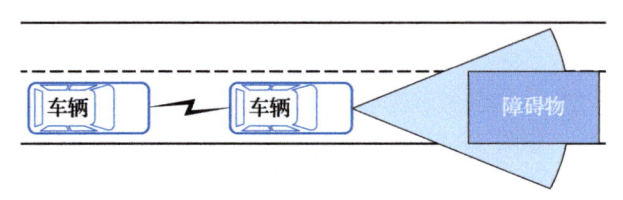

图5-2 基于网联信息的主动制动功能示意图

5.1.2 组件概述

组件概述指描述用例中涉及的通信实体与实体之间的相互关系,图5-3示意了主动制动功能的组件关系。

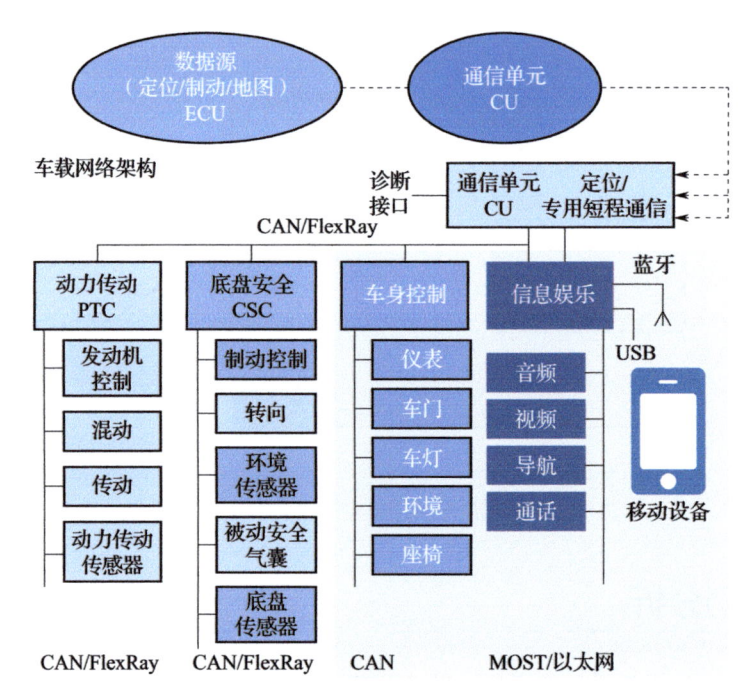

图5-3 主动制动功能涉及的通信实体与其相互关系(灰色部分为用例未涉及的组件)

5.1.3 功能应用场景与流程

功能应用场景与流程描述用例功能的具体应用场景以及在应用场景中各组件之间的通信与控制流程。

主动制动功能的通信流程见表5-1。紧急消息帧中包含危险物体的经纬度和海拔高度、消息产生时间、消息有效期、信息可靠性指标、对物体进行分类的代码、标识危险物体的ID、消息的发送方和紧急情况类别等信息，以及消息的校验和、用于协议处理的信息与必要时的安全信息。

表5-1 主动制动功能通信流程描述

步骤	执行	接收	类型	数据/行为	数据长度
1	ECU	—	算法	V2X 数据生成	
2	ECU	CU	通信	数据传输至 CU	500 字节
3	CU	—	算法	数据封装成消息	
4	CU	CU	通信	V2X 消息	500 字节
5	CU	—	算法	检测消息正确性	
6	CU	CSC	通信	消息数据 + 邻接表	1~100 千比特
7	环境传感器	—	算法	获取环境信息	
8	环境传感器	CSC	通信	目标列表	1~50 千比特
9	底盘传感器	—	算法	获取车辆动态数据	32 字节
10	底盘传感器	CSC	通信	车辆动态数据	32 字节
11	CSC	—	算法	合理性检查与危险避免	
12	CSC	BCU	通信	制动指令	8 字节
13	CSC	CU	通信	制动信息	8 字节
14	CU	World	通信	紧急制动	100 字节
15	制动控制单元	—	算法	制动	
16	制动控制单元	CSC	通信	驱动力降低	8 字节
17	CSC	—	算法	总线传输	
18	CSC	PTC	通信	驱动力降低	8 字节
19	PTC	—	算法	驱动力降低	
20	PTC	动力总成控制器	通信	指令	1~48 字节

通信单元（CU）检查消息的正确性，将信息与其他相关信息一起传输到底盘安全控制器（CSC）。附加信息存储在邻域表中，包括有关附近通信对象的位置、速度、航向、类型和大小的数据等。邻域表是 CU 过去一段时间接收到消息的通信节点列表，该列表包含节点 ID、位置、类型和其他可用属性，距离超过 1km 的节点将从列表中删除。

CU 根据附近 CU 的位置、消息的接收 RF 功率和消息的类型评估是否必须将信息发送到其他节点，如果明显距离发送者更远的所有受影响的单元都收到了相同的消息，则该消息将不会被重播，否则重新发送出去。CU 的 GPS 单元用于内部和 V2X 通信确定位置。

CSC 使用更多可用信息来执行合理性检查，信息来自雷达、激光雷达或视频传感器的对象列表以及来自数字地图的数据、驾驶员状态信息和汽车状态数据，如位置、速度、航向、转向角等。如果合理性检查确认汽车存在危险，CSC 根据车辆动力学和周边条件允许的可能性决定采取适当的行动，如果 CSC 决定制动操作是最佳解决方案，它将向制动控制单元发送制动命令和有关最佳减速度的信息。此外，有关紧急制动操作的信息将被发送到 CU。然后 CU 将广播紧急制动消息以警告后面的车辆。

制动控制单元（BCU）将调整制动机制以获得尽可能接近所需值的减速度，同时通过执行 ABS/TCS/ESC 算法将汽车保持在可控状态。当开始制动时，BCU 将向动力总成域发送消息以降低驱动功率。此消息由 CSC 和动力总成控制器（PTC）转发。PTC 将决定如何最好地满足这一要求，并将必要的命令发送到动力总成域的单元。CSC 定期（约 10 次/秒）更新合理性检查和最终制动命令，制动命令将根据情况评估进行调整。

当 CSC 从环境传感器（雷达、激光雷达、视频）和/或汽车内部传感器（数字地图、速度、偏航率等）获取信息，表明危险情况不再存在或驾驶员完全能够并准备好应对危险，它通过使减速适应制动踏板压力，将控制权交还给驾驶员。

5.1.4 资产标识

资产标识需描述用例中要保护的资产，如 ECU、应用/过程、传感器、数据、系统实体之间的通信等，见表 5-2。

表 5-2 资产标识

资产	描述
车载设备	电子控制单元、传感器和执行器
车机端软件与应用	运行在车载设备上的软件以及安全关键性和非安全关键性功能应用
通信链路	电控单元与电控单元、电控单元与传感器、电控单元与执行器之间的通信，以及车辆与外部实体之间的通信链路
信息	车辆状态信息（位置、速度等）和用户信息（身份、账单、使用历史等）
云端/边缘节点软件与应用	运行在云端或边缘节点上的软件与应用

5.1.5 功能定义

功能定义需明确用例的功能需求、技术需求与安全需求。例如，主动制动功能的功能需求为：

1）汽车必须由驾驶员控制——不允许自动驾驶。
2）不允许在没有真正危险的情况下自动制动。
3）紧急制动后，必须确保顺利返回驾驶员控制。
4）任何单个单元的故障都不能使自动制动功能失效。
5）任何单一通信的失败都不能使自动制动功能失效。
6）导致错误自动制动事件的故障发生频率不得超过 10^{-9}/h（运行期间）。
7）ECU 中的任何单一故障都需可检测。
8）需根据通信拥塞控制算法重新广播有关危险事件的信息。
9）仅当发生紧急制动时，才将有关紧急制动操作的信息广播给其他汽车。
10）对于驾驶员而言，由环境传感器启动的紧急制动与 V2X 通信启动的紧急制动应无差异。

主动制动功能的技术要求为：

1）从接收到 V2X 消息到激活制动器的最大延迟应小于 250ms。
2）底盘和动力总成域中总线的附加安全信息应少于净数据的 15%。

主动制动功能的安全需求为：

1）需要评估从另一辆车接收到的信息的真实性、完整性、时效性和信任度。
2）保证广播汽车信息的隐私。

5.2 系统建模

系统建模指从用例中导出功能视图或数据流图、架构视图、以及功能到架构的映射视图，构建功能模型、架构模型与映射模型。用例描述的性质使其难以识别完整系统，功能模型能够提供汽车组件功能边界上发生的动作概览，以及与其他汽车或系统其他实体的交互，以便考虑几个组件实例之间的功能依赖性，识别与安全要求相关系统边界操作。架构描述是互连硬件节点的集合，硬件节点包括计算节点（CPU、I/O 设备、硬件加速器）、存储节点（RAM 等）、传感器和执行器。这些节点之间的互连用总线、网络和无线链路来描述。通用映射框架将所研究系统的每个功能元素映射到体系结构视图的物理组件上。任务映射到计算节点和内存上,包括代码内存段和数据内存段。对于一个代码段被拆分的情况,其不同段视图可映射到不同的内存组件上。图 5-4~图 5-6 分别为 EVITA 项目中主动制动功能抽象模型示例、功能视图以及功能到架构的映射视图。

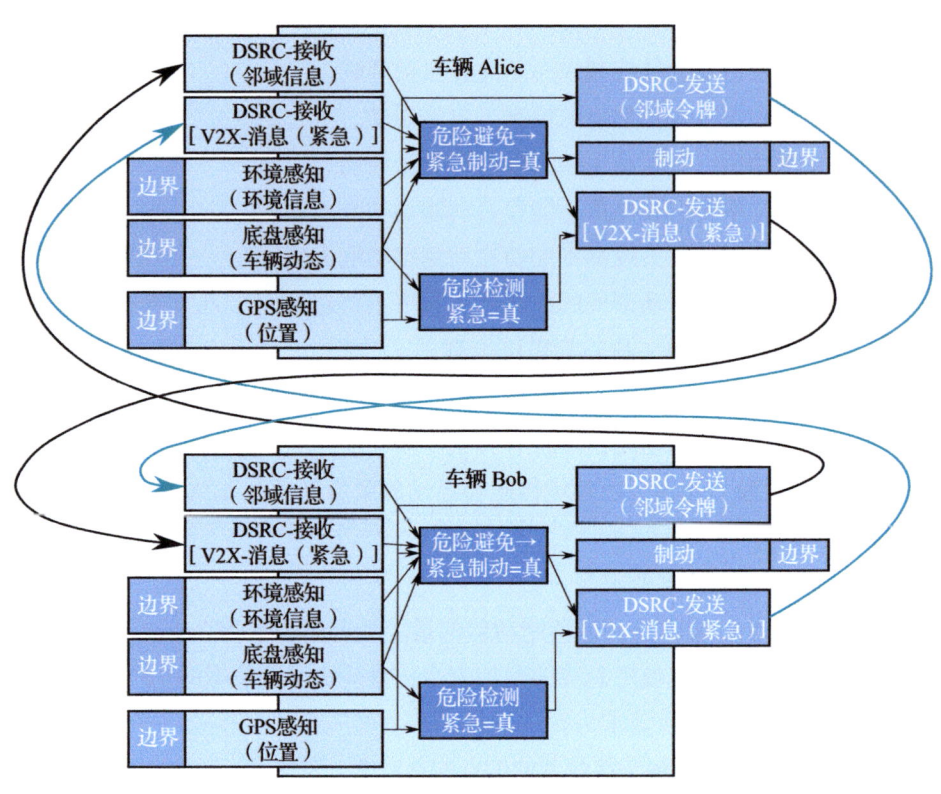

图 5-4 主动制动功能抽象模型示例

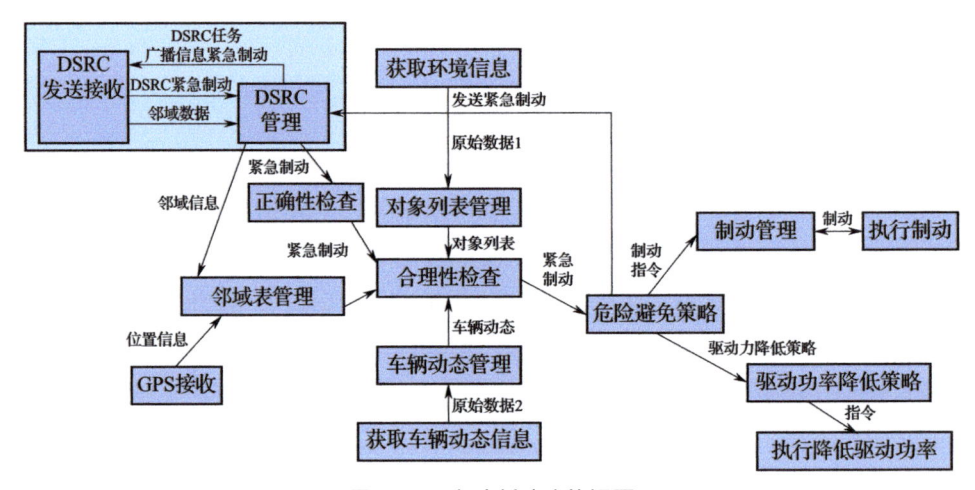

图 5-5 主动制动功能视图

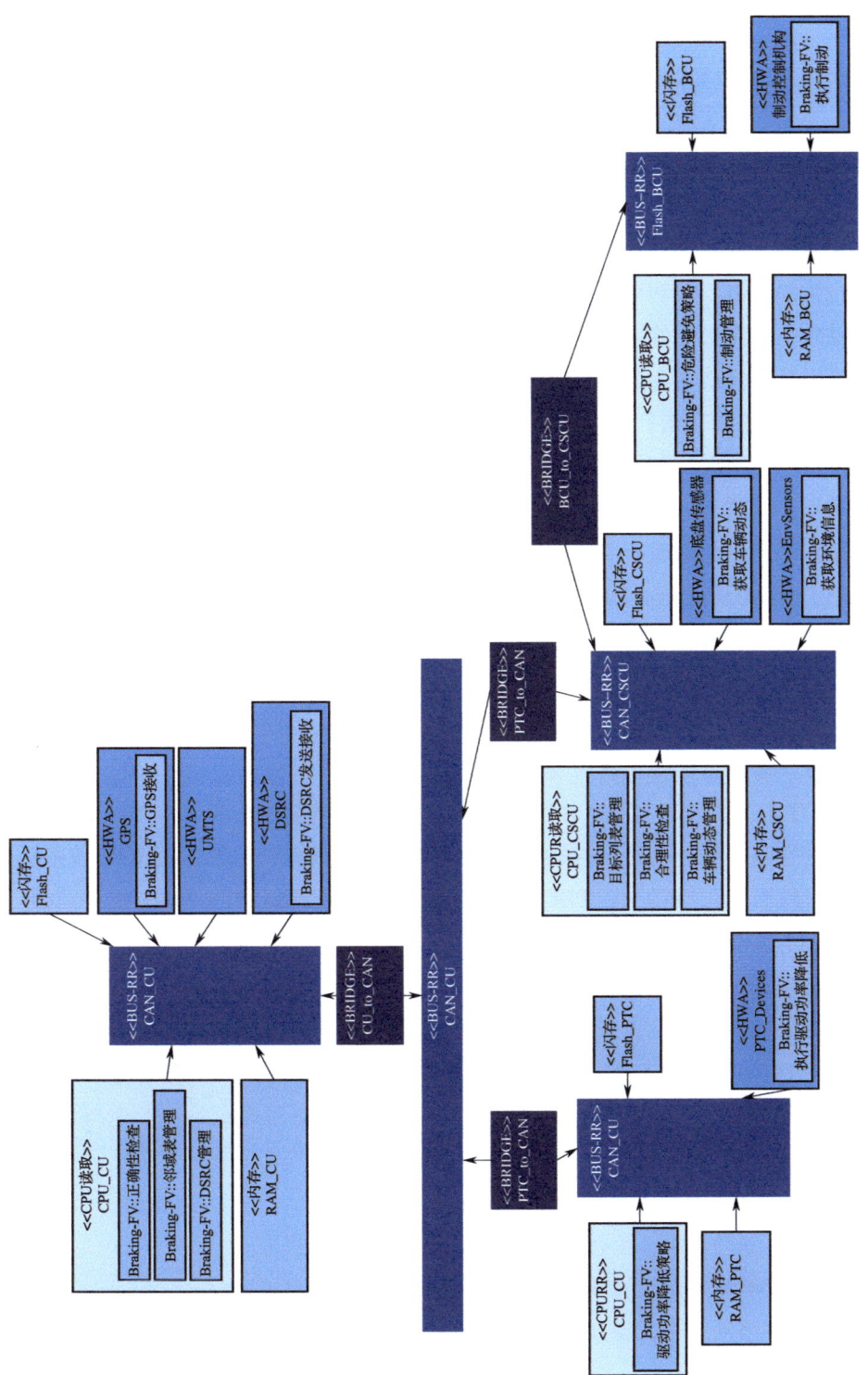

图 5-6 主动制动功能到架构的映射视图

5.3 威胁建模

通过用例分析与系统建模，进一步识别系统可能的安全威胁，并对攻击的可能性和严重性等方面进行分析，并对威胁进行建模。理解攻击是威胁建模的基础，面向智能汽车的攻击可分为主动攻击与被动攻击，其中主动攻击指修改系统行为的攻击，被动攻击则为不改变行为的信息检索的攻击；被动攻击通常是主动攻击的先决条件，攻击者首先以被动方式分析系统以了解加密信息等知识，进一步利用被动攻击获取的知识进行主动攻击。常见的主动攻击：

1）计算主动攻击，即针对计算节点（CPU、硬件加速器）的攻击，包括：①组件的物理修改（如修改嵌入式 ROM 的内容或运算符的结构）；②组件的替换或破坏；③瞬态故障注入，产生在某种程度上与正常操作不同的结果，包括未能按预期产生结果或产生相反结果。

2）通信主动攻击，即针对通信链路的攻击，包括：①篡改（修改拓扑、干扰、修改仲裁策略、频率等主要参数）；②注入欺骗信息（攻击者伪造、链路或内存中不同位置获取、重放等信息）。由于汽车内部计算设备和存储器通常通过总线连接，针对通信链路的攻击破坏性较强，从功能的角度该攻击能够转化为计算、通信、存储、获取或命令攻击。

3）存储主动攻击，即针对存储器的攻击，通常为修改内存的常规内容，使访问地址空间的任务执行读取操作时无法返回预期信息，包括：①ROM 替换；②非易失性可写存储器（EEPROM、闪存）替换或重新编程；③易失性存储器（静态和动态 RAM）随机位翻转。

4）传感器主动攻击，即针对传感器测量指标的攻击，包括对环境的人为修改（例如，使用加热设备来提高测量温度）、破坏或更换传感器。

5）执行器主动攻击，与对传感器的攻击一样，包括修改环境（增加摩擦力以减少施加恒定力的动作的影响）或更换执行器，导致车载系统产生与预期不同的行为。

常见的被动攻击：

1）计算被动攻击，旨在检索密钥信息或软件代码提取。

2）通信被动攻击，旨在通过总线探测获取敏感消息或读/写数据。

3）存储被动攻击，旨在读取内存内容。

表 5-3 列出了常见的威胁建模方法，并归纳了方法的特征。

表 5-3 威胁建模方法

威胁建模方法	特征	威胁建模方法	特征
STRIDE	1. 帮助确定相关的迁移技术 2. 较为成熟 3. 容易使用	Security Cards	1. 利于利益相关者之间的合作 2. 能够应对特殊的威胁 3. 导致较多误报
PASTA	1. 帮助确定相关的迁移技术 2. 直接有助于风险管理 3. 利于利益相关者之间的合作 4. 包含内置的威胁缓解优先级 5. 学习时间成本高,但资源丰富	OCTAVE	1. 帮助确定相关的迁移技术 2. 直接有助于风险管理 3. 利于利益相关者之间的合作 4. 包含内置的威胁缓解优先级 5. 学习时间成本高但资源丰富
LINDDUN	1. 帮助确定相关的迁移技术 2. 包含内置的威胁缓解优先级 3. 需要大量人力和时间资源	Quantitative	1. 包含内置的威胁缓解优先级 2. 具有自动化组件 3. 重复时有一致结果
CVSS	1. 包含内置的威胁缓解优先级 2. 具有自动化组件 3. 具有不透明的分数计算	hTMM	1. 包含内置的威胁缓解优先级 2. 需要大量人力和时间资源 3. 重复时有一致结果
Attack Trees	1. 帮助确定相关的迁移技术 2. 重复时有一致结果 3. 对于对系统有深入了解的人员而言较容易使用	Trike	1. 帮助确定相关的迁移技术 2. 直接有助于风险管理 3. 利于利益相关者之间的合作 4. 包含内置的威胁缓解优先级
Persona non Grata	1. 帮助确定相关的迁移技术 2. 直接有助于风险管理 3. 重复时有一致结果 4. 只能检测到威胁的子集	VASTModeling	1. 帮助确定相关的迁移技术 2. 直接有助于风险管理 3. 利于利益相关者之间的合作 4. 包含内置的威胁缓解优先级 5. 文档资料较少

5.3.1 基于 STRIDE 的威胁建模方法

STRIDE 威胁模型由 Microsoft 的安全研究人员于 1999 年创建,用于识别威胁并通过定义安全要求、创建应用程序图、识别威胁、减轻威胁来处理威胁,并验证威胁已得到缓解。STRIDE 威胁建模是一种以开发人员为中心的威胁建模方法,基于针对软件的六种常见威胁,并将它们与影响的安全属性(即真实性、完整性、机密性、可用性、时效性、防抵赖等)对应。STRIDE 为其处理的每个威胁类别的首字母缩写:冒充、篡改、抵赖、信息泄露、拒绝服务、权限提升。STRIDE 能够应用于所有入口点,识别对车辆的威胁,包括来自硬件攻击的威胁,例如篡改车载单元、本地存储等。识别威胁和漏洞后,STRIDE 威胁模型能够作为参考了解威胁如何直接影响车辆资产,STRIDE 威胁模型如图 5-7 所示。

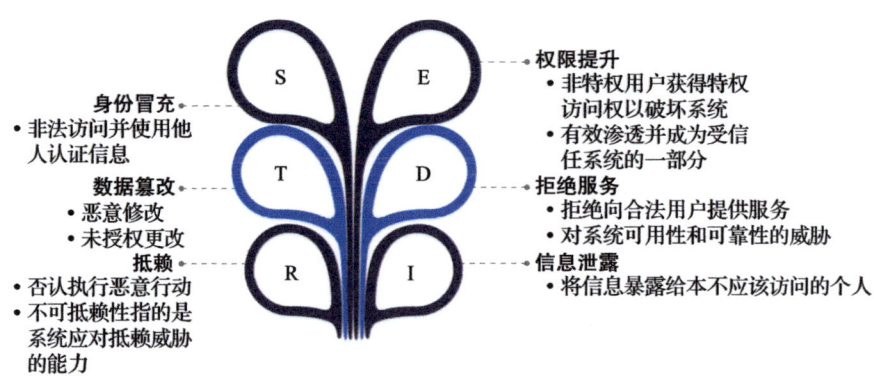

图5-7 STRIDE 威胁模型

STRIDE 威胁建模的六个要素包括：

1）身份冒充，指攻击者伪装自己的身份以成功冒充受信任的来源并从用户那里获得对重要数据或信息的访问权限。由于仿冒是对用户身份验证的攻击，因此其预防形式为实施安全的用户身份验证方法，包括安全密码要求和多因素身份验证等。

2）数据篡改，涉及故意修改系统以改变其行为，攻击者将试图通过篡改目标参数或代码来破坏应用程序，以修改应用程序数据，例如用户凭据和权限，或应用程序中的其他关键项目。在开发阶段和应用程序投入生产后，应使用静态代码分析来识别应用程序中容易被篡改的漏洞。

3）抵赖，指对应用程序上操作的有效性和完整性进行攻击，利用缺乏正确跟踪和记录来操纵或伪造新的、未经授权的操作标识，删除日志或将错误的数据记录到日志文件中，并拒绝操作或接收服务。开发人员可以通过在提供行为证明的应用程序中加入数字签名，或通过确保有完整的防篡改日志来建立不可否认性，或保证某人不能否认行为的有效性。

4）信息泄露，指应用程序无意中泄露了有关应用程序的信息，攻击者能够利用这些信息破坏系统。信息泄露可能来自应用程序中留下的开发人员评论、提供参数信息的源代码或包含太多详细信息的错误消息，泄露有关用户的数据、敏感的商业或业务数据以及有关应用程序及其基础架构的技术细节。进而，攻击者能够使用此信息来强制访问收集客户信息的应用程序，访问应用程序的更敏感区域。开发人员防止应用程序信息泄露漏洞的措施包括：①采用通用错误消息、响应标头和背景信息，以避免泄露有关应用程序行为的线索；②实施适当的访问控制和授权，以防止未经授权访问信息；③从用户的角度检查应用程序本身，以验证开发信息不在生产环境中泄露。

5）拒绝服务，指使目标系统信息流量过载，引发崩溃从而无法提供正常服务，DoS 攻击能够针对网络层与应用层。通过将防火墙配置为阻止来自某些来源的流量或引入速率限制来管理流量，能够保护应用程序免受 DoS 攻击。

6）权限提升，指利用应用程序中的漏洞和错误配置提升权限进行非法访问。在开发阶段可将针对权限提升的保护内置到应用程序中，包括管理身份生命周期、对所有用户实施最小权限原则、通过配置更改强化系统和应用程序、删除不必要的权限和访问、关闭端口等。

STRIDE 围绕威胁构建，鼓励开发人员考虑每个威胁如何攻击应用程序的不同部分。STRIDE 威胁建模结果能够与 DREAD 风险评估模型（损害潜力、可再现性、可利用性、受影响的用户、可发现性）相结合，以评估每个风险的影响，并确定修复漏洞的优先级。STRIDE 威胁建模是一个框架，它允许定期进行威胁建模练习，使安全团队能够掌握快速发展的威胁形势，并确保现有的保护措施能够抵御新旧威胁。单独使用 STRIDE 威胁建模并不能保护应用程序，但其会在流程开始便提供坚实的基础。

5.3.2　基于攻击树的威胁建模方法

基于攻击树的方法，攻击树的根（级别 0）是抽象的"攻击目的"，其子节点（级别 1）代表可以满足此攻击目标的不同"攻击目标"。攻击目的对利益相关者（例如车辆使用者、其他道路使用者、智能交通系统服务运营商、民政部门、车辆制造商和系统供应商）产生负面影响。因此，可以在此级别上估计结果的严重性。攻击目标可以进一步分解为可用于实现攻击目标的多种"攻击方法"。每种攻击方法将依次基于针对一个或多个填充攻击树最低级别的"资产"攻击的逻辑组合（AND / OR）。该树被截断，能够估计资产攻击的成功概率。随后可以使用树逻辑将这些单个概率进行组合，以评估每种攻击方法的总体概率，如图 5-8 所示。

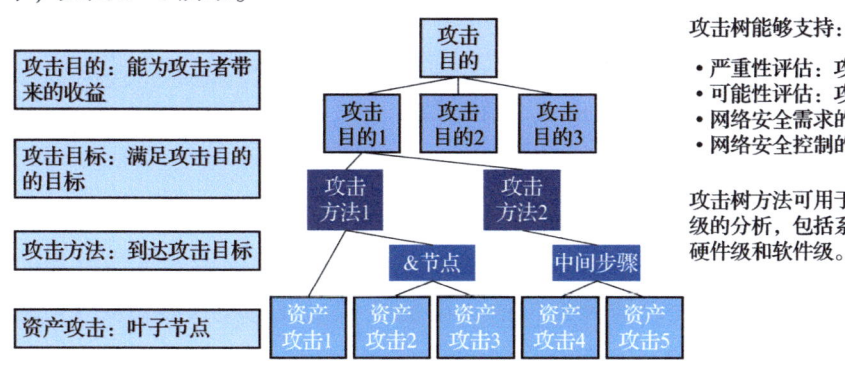

图 5-8　攻击树结构

攻击树每个层的子目标具备两个属性，包括：①子目标应是互斥的，节点不以任何方式重合；②子目标应是详尽的，通过该层能够考虑实现父目标的所有方式。主动制动功能的攻击树如图5-9所示，除了启动未经授权的制动外，攻击者可能尝试攻击授权的制动事件，包括制定以下攻击目标：①攻击者能够尝试完全抑制主动制动；②攻击者能够尝试延迟制动或至少降低主动制动的质量。为了实现上述攻击目标，攻击者能够采用多种方法，包括：①直接访问汽车或攻击目标（抑制、延迟、降级）；②损坏或禁用环境传感器、ABS和ESP传感器或CSC；③通过DoS攻击来攻击CU或CSC，以防止或延迟主动制动系统所需事件的计算/检测；④干扰无线接口、CSC或骨干总线等。

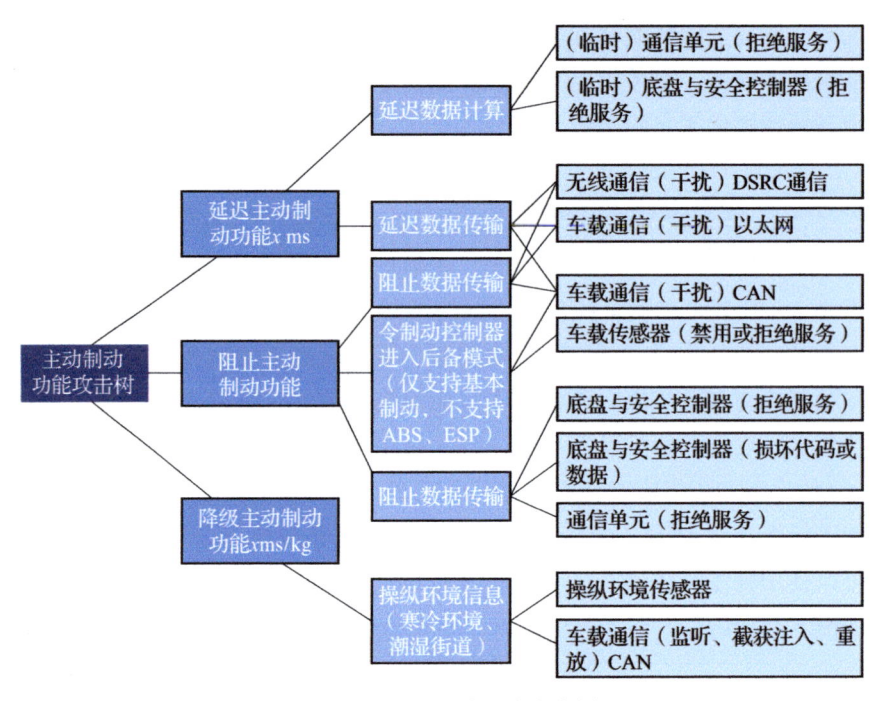

图5-9　主动制动功能攻击树

5.4 风险评估

为了评估攻击相关的"风险"，有必要评估对利益相关者的可能结果的"严重性"、可以成功发起这种攻击的"可能性"以及可控性，如图5-10所示。

图 5-10 风险评估维度

5.4.1 攻击严重性

在单车安全工程中，主要关注的威胁为人员可能因安全隐患而遭受的身体伤害。在考虑联网车辆和智能交通系统背景下的安全威胁时，隐私泄露或未经授权的金融交易等威胁需考虑。此外，安全威胁的影响从单一车辆扩展到更为广泛的范围，包括其他道路使用者、智能交通系统运营商、车辆制造商与其供应商。因此，攻击严重性考虑的方面主要包括：

1) 操作性：维持所有车辆和 ITS 功能的预期操作性能。
2) 安全性：确保车辆乘员和其他道路使用者的功能安全。
3) 隐私：保护车辆驾驶员的隐私和车辆的知识产权。
4) 财务：防止欺诈性商业交易和车辆盗窃。

攻击的严重性从可能对利益相关者造成伤害的四个不同方面（安全性、隐私、财务和操作性）进行考虑，作为具有 4 个定性水平的 4 分量向量，基于车辆安全工程中使用的严重性分级，见表 5-4。

表 5-4 攻击严重性分级

分级	安全性	隐私	财务	操作性
S0	无伤害	没有非授权的数据访问	没有经济损失	对操作性能没有影响

(续)

分级	安全性	隐私	财务	操作性
S1	轻微或中度的伤害	仅对匿名数据（无特定的车辆驾驶员数据）的非授权访问	低等级的经济损失	产生对驾驶员不明显的影响
S2	严重伤害（可能生还），或对多辆车的轻微或中度伤害	对车辆的标识或多个车辆的匿名数据的非授权访问	中度经济损失，或对多辆车的低等级经济损失	驾驶员能感知到性能的降低，或对多个车辆的不明显的影响
S3	威胁生命（不确定是否能生还），或致命的伤害，或对多辆车的严重伤害	对驾驶员或车辆的跟踪标识，或对多个车辆的非授权访问	重大的经济损失，或对多个车辆的中度经济损失	对性能产生重大的影响，或对多辆车的显著性能影响
S4	威胁生命，或对多辆车的致命伤害	对多辆车的驾驶员或车辆的跟踪信息的非授权访问	对多辆车的重大经济损失	对多辆车的重大性能影响

5.4.2 攻击概率

攻击成功的可能性取决于攻击者成功进行一次攻击所花费的最小努力（即"攻击潜力"），以及被攻击系统能够承受的攻击潜力。表征和量化攻击成功可能性影响因素的方式包括：经过的时间、经验、系统知识、窗口机会及所需的 IT 硬件/软件或其他设备，见表 5-5。攻击成功的可能性与其可能发生的概率映射关系见表 5-6。

表 5-5 攻击成功可能性影响因素

因素	级别	备注	数值
经过时间	≤1 天	—	0
	≤1 周	—	1
	≤1 月	—	4
	≤3 月	—	10
	≤6 月	—	17
	>6 月	—	19
	不切实际	攻击路径无法在有利于攻击者的时间范围内利用	∞
经验	门外汉	与专家或有特定专长的人相比，缺乏相关知识	0
	熟练	熟悉安全产品或系统的行为	3
	专家	熟悉底层算法、协议、硬件、安全结构、安全行为、安全原则和概念、新攻击的定义所使用的技术和工具、密码学、针对产品类型的经典攻击、攻击方法等	6
	多个专家	在专家级别需要不同领域的专业知识以完成攻击的不同步骤	8

(续)

因素	级别	备注	数值
系统知识	公开	例如，从互联网获得的信息	0
	受限	例如，知识在开发者组织内部控制，并与其他组织共享非公开协议	3
	敏感	例如，知识在开发者组织内的离散团队之间共享，只有团队成员才能访问	7
	关键	非常严格控制的知识，仅少数个人知晓，并且在严格的需知基础上控制个人的访问	11
窗口机会	不必要/无限制	攻击不需要任何机会即可实现，因为在访问目标期间没有被检测到的风险，且访问所需目标数量不是问题	0
	容易	访问需在≤1天内完成，且所需攻击目标≤10	1
	适度	访问需在<1月内完成，且所需攻击目标≤100	4
	困难	访问需在>1月内完成，且所需攻击目标>100	10
	无	机会窗口不足以执行攻击，无法访问目标，或者可用的目标数量不足	∞^2
设备	标准	攻击者可以轻易获取	0
	专业	不容易公众获取，可能需要购买适度数量的设备或开发更多的攻击脚本或程序	4^{23}
	定制	公众不容易获取，因为设备可能需要特别制造，其分发受到限制，或者价格昂贵	7
	多重定制	不同的定制设备需要为攻击的不同步骤准备	9

表 5-6 攻击成功可能性与对应概率

数值	所需的攻击潜力以识别和利用攻击场景	攻击概率 P（反映攻击的可能性）
0~9	基础	5
10~13	基础增强	4
14~19	中等	3
20~24	高	2
≥25	超高	1

5.4.3 攻击可控性

在严重性矢量包括非零安全性部分的情况下，风险评估包括一个附加的概率参数，该参数表示驾驶员可能影响结果严重性的可能性。在《MISRA 安全分析指南》[98]和 ISO / DIS 26262[99]中，这种可能性反映在定性措施中，称为"可控性"（C）[100]。攻击可控性根据其涉及的严重程度，能够划分为多个级别，见表 5-7。

表5-7 攻击的可控性

数值	说明
$C=1$	尽管存在操作上的限制，但通常可以通过正常的人为反应避免事故发生
$C=2$	较难避免事故发生
$C=3$	避免事故非常困难，但是在有利的情况下，可以通过经验丰富的人员响应来保持一定的控制
$C=4$	情况不会受到人类反应的影响

5.4.4 非安全关键功能风险评估

根据与攻击目标相关的严重性（S）和与特定攻击方法相关的组合攻击概率（A）确定风险级别。通过使用"风险图"方法将严重性和攻击概率映射到风险来实现。对于与安全无关的严重性方面，风险图将两个参数（攻击概率和严重性）映射到定性风险级别，见表5-8。对于非安全性威胁，严重性和综合攻击概率的组合映射到表中的一系列"安全风险级别"，见表5-9。

表5-8 安全风险映射表

攻击目标	安全性	攻击方法	风险级别	攻击成功总概率	资产	攻击成功概率
A	S_A	A_1	$R_{A_1}(S_A, A_{A_1})$	$A_{A_1} = \min\{P_a, P_b\}$	$a \& b$	P_a P_b
		A_2	$R_{A_2}(S_A, A_{A_2})$	$A_{A_2} = \max\{P_d, P_d, P_f\}$	d e f	P_d P_e P_f
B	S_B	B_1	$R_{B_1}(S_B, A_{B_1})$	$A_{B_1} = \max\{\min\{P_a, P_b, P_c\}, \min\{P_e, P_b\}\}$	$a \& b$ c $c \& b$	P_a P_b P_c P_e P_b
		B_2	$R_{B_2}(S_B, A_{B_2})$	$A_{B_2} = P_g$	g	P_g

表5-9 非安全关键功能风险映射表

攻击风险级别（非安全性功能）	攻击总概率				
	$A=1$	$A=2$	$A=3$	$A=4$	$A=5$
$S_i=1$	R_0	R_0	R_1	R_2	R_3
$S_i=2$	R_0	R_1	R_2	R_3	R_4
$S_i=3$	R_1	R_2	R_3	R_4	R_5
$S_i=4$	R_2	R_3	R_4	R_5	R_6

主动制动功能的风险评估见表5-10，假定驾驶员将能够通过传统的手动制动来应对驾驶危险，主动制动功能的丧失预计不会导致额外的安全隐患。但功能的丧失可能会损害该功能的声誉，从而损害车辆制造商和系统供应商的声誉，因此，操作严重性等级被设置为 $S_O = 2$。在此示例中，针对每个攻击目标识别了涉及攻击概率为 $P = 5$ 的资产攻击的攻击方法，由于与每种攻击方法相关的资产攻击都是简单的选择（即 OR 关系），因此所有攻击目标的最坏情况威胁级别为最高攻击概率（$P = 5$）。攻击严重性 $S_O = 2$ 与攻击概率 $P = 5$ 转化为风险等级 R_4。

表 5-10 主动制动功能风险评估

攻击目标	严重性（S）	攻击方法	风险级别（R）	联合攻击概率（A）	攻击资产	攻击概率（A）
延迟主动制动	$S_S = 0$ $S_P = 0$ $S_F = 0$ $S_O = 2$	延迟计算	$R_0 = R_3$	4	底盘安全控制器（DoS）	2
					通信单元（DoS）	4
		延迟数据传输	$R_0 = R_4$	5	无线通信（干扰）	5
					主干总线（干扰）	4
					底盘安全总线（干扰）	4
阻止主动制动	$S_S = 0$ $S_P = 0$ $S_F = 0$ $S_O = 2$	阻止计算	$R_0 = R_3$	4	底盘安全控制器（DoS）	2
					底盘安全控制器（破坏代码或数据）	1
					通信单元（DoS）	4
					无线通信（干扰）	5
					主干总线（干扰）	4
		阻止数据传输	$R_0 = R_4$	5	底盘安全总线（干扰）	4
					ABS 与 ESP 传感器（不可用）	5
		强制进入后备模式	$R_0 = R_4$	5	底盘安全总线（干扰）	4
					ABS 与 ESP 传感器（不可用）	5
					底盘安全总线（干扰）	5
降低主动制动效能	$S_S = 0$ $S_P = 0$ $S_F = 0$ $S_O = 2$	操纵环境信息	$R_0 = R_4$	5	环境传感器（破坏）	5
					环境传感器（虚假条件）	5
					底盘安全总线（伪造环境条件）	1

5.4.5 安全关键功能风险评估

安全关键功能风险映射图将三个参数（严重性、攻击概率和可控性）映射为定性风险水平。表5-11 中使用的等级"R_{7+}"表示不太可能被接受的风险级别，例如严重性级别和威胁级别最高的安全隐患，同时可控性非常低的级别[42]。

表 5-11 安全关键功能风险映射图

可控性	攻击风险级别 (非安全性功能)	攻击总概率				
		$A=1$	$A=2$	$A=3$	$A=4$	$A=5$
$C=1$ 尽管存在操作上的限制，但通常可以通过正常的人为反应避免事故发生	$S_i=1$	R_0	R_0	R_1	R_2	R_3
	$S_i=2$	R_0	R_1	R_2	R_3	R_4
	$S_i=3$	R_1	R_2	R_3	R_4	R_5
	$S_i=4$	R_2	R_3	R_4	R_5	R_6
$C=2$ 较难避免事故发生	$S_i=1$	R_0	R_1	R_2	R_3	R_4
	$S_i=2$	R_1	R_2	R_3	R_4	R_5
	$S_i=3$	R_2	R_3	R_4	R_5	R_6
	$S_i=4$	R_3	R_4	R_5	R_6	R_7
$C=3$ 避免事故非常困难，但是在有利的情况下，可以通过经验丰富的人员响应来保持一定的控制	$S_i=1$	R_1	R_2	R_3	R_4	R_5
	$S_i=2$	R_2	R_3	R_4	R_5	R_6
	$S_i=3$	R_3	R_4	R_5	R_6	R_7
	$S_i=4$	R_4	R_5	R_6	R_7	R_{7+}
$C=4$ 情况不会受到人类反应的影响	$S_i=1$	R_2	R_3	R_4	R_5	R_6
	$S_i=2$	R_3	R_4	R_5	R_6	R_7
	$S_i=3$	R_4	R_5	R_6	R_7	R_{7+}
	$S_i=4$	R_5	R_6	R_7	R_{7+}	R_{7+}

5.5 安全需求定义

为减轻风险，需面向特定用例，定义特定功能的安全需求，安全需求的识别可基于两个不同但互补的观点[101]：

1）抽象功能路径——基于用例的功能表示，按类别提供安全要求（机密性、真实性）。功能路径模型仅描述被调查系统的功能行为和其边界处的信息流。每个信息流都与以下方面的要求相关联：①确定输入数据及其来源的真实性；②确保传出数据的适当保密级别。该方法提供了简洁的描述，以及识别其相关安全要求的系统方法。EVITA 项目针对多个用例总结了如下安全需求：①环境相关的安全要求，旨在防止攻击者向网关和传感器提供错误的环境信息，防止对环境表示的恶意修改，其中包含进一步的安全要求，例如消息完整性、消息新鲜度、消息源环境信息认证等；②可用性要求，旨在保护服务或提供服务的物理设备的可操作性，避免面向计算资源的 DoS、网络 DoS 或实时约束退化形式的攻击，包括总线可用性、CPU 可用性、RAM 可用性、外部通信可用性、最高优先级功能的可用性和无线电介质的可用性等；③隐私要求，旨在在车辆及其使用之间的关系以及车主或驾驶员的身份保密的情况下保护驾驶员的隐私，包括确保汽车与外部实体的消息隐私、服务之间不可链接驾驶员标识和不可链接消息时间次序等；④虚假命令要求，旨在防止攻击者从系统内部或外部发送错误或伪造的命令，包括避免中间人攻击、防止本地总线更换芯片和保护ECU 刷写过程；⑤闪存要求，旨在防止固件知识产权受到威胁，确保使用授权固件进行闪存更新，包括代码与固件更新完整性、受控访问、机密性要求等。

2）详细的功能路径和映射——基于将用例的功能映射到架构，按用例提供功能和架构（可用性、时序）要求。详细的功能路径和映射方法将功能映射到通用架构，允许识别功能和架构需求。因此，可以考虑诸如可用性和时间以及需求之间的依赖性等方面。采用迭代过程，包括以下步骤：①从用例中提取需求；②验证覆盖范围，包括攻击树、用例一致性、完整性；③为不匹配的威胁/改变的用例生成新的需求；④重新评估威胁范围。该方法的优点在于更精确地定义用例、攻击树全覆盖、识别新攻击以及将安全要求更明确地映射到功能和资产。

基于攻击树分析安全需求[102]，通常根据风险级别和攻击可能性来优先选择要削减的分支：①在存在多个攻击目标的情况下，优先考虑具有最高风险级别的攻击目标的缓解对策，降低其风险级别；②当多个可能的攻击方法导致相同的攻击目标时，优先考虑具有最高攻击概率的攻击方法的缓解对策，降低攻击目标的风险级别；③在许多资产攻击可能导致相同的攻击目标时，优先考虑具有最高攻击概率的资产攻击的缓解对策，降低攻击目标的风险级别。基于主动制动功能攻击树形成的安全需求见表 5 – 12。

表 5 – 12　基于主动制动功能攻击树的安全需求

		安全需求	
环境相关安全需求	阻止恶意修改环境信息	消息完整性	执行可信完整性认证
		环境信息认证	执行可信源认证
		消息源认证	执行可信认证
		消息新鲜性	执行正确更新源与时间
伪命令安全需求	避免发送虚假命令	避免中间人攻击	功能路径认证
			沿功能路径的消息新鲜度
			沿功能路径的消息属性完整性
		避免芯片替换	—
		保护 ECU 闪存	代码源认证
			代码完整性
			闪存命令新鲜

（续）

安全需求				
隐私安全需求	保护驾驶员隐私	V2X 消息匿名	—
		e-Call 消息隐私	—
		控制信息公开时间	—
可用性与开销安全需求	确保 ECUs 可用性	确保总线可用性	—
		确保 CPU 可用性	—
		确保 RAM 可用性	—
		确保外部通信设备可用性	—
	确保无线电媒介可用性	—	—
	确保高优先级功能可用性	—	—

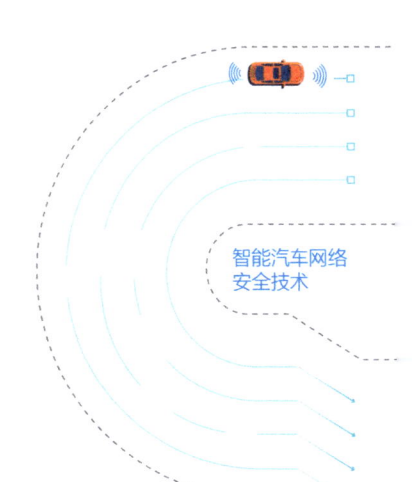

第 6 章
智能汽车安全防护措施

智能汽车网络安全技术

智能汽车安全防护措施根据概念阶段形成的安全需求进行开发，在开发过程中充分考虑三个维度的信息：风险处理策略（例如避免、转移、减轻或接受风险）、系统状态和风险处理表现形式。防护措施覆盖：安全的云端，通过安全的引导、软件代码签名保护、访问控制等多个解决方案为云端存储的数据和固件提供防护；安全的车外网络，采用安全的通信协议和密钥管理保护车与车、车与路、车与云端之间的通信链路；安全的车端 – 纵深防御的车端防护安全架构，保护车内软硬件、车内通信的安全与车内数据的安全。本章聚焦于智能汽车车端安全防护措施开发，包括安全的车端处理、安全的车端网络、安全的车端网关与安全的车端接口。

智能汽车的车端系统是不断进行计算与通信的系统，同时计算与通信依赖信息存储，表 6 – 1 从物理与功能的视角对汽车电子系统的活动进行了总结。从安全的角度，物理活动与功能活动均为潜在的攻击目标。对车端系统活动的攻击可进一步分为修改系统行为的主动攻击与信息检索的被动攻击。被动攻击通常是主动攻击的先决条件；攻击者首先以被动方式分析系统以了解或恢复有价值的加密信息，进而利用这些信息主动攻击。

表 6 – 1　汽车电子系统活动的物理与功能视角

活动	物理视角	功能视角
计算	CPU 或专用硬件加速器	处理任务
通信	有线总线网络或无线链路	逻辑链路发送与接收消息
存储	内存（RAM、ROM、Flash）	从/向地址空间读/写数据
采集	传感器	从环境中获取测量数据
指令	执行器	对环境进行操作

为保护车端免受主被动攻击，需构建车端纵深防御的安全架构，如图 6 – 1 所示，具体包括：

1)安全的车端处理,该层保护 ECU 上运行的软件真实可靠,智能汽车由上亿行代码和近百个微控制器组成,软件的复杂性使其易存在漏洞,应通过安全的引导、调试、软件签名、硬件安全模块等多个解决方案为 ECU 层面上的数据和固件提供防护;同时当检测到软件中的任何安全漏洞或错误时,应安全、快速、无缝地更新车辆软件[103]。

2)安全的车端网络,该层为 ECU、传感器与执行器提供安全通信保护,采用安全的通信协议和密钥管理保护车内控制单元之间的通信链路,包括:①ECU 级验证,在网络中定期检查 ECU 的有效性;②信息机密性,通过加密车内信息来防止数据丢失和身份盗用;③信息真实性与完整性,为每条消息增加认证码或签名,以确保消息源的真实性与消息的完整性;④入侵检测,用于识别网络流量中的异常情况并在可疑数据包到达微控制器之前将其阻止。

3)安全的车端网关,采用隔离避免非安全关键性系统影响安全关键性系统;防火墙嵌入上下文感知路由功能以及深度数据包检测功能,屏蔽各类攻击,避免非法的外部指令发送到单个设备或整个网络上;入侵防御系统实时监测网络通信的异常情况,配合防火墙实施动态更新;同时具备加密传输功能。

4)安全的车端接口,安全接口层通过限制对车辆控制系统的物理访问来保护自动驾驶车辆的外部连接。该层采用安全的通信协议保护车辆与外部的连接,防火墙屏蔽车辆网络,借助车辆专属证书为固件更新提供保护。

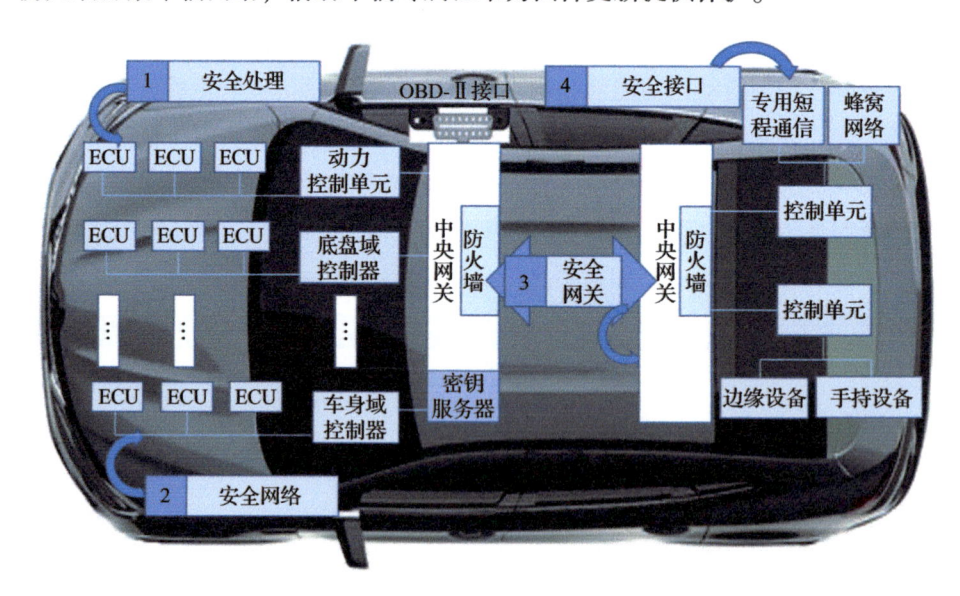

图 6-1 车端纵深防御的防护层级

6.1 安全的车端处理

安全的车端处理旨在采取强有力的安全措施来防止未经授权的访问、盗窃、信息泄露、影响操作等。如图6-2所示，ECU具有两个接口，即用户通道和受限通道。用户通道用于正常操作，例如用于车载网络有线通信的接口或车联网等无线通信接口，而受限通道用于内部测试、维护与调试等特权操作。黑客能够将这些弱接口作为攻击向量，使用不同的攻击类型，例如窃听、重放和假消息攻击。因此，有必要保护上述通道和接口，避免其成为黑客攻击面的一部分。

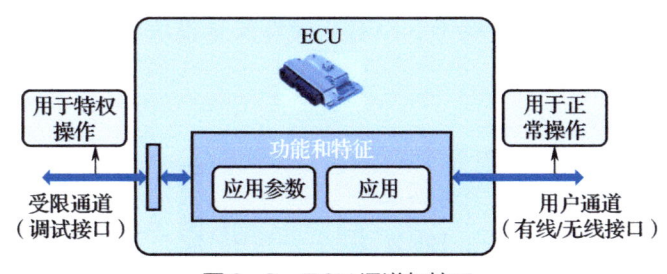

图6-2 ECU通道与接口

车端处理层安全防护对象为存储在闪存中的密钥和重要资产或通信通道中使用的数据，可分为机密性关键信息与真实性关键信息。攻击者试图获取有关机密性关键信息（如密钥）或修改真实性关键信息（如代码）。为保护上述信息的安全性，安全的车端处理层通常需考虑受信任启动、安全密钥管理与受信任执行，如图6-3所示。

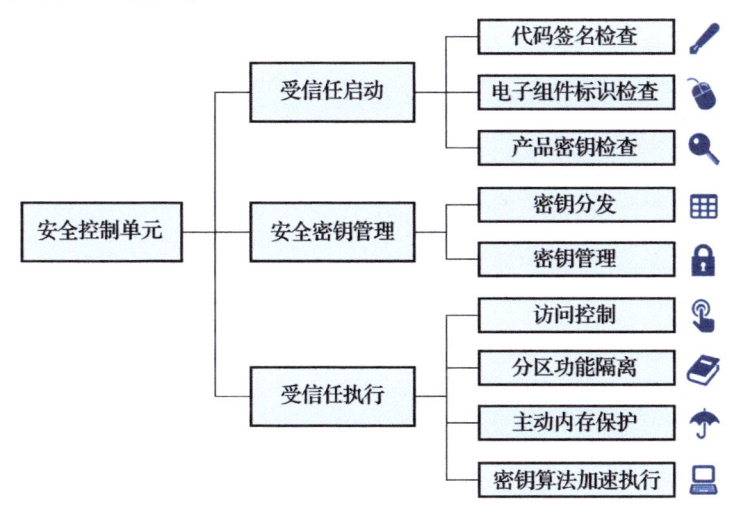

图6-3 安全控制单元防护措施

为了实现上述安全和功能要求，通常需要在 ECU 中嵌入基于硬件的密码协处理器，安全存储密钥以避免其被攻击者访问，同时其能够使用存储的密钥对输入数据执行加密、验证等操作。硬件安全模块（Hardware Security Module，HSM）[104]是 ECU 级别的安全防护措施的基础组成部分，主要负责执行加解密、完整性检查、随机数生成、密钥存储和派生、引导加载程序的认证等功能，满足了这一层的多个子需求，如图 6-4 所示。对于 ECU 级别的安全性，纯软件解决方案由于安全算法执行速度慢影响控制的实时性以及共享内存等导致的安全性不足等问题使得其无法充分保护系统的安全性。硬件安全模块成为为嵌入式系统提供安全性保护的必要先决条件。现有的硬件安全模块主要包括可信平台模块、安全硬件扩展、智能卡、EVITA 硬件安全模块等。表 6-2 为 EVITA 硬件安全模块的性能估计。

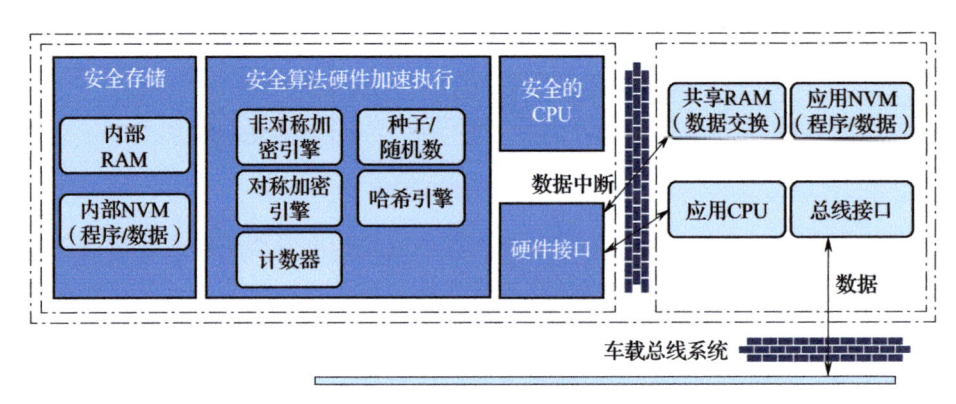

图 6-4 硬件安全模块

表 6-2 EVITA 硬件安全模块性能估计

构建块	FPGA 大小（片，估计）	性能（估计）
ECC-256-GF（p）	2000	200sig/s
WHIRLPOOL	3000	1Gbit/s
AES-128	1000	1Gbit/s
PRNG	200	1Gbit/s
COUNTER	100	16×64bit
CPU	2000	32bit-RISC，100MHz
RAM	N/A（块 RAM）	64KB
NVM	N/A（外部）	512KB
CONTROL/IF	1000~2000	N/A
总计	约 10000	

6.1.1 受信任启动

受信任启动是 ECU 层安全防护措施，独立于应用程序进行，通过硬件安全模块或加密服务引擎实现。受信任启动在微控制器（Microcontroller Unit，MCU）启动后，用户程序执行之前，对用户定义存储空间中的关键程序及数据的真实性和完整性进行验证，以确定其是否被恶意篡改。如验证失败，意味着 MCU 处于不可信状态，应启动相应安全处理措施，部分功能无法运行。受信任启动通常首先验证的程序为 MCU 启动后执行的第一段程序，即"Bootloader"，关键数据通常指代码、电子组件标识与产品密钥等信息。在 SHE 规范中，安全启动验证基于算法 AES-128 生成的消息认证码（Message Authentication Code，MAC），用户将验证所需的密钥 Boot key 与 Boot MAC 值更新到 HSM 中；并通过安全机制输入代码首地址与数据大小，计算程序和数据的消息认证码，与 Boot MAC 比较，相同则通过验证，过程如图 6-5 所示。

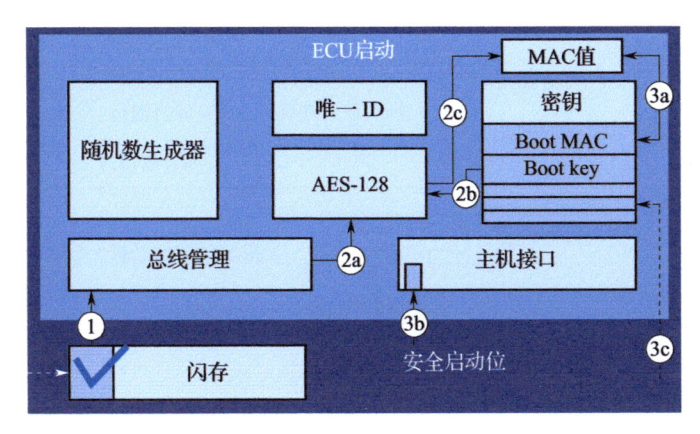

图 6-5　受信任启动实例

某网关 MCU 基于 HSM 的受信任启动流程如下：①MCU 启动并完成硬件初始化；②加载配置数据至配置寄存器；③根据配置确定是否使用 HSM；④主核运行 BAF（Boot Assist Flash）程序，该程序为芯片厂商预先烧录，具备不可篡改属性，可设置直接用户程序或待 HSM ready 后进入用户程序；⑤同时，HSM 执行初始化，通过检查后触发主核启动用户程序。HSM 安全性检查流程包括：①首先，将待验证代码指针传递到 AES-128 引擎；②AES-128 硬件加速引擎使用 BOOT_MAC_KEY 计算 FLASH 数据块的 CMAC，并将其存储于内部安全 RAM；③HSM 将计算得到的 CMAC 与存储的 BOOT_MAC 进行比较，如果一致则通过安全检查；④Bootloader 可进一步针对关键程序和数据进行软件级别的安全启动检查，待所有验证通过后将相应的标志位置位；⑤如果相应的标志位被置起，受 Boot 保护的密钥将被解锁，能够被用户程序使用。

受信任链式启动用于检查整个 Flash 的真实性和完整性，一次性校验将产生较大启动时间开销，通常为几百毫秒甚至秒级，影响用户使用应用程序；同时应用程序的频繁更新将导致安全启动配置频繁修改，可能产生更新与配置非同步的情况。因此，为了高效率完成受信任启动，通常采用信任链技术：首先，用户根据程序的特征，将 Flash 中的应用程序分为多个独立的段，每个段的安全保护级别依次递减，后一段代码是否安全以及是否能够执行则建立在前一段代码可信的基础上。链式启动过程如图 6-6 所示，第 n 段代码执行第 $n+1$ 段代码的 MAC 校验任务。

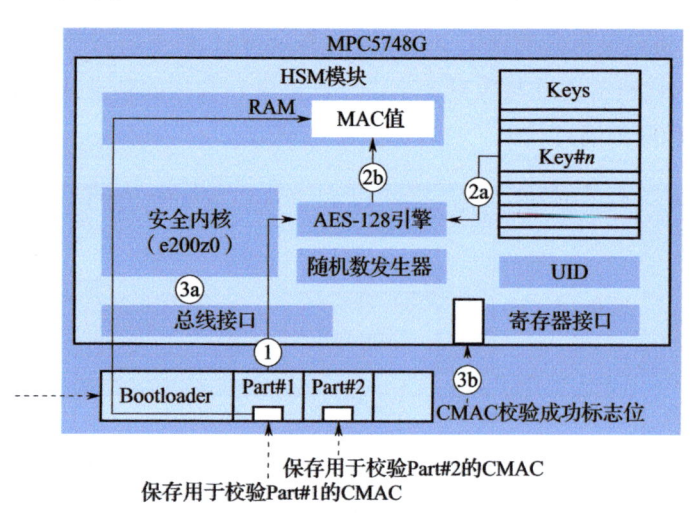

图 6-6 受信任链式启动实例[18]

6.1.2 受信任密钥管理

面向不同的车端功能，需具备不同类型的密钥，见表 6-3[45]。同时，密钥通常具有明确的层次结构，如密钥存储在硬件安全模块的外部，则每个密钥都有一个指定父密钥，可用于将其加密，存储根密钥（SRK）是所有其他密钥的主父（AES）密钥，位于层次结构的顶部，用于内部密钥的安全交换以及创建密钥到外部存储，模块制造商验证密钥（MVK）用于对设备身份密钥（IDK）和时钟同步密钥（CSK）进行签名（例如安全更新时）。

时钟同步密钥通过 MVK 带入或签名的密钥，受信任/被接受以验证 UTC 时间的参考，用于同步内部时钟到 UTC 时间。图 6-7 为相应的密钥存储层次化结构图。

表6-3 密钥列表

名称	类型	大小/位	位置	句柄	描述
模块制造商验证密钥（MVK）	ECC（AES20）	256	ROM（NV）	01	模块制造商的公钥，用于验证其他 IDK 的安全更新等
设备身份密钥（IDK）	ECC（AES）	256	ROM（NV）	02	每个 EVITA 模块均有一个唯一并固定的 IDK。公钥由模块制造商签名（即 MVK 的私钥部分），IDK 可能与车辆 OEM 有关联
存储根密钥（SRK）	AES	256	ROM（NV）	03	用于安全地交换内部创建的非对称密钥到外部存储的主父（AES）密钥
时钟同步密钥（CSK）	ECC（AES）	256	ROM（NV）	04	通过 MVK 带入或签名的密钥，受信任/被接受以验证 UTC 时间的参考，用于同步内部时钟到 UTC 时间
OEM 验证密钥（OVK）	ECC（AES）	256	ROM（NV）	05	可选的，拥有一个 OEM 管理的信任域。OVK 在每个 OEM 中是唯一的，并且是固定的
持有人对称密钥（SSK）	AES	128	NV	10～19	为利益相关者个别使用而外部创建的密钥（例如 OEM 软件更新、FSC）
持有人非对称密钥（SAK）	ECC	256	NV	20～29	为利益相关者个别使用而外部创建的密钥（例如 OEM 软件更新，轻量 HSM 不使用）
临时对称密钥（TSK）	AES	128	RAM（NV）	30～39	为任意使用，例如通信保护（可能在重启后快速可用）
临时非对称密钥（TAK）	ECC	256	RAM（NV）	40～49	为任意使用，例如证书验证、伪随机等（在轻量 HSM 中不使用）
伪随机数生成器密钥（RDK）	AES	128	NV	N/A	为个别伪随机数生成器的内部密钥（通常只有一个 PRNG）
伪随机数生成器状态（RDS）	随机数	128	NV	N/A	为个别伪随机数生成器的内部状态（通常只有一个 PRNG）
伪随机数生成器种子（RSD）	随机数	128	NV	N/A	为个别伪随机数生成器的种子（通常只有一个 PRNG）
ECU 配置值（ECR）	哈希	512	RAM	N/A	ECU 配置寄存器
ECU 配置参考值（ECRR）	哈希	512	NV	N/A	为安全启动的 ECU 配置寄存器引用
会话内部值	二进制	n	RAM	N/A	如会话 ID、密钥句柄或中间状态

图 6-7 简要密钥结构 [45]

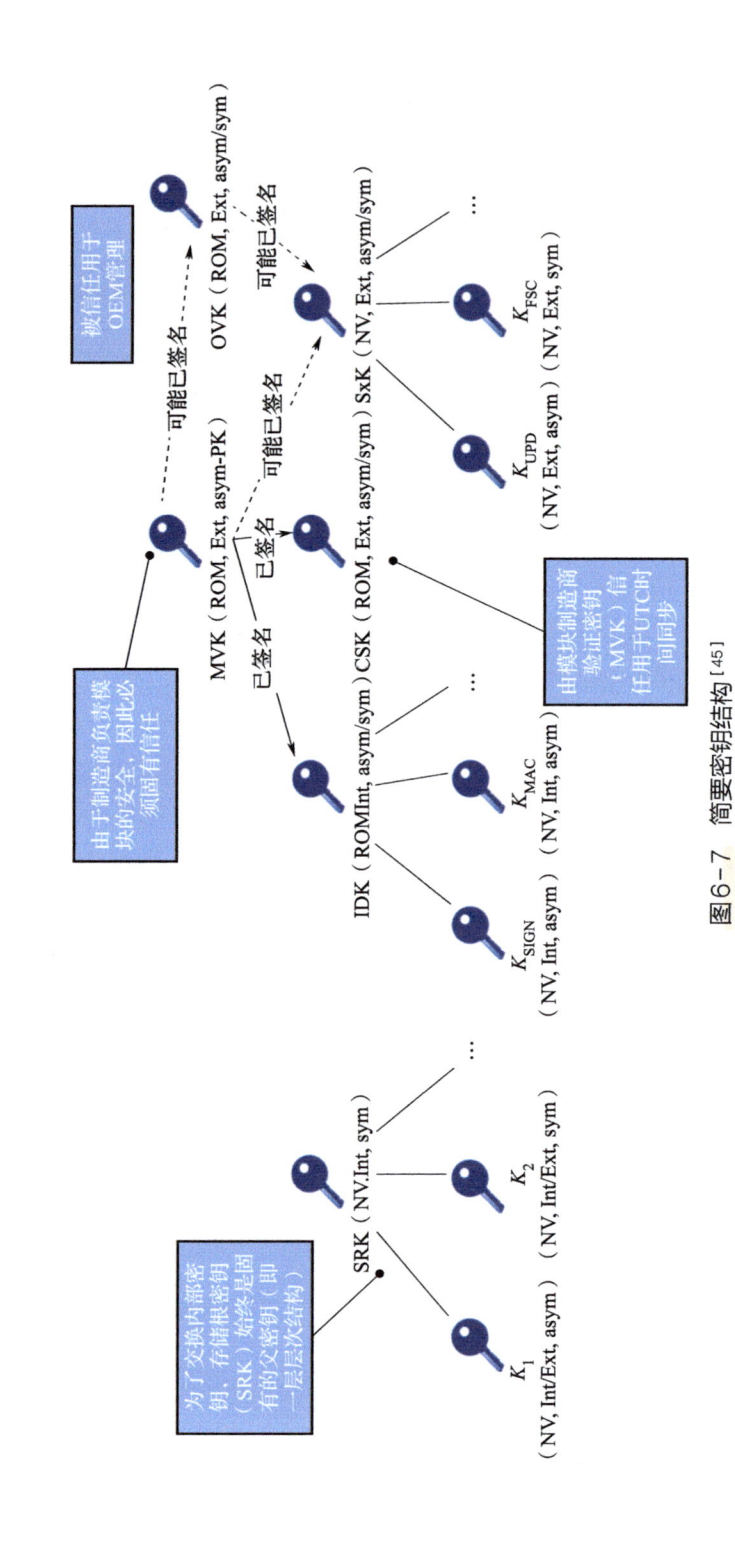

当前分布式车载系统具备资源受限性与资源异构性，密钥管理需考虑传感器和执行器、ECU 和总线系统方面的不同可用资源。为了将密钥或其他安全信息分配给强资源受限（无持久内存）的传感器或执行器，需要一种机制来存储和维护此安全数据。一种方式是将安全凭证从 ECU 部署到传感器。为了安全地执行此操作，ECU 需对传感器进行身份验证，以及对要部署的密钥进行加密。另一种方式为在传感器或执行器上预先部署密钥，密钥需要编程一次，随后访问将受到限制，例如通过熔丝熔断。另外，可使用物理不可克隆函数（PUF）和受控 PUF 提供无需持久内存即可"存储"信息的机制，该方式需 ECU 存储用于密钥恢复的挑战码和公共字符串，负责子系统的安全性。汽车内部通常嵌入层级密钥管理策略，以寻求安全性与轻量性之间的优化权衡。

6.1.3 受信任执行

安全处理层的受信任执行进一步包括访问控制、分区功能隔离与入侵检测。访问控制通过准许或者限制访问能力，控制对关键资源的访问。分区功能隔离旨在避免不同安全需求的功能应用之间相互影响。入侵检测旨在观察系统及其使用情况，并检测异常情况或安全漏洞，其不构成第一线保护，但是在系统受到攻击时在提供警报和警报方面起着重要作用。

1. 访问控制

访问控制指通过某种途径准许或者限制访问能力，从而控制对关键资源的访问。在智能汽车中，访问控制组件旨在根据 OEM 配置的访问策略强制限制对于多个网络域和实体（ECU、传感器和网关）的访问。

访问控制是许多系统和应用程序中的核心问题，常用的访问控制方法包括：

1）访问控制列表：维护了一组映射关系，记录用户和可在资源上执行的操作，但其面对更大的用户群组，难以管理并且不易扩展。

2）基于角色的访问控制：将访

图 6-8 基于属性的访问控制

问权限分配给角色，用户通过角色与权限进行关联。

3）基于属性的访问控制：根据主体属性、资源和动作属性、环境属性以及访问策略对主体的请求操作进行授权许可或拒绝，如图 6-8 所示，相对于基于角色的访问而言，其控制粒度更细。

4）基于策略的访问控制：具有更统一的访问控制机制要求。

车内访问控制主要应用于：①虚拟化 ECU 内部通信（非安全功能不能任意访问安全功能）；②域内 ECU 之间的通信；③跨域 ECU 之间的通信（信息娱乐域不能任意访问驾驶辅助域）；④应用功能访问；⑤诊断功能访问。

访问控制策略的设计原则包括：①最小权限原则，为主体配置完成任务所需的最小权限；②默认安全原则，除为主体赋予对资源的显式访问权限外，默认拒绝访问；③权限分离原则，系统不应基于单个条件授予许可，仅当满足多个条件时，授予系统和程序访问资源的权限；④绝对中介原则，检查对资源的所有访问，以确保它们是被允许的；⑤动态化原则，允许策略的更新。

XACML（eXtensible Access Control Markup Language）是一种基于 XML 的访问控制语言，其作为一种细粒度授权方法已经由 OASIS 联盟的技术委员会标准化。对于分布式汽车电子系统而言，需要灵活的分布式访问控制，以满足各种应用程序的需求。由于车载嵌入式系统的资源约束和实时需求，XACML 文档包含大多数策略可能变得冗长、复杂，增加处理开销、带宽开销和存储开销，使 XACML 策略难以存储在汽车中。如图 6-9 所示，EVITA 项目将 XACML 策略转换为 PDM（Policy Decision Module）本地语言，所有 XACML 策略都可以由 OEM 预先配置，当汽车制造商设置（新增、删除、更新）安全策略时，策略转换在 OEM/工厂端进行初始化。策略转换引擎将 XACML 策略作为输入，并将这些策略转换为本地 PDM 策略语言。PAP 模块被定义为存储安全策略，根据系统要求，可以位于中央位置或分布在域内。

2. 分区功能隔离

分区功能隔离旨在避免不同安全需求的功能应用之间相互影响，应用微内核与虚拟化技术实现分区功能隔离，实现安全分区、安全通信与安全维护，如图 6-10 所示。微内核开发的核心思想是将核心内核服务与其他更复杂的操作系统服务（例如文件系统、设备驱动程序）分开，仅内核服务需要强制实施进程隔离（例如内存管理、内部进程通信等），如图 6-11 所示。虚拟化技术即每个操作系统在其被分配的虚拟机上运行，受信任与不受信任元素之间通过虚拟机管理器进行通信，硬件资源可以在虚拟机之间共享，也可以直接分配到对应的虚拟机。在多用途 ECU 上应用虚拟化技术支持这些安全要求，因为该技术提供了进程和应用程序的分离，因此允许在同一 ECU 上执行具有不同信任级别的应用程序，如图 6-12 所示。

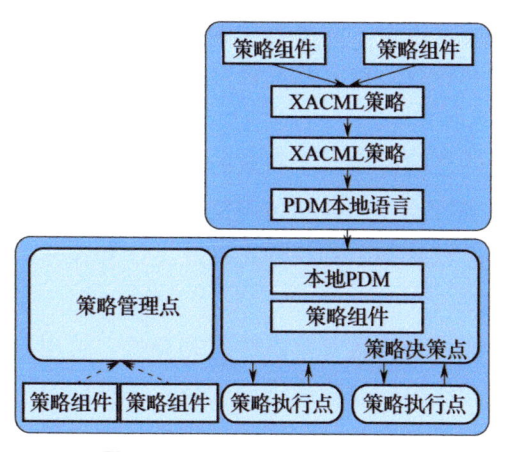

图 6-9 XACML 本地化方案

图 6-10 独立 ECU 与多功能 ECU 架构

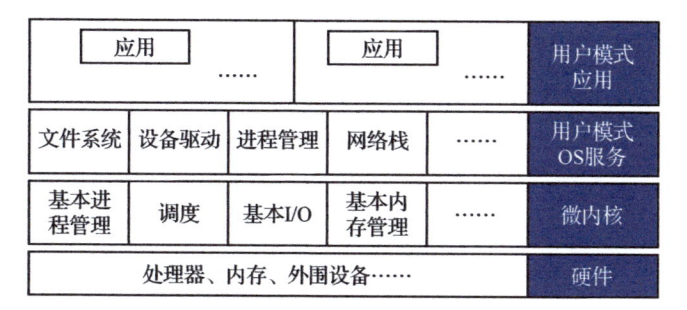

图 6-11 微内核软件架构

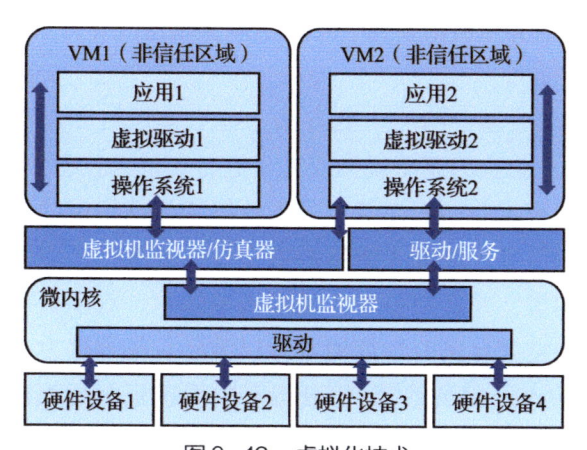

图 6-12 虚拟化技术

虚拟化和可信计算技术（例如，基于 TPM 或 EVITAHSM）的结合提供了满足车端处理层软硬件安全要求的措施。安全分区和安全通信已实际用于当今的汽车电子系统中。

安全分区：基于模块化架构，将系统划分为多个隔离域。通过不同级别的可信度定义这些域，为每个域分配其限制和特权。该方式允许每个系统或应用程序组件在其自己的应用程序域中运行。

安全通信：系统划分后，可在域和组件之间提供安全高效的通信机制。该机制可基于微内核，并依赖访问控制系统进行操作，根据访问控制策略将特权分配给系统中的请求元素，以保证故障安全默认值、特权分离以及主体和操作的优先级。

安全维护：系统应能够自我测试并验证是否满足安全属性或完整性、可用性等策略。该测试机制通过执行例程检测元件中的故障或错误运行。一旦检测到故障并发现故障或损坏的数据，安全维护机制应尝试采用纠正措施，容错机制应该将系统恢复到已知的良好状态。同时，采用模块化架构避免不可恢复的故障导致整个系统停止运行。

3. 入侵检测

入侵检测系统（IDS）是一些软件或硬件，旨在检测对计算系统和网络的不当访问或操纵尝试。入侵检测系统观察系统及其使用情况，并检测异常情况或安全漏洞[105]。计算系统由于实施错误而存在安全漏洞，入侵检测系统不构成第一道防线，但当系统受到攻击时在提供警报方面发挥着重要作用。IDS 通过动态监控用户系统活动、分析系统配置和漏洞、评估系统和文件完整性、识别典型攻击模式、分析异常活动模式、跟踪用户策略违规等方式检测判断是否发生攻击。

入侵检测系统通常基于两类主要方法：基于知识的方法和基于行为的方法[106]。基于知识（也称为基于规则或基于签名）的入侵检测系统[107]从已知攻击和系统漏洞中积累的知识来搜索攻击证据，根据识别的攻击模式分析有关针对系统的攻击信息。该方式能够提供良好的准确性，但需在目标系统上独立运行攻击规则集，并定期更新有关攻击的知识；对于资源受限的汽车电子系统而言，存储空间与实时性能通常难以满足。基于行为（也称为基于异常或基于统计）的入侵检测系统[108]分析有关系统正常行为的信息，根据在已知正常状态下对系统的观察来寻找异常行为模型的偏差。该方式需根据处理器和内存活动、磁盘使用情况或特定时期内的其他系统活动等标准来定义或观察系统的正常行为，以创建基线，其主要优点为能够动态适应新的漏洞，但这种动态性会增加产生错误警报的频率，适用于规律性较强的车载系统。

车端安全处理层的入侵检测可结合基于知识和行为的检测方式。处理层执行模型通常利用软件组件的循环执行，执行时间的上限和下限以及内存消耗是已知的，端口探测频次、系统调用顺序相对规律，易于定义系统正常运行规则以及统计正常行为的基线。车端安全处理层入侵检测策略依赖于一组由模式和操作组成的规则，监视 ECU 在软件执行周期的内部行为，如果不遵守这些规则，则此模块将触发警报以及匹配模式触发入侵响应动作。同时，异常检测可与访问控制协同，触发访问控制规则的更新。随着智能化的发展，汽车内部嵌入越来越多基于统计的深度学习方法，其感知、决策与控制异常的检测成为当前车端安全处理层入侵检测与响应的重要方面。

6.1.4 安全车端处理实例

1. 车端密钥管理实例——双层密钥交换协议

智能汽车具备低资源开销、长生命周期、高安全性能和强实时性能等要求，以及资源异构（8 位/16 位/32 位微处理器并存）等特征，密钥管理面临的难点之一为如何兼顾安全性与轻量性。双层密钥交换协议的顶层采用基于非对称密码技术的密钥交换协议，由具有较高计算性能的电子控制单元（通常为域控制器）执行；底层采用 DH 协议结合哈希函数的方式构建基于对称密码技术的密钥交换协议，由具有较低计算性能的电子控制单元（通常为域内普通节点）执行。每个高层级电子控制单元对应着一组低层级电子控制单元，作为其对应的低层级电子控制单元进行密钥交换的集中安全模块，同时负责双层密钥的协同交换，电子控制单元所属等级可由汽车制造商根据成本与性能灵活设置。

具体地，每个低层级 $ECU\varepsilon_i \in E_L$ 预先存储其长期 DH 公私密钥对 $(K_{i,\text{lon}}, k_{i,\text{lon}})$ 以及该组对应的集中安全模块 $ECU\varepsilon_{i'} \in E_H$ 的 DH 公钥 $K_{i',\text{lon}}$，集中安全模块 $ECU\varepsilon_{i'}$ 预先存储其长期 DH 公私密钥对 $(K_{i',\text{lon}}, k_{i',\text{lon}})$ 以及该组所有低层级 ECU 的 DH 公钥 $K_{i,\text{lon}}$，其中 $K_{i,\text{lon}}$ 和 $K_{i',\text{lon}}$ 是生成元为 g 的 q 阶循环群 G 中的元素，$k_{i,\text{lon}}$ 和 $k_{i',\text{lon}}$ 是 Z_q 中对应的元素。每个低层级 $ECU\varepsilon_i$ 按照固定次序分别与集中安全模块 $ECU\varepsilon_{i'}$ 以双向确认方式进行对称会话密钥推导，大致流程如下：

1）$ECU\varepsilon_i$ 生成临时 DH 私钥 $k_{i,\text{tem}}$ 和公钥 $K_{i,\text{tem}} = g^{k_{i,\text{tem}}}$，并将 $K_{i,\text{tem}}$ 发送到车载网络上。

2) ECU$\varepsilon_{i'}$生成临时 DH 私钥 $k_{i',\text{tem}}$ 和公钥 $K_{i',\text{tem}} = g^{k_{i,\text{tem}}}$，并在接收到 $K_{i,\text{tem}}$ 后结合哈希函数计算混合双方 DH 公钥和私钥以及身份标识值的一个共享值 δ，基于该共享值通过哈希函数 H 计算会话密钥 $k_{i,\text{sym}} = H(\delta, 0)$，进一步使用该密钥生成其临时 DH 公钥 $K_{i',\text{tem}}$ 的消息认证码 $\text{MAC}_{i'} = H(K_{i',\text{tem}}, k_{i,\text{sym}})$，并将公钥 $K_{i',\text{tem}}$ 与 $\text{MAC}_{i'}$ 一同发到车载网络上。

3) 类似地，ECUε_i 接收到 ECU$\varepsilon_{i'}$ 的公钥 $K_{i',\text{tem}}$ 后，计算双方的共享值，并使用同样的哈希函数计算会话密钥，进而验证消息认证码，以确认 ECU$\varepsilon_{i'}$ 是否正确地接收到了其公钥并已生成了同样的会话密钥；进一步，ε_i 使用会话密钥计算 $K_{i,\text{tem}}$ 的消息认证码并传输到车载网络上，进行会话密钥确认。

4) ECU$\varepsilon_{i'}$ 使用其之前生成的会话密钥，计算 $K_{i,\text{tem}}$ 的消息认证码，并与收到的消息认证码进行比较，通过验证，ECU$\varepsilon_{i'}$ 能够确认 ECUε_i 已生成了正确的会话密钥，并使 $k_{i,\text{sym}}$ 存储 ECUε_i 的对称会话密钥。

集中安全模块 ECU$\varepsilon_{i'}$ 完成与所有低层级 ECU 的会话密钥计算后，可分别利用其会话密钥向每个低层级 ECUε_i 安全地分发与其通信的其他高、低层级 ECU 的会话密钥。考虑到汽车行业通常会涉及车辆部件的外委制造以及后期在工厂的组装，在此过程中的某个时刻，ECU 并没有任何安全证书或密钥。安全的协议初始化方法的大致过程如图 6-13 所示，制造商通过安全链路向各层级 ECU 编入相应的设备信息、密钥信息、数字证书信息以及允许进行密钥交换的访问控制列表。

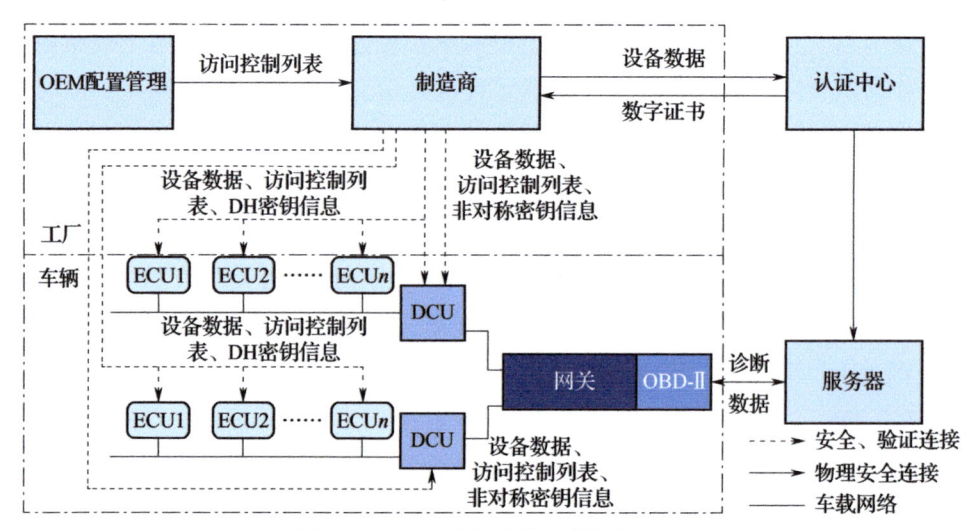

图 6-13 双层密钥交换机制初始化图

2. 车端安全处理层实例——形式化安全规约

车端安全处理层依赖人工智能算法进行感知、决策与控制,当其受到恶意攻击时,如代码修改、感知欺骗等,其输出的控制行为将令车辆进入非安全状态。在安全处理层增加形式化安全规约,能够形成车辆安全的最低保障,避免车辆由于信息安全抑或是预期功能安全问题造成交通事故。形式化安全规约部署在执行层能够对违背安全驾驶的车辆控制指令进行实时检测并提供安全控制指令作为响应,形式化安全规约部署在决策层能够对违背安全驾驶的规划轨迹进行实时检测并提供备用安全轨迹。

(1) 执行层安全验证与规约　执行层的输出为车辆的横纵向控制指令,该层的安全验证系统与自动驾驶汽车行为决策系统并行,系统的输入为感知数据,包括道路参数、自车参数与其他交通参与者参数等,系统提取交通情景并进行危险态势检查,综合考虑显性交通规则(即国家道路交通规则)与隐性交通规则(即人类安全驾驶遵循的规则),对于每一种危险态势,构建安全适当响应,当自车决策系统的控制指令不满足在线安全验证系统给出的安全临界值时,按照安全驾驶指令执行,系统框架如图 6-14 所示。

图 6-14　执行层在线安全验证系统技术路线图

图 6-15 为形式化显性交通规则。整合上述交通规则,对于车道行驶规则、行车速度规则以及交叉口行驶规则,根据其具体内容分别映射到横向情景和纵向情景,而灯光使用规则则被映射到其他情景中,情景提取内容见表 6-4。

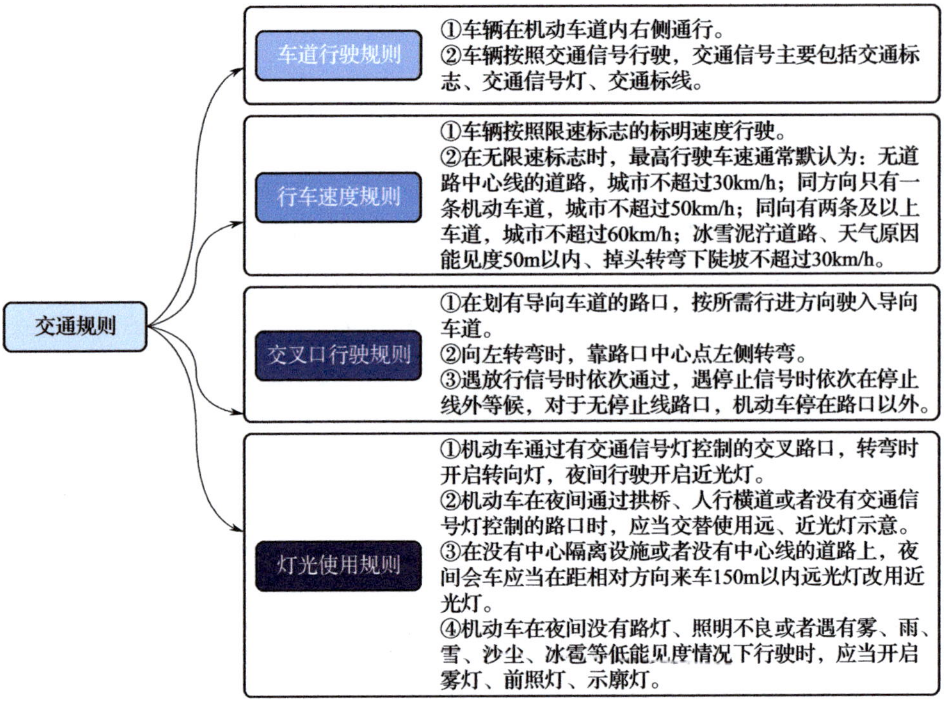

```
                    ┌──────────────┐  ①车辆在机动车道内右侧通行。
              ┌────▶│ 车道行驶规则 │  ②车辆按照交通信号行驶，交通信号主要包括交通标
              │     └──────────────┘  志、交通信号灯、交通标线。

                    ┌──────────────┐  ①车辆按照限速标志的标明速度行驶。
                    │              │  ②在无限速标志时，最高行驶车速通常默认为：无道
              ┌────▶│ 行车速度规则 │  路中心线的道路，城市不超过30km/h；同方向只有一
              │     │              │  条机动车道，城市不超过50km/h；同向有两条及以上
              │     └──────────────┘  车道，城市不超过60km/h；冰雪泥泞道路、天气原因
              │                       能见度50m以内、掉头转弯下陡坡不超过30km/h。

 ┌────────┐   │     ┌──────────────┐  ①在划有导向车道的路口，按所需行进方向驶入导向
 │交通规则│───┤     │              │  车道。
 └────────┘   │     │交叉口行驶规则│  ②向左转弯时，靠路口中心点左侧转弯。
              │     │              │  ③遇放行信号时依次通过，遇停止信号时依次在停止
              │     └──────────────┘  线外等候，对于无停止线路口，机动车停在路口以外。

                    ┌──────────────┐  ①机动车通过有交通信号灯控制的交叉路口，转弯时
                    │              │  开启转向灯，夜间行驶开启近光灯。
                    │              │  ②机动车在夜间通过拱桥、人行横道或者没有交通信
              └────▶│ 灯光使用规则 │  号灯控制的路口时，应当交替使用远、近光灯示意。
                    │              │  ③在没有中心隔离设施或者没有中心线的道路上，夜
                    │              │  间会车应当在距相对方向来车150m以内远光灯改用近
                    └──────────────┘  光灯。
                                       ④机动车在夜间没有路灯、照明不良或者遇有雾、雨、
                                       雪、沙尘、冰雹等低能见度情况下行驶时，应当开启
                                       雾灯、前照灯、示廓灯。
```

图 6-15　形式化显性交通规则

表 6-4　合法性情景提取与交通规则的映射结果

提取结果	交通规则 编号	交通规则 内容	约束形式化 编号	约束形式化 内容
横向情景	Φ_1	车辆行驶过程中，不允许触碰白色实线、单黄实线、双黄实线以及黄色虚实线的实线侧	$C_{\Phi 1}$	$d_{\text{lat\_legal}} > d_{\text{lat\_min\_legal}}$
	Φ_2	在划有导向车道的路口，按所需行进方向驶入导向车道	$C_{\Phi 2}$	$\text{Traj}_{\text{real}} = \text{inter}_{\text{direction}}$
	Φ_3	向左转弯时，靠路口中心点左侧转弯	$C_{\Phi 3}$	$\text{Traj}_{\text{real}} = \text{center}_{\text{left}}$
纵向情景	Φ_4	车辆在行驶过程中，禁止触碰人行横道停车线、交通信号灯停车线等标线	$C_{\Phi 4}$	$d_{\text{long\_legal}} > d_{\text{long\_min\_legal}}$
	Φ_5	1. 对于有明确要求的情况，车辆按照限速标志或标线的标明速度行驶 2. 对于无限速标志或标线道路的最高行驶速度，需遵守以下规定：无道路中心线的道路，城市不超过30km/h；同方向只有一条机动车道，城市不超过50km/h；同向有两条及以上车道，城市不超过60km/h；冰雪泥泞道路、天气原因能见度50m以内、掉头转弯下陡坡不超过30km/h	$C_{\Phi 5}$	$v_{\text{long}} > v_{\text{long\_limit}}$
	Φ_6	车辆按照交通信号灯行驶，遇放行信号时依次通过，遇停止信号时依次在停止线外等候，无停止线路口，机动车停在路口以外	$C_{\Phi 6}$	$v_{\text{red}} = 0$

(续)

提取结果	编号	交通规则 内容	编号	约束形式化 内容
其他情景	$\varPhi_7$	1. 机动车通过有交通信号灯控制的交叉路口，转弯时开启转向灯，夜间行驶开启近光灯 2. 机动车在夜间通过拱桥、人行横道或者没有交通信号灯控制的路口时，应当交替使用远、近光灯示意 3. 在没有中心隔离设施或者没有中心线的道路上，夜间会车应当在距相对方向来车150m以内改用近光灯 4. 机动车在夜间没有路灯、照明不良或者遇有雾、雨、雪、沙尘、冰雹等低能见度情况下行驶时，应当开启雾灯、前照灯、示廓灯	$C_{\varPhi 7}$	$\text{light}_{\text{state}} = \text{traffic}_{\text{light}}$

图 6-16 为形式化隐性交通规则，包括横向安全距离保持、纵向安全距离保持、路权享有、谨慎驾驶与事故避免规则[109]。

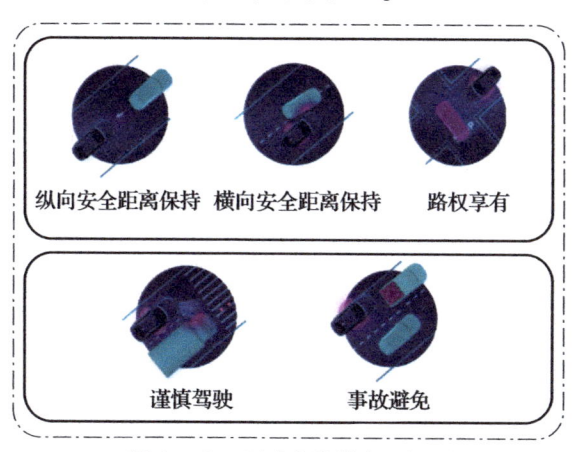

图 6-16 形式化隐性交通规则

假定两车 c_1 和 c_2 横向速度分别为 v_1、v_2，最坏的情况下，在反应时间 ρ 阶段，如果二者以最大横向加速度 $a_{\max,\text{accel}}^{\text{lat}}$ 横向靠近加速行驶，反应时间过后，二者以最小横向制动加速度 $a_{\min,\text{brake}}^{\text{lat}}$ 进行横向制动，直至横向速度为零，最终 c_1 和 c_2 的横向距离至少为 μ 能够避免碰撞，因此，横向安全距离为

$$d_{\text{lat\_min\_rational}} = \mu + \left[\frac{v_1 + v_{1,\rho}}{2}\rho + \frac{v_{1,\rho}^2}{2a_{\min,\text{brake}}^{\text{lat}}} - \left(\frac{v_2 + v_{2,\rho}}{2}\rho - \frac{v_{1,\rho}^2}{2a_{\min,\text{brake}}^{\text{lat}}} \right) \right]_+ \tag{6-1}$$

其中，$v_{1,\rho} = v_1 + \rho a_{\max,\text{accel}}^{\text{lat}}$；$v_{2,\rho} = v_2 - \rho a_{\max,\text{accel}}^{\text{lat}}$；$[x]_+ = \max\{x, 0\}$。

纵向上，车辆 c_r 在 c_f 后面行驶，两辆车行驶方向相同。如果前车 c_f 开始制动，且实际制动加速度不超过最大制动加速度 $a_{\max,\text{brake}}^{\text{long}}$，假设后车 c_r 在反应时间

ρ 中仍保持加速，且实际加速度不超过最大加速度 $a_{\max,\mathrm{accel}}^{\mathrm{long}}$，反应时间过后，后车 c_r 开始制动，且制动加速度不小于 $a_{\min,\mathrm{brake}}^{\mathrm{long}}$，直到完全停止，这样两车就不会发生碰撞。因此，同向纵向最小合理距离为

$$d_{\mathrm{long\_min\_rational}} = \left[v_\mathrm{r}\rho + \frac{1}{2}a_{\max,\mathrm{accel}}^{\mathrm{long}}\rho^2 + \frac{(v_\mathrm{r} + \rho a_{\max,\mathrm{accel}}^{\mathrm{long}})^2}{2a_{\min,\mathrm{brake}}^{\mathrm{long}}} - \frac{v_\mathrm{f}^2}{2a_{\max,\mathrm{brake}}^{\mathrm{long}}} \right]_+ \quad (6-2)$$

其中，v_f 为前车 c_f 纵向车速；v_r 为后车 c_r 纵向车速；$[x]_+ = \max\{x, 0\}$。

上述形式化安全规约在国家车辆事故深度调查体系（National Automobile Accident In-Depth Investigation System, NAIS）[110] 真实交通事故仿真场景中进行了测试，场景设置见表6-5，试验结果如图6-17～图6-19所示，根据上述合法性与合理性的分析：①合法性始终满足要求；②0.8～3s 自车与目标车不满足合理性要求，需要自车进行横向响应。因此在线安全验证系统发出向右（负值）的横向加速度指令，自车向右躲避目标车，避障成功后，自车按照原始轨迹（直线）向左转回到原有车道，有效避免了碰撞的发生。

表 6-5　NAIS 事故 ID2

ID：2 车-车事故正撞	
事故经过描述	主车（Ego）直行，与前方车辆（Target）会车时发生碰撞
道路（第一层）	道路类型：[城郊道路]　　隔离方式：[车道线] 车道数：[2]（双向）　　车道线隔离类型：[白实线] 特殊车道：[无]　　车道数量变化：[无] 道路结构：[直道]　　车道宽度：[6] m 道路曲率：[∞] m（左-右+）　　左车道线类型：[虚线] 坡度：[平坦]　　左车道线颜色：[白色]
交通基础设施（第二层）	道路环境：[荒野]　　交通信号灯：[无] 防眩光设施：[无]　　交通标识：[无] 行道设施：[行道树]
临时路况（第三层）	路面情况：[平坦]　　左侧车道线状态：[模糊] 临时路况：[无]
交通状况（第四层）	交通要素交互类型： [目标车切入]　　Ego 速度：[39.68] km/h Ego 类型：[轿车]　　Target 速度：[78] km/h Target 类型：[箱型货车]　　Target 与 Ego 纵向距离：[80] m
环境（第五层）	时间：[夜晚]　　交通状况：[畅通] 天气：[晴]　　有无照明：[无] 光照：[顺光]
数字信息（第六层）	转向灯（指主车）：[无]　　—

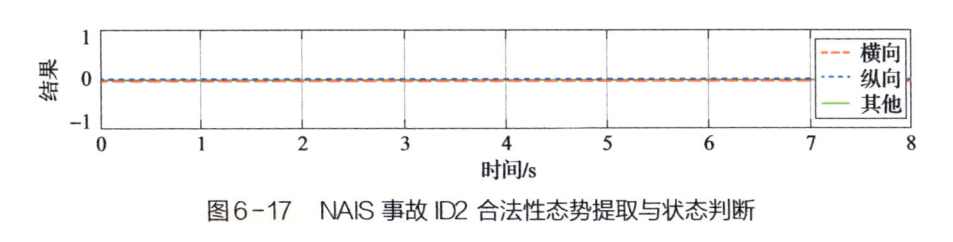

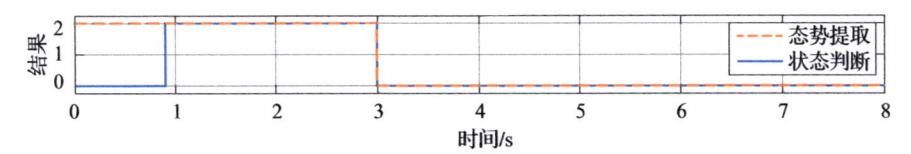

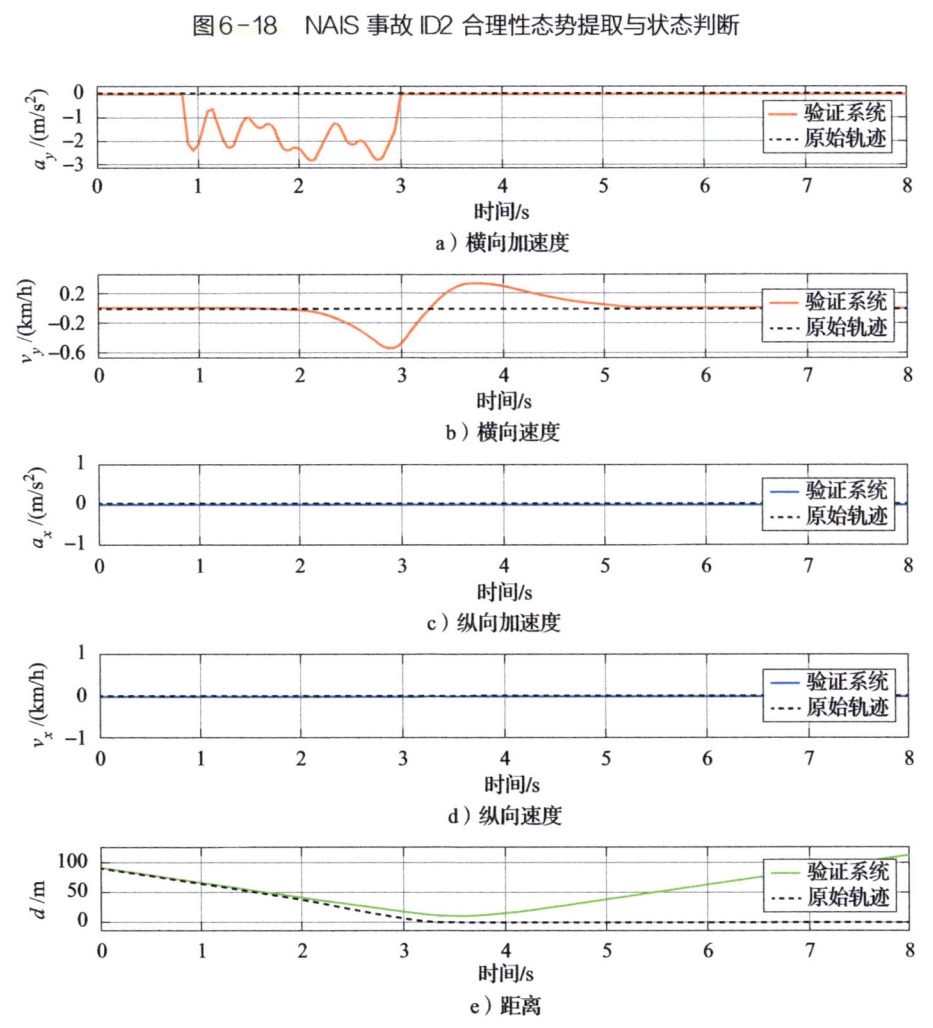

图6-17　NAIS事故ID2合法性态势提取与状态判断

图6-18　NAIS事故ID2合理性态势提取与状态判断

a）横向加速度

b）横向速度

c）纵向加速度

d）纵向速度

e）距离

图6-19　NAIS事故ID2速度、加速度与距离

193

实车测试场景如图6-20所示，结果表明在线验证能够有效避免车辆碰撞行为。如图6-21所示，当纵向距离小于最小安全距离时，对本车的最小制动减速度进行限制。如图6-22所示，侧向距离小于最小侧向安全距离时，对本车的最小方向盘转角进行限制。

图6-20 实车测试场景

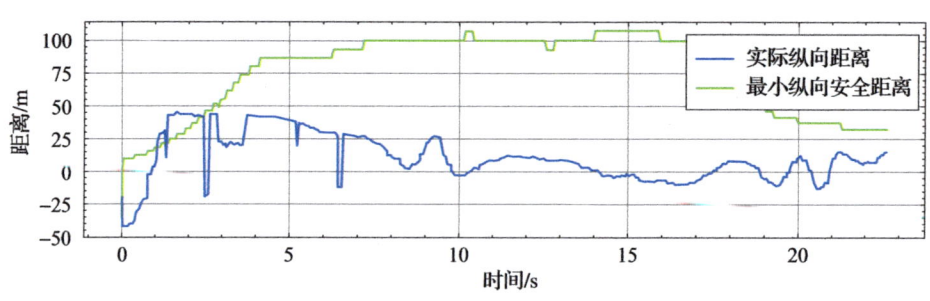

图6-21 实车测试最小纵向安全距离与实际纵向距离

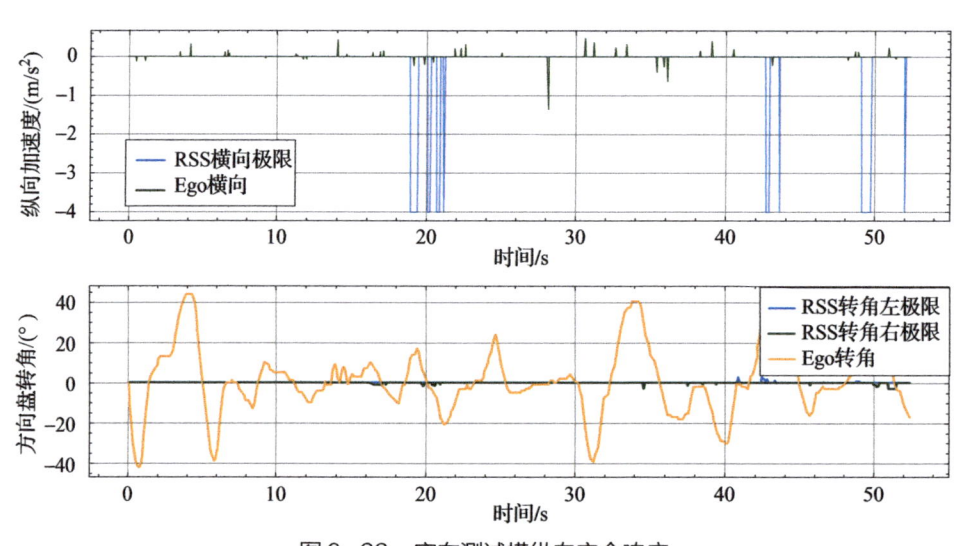

图6-22 实车测试横纵向安全响应

综上，在执行层部署在线安全验证系统能够实时检测包括信息安全、功能安全与预期功能安全所导致的偏离正常行驶的行为，并避免车辆发生碰撞。

(2) 决策层安全验证与规约　执行层实时在线验证方法根据自车与周边交通参与者当前的状态是否满足安全距离等最低安全规则判断安全性，并将即刻横纵向减速指令作为安全适当响应，安全保护前瞻性不足，与自车自动驾驶系统协同后行驶轨迹欠平滑。基于交通参与者可达性分析的自动驾驶决策在线安全验证与安全轨迹生成方法，结合显隐性交通规则预测交通场景的所有合法演变，构建自车与各交通参与者未来短时的合法可达区域，并通过判断自车遵循预期轨迹的占用区域与其他车辆的可达区域是否存在交集，验证自车决策的安全性；进一步，基于自车合法可达区域，生成冗余平滑的安全轨迹，作为危险态势下的安全降级措施。如图 6-23 所示，以在决策层进行安全验证与规约的方法作为自动驾驶车辆的安全基座，在其他交通参与者不违反交通规则的前提下，可以保证自车在所有可能的交通场景中始终执行安全轨迹。

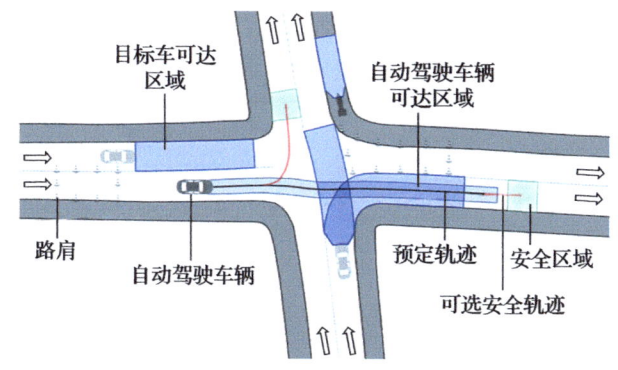

图 6-23　在线安全验证示意图

注：图中黑色为车辆决策输出轨迹，与周边交通参与者可达区域存在重叠，经过在线验证切换为红色备用安全轨迹。

基于可达性分析的自车预期轨迹安全验证主要包括四个步骤：车辆与道路建模、交规形式化表达、交通参与者可达区域预测以及自车预期轨迹安全验证，其中车辆与道路建模构建了车辆与道路的模型，交规形式化表达了显隐性交通规则规定的各交通参与者应遵守的约束，交通参与者可达区域预测指自车周边存在碰撞风险的交通参与者未来时刻的可达区域（包括与道路交通相关的可达域、与车辆运动相关的可达域以及与协同驾驶相关的可达域），如图 6-24 所示，自车预期轨迹安全验证根据自车占用区域与其他交通参与者可达区域是否存在同一时刻重合的情况来判断自车预期轨迹的安全性。

基于合法可达区域的备用安全轨迹生成，若预期轨迹安全，首先计算特定时间内自车的合法可达区域，进而根据自车合法可达区域计算备用安全轨迹终点位置，判断是否需要换道，进而选择用五次多项式法或沿车道中心线生成备用安全轨迹（图6-25）；基于沿备用安全轨迹自车占用区域是否位于自车合法可达区域内，判断备用安全轨迹是否生成成功，若备用安全轨迹生成成功，则在对应时间执行验证成功的预期轨迹，反之，若预期轨迹不安全或备用安全轨迹生成失败，则需判断备用安全轨迹可执行时间是否不足，决定是否生成新的备用安全轨迹并执行上一个验证成功的备用安全轨迹。

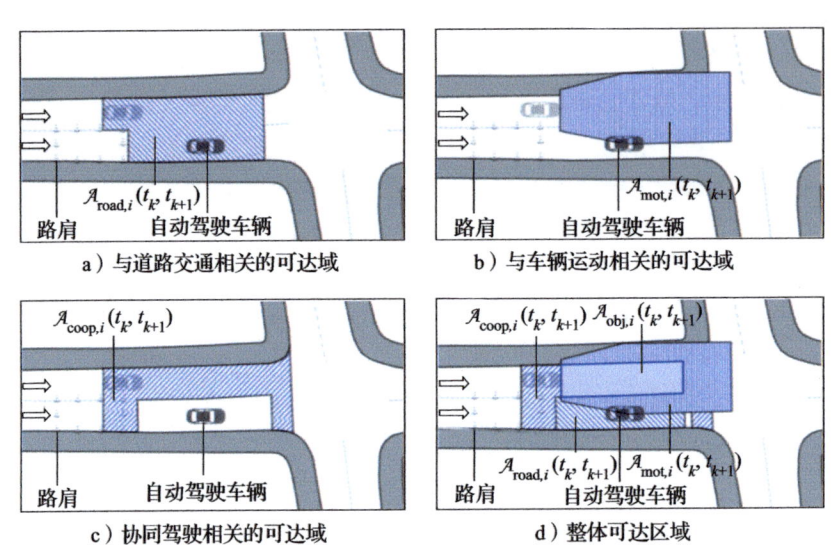

图6-24 其他交通参与者可达区域示意图

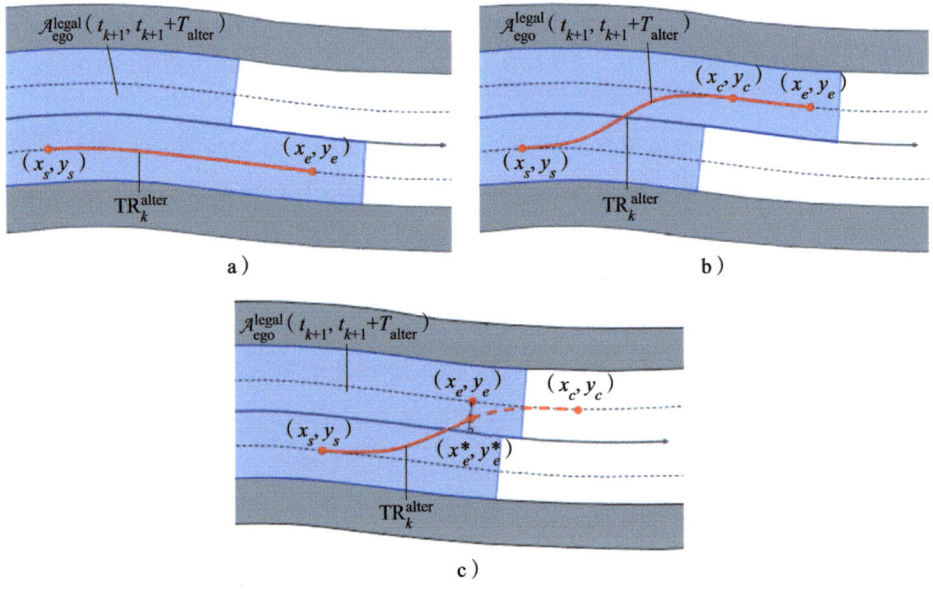

图6-25 备用安全轨迹生成的不同情况

针对单向多车道场景的仿真验证场景如图6-26所示,单向三车道弯道场景在线安全验证结果如图6-27所示,在 $t=4.5\text{s}$ 时,由于前方车辆(标记为红色)准备变道,自车(标记为蓝色)的预期轨迹验证失败(验证失败的预期轨迹标记为黑色),执行 3.9~4.2s 内最新验证成功的备用安全轨迹(标记为红色),开始向右边临近车道进行变道,6.0s 时自车预期轨迹验证失败,执行 5.7~6.0s 内最新验证成功的备用安全轨迹,5.1s、6.6s、7.5s、8.7s 时自车预期轨迹验证成功,执行预期轨迹。自车在 4.5~5.1、6.0~6.6、7.2~7.5、7.8~8.7s 内执行备用安全轨迹,其余时间执行验证成功的预期轨迹。

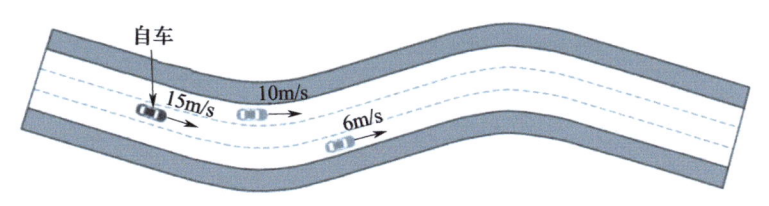

图6-26 单向三车道弯道场景

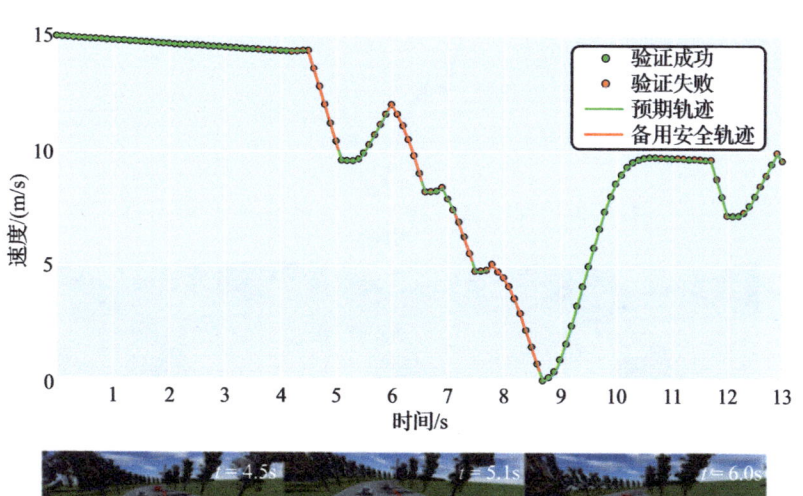

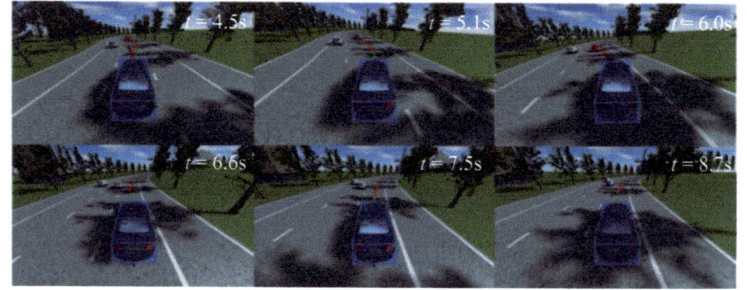

图6-27 单向三车道弯道场景在线安全验证结果

针对双向多车道场景的仿真验证场景如图6-28所示,验证结果如图6-29所示,在 $t=4.2\text{s}$ 时,由于右前方车辆准备变道,自车的预期轨迹验证失败,执行 3.9~4.2s 内最新验证成功的备用安全轨迹，开始向左边临近车道进行变道，5.7s 时自车预期轨迹验证失败，执行 5.4~5.7s 内最新验证成功的备用安全轨迹，3.5s、5.4s、6.6s、8.7s 时自车预期轨迹验证成功，执行预期轨迹。自车在 4.2~5.4s、5.7~6.6s 内执行备用安全轨迹，其余时间执行验证成功的预期轨迹。

图 6-28 双向六车道直道场景

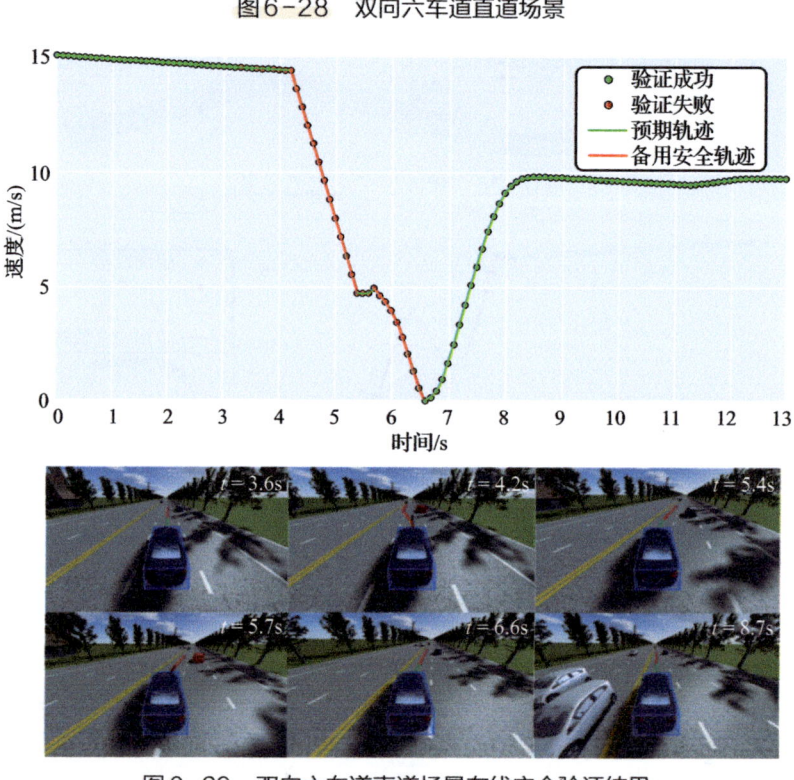

图 6-29 双向六车道直道场景在线安全验证结果

3. 车端安全处理层实例——AI 置信度检测

车端处理层进行自动驾驶依赖于基于 AI 的环境感知算法，当前针对 AI 的攻击屡见不鲜，如传感器欺骗、对抗攻击等，获取感知模型检测结果的不确定性是实现安全处理层自动驾驶软件安全的必要条件，如图 6-30 所示。目前，如何在获取目标检测的不确定性的前提下保证感知模型实时性与准确性仍然是一个巨大的挑战。

图6-30 不确定性较低与较高的交通场景对比

注：Obj. Conf 表示标签置信度，Location 表示预测框位置不确定性等级。预测框的颜色表示检测器对预测框位置的确定程度，绿色表示确定，黄色表示中等，红色表示极不确定。直线表示边界框均值，虚线为置信度为90%时边界框的范围。

基于YOLOv5-6.0（You Only Look Once）和MC-Drop（Monte-Carlo Dropout）的概率目标检测算法，简称M-YOLOv5算法，尝试解决感知不确定性问题，检测AI对输出结果的置信度。将MC-Drop不确定性估计方法与YOLOv5模型结合，通过多次采样计算预测框坐标的协方差矩阵表示预测框位置不确定度，模型结构如图6-31所示。

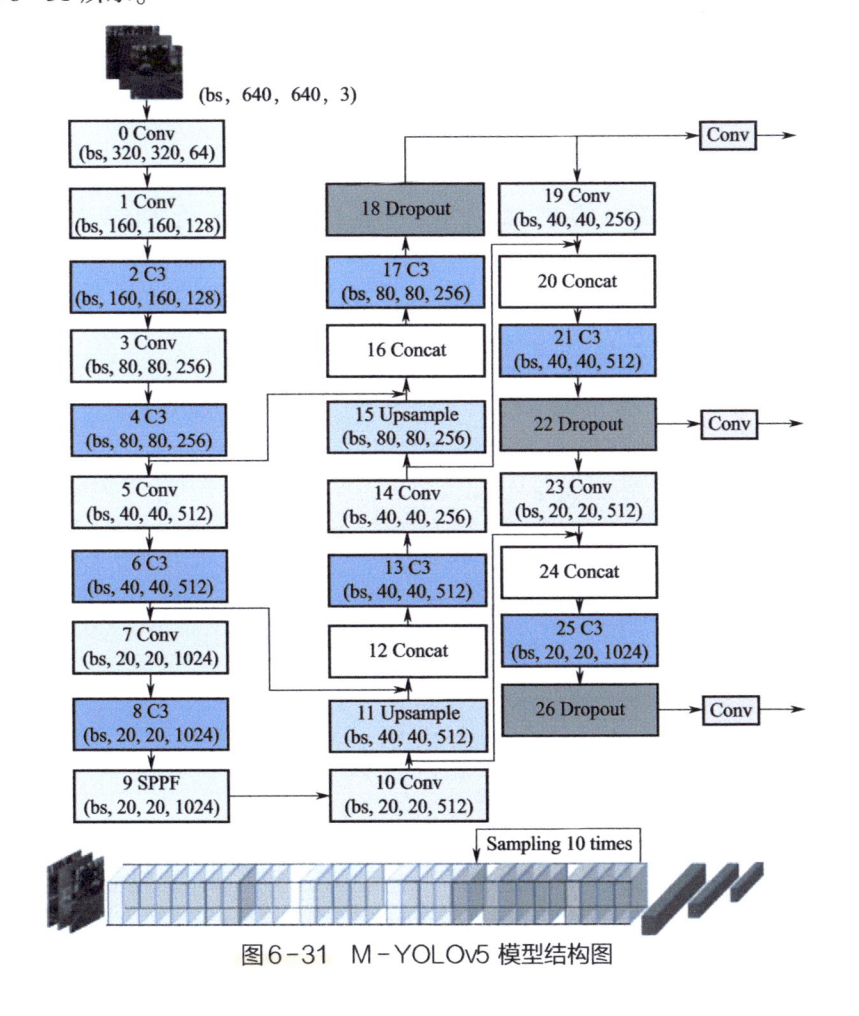

图6-31 M-YOLOv5模型结构图

对每一个预测框，原 YOLOv5-6.0 网络经过非极大抑制时预测的输出结果格式为

$$r = \{x, y, w, h, obj, p_0, \cdots, p_c\} \quad (6-3)$$

其中，x, y 表示预测框中心点的横纵坐标值；w 表示预测框的宽度；h 表示预测框的高度；obj 表示得分最高的种类；$p_0, \cdots, p_c$ 表示各个种类的得分。M-YOLOv5 模型每次采样后未经过非极大抑制时的输出格式为

$$r_i = \{x_i, y_i, w_i, h_i, obj, p_{0i}, \cdots, p_{ci}\} \quad (6-4)$$

其中 i 代表采样次数，通过求取各项均值将结果转变为

$$\text{mean} = \{\bar{x}, \bar{y}, \bar{w}, \bar{h}, obj, \bar{p}_0, \cdots, \bar{p}_c\} \quad (6-5)$$

通过十次采样的输出结果计算边界框左上和右下坐标值的协方差矩阵 Σ_i，在 r_i 经过非极大抑制后，首先取其前四项即预测框的中心坐标以及宽高将其转化为预测框对角两个点的坐标值：

$$b_i = \{x_{1i}, y_{1i}, x_{2i}, y_{2i}\} \quad (6-6)$$

进而分别计算出两个坐标值的协方差矩阵：

$$\Sigma_j = a\begin{bmatrix} \Sigma_j xx & \Sigma_j xy \\ \Sigma_j yx & \Sigma_j yy \end{bmatrix} \quad (6-7)$$

其中，j 代表第 j 个坐标，协方差矩阵用于计算 PDQ。mean 通过非极大抑制后与协方差矩阵结合，将结果转化为

$$R = \{x, y, w, h, obj, p_0, \cdots, p_c, \Sigma_1, \Sigma_2\} \quad (6-8)$$

式（6-8）中，x, y, w, h 即为最终预测框的中心坐标及其宽高，模型通过 $\max\{p_0, \cdots, p_c\}$ 获得该预测框对应物体的种类，通过 $\{\Sigma_1, \Sigma_2\}$ 计算出预测框左上和右下坐标值的概率分布。

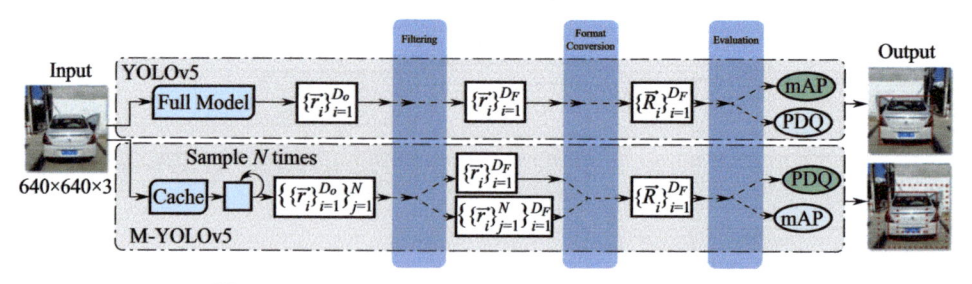

图 6-32 为 YOLOv5 与 M-YOLOv5 模型关键构建块，展示了模型预测、格式转化的全过程。第一条路径为原 YOLOv5 模型，第二条路径为 M-YOLOv5 模型。

图 6-32 YOLOv5 与 M-YOLOv5 模型关键构建块

引入缓存机制能够显著降低 MC-Drop 方法需要的时间，并利用基于概率的检测质量（PDQ）作为本模型修改后的评价指标。PDQ 旨在联合评估基于图像

的目标检测中的标签不确定性和空间不确定性。标签不确定性的评估方法是将预测的分类分数与图像中每个对象实例的地面真实标签进行匹配。空间不确定性通过协方差矩阵计算，假设边界框的右上角或左下角为高斯分布。当一个预测概率与预测误差相关时，例如，当一个较大的空间不确定性与一个不准确的边界框预测相关时，可以获得最优的 PDQ。PDQ 使用匈牙利算法为每个地面真实值分配一个最优的对应检测，消除了 mAP 所需的对 IOU 阈值的依赖。此外，PDQ 测量检测器分配给真阳性检测结果的概率质量，并在单个分类评分阈值上进行评估，要求目标检测算法在评估之前过滤低评分输出检测结果。PDQ 的具体计算方法如下：

$$\text{PDQ}(G, D) = \frac{1}{\sum_{f=1}^{N_F} N_{\text{TP}}^f + N_{\text{FN}}^f + N_{\text{FP}}^f} \sum_{f=1}^{N_F} \sum_{i=1}^{N_{\text{TP}}^f} q^f(i) \quad (6-9)$$

其中，f 表示图片帧数；N_{TP}^f、N_{FN}^f、N_{FP}^f 分别表示在该帧数下检测器检测到的真阳性、假阴性、假阳性的个数；$q^f = [q_1^f, \cdots, q_{N_{\text{TP}}^f}^f]$ 表示在该帧数下非零的 pPDQ 值的集合。pPDQ 的值由两部分决定：标签质量 Q_L 与空间质量 Q_s，计算公式如下：

$$\text{pPDQ}(G_i^f, D_i^f) = \sqrt{Q_s(G_i^f, D_i^f) \cdot Q_L(G_i^f, D_i^f)} \quad (6-10)$$

其中：G_i^f 表示第 f 帧第 i 个基础真值对象的集合，该集合包含真实边界框、类标签和物体本身的分割掩码；D_i^f 为第 f 帧第 i 个检测对象的集合，其中包含一个概率函数、检测分割掩码（具有非零像素）、所有可能类标签的得分。

空间质量 Q_s 描述对象在图像中的位置的好坏，计算公式如下：

$$Q_s(G_i^f, D_j^f) = \exp\{-[L_{\text{FG}}(G_i^f, D_j^f) + L_{\text{BG}}(G_i^f, D_j^f)]\} \quad (6-11)$$

其中，L_{FG} 为前景损失，是探测器分配给地面真值部分像素的平均负对数概率；L_{BG} 为背景损失，它惩罚检测器错误地分配给地面真实边界框外像素的任何概率质量。当检测器将 1 的概率全部分配给地面真值中所有的真值像素时，Q_s 取最大值 1。

标签质量 Q_L 描述检测识别对象的有效程度，为检测器对对象的基础真值类估计的概率，计算公式如下：

$$Q_L(G_i^f, D_i^f) = l_j^f(\hat{c}_i^f) \quad (6-12)$$

该值显式地用于影响检测质量。PDQ 得分的高低可以评价检测器在标签不确定性和空间不确定性两方面的综合性能。

M-YOLOv5 模型的运行及 PDQ 计算过程的算法流程如图 6-33 所示。其中 Model 表示 M-YOLOv5 模型，在算法中将其分为两部分，分别为 cache 与 last。cache 表示第一个 dropout 层之前的网络结构，last 表示第一个 dropout 层及其之后的网络结构。

Algorithm1: M - YOLOv5 and calculate PDQ

Input: Picture = (640, 640, 3)
Output: PDQ, R = (number, 5 + 80 + 2) 5 represents the central coordinate, width, height and object type of the prediction frame; 80 represents the score of each category; 2 represents covariance matrix, number represents the number of prediction boxes in the picture.

1 Model = YOLOv5 model with MC - Drop method includes cache and last;
2 Cache ← Picture;
3 $j = 1$;
4 **for** $j \leq 10$ **do**;
5 Last ← Cache;
6 $r_i = \{x_i, y_i, w_i, h_i, obj, p_{oi}, \cdots, p_{ci}\}$;
7 $j++$;
8 mean = $\sum_{i=0}^{10} r_i / 10$;
9 r, b_i = Non - Maximum Suppression(mean, r_i);
10 $b_i = \{x_{1i}, y_{1i}, x_{2i}, y_{2i}\}$;
11 $\sum_j = a \begin{bmatrix} \sum_j xx & \sum_j xy \\ \sum_j yx & \sum_j yy \end{bmatrix}$;
12 $R = (\text{number}, r + \sum_1 + \sum_2)$;
13 Calculate D_j^f according to R and G_j^f is ground - truths;
14 **for** pairs(D_j^f, G_j^f) **do**;
15 calculate $Q_S(D_j^f, G_j^f)$;
16 calculate $Q_L(D_j^f, G_j^f)$;
17 pPDQ(D_j^f, G_j^f) = $\sqrt{Q_S \cdot Q_L}$;
18 Calculate PDQ;
19 return (PDQ, R);

图6-33 算法流程图

基于MS COCO2017数据集中118287张训练图片和5000张验证图片的测试结果表明，M - YOLOv5算法具备高准确性与实时性，添加dropout的最佳位置可以为其他的检测器添加dropout层时提供参考，图6-34为算法部分可视化实施结果。

a) 大雪　　　　　　　　　　　b) 大雨

图6-34 试验结果可视化实施结果

c）大雾　　　　　　　　　　　　　　d）沙尘暴

e）强光　　　　　　　　　　　　　　f）弱光

g）行人与动物

图 6-34　试验结果可视化实施结果（续）

6.2　安全的车载网络

　　安全的车载网络旨在采取强有力的安全措施来保护基于车载网络通信的多个 ECU 应用程序之间数据传输的保密性、完整性以及消息源的真实性，同时保护车载网络数据传输服务的可用性。当前车内电子电气架构中主要包括 LIN、CAN、FlexRay、MOST 和 Ethernet 等车载网络，支撑车身舒适、底盘、动力传动、自动驾驶与信息娱乐功能，车载网络的应用如图 6-35 所示，协议数据单元如图 6-36 所示。黑客能够将这些车载网络接口作为攻击向量，使用不同的攻击类型，例如窃听、重放、伪造虚假消息攻击和洪泛攻击，进而破坏相关的控制和信息功能。因此，有必要保护上述通道和接口，避免其成为黑客攻击面的一部分。

　　该层主要的安全保护措施包括安全通信协议与网络入侵检测。安全通信协议通过加密数据帧防止信息泄露，通过增加数字证书或消息认证码以确保消息源的真实性，并保持消息的完整性。网络入侵检测用于识别网络流量中的异常情况并在可疑数据包到达微控制器之前将其阻止。

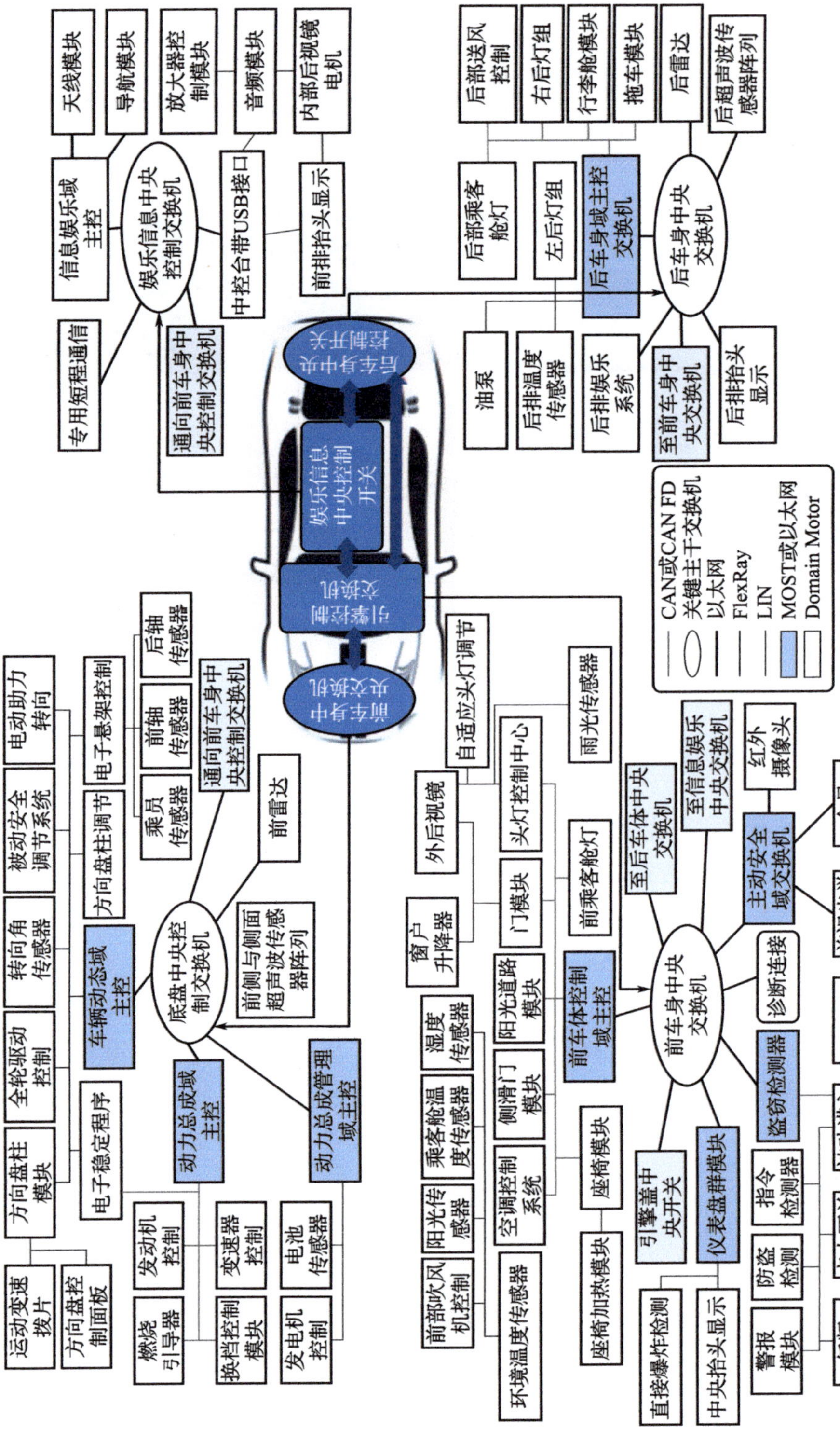

天线模块
导航模块
放大器控制模块
音频模块
内部后视镜电机
信息娱乐域主控
娱乐信息中央控制交换机
中控台带USB接口
前排抬头显示
专用短程通信
通向前车身中央控制交换机
后部送风控制
右后灯组
行李舱模块
拖车模块
后雷达
后超声波传感器阵列
后部乘客舱灯
左后灯组
后车身域主控交换机
后车身中央交换机
油泵
后排温度传感器
后排娱乐系统
至前车身中央交换机
后排抬头显示
后车身中央控制开关
娱乐信息中央控制开关
引擎控制交换机
前车身中央交换机
CAN或CAN FD
关键主干交换机
以太网
FlexRay
LIN
MOST或以太网
Domain Motor
电动助力转向
电子悬架控制
后轴传感器
前轴传感器
乘员传感器
通向前车身中央控制交换机
被动安全调节系统
方向盘柱调节
转向角传感器
车辆动态域主控
全轮驱动控制
方向盘柱模块
电子稳定程序
底盘中央控制交换机
前雷达
前侧与侧面超声波传感器阵列
动力总成域主控
动力总成管理域主控
运动变速拨片
方向盘控制面板
发动机控制
燃烧引导器
变速器控制
换挡控制模块
电池传感器
发电机控制
自适应头灯调节
外后视镜
头灯控制中心
雨光传感器
窗户升降器
门模块
前乘客舱灯
湿度传感器
阳光道路模块
前车体控制域主控
至后车体中央交换机
至信息娱乐中央交换机
红外摄像头
主动安全域交换机
全景摄像头
前视光学摄像头
诊断连接
前车身中央交换机
方向盘锁
乘客舱温度传感器
侧滑门模块
盗窃检测器
被动进入保持
阳光传感器
空调控制系统
座椅模块
引擎盖中央开关
仪表盘群模块
指令检测器
点火开关模块
前部吹风机控制
环境温度传感器
座椅加热模块
直接爆炸检测
中央抬头显示
防盗检测
警报模块
低频天线

图6-35 车载网络系统

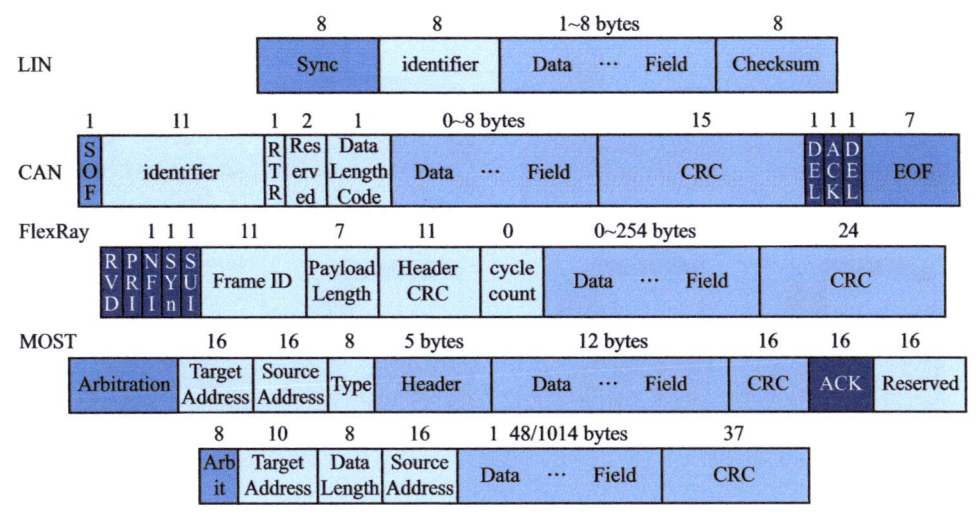

图6-36 车载网络协议数据单元

6.2.1 安全通信协议

汽车电子系统的低资源开销、长生命周期、高安全性能和强实时性能等要求，以及时间/事件柔性触发、多播通信和资源异构等特征，使得安全通信协议的设计与部署较具挑战性。传统互联网领域的安全通信协议难以直接应用于车载网络中。例如，确保消息完整性和真实性的常用方法是将签名或消息身份验证代码（Message Authentication Code，MAC）附加到有效负载。如果将签名应用于 LIN 或 CAN 帧的有效载荷，则需要五个额外的帧来保护单个消息，即使采用 MAC，同样需要一个额外的帧来保护第一帧的有效载荷。因此，对于 LIN 和 CAN 帧，总线负载将增加 100% 到 500%，而 MOST 控制数据帧仍然会增加 100% 到 400%。当前，大多数车载网络无法承受总线流量的增加。CAN 网络几乎被 100% 使用，对于 MOST、FlexRay 总线与以太网而言，安全协议对网络负载的增加尚能够应对，但多播、组播消息的多个消息认证码生成与验证时间开销仍然会造成功能的延迟。图 6-37 为在 FlexRay 总线连接的节点上增加消息加解密和认证机制后的攻击测试，包含伪造、拒绝服务、重放与监听攻击。

1. 安全传输层协议

安全传输层协议（Transport Layer Security，TLS）是互联网领域广泛应用的安全通信协议，属于传输层安全协议，用于在端到端通信应用程序之间提供数据的保密性、完整性以及消息源的真实性，防止数据在传输过程中被恶意窃听或篡改，能够有效防止中间人攻击。随着汽车网联化的发展，以太网通信已经

a）防伪造与防重放测试　　　　　　　　b）防拒绝服务测试

c）防重放测试　　　　　　　　　　　　d）防监听测试

图6-37　FlexRay总线通信安全防护实例

在车内通信及车联网普及，TLS出现在汽车行业的视野，如图6-38所示。AUTOSAR在Classic Platform（CP）和Adaptive Platform（AP）中也加入了TLS和DTLS规范。广义TLS能够支撑上层的SOMEIP、MQTT和HTTP等协议，能够用于车内通信节点之间以及V2X的通信安全。

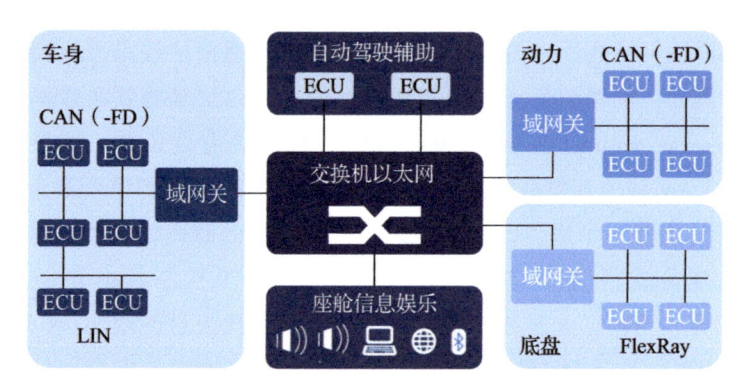

图6-38　TLS传输层安全协议在车内应用范畴

TLS协议内部基于分层结构，下层是TLS记录协议，为TLS上层子协议提供分片、消息加解密、重新组装等操作。而上层则包含了握手协议、应用数据协议、警报协议和密码更改规范。应用数据协议在对称密钥创建后，进行加密与认证操作，保证数据安全传输。密码更改规范用来通知对端，即将采用接下来要新协商的加密套件和密钥。警报协议则主要用于提示终止信息和错误情况。握手协议主要是通过非对称加密的手段来协商用于会话对称密钥，是TLS协议中最核心的部分。

TLS握手协议流程如下，如图6-39所示：

1）客户端向服务器发出 Client Hello 消息，用于告知服务器客户端所支持的密码套件种类、最高 SSL/TLS 协议版本、压缩算法以及会话 ID 和随机数。

2）服务器收到客户端请求后，向客户端发出回应 Server Hello。可选步骤：Server Certificate 服务器端发送自己的证书清单，如果证书信息不足，则可以发送 Server Key Exchange 用来构建加密通道，例如 RSA 构建公钥密码的参数（E，N），或者 Diffie-Hellman 密钥交换协议参数。可选步骤：Certificate Request 是在一个受限访问的环境，服务器端也需要向客户端索要证书；服务器端发送 Server Hello Done 的消息给客户端。

3）客户端发送对服务器索要证书的回应与应用数据，握手完成。

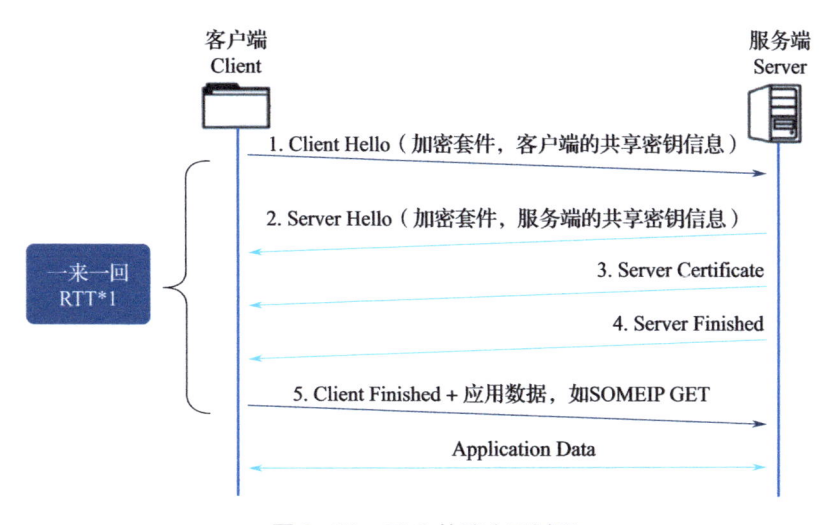

图6-39　TLS 协议交互过程

DTLS 旨在复用 TLS 的协议规则，适配底层 UDP 和 TCP 的差异，其协议交互过程如图 6-40 所示。DTLS 和 TLS 的握手协议过程的主要差别为其在交互开始时多一次握手，通过服务端返回 Cookie 来补偿 UDP 建立连接。服务端和客户端都会设定相应的计时器，如超时则自动重发请求，以提高 DTLS 握手过程的可靠性，同时能够防止 DoS 攻击。另外，由于 UDP 发包的无状

图6-40　DTLS 协议交互过程

态和不可靠，DTLS 报文补充一个显性的序列号和会话号，以区分不同组的 DTLS 数据。第二次 Client Hello 之后，DTLS 的握手和 TLS 几乎相同。

2. EVITA 安全会话密钥构建协议

车载网络的安全通信适用资源开销相对较小对称密码学方法，对称密码学的安全则依赖于对称会话密钥的安全建立与定期更新。EVITA 引入主密钥节点 KeyMaster 以保存与各个 ECU 共享的预共享密钥（PSK），该功能实体能够驻留在专用 ECU 上或集成到功能 ECU 中，如图 6-41 所示。该方式类似 Kerberos 的方式启用安全组通信，即身份验证服务器保存共享密钥材料。一辆车中可设置多个 KeyMaster 节点，如每个功能域设置一个密钥管理节点，以避免重要信息泄露到域外。

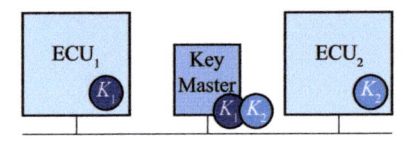

图 6-41 主密钥节点作为单独节点

由于 EVITA 设置多种不同级别的 HSM，会话密钥的建立需考虑相应 HSM 性能。在使用轻型 HSM 的情况下，由于无法在硬件中执行非对称加密，需要具有 KeyMaster 的预共享密钥，以保护对称密钥。图 6-42 显示了由多个节点以及 KeyMaster 共享的会话密钥。

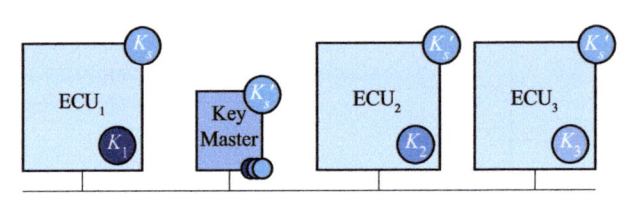

图 6-42 会话密钥共享方式

图 6-43a 显示了两个配备中等以上 HSM 的 ECU（即非对称加密在 HSM 内部执行）之间建立会话密钥的序列图。会话建立没有考虑受信任的签名，并假定 KeyMaster 作为受信任的第三方存储和验证内部 ECU 的公钥。如果 ECU 的设备身份密钥（IDK）使用相同的制造商验证密钥（MVK）进行签名，则可以省略此步骤，因为信任锚位于车辆外部。在任何情况下，IDK 都只能在经过身份验证的加密模式下使用。如果特定算法不允许这种模式，则每个 ECU 需要交换两个密钥，其中一个用于签名，另一个用于加密数据。图 6-43b 显示了一个发送方 ECU_1 与多个接收节点建立安全会话密钥的过程。KeyMaster 是建立会话的核心要素，其持有各个 ECU 的预共享密钥，这些密钥在建立过程中用作传输密钥。

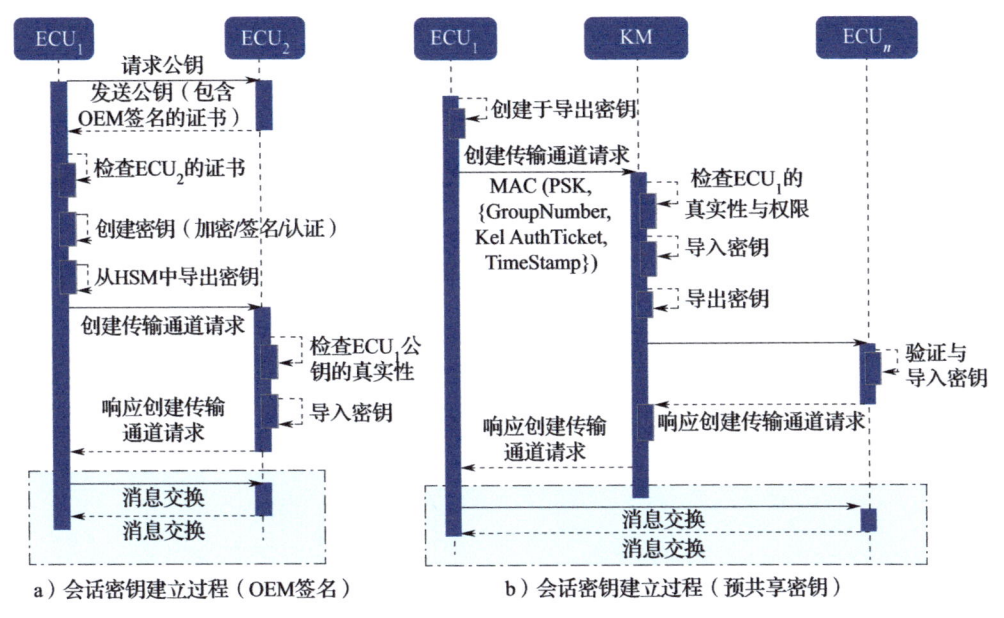

图6-43 会话密钥建立过程

3. AUTOSAR 安全车载通信模块

AUTOSAR 提供了安全车载通信模块（Secure On-Board Communication，SecOC）以在通过汽车嵌入式网络交换信息的两个或多个对等点之间传输安全数据。SecOC 主要依赖于对称方法，采用消息身份验证码进行数据完整性认证，同时支持开销更大的非对称验证方法。如图 6-44 所示，SecOC 模块与协议数

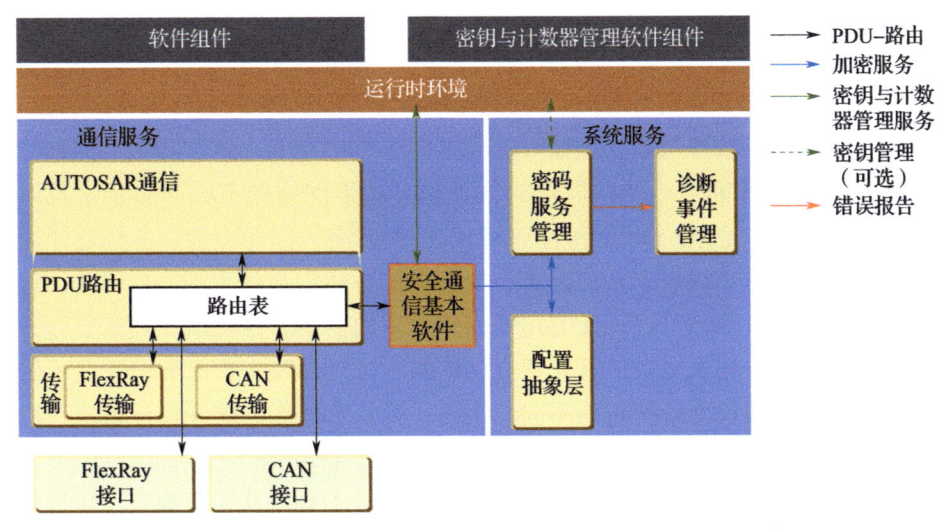

图6-44 SecOC 软件模块与 AUTOSAR 其他模块的集成

据单元路由器（PduR）集成在同一级别，PduR 负责安全相关的信息协议数据单元（I-PDU）进出 SecOC 模块的路由，该模块添加或处理 I-PDU 的安全相关信息，并将结果报告给 PduR。如图 6-45 所示，安全的 I-PDU 包含 I-PDU、新鲜度值和认证标识，认证标识用于防止操纵和重放攻击，新鲜度值和验证符确保信息的完整性和真实性。

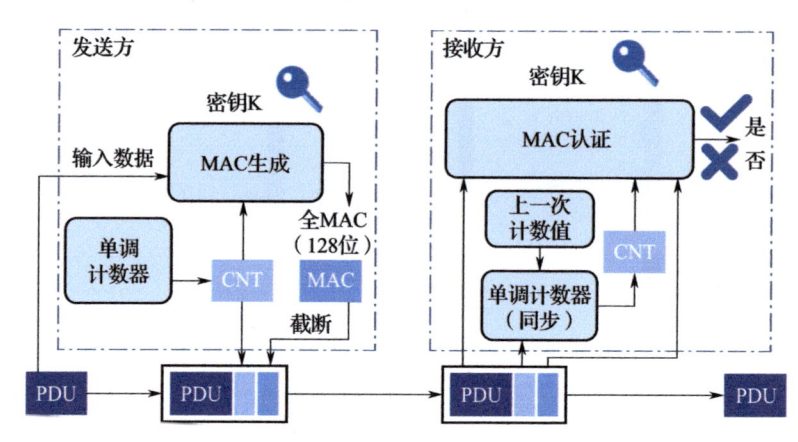

图 6-45 消息认证与新鲜度确认

6.2.2 通信异常检测

基于网络的入侵检测系统（Intrusion Detection System，IDS）通过扫描网络数据包、审计网络流量和记录可疑数据包来分析网络流量，其旨在检测针对系统的恶意活动，例如拒绝服务攻击或端口扫描。网络入侵检测系统使用四种常用技术来识别攻击签名：①模式、表达式或字节码匹配；②某些频率或阈值交叉点；③次要事件的相关性；④统计异常检测。

为了实时检测和捕获所有网络流量，网络设备应以混杂模式安装在网络上。可以通过不同来源收集信息，例如 IP 网络中的 SNMP 信息（即配置信息和性能数据）或通过捕获和分析网络发送的数据包。基于网络的 IDS 与基于主机的 IDS 相比存在几个优势，最显著的是它可以检测网络入侵而不会对主机造成损害。所有主机都可以保持不变，因为新的监控设备通常会插入网络；因此，这抑制了普通主机将其部分处理能力用于入侵检测的需要。检测系统具有更好的实时检测能力，并提供更快的通知和响应机制，这使得攻击者更难清除其入侵痕迹或证据。入侵检测系统包括不同的组件，例如数据库、配置管理模块、检测器与响应措施模块。

车载网络与传统网络有很大的差异，例如 CAN 数据帧中没有源字段和目标字段，因此无法采用传统入侵检测系统的方案，根据源和目的地址考虑允许的数据流，ECU 处理能力非常有限，基于签名的入侵检测方法开销较大，车载环境更适合采用轻量型的异常行为检测方法，如在网络层检查特定类型的数据包的频率、数据包的一致性等；在应用层检查数据的值在一定的合理范围内。进而，对潜在的入侵做出反应，如禁用某个 ECU 或某个功能。出于成本和维护的原因，设计汽车入侵检测组件的部署方案可以与现有 ECU 集成，可以在总线上部署独立的小节点。图 6-46 与图 6-47 分别显示了集中式与分布式异常检测部署方案，分布式 IDS 较适用于资源异构、受限的车载网络系统，例如 EMERALD、GrIDS、AAFID 或 CARD 等。入侵检测系统的效率是一个较难评估的关键参数，通常根据检测的准确性和性能以及所采取措施的完整性等因素评估。

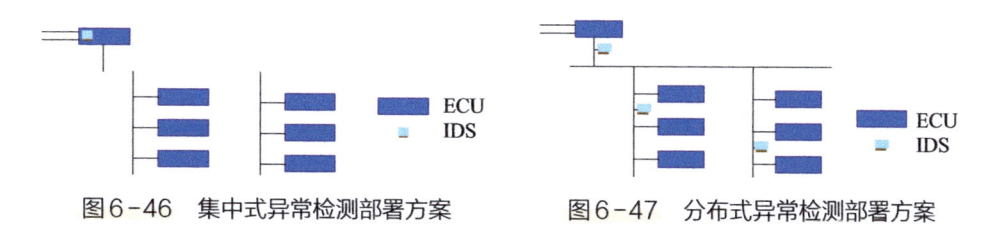

图 6-46　集中式异常检测部署方案　　　图 6-47　分布式异常检测部署方案

6.2.3　安全车端网络层案例 1——随机 Diffie-Hellman 密钥交换协议

会话密钥的安全交换是车端网络层安全通信的基础，ECU 之间定期交换会话密钥，进而采用会话密钥进行通信数据的对称加密与认证。互联网等领域通常采用计算效率较低、安全性较高的非对称密码学方法安全传输对称会话密钥。出于汽车生产成本等因素的考虑，车载微控制器的存储和计算能力以及车载网络的带宽通常较低，需面向车内多个不具备安全非对称密码学运算能力的 ECU，构建轻量化的密钥交换方法。随机 Diffie-Hellman（DH）密钥交换协议在会话密钥生成与分发阶段和数据帧加密与认证阶段都采用计算开销较小的对称加密算法与哈希函数，并将更多的计算任务分配到车载电子系统中具备更高计算性能的域控制器，因此，能够在不违背系统实时性的前提下，实现安全的系统内部数据传输。

随机 DH 密钥交换协议，包括如下阶段：第一阶段，系统初始化，在此阶段，系统内部的电子控制单元通过安全通道加载长期密钥；第二阶段，会话密钥生成，在此阶段，网关电子控制单元按固定顺序分别与每个其他电子控制单元进行会话密钥的推导；第三阶段，会话密钥的分发，在此阶段，网关电子控制单元按固定顺序分别与每个其他电子控制单元进行会话密钥的分发。

1. 系统初始化

ECU_{GW} 通过安全通道将预置的长期 D 公私密钥对 (A_{GW}, a_{GW}) 以及所有 ECU_i 的 DH 公钥 A_i 加载到安全存储区域，同时 ECU_i 通过安全通道将预置的长期 DH 公私密钥对 (A_i, a_i) 以及 ECU_{GW} 的长期 DH 公钥 A_{GW} 加载到安全存储区域，其中 A_i 和 A_{GW} 是生成元为 g 的 q 阶循环群 G 中的元素，a_i 和 a_{GW} 是 Zq 中对应的元素，即 $A_i = g^{a_i}$，$A_{GW} = g^{a_{GW}}$。该操作只需在生产车辆或变更电子控制单元时执行，所加载的长期 DH 密钥用于后续会话密钥的计算。

2. 生成会话密钥

ECU_i 按固定顺序分别与 ECU_{GW} 进行会话密钥推导过程，如图 6-48 所示，该过程具体包括以下子步骤：

1）ECU_i 生成临时 DH 私钥 x_i 和公钥 X_i，其中 X_i 是生成元为 g 的 q 阶循环群 G 中的元素，x_i 是 Zq 中对应的元素，即 $X_i = g^{x_i}$；并将 X_i 发送到 ECU_{GW} 以使其用于计算会话密钥。

2）ECU_{GW} 生成临时 DH 私钥 x_{GW} 和公钥 X_{GW}，其中 X_{GW} 是生成元为 g 的 q 阶循环群 G 中的元素，x_{GW} 是 Zq 中对应的元素，即 $X_{GW} = g^{x_{GW}}$；接收到 X_i 后，ECU_{GW} 计算与 ECU_i 之间的一个共享值：

$$\sigma_{i,GW} = (X_i A_i^d)^{x_{GW} + ea_{GW}} \quad (6-13)$$

$$d = H_0(X_i, ID_{GW}), \ e = H_0(X_{GW}, ID_i)$$

其中，H_0 是输出为 $(\log_2 q)/2$ 位的哈希函数，采用经典的 HMQV 协议中的通信双方共享值计算方法，该方法混合了双方 DH 公钥和私钥以及身份标识值，并使用哈希函数进行随机化处理，同时具有高安全性（包括防监听、防伪造和防重放攻击）以及低资源开销（包括计算和通信资源）的优点；基于该共享值，ECU_{GW} 计算 ECU_i 的认证密钥 AK_i 和加密密钥 EK_i：

$$H_1(\sigma_{i,GW}, 0) = AK_i \| EK_i \quad (6-14)$$

其中，H_1 是用于生成密钥的哈希函数；$\|$ 表示连接符。进一步，ECU_{GW} 使用 ECU_i 的认证密钥 AK_i 计算 X_{GW} 的消息认证码：

$$MAC_{GW} = H_1(AK_i, X_{GW}) \quad (6-15)$$

并将 X_{GW} 与 MAC_{GW} 一同发送到 ECU_i，以回应 ECU_i 的会话密钥生成请求。

3）类似地，ECU_i 在接收到 ECU_{GW} 的临时 DH 公钥 X_{GW} 后，计算其与 ECU_{GW} 的共享值：

$$\sigma'_{i,GW} = (X_{GW} A_{GW}^e)^{x_i + da_i} \quad (6-16)$$

$$d = H_0(X_i, \text{ID}_{\text{GW}}), \quad e = H_0(X_{\text{GW}}, \text{ID}_i)$$

基于该共享值，ECU$_i$ 使用同样的哈希函数 H_1 计算认证密钥与加密密钥，即 $H_1(\sigma'_{i,\text{GW}}, 0) = \text{AK}_i \parallel \text{EK}_i$；ECU$_i$ 使用计算的认证密钥 AK$_i$ 计算 X_{GW} 的消息认证码 MAC$_{\text{GW}} = H_1(\text{AK}_i, X_{\text{GW}})$，并与收到的消息认证码 MAC$_{\text{GW}}$ 进行比较；通过验证，ECU$_i$ 能够确认 ECU$_{\text{GW}}$ 正确地接收了其临时 DH 公钥 X_i 并生成了同样的会话密钥；进一步，ECU$_i$ 使用 AK$_i$ 计算 X_i 的消息认证码 MAC$_i = H_1(\text{AK}_i, X_i)$，并将该认证码发送给 ECU$_{\text{GW}}$ 以进行会话密钥确认。

4）ECU$_{\text{GW}}$ 使用其之前计算的 ECU$_i$ 认证密钥 AK$_i$ 计算 X_i 的消息认证码 MAC$_i = H_1(\text{AK}_i, X_i)$，并与收到的消息认证码 MAC$_i$ 进行比较；通过验证，ECU$_{\text{GW}}$ 能够确认 ECU$_i$ 生成了正确的会话密钥，因此其分别将 AK$_i$ 与 EK$_i$ 存储为 ECU$_i$ 本次会话的认证密钥与加密密钥。

3. 分发会话密钥

已知所有 ECU$_i$ 的会话密钥后，ECU$_{\text{GW}}$ 向每个 ECU$_i$ 分发与其通信的电子控制单元的会话密钥，如图 6-48 所示，该过程具体包括以下子步骤：

1）ECU$_{\text{GW}}$ 生成 ECU$_i$ 的密钥分发消息并发送到车载网络上，消息组成如下：

$$C = E_{\text{EK}_i}(\text{AK}_{\text{GW}} \parallel \text{EK}_{\text{GW}} \parallel \text{AK}_{i'} \parallel \text{EK}_{i'} \parallel \text{AK}_{i''} \parallel \text{EK}_{i''}) \quad (6-17)$$

$$\text{MAC}_{\text{GW}} = H_1(\text{AK}_i, C \parallel \text{CTR}^{\text{init}}) \quad (6-18)$$

其中，AK$_{\text{GW}}$ 和 EK$_{\text{GW}}$ 为 ECU$_{\text{GW}}$ 本次会话的认证密钥和加密密钥；AK$_{i'}$、EK$_{i'}$、AK$_{i''}$、EK$_{i''}$ 分别为与 ECU$_i$ 通信的电子控制单元 ECU$_{i'}$ 和 ECU$_{i''}$ 认证密钥与加密密钥；C 表示明文；E_{EK_i} 表示以 EK$_i$ 为密钥的对称加密算法；CTR^{init} 为 ECU$_{\text{GW}}$ 与 ECU$_i$ 同时维护的密钥分发消息计数器值。

2）ECU$_i$ 接收到密钥分发消息后，首先使用其认证密钥 AK$_i$ 计算消息认证码 MAC$_{\text{GW}}$，并与收到的消息认证码进行比较；通过验证后，ECU$_i$ 使用其加密密钥 EK$_i$ 对消息进行解密，并将 AK$_{\text{GW}}$、AK$_{i'}$ 和 AK$_{i''}$ 分别存储为 ECU$_{\text{GW}}$、ECU$_{i'}$ 和 ECU$_{i''}$ 的认证密钥，将 EK$_{\text{GW}}$、EK$_{i'}$ 和 EK$_{i''}$ 分别存储为 ECU$_{\text{GW}}$、ECU$_{i'}$ 和 ECU$_{i''}$ 的加密密钥；ECU$_i$ 生成消息认证码 MAC$_i = H_1(\text{AK}_{\text{GW}}, \text{CTR}^{\text{init}})$，并将该认证码发送给 ECU$_{\text{GW}}$ 以确认其正确接收到密钥分发消息，同时更新密钥分发消息计数器 CTR^{init} 的值。

3）ECU$_{\text{GW}}$ 使用其认证密钥 AK$_{\text{GW}}$ 和密钥分发消息计数器的值 CTR^{init} 计算消息认证码 MAC$_i = H_1(\text{AK}_{\text{GW}}, \text{CTR}^{\text{init}})$，并与收到的消息认证码 MAC$_i$ 进行比较；通过验证，ECU$_{\text{GW}}$ 能够确认 ECU$_i$ 正确接收了密钥分发消息，其更新密钥分发消息计数器 CTR^{init} 的值。

上述会话密钥生成与分发操作周期性地执行，会话密钥更新周期可根据车载电子系统信息安全需求制定。

ECU$_i$ 侧：
- 生成临时DH公钥私钥对 $(x_i, X_i = g^{x_i})$

→ X_i →

ECU$_{GW}$ 侧：
- 生成临时DH公钥私钥对 $(x_{GW}, X_{GW} = g^{x_{GW}})$
- 计算与ECU$_i$之间的共享值

$$\sigma_{i,GW} = (X_i A_i^d)^{x_{GW}+ea_{GW}}$$
$$d = H_0(X_i, ID_i)\ e = H_0(X_{GW}, ID_{GW})$$

- 计算ECU$_i$的会话密钥

$$AK_i = H_1(\sigma_{i,GW}, 0)\ EK_i = H_1(\sigma_{i,GW}, 1)$$

- 生成消息认证码

$$MAC_{GW} = H_1(EK_i, X_{GW})$$

← $X_{GW} \| MAC_{GW}$ ←

- 计算与ECU$_{GW}$之间的共享值

$$\sigma'_{i,GW} = (X_{GW} A_{GW}^e)^{x_i+da_i}$$
$$d = H_0(X_i, ID_i)\ e = H_0(X_{GW}, ID_{GW})$$

- 计算会话密钥

$$AK_i = H_1(\sigma'_{i,GW}, 0)\ EK_i = H_1(\sigma'_{i,GW}, 1)$$

- 验证消息认证码

$$MAC_{GW} = H_1(EK_i, X_{GW})$$

- 生成消息认证码

$$MAC_i = H_1(EK_i, X_i)$$

→ MAC_i →

- 生成消息认证码

$$MAC_i = H_1(EK_i, X_i)$$

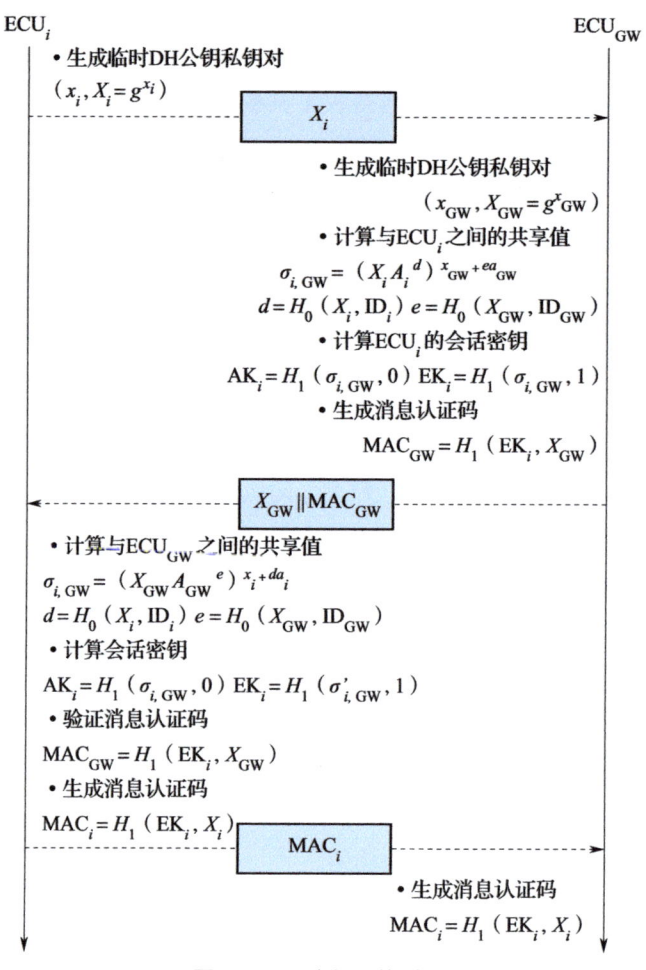

图 6-48 密钥交换过程

为了评估该方法在真实车载环境中的性能，首先测试了具有不同性能的两款常用车载微控制器飞思卡尔 MC9S12XF512 和 MPC5646C 进行一次哈希计算与加解密计算所产生的时间开销。如图 6-49 所示，分别测试了哈希函数 HMAC-MD5 和 HMAC-SHA-1 及对称加密算法 DES、RC5 和 AES-128 在时钟频率设置为 40MHz 和 80MHz 的 MC9S12XF512 上以及时钟频率设置为 120 MHz 的 MPC5646C 上运行一次的时间。结果显示，所有算法的执行时间均为微秒级，带密钥哈希函数中 HMAC-MD5 的执行时间较短，平均为 169.5μs，对称加密算法中 RC5 执行时间较短，平均为 98.2μs。根据测试结果，上述时间开销相对于车载信号毫秒级的时间期限而言是可行的。另外，如果该安全算法在 ASIC 或 FPGA 运行，会进一步大幅度降低时间开销。

其次，测试了随机 DH 密钥交换方法在基于 FlexRay 网络的车载电子系统上应用的效果。测试参数如下：FlexRay 总线周期设置为 5ms，其中静态段为 3ms，动态段为 2ms，静态段包含 91 个时隙，静态时隙长度设置为 0.032ms，时隙内有效数据长度设置为 16 字节；带密钥哈希函数选择 HMAC – MD5，对称加密算法选择 RC5；网关电子控制单元选择 MPC5646C，时钟频率设置为 120MHz，其他电子控制单元选择 MC9S12XF512，时钟频率设置为 80MHz。本发明分别测试了由 5、10 和 15 个电子控制单元构成的车载电子系统运行信息安全防护方法的效果，并设置每个普通电子控制单元在每个周期被分配 2 个静态时隙，网关控制单元每个周期被分配 5 个静态时隙。根据测试结果，当系统由 5、10 和 15 个电子控制单元构成时，会话密钥生成操作能够在 1、2 和 3 个 FlexRay 周期内完成，会话密钥分发操作能够在 1、2 和 3 个 FlexRay 周期内完成，每个 FlexRay 帧的加解密与认证操作所产生的平均时间开销为 686.2μs。上述测试证明了随机 DH 密钥交换方法在车载电子系统中具备可行性与轻量性。

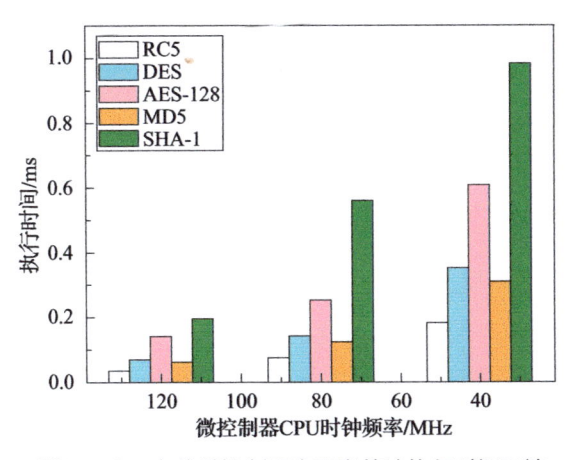

图 6-49　车载微控制器密码学算法执行时间开销

6.2.4　安全车端网络层案例 2——基于分层多级密钥链的组播认证协议

随着汽车电子系统网联化程度的提高，以信息篡改、病毒入侵、恶意代码植入等手段获得联网汽车电子系统访问权限并向其内部网络进行攻击而引发的汽车信息安全问题愈发严峻。当前车载控制系统的内部网络在设计时几乎没有任何消息源与消息完整性认证方面的考虑。一旦系统的某个节点被攻击者通过任意一个网络连接接口攻陷，攻击者能够非常轻松地向系统内部安全相关的实时控制网络注入伪造的消息或进行消息重放，进而破坏系统的正常操作，导致系统故障。汽车电子系统内部通信数据的完整性与真实性鉴别成为系统安全运行的必要保证，如何建立信息安全防护机制实现可信的系统内部数据传输受到越来越广泛的关注。

在信息安全方面，已有的解决方案或是针对传统的计算机网络，或是针对如传感器网络等其他嵌入式网络，或是忽略了对系统可调度性产生的影响，无法同时适应时间触发汽车电子系统的低资源开销、长生命周期、高安全性能和强实时性能等要求，以及时间触发、多播通信和资源异构（8位/16位/32位微处理器并存）等特征，使得难以在系统中实际应用和高效部署。因此，在设计认证协议时，需要充分考虑时间触发汽车电子系统的自身需求和特征，结合现有的安全模型和密码技术，研究有利于降低带宽、计算和存储资源开销以及时间开销的轻量化方法，以突破以往安全防护过程引入大量资源和时间开销的瓶颈，在满足系统可调度性的前提下，实现可信与机密的系统内部数据传输。

本节概述了一个面向时间触发网络的车载控制系统的轻量级消息认证协议，该认证协议建立在多层分级单向密钥链延迟揭露的理念基础上，能够在安全性、实时性和资源约束之间提供一个恰当的权衡。同时，简述了该认证协议在面向时间触发网络的车载控制系统上的优化执行方法。该方法在满足实时性和资源限制等约束的前提下能够提高认证协议对系统资源的使用效率。大量的性能评估结果证明了该协议的可行性、轻量性和可扩展性。

1. 系统模型与应用模型

考虑一个通用的基于时间触发网络的车载控制系统模型，系统由连接在时间触发网络上的多个电控单元 $E = \{e_1, e_2, \cdots, e_{ne}\}$ 组成，每个电控单元 e_g 由中央处理器（Central Processing Unit，CPU）、随机存取存储器（Ramdom Access Memory，RAM）、只读存储器（Read Only Memory，ROM）、连接传感器和执行器的 I/O 资源以及执行通信协议服务的通信控制器（Communication Controller，CC）构成，如图 6-50a 所示。在本节的模型中，电控单元假定运行时间触发的实时操作系统，即任务根据一个定义了其起止运行时刻的调度表进行调度。此外，网络采用时间触发网络提供的时分多址的接入方式，即消息帧根据一个提前离线决定并存储在对应的处理节点上的调度表进行调度。

系统中实时控制应用的集合由 A^{app} 表示，每个应用 $a_r \in A^{app}$ 被建模成一个有向无环图 G_r^{app}，顶点代表任务，边代表任务间通信的数据信号。每个任务 $\tau_i \in$

τ^{app}的特征由元组(E_i^τ, T_i^τ, L_i^τ, D_i^τ)表示，E_i^τ表示执行它的电控单元，T_i^τ表示它的周期，L_i^τ表示它的执行时间，D_i^τ表示它的期限。任务τ_i和$\tau_{i'}$之间的边表示由任务τ_i产生、由任务$\tau_{i'}$使用的数据信号σ_j。每个任务在其开始时读它的输入信号，并在执行完成之后输出它的结果。每个信号$\sigma_j \in S^{app}$的特征由元组(E_j^σ, T_j^σ, L_j^σ, D_j^σ)表示，E_j^σ表示发送它的电控单元，T_j^σ表示它的周期，L_j^σ表示它的大小（单位为比特），D_j^σ表示它的期限。每个应用a_r的周期T_r^{app}为该应用中所有任务周期的最小公倍数，而超周期H被定义为系统中所有任务周期的最小公倍数。图6-50b给出了两个简单的应用a_1和a_2，在应用a_2中，任务τ_6产生一个多播信号σ_7，任务τ_7和τ_8是这个信号的接收方。一个从任务τ_i到$\tau_{i'}$的功能路径是一个任务序列[τ_i, …, $\tau_{i'}$]，路径中任意两个连续任务之间都存在一个链接。例如，应用a_1中，一个功能路径存在于任务τ_1和τ_5之间。路径的延迟被定义成任务τ_i的一个实例到达和任务$\tau_{i'}$的一个实例完成之间（即$\tau_{i'}$产生了一个依赖τ_i的输出而得到的结果）的时间间隔长度。功能路径由p_t表示，其时间期限由系统设计者根据应用的需求设定并由D_t^p表示，p表示系统中有时间期限的所有功能路径的集合。

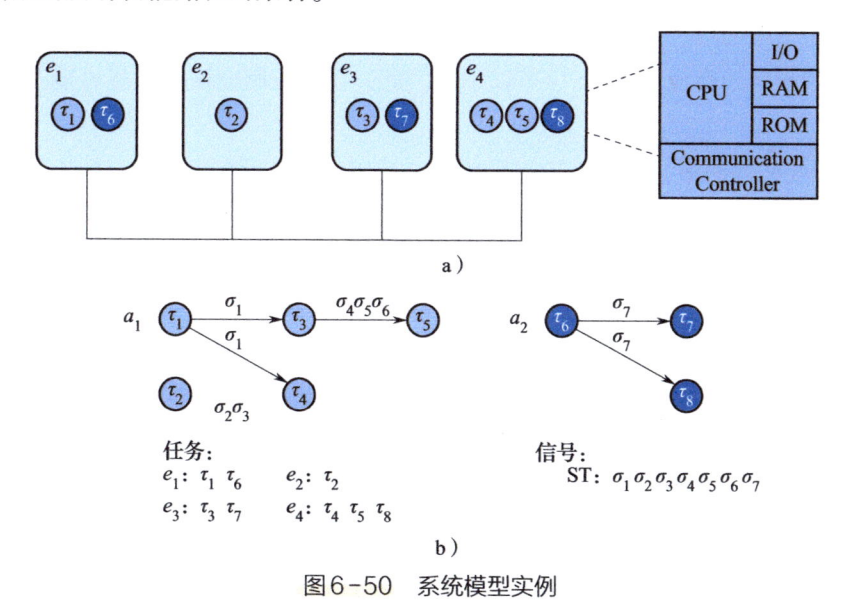

图6-50 系统模型实例

2. 设计约束

面向时间触发网络的车载控制系统通常具有如下特征：

1）时间触发。整个系统时钟同步，系统中所有的任务根据一个定义了其起止运行时刻的调度表执行，系统中所有的消息帧根据一个提前离线决定并存储在对应的电控单元上的调度表进行传输。

2）多播通信。网络在设计时进行配置，网络上的电控单元周期地发送如状态变量和传感器输入的当前值到多个接收方。除了 TTEthernet 外，大多数时间触发网络的数据帧中不包含明确的目的地信息，而发送方的标识通常隐式地使用帧标识表示。连接在网络上的每个节点（电控单元）能够接收到网络上所有的帧，接收方通过硬件执行基于帧标识的消息过滤。

3）资源受限的节点。由于成本和功率等因素，车载系统中电控单元的处理能力和存储能力非常有限。比如飞思卡尔公司生产的专门用于汽车车身控制应用的 16 位微控制器 S12X 系列，提供至多 32KB 的 RAM，512KB 的闪存以及 80MHz 的工作频率。因此，需要大量计算资源和存储资源的认证机制对于车载系统是不可行的。

4）带宽受限的网络。时间触发车载网络数据帧中有效数据段通常较小，如 FlexRay 是 254 字节，TTP 是 236 字节，TTEthernet 允许的数据段长度相对比较大，能够达到 1471 字节。由于开销、信号完整性以及网络节点同步等顾虑，除了 TTEthernet 外，其他时间触发车载网络的传输速率通常较低，如 FlexRay 和 TTP 都是 10Mbit/s。为了保证车载系统控制应用的实时性，FlexRay 和 TTP 的有效数据段长度通常设置在 32 字节以下。因此，认证机制应该带来尽可能小的带宽开销。

5）实时性约束。在车载控制系统中，控制应用必须在指定的时间期限内完成（通常是毫秒级），如果控制结果产生的时间不能符合控制应用的时间需求，则该结果可能毫无用处，甚至会产生非常严重的后果。因此，节点对消息帧的认证需要尽可能快，以保证控制应用的实时性。

3. 攻击模型

协议主要针对伪造和重放攻击。伪造攻击即一个节点在网络上发送消息时，它声称该消息是由网络上其他节点发出。在时间触发的车载网络上，攻击者可以通过在分配给其他电控单元的时间段内发送消息来执行这类攻击。重放攻击即攻击者记录一个之前被发送到网络上的消息，并重新发送。

本节使用 Dolev-Yao 攻击者模型，即攻击能够在网络上进行修改、注入或窃听，但在没有正确密钥的情况下，攻击者无法进行消息伪造。攻击者能够通过攻陷一个连接内外网络的网关节点、恶意的内部代码、直接物理地附加一个新的节点到网络上、取代或篡改网络上一个现有节点等方式获得内部网络的访问权。通过攻陷网络节点的方式访问网络的攻击者能够获得存储在节点内部的密钥，并通过该节点在网络上发送消息，但一个攻击者无法伪造成没有被攻陷的任意关键节点。

假定攻击者已知目标系统、系统使用的内部网络以及网络的调度（如通过逆向工程或者直接从第三方购买上述信息），则攻击者能够在有效的时间段内在网络上注入格式良好的消息帧。

在车载网络上成功的伪造和重放攻击能够导致一系列违背安全性的系统操作，从而引发系统故障。本节提出的认证机制需要确保由于恶意的伪造或重放攻击导致系统发生故障的频率低于 ISO 26262 标准要求的故障发生频率。

4. 认证方法

认证允许一个接收方验证数据的完整性以及数据来源的真实性。在点对点的网络中，通常使用基于哈希的消息认证码（Hash-based Message Authentication Code，HMAC）来提供认证，即发送方利用哈希算法，以发送方和接收方共享的密钥和当前的消息为输入，生成一个 HMAC 并将其与消息同时发送，接收方重新计算所接收消息的哈希值，并检查计算所得的 HMAC 是否与传送的 HMAC 匹配。此外，为了避免重放攻击，消息认证码通常需要包含时间戳。然而此类共享密钥认证机制并不能为具有多播属性的时间触发车载网络提供适当的认证。如果网络上超过两个节点共享同一个密钥，其中任意一个节点都可以伪装成发送方，接收方无法辨别接收到的消息认证码由哪个节点生成。因此，多播网络的认证机制需要某种形式上的密钥非对称，从而确保网络上没有任何节点或合谋的节点组能够伪装成其他节点发送消息。

为每个接收方生成一个 HMAC 是使用共享密钥认证机制的一个简单扩展，即每个发送方与它的每个接收方建立一个唯一的共享密钥对以提供非对称的密钥所有权。每当发送消息时，发送方需要为每个不同的接收方生成一个 HMAC，并将其附加在消息上。然而即使对于较小数量的接收方的情况，多个消息认证码所产生的时间开销、计算开销和带宽开销仍然令这个方法对于车载网络并不可行。

基于公钥密码体制的数字签名是另一种非对称认证方法，该方法能够提供很强的源认证，然而其产生的处理开销使它不可能应用在资源受限的车载控制系统中。一些机制建议分摊数字签名的开销到多个数据包，但一个节点需要分摊几百个消息的开销才能有效。一些机制通过使用一次性数字签名使发送方更快地对消息进行签名，然而其代价是增加了消息的大小，如每个消息产生几千个字节的认证数据。因此，这类方法对于具有较小数据负载的车载网络来说仍然不可行。

基于分级多层密钥链的组播认证协议，使用时间完成了非对称属性，包括4个阶段：发送方设置、发送方多播认证的消息、接收方验证接收的消息和发送方分布初始密钥。

（1）构建单向密钥链　认证机制使用了一个 l 层分级的单向密钥链，如图 6-51 所示，该结构不仅支持使用短的密钥揭露时间间隔和短的密钥链实现长时间的协议运行周期，同时极大地降低了认证协议所产生的计算、存储和带宽资源开销。最底层的密钥（第 l 层）用来认证通信数据，而每个高层的密钥用来可信地分布其下一层密钥链的初始密钥（即用来生成它对应的下一层密钥链初始密钥的消息认证码）。

定义 1：密钥链结构被定义为一个包含 l 个元组的集合 $S_c = \{(\varphi_1, \lambda_1, \phi_1), (\varphi_2, \lambda_2, \phi_2), \cdots (\varphi_h, \lambda_h, \phi_h)\}$，其中 φ_h，λ_h 和 ϕ_h 分别表示第 h 层($h \in [1, \cdots, l]$)每个密钥链的链长（不包含初始密钥）、密钥揭露时间间隔长度和密钥大小。

定义 2：密钥生成函数被定义为一个包含 l 个函数的集合 $F_c = \{F_1, F_2, \cdots, F_l\}$。

定义 3：一个第 h 层密钥由一个 h 元素的向量 ρ_h 标识，其定义了密钥在链中的绝对位置，其中每个元素的值小于或等于 $\varphi_{h'}$，$h' \in [1, \cdots, h]$。已知密钥链结构 S_c 和密钥生成函数 F_c，发送方按自顶向下的顺序构造分级的 l 层单向密钥链。只有最顶层链的最后一个密钥需要随机选择，所有最顶层其他的密钥都由这个密钥生成：

$$K_{\rho_1} = F_1(K_{\rho_1+1}) \quad (6-19)$$

所有第 h 层的密钥链由其上层（第 $h-1$ 层）的密钥产生：

$$K_{\rho_{h-1} | \varphi_h} = F_h(K_{\rho_{h-1}+\bar{0}1}, K_{\rho_{h-1}-\bar{0}1}) \quad (6-20)$$

$$K_{\rho_{h-1} | \varphi_h - v} = F_h^v(K_{\rho_{h-1} | \varphi_h}, K_{\rho_{h-1}-\bar{0}1}) \quad (6-21)$$

其中，"｜"表示连接运算符；$K_{\rho_{h-1}-\bar{0}1}$ 是增加到哈希函数输入的盐；$\bar{0}$ 表示 $h-2$ 个 0。为了减少计算、内存和带宽开销，本节提出的多层链使用了截短的密钥，并采取分级结构。考虑到越低层的密钥，其揭露间隔越短（即需要保护的时间越短），因此越低层的密钥链对应越小的密钥大小。多个报告列出了为了达到特定安全目标（如密钥保护时间）所推荐的哈希函数密钥大小[111]。此外，加盐的哈希函数用来避免采用短密钥容易引起的一些攻击，如字典攻击和暴力攻击等。

例如，考虑如图 6-51 所示的多层分级单向密钥链，第二层第一个密钥链的最后一个密钥 K_{1, φ_2} 通过 $K_{1, \varphi_2} = F_2(K_2, K_0)$ 计算，而同一个密钥链中其他的密钥 K_{1, φ_2} 通过 $K_{1, v} = F_2(K_{1, v+1}, K_0)$ 计算。为了构建 l 层分级单向密钥链，发送方

图6-51 多层分级密钥链的结构

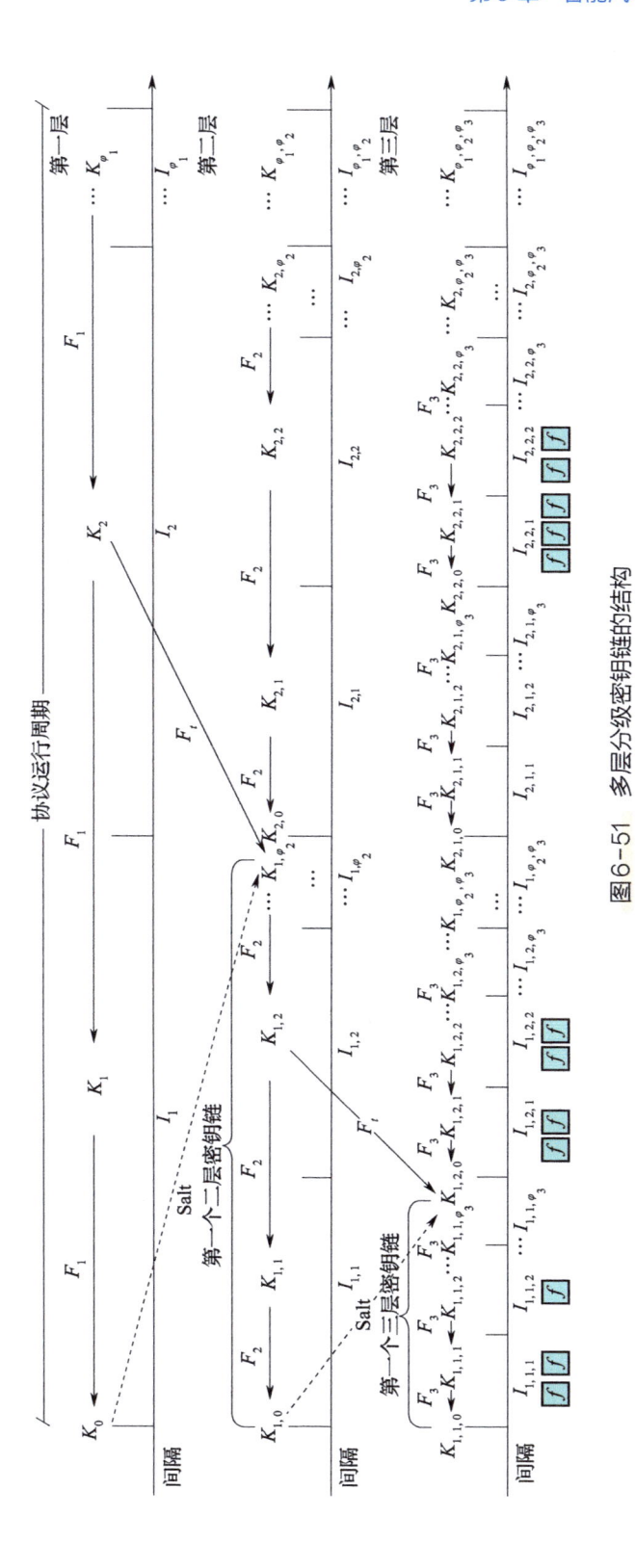

只需迭代地进行 φ_1 次哈希操作以一次性创建最顶层密钥链，并预计算其他层的第一个密钥链，而剩余的所有密钥链在系统运行时进行计算。

表 6-6 分别列出了提出的 l 层分级单向密钥链在系统初始化时和运行时的内存、计算和带宽资源开销。由于每层只有第一个密钥链需要提前计算并存储，因此内存开销由所有层密钥链长度加上一个初始密钥的和组成，即 $\text{MEM}_{\text{init}} = \text{MEM}_{\text{op}} = \sum_{h=1,\cdots,l}(\varphi_h + 1)\phi_h$。假定 C_h^m 表示节点 e_m 计算第 h 层的密钥需要的时间，则初始化计算资源开销为 $\text{CPU}_{\text{init}} = \sum_{h=1,\cdots,l}(\varphi_h + 1)C_h^m - C_1^m$，运行时的计算开销为 $\text{CPU}_{\text{op}} = \sum_{h=2,\cdots,l}\left[\left(\prod_{h'=1,\cdots,h}\varphi_{h'} - \varphi_h\right) + \left(\prod_{h'=1,\cdots,h-1}\varphi_{h'} - 1\right)\right]C_h^m$，其中 $\sum_{h'=1,\cdots,l}\varphi_{h'} - \varphi_h$ 为第 h 层除了第一个密钥链外其他所有密钥链包含的总密钥数量，$\prod_{h'=1,\cdots,h-1}\varphi_{h'} - 1$ 为第 h 层除了第一个密钥链外其他所有密钥链初始密钥的数量。由于在系统初始化阶段，只需提前发送每层第一个密钥链的初始密钥，因此带宽开销为 $\text{BD}_{\text{init}} = \sum_{h=1,\cdots,l}\phi_h$，运行时的带宽开销为 $\text{BD}_{\text{op}} = \sum_{h=1,\cdots,l}\left[\left(\prod_{h'=1,\cdots,h}\varphi_{h'}\right) + \left(\prod_{h'=1,\cdots,h-1}\varphi_{h'} - 1\right)\right]\phi_h$，其中 $\prod_{h'=1,\cdots,h}\varphi_{h'}$ 为第 h 层所有密钥链包含的总密钥数量。

表 6-6　提出的多层分级单向密钥链在系统初始化时和运行时的资源开销

资源	阶段	
	初始化	运行
内存	$\sum_{h=1,\cdots,l}(\varphi_h + 1)\phi_h$	$\sum_{h=1,\cdots,l}(\varphi_h + 1)\phi_h$
处理器	$\sum_{h=1,\cdots,l}(\varphi_h + 1)C_h^m - C_1^m$	$\sum_{h=2,\cdots,l}\left[\left(\prod_{h'=1,\cdots,h}\varphi_{h'} - \varphi_h\right) + \left(\prod_{h'=1,\cdots,h-1}\varphi_{h'} - 1\right)\right]C_h^m$
带宽	$\sum_{h=1,\cdots,l}\phi_h$	$\sum_{h=1,\cdots,l}\left[\left(\prod_{h'=1,\cdots,h}\varphi_{h'}\right) + \left(\prod_{h'=1,\cdots,h-1}\varphi_{h'} - 1\right)\right]\phi_h$

（2）制定密钥揭露调度表　由于时间触发的网络上每个节点都通过一个预定义的静态调度表进行消息传输，因此已知密钥链结构 S_c，发送方需要为每个间隔揭露的密钥信号制定调度表。

定义 4：除了初始密钥外，每个第 h 层的密钥 K_{ρ_h} 都对应一个时间间隔 I_{ρ_h}，

K_{ρ_h} 被定义在其对应时间间隔 I_{ρ_h} 的下一个时间间隔被发送方揭露,即密钥 K_{ρ_h} 的揭露延时为 λ_h。

定义 5:一个 h 元素的向量 $\Lambda_h = (\lambda_1, \lambda_2, \cdots, \lambda_h)$ 用于表示所有高于和等于 h 层的密钥揭露间隔长度。因此,对于密钥 K_{ρ_h},与其对应的时间间隔 I_{ρ_h} 的开始和结束时刻分别为 $\mathrm{st}_{\rho_h}^{\mathrm{int}} = (\boldsymbol{\rho}_h - \bar{1})\Lambda_h$ 和 $\mathrm{ft}_{\rho_h}^{\mathrm{int}} = (\boldsymbol{\rho}_h - \bar{1})\Lambda_h + \lambda_h$,其中 $\bar{1}$ 表示 h 个 1,而密钥 K_{ρ_h} 最早和最晚揭露时刻分别为 $t_{\rho_h}^{\mathrm{er}} = \mathrm{st}_{\rho_h}^{\mathrm{int}} + \lambda_h$ 和 $t_{\rho_h}^{\mathrm{lr}} = \mathrm{ft}_{\rho_h}^{\mathrm{int}} + \lambda_h$。对于任意一个密钥 K_{ρ_h},发送方必须在其时间范围内将其发送到网络上。除了最底层密钥外,其他层密钥通常需要占用一个单独的数据帧,而由于最底层密钥的揭露间隔与应用信号的周期接近,因此底层密钥可以占用一个单独的数据帧,也可以与其他应用信号共同封装到一个帧中,然而这属于应用设计相关的范畴,与认证协议并不相关。

定义 6:一个密钥 $K_{\rho_{h-1}}$ 的发送时刻必须早于其对应的低层密钥链除初始密钥外的第一个密钥 $K_{\rho_{h-1}|1}$ 的发送时刻。这个条件确保了低层密钥链的初始密钥能够在使用这个链之前被接收方认证。例如图 6-51 中,由于 $K_{2,1}$ 用于生成它对应的低层密钥链的初始密钥 $K_{2,1,0}$ 的消息认证码,因此 $K_{2,1}$ 的发送时间必须早于它对应的低层密钥链的第一个密钥 $K_{2,1,1}$ 的发送时间。

(3) 发送方多播认证的消息　发送方根据应用信号调度表和密钥揭露调度表进行应用信号和密钥信号的传输。

1) 当发送方在最底层时间间隔 I_{ρ_l} 发送一个只包含应用信号的消息 m 时,其构造数据帧 $f = \{m \mid \mathrm{MAC}_{\rho_l}(\boldsymbol{\rho}_l \mid m) \mid K_{\rho_l - \bar{0}1}\}$,其中"$\mid$"表示消息连接符,此处省略了数据帧除了有效负载段外的其他部分,消息认证码使用对应于当前最底层时间间隔 I_{ρ_l} 的密钥 K_{ρ_l} 进行计算,向量 $\boldsymbol{\rho}_l$ 作为哈希函数的输入以避免重放攻击。当发送方在最底层时间间隔 I_{ρ_l} 发送一个同时包含应用信号和当前间隔揭露的最底层密钥信号的消息 m 时,其构造数据帧 $f = \{m \mid \mathrm{MAC}_{\rho_l}(\boldsymbol{\rho}_l \mid m) \mid K_{\rho_l - \bar{0}1}\}$,其中 $\bar{0}$ 表示 $l-1$ 个 0。

2) 当发送方在高层密钥链时间间隔 I_{ρ_h},$h \in [1, \cdots, l-1]$ 发送对应的下一层密钥链的初始密钥 $K_{(\rho_l + \bar{0}1)|0}$ 时,其构造数据帧 $f = \{K_{(\rho_h + \bar{0}1)|0} \mid \mathrm{MAC}_{K_{\rho_h}}(K_{(\rho_h + \bar{0}1)|0})\}$。当发送方在高层密钥链时间间隔 I_{ρ_l} 揭露对应于其上一个时间间隔 $I_{\rho_l - \bar{0}1}$ 对应的密钥 $K_{\rho_l - \bar{0}1}$ 时,其构造数据帧 $f = \{K_{\rho_l - \bar{0}1}\}$。例如图 6-51 中,在时间间隔 $I_{2,2}$,发送方构造数据帧 $f = \{K_{2,3,0} \mid \mathrm{MAC}_{K_{2,2}}(K_{2,3,0})\}$ 以可信地分布其对应的低一层密钥链的初始密钥 $K_{2,3,0}$,发送方构建数据帧 $f = \{K_{2,1}\}$ 发送当前需要揭露的密钥 $K_{2,1}$。

定义 7:协议根据 ISO 26262 标准定义的安全需求截短的消息认证码。标准

约束了在时间段 λ 内各个安全级别车载系统允许出现故障的概率 α。已知成功伪造一个长为 l_{MAC} 比特的消息认证码的概率为 $2^{-l_{MAC}}$，假定系统中最小的信号周期为 T^{σ}_{min}，为了达到 ISO 26262 标准定义的安全需求，截短的消息认证码的长度 l_{MAC} 需要满足：

$$(1 - 2^{-l_{MAC}})^{\lambda/T^{\sigma}_{min}} > 1 - \alpha \quad (6-22)$$

（4）接收方认证接收的消息　接收方在接收数据帧时，根据调度表和帧标识确定帧的发送方以及数据类型。

1）当接收方在最底层时间间隔 I_{ρ_l} 接收到一个只包含应用信号的数据帧时，其将三元组 $[\rho_l, m, MAC_{\rho_l}(\rho_l | m)]$ 放到缓存中，并等待接收到密钥 K_{ρ_l} 后进行认证。当接收方在最底层时间间隔 I_{ρ_l} 接收到一个同时包含应用信号和当前间隔揭露的最底层密钥信号的数据帧时，其首先通过判断 $K_{\rho_l-\bar{0}2} = F_l(K_{\rho_l-\bar{0}1}, salt)$ 检查密钥 $K_{\rho_l-\bar{0}1}$ 的合法性，如果检测成功，则使用密钥 $K_{\rho_l-\bar{0}1}$ 认证在对应的底层时间间隔 $I_{\rho_l-\bar{0}1}$ 内接收到的所有数据帧，并使用新认证的密钥 $K_{\rho_l-\bar{0}1}$ 替代 $K_{\rho_l-\bar{0}2}$。

2）当接收方在高层密钥链时间间隔 $I_{\rho_h}, h \in [1, \cdots, l-1]$ 接收到包含其对应的下一层密钥链初始密钥 $K_{(\rho_h+\bar{0}1)|0}$ 的数据帧时，其将三元组 $\{\rho_h, K_{(\rho_h+\bar{0}1)|0}, MAC_{\rho_h}[K_{(\rho_h+\bar{0}1)|0}]\}$ 放到缓存中，并等待接收到密钥 K_{ρ_h} 后进行认证。当接收方在高层密钥链时间间隔 I_{ρ_l} 接收到包含揭露密钥 $K_{\rho_l-\bar{0}1}$ 的数据帧时，其首先通过判断 $K_{\rho_l-\bar{0}2} = F_h(K_{\rho_h-\bar{0}1}, salt)$ 检查密钥 $K_{\rho_h-\bar{0}1}$ 的合法性，如果检测成功，则使用密钥 $K_{\rho_h-\bar{0}1}$ 认证在对应的底层时间间隔 $I_{\rho_l-\bar{0}1}$ 内接收到的初始密钥，并使用新认证的密钥 $K_{\rho_h-\bar{0}1}$ 替代 $K_{\rho_h-\bar{0}2}$。

（5）发送方分布初始密钥　为了启动协议，对于每一层密钥链，每个接收方需要有一个已经认证的初始密钥用于随后密钥的认证。考虑到该操作只在初始化或整个密钥链耗尽时发生，因此发送方通过开销相对较大但安全性较高的数字签名将每层的初始密钥可信地分布到每个接收方。对于不具备非对称密码算法计算能力的 ECU，可采用随机 DH 密钥交换协议分布密钥链的初始密钥。

5. 基于多层分级单向密钥链的消息认证协议优化执行

基于多层分级单向密钥链的消息认证协议在时间触发车载控制系统上的优化执行方法，即在满足控制应用实时性和系统资源等设计约束的前提下，以最大化系统资源的使用效率为目标，同时确定：

1）底层密钥链密钥揭露间隔长度。
2）应用相关的信号和认证协议相关信号（密钥信号）到消息帧的封装。
3）消息帧的调度。

4）应用相关的任务和认证协议相关的任务（密钥认证任务以及消息认证码生成和认证任务）在其对应的电控单元上的调度。

5）多层分级单向密钥链的参数配置。

如图 6-52 所示，优化执行方法以每个应用 a_r, $a_r \in A^{app}$ 的拓扑 G_r^{app}、系统中应用任务的集合 $\varGamma^{app}$ 和信号的集合 S^{app}、系统允许的用于安全机制的资源参数（存储资源 M 和计算资源使用率 U）和认证协议初始化时间 T_{init}^{pro} 以及系统需要的认证协议运行周期 T_{run}^{pro} 为输入，并返回上述问题优化的解决方案。方法分成以下3步：

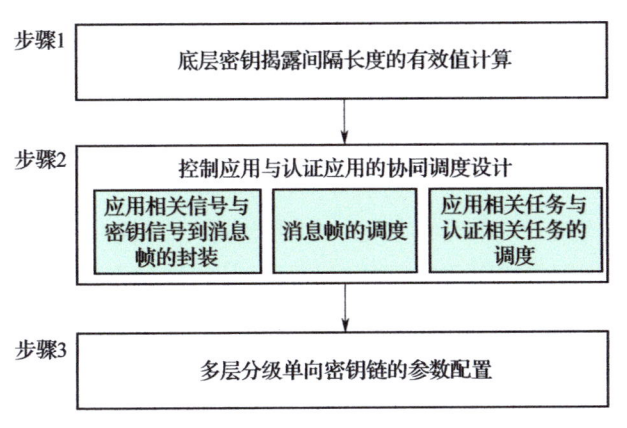

图 6-52　基于多层分级单向密钥链的消息认证协议优化执行

1）根据控制应用的实时性约束，计算底层密钥链密钥揭露间隔 λ_l 的有效值集合 $\varLambda$。

2）将集合 $\varLambda$ 中所有的 λ_l 值按降序排列。依次根据每一个底层密钥揭露间隔 λ_l，在满足控制应用实时性、信号和任务顺序、时间触发通信协议和消息认证协议约束的前提下，计算应用相关的信号和认证协议相关信号到消息帧的封装、帧的调度以及应用相关的任务和认证协议相关的任务的调度。这个过程一直反复进行直到找到可行的控制应用与认证应用的协同调度方案。

3）根据选择的 λ_l 值以及系统允许的资源参数、协议初始化时间和协议周期，计算优化的多层分级单向密钥链参数配置。

（1）底层密钥揭露间隔长度的有效值计算　由于多层分级密钥链的底层密钥用来认证车载控制应用产生的消息帧，因此首先需要根据控制应用的实时性约束计算底层密钥揭露间隔 λ_l 的有效值集合 $\varLambda$，以确保支持认证机制的实时控制应用的有效性，即每个接收方由于等待底层密钥揭露所产生的延时不会导致控制应用错过其时间期限。

定义 8：L_r^{app} 表示应用 a_r，$a_r \in A^{app}$ 的最长路径中需要通过网络接收信号的任务数量（也称为应用的级）。如图 6-50 中，应用 a_1 最长的路径存在于任务 τ_1 到 τ_5 之间，其级数为 2。

对于应用集合 A^{app}，有效的底层密钥揭露间隔 λ_l 需要满足如下约束：

$$\lambda_l L_r^{app} \leqslant T_r^{app}, \forall a_r \in A^{app} \tag{6-23}$$

$$\lambda_l \leqslant \min_{\sigma_j \in S^{app}} D_j^\sigma \tag{6-24}$$

$$\lambda_l > \max_{e_g \in E} C_g^{td} + C_g^{key} + C_g^{MAC} \tag{6-25}$$

$$\lambda_l \bmod \gcd_{a_r \in A^{app}} T_r^{app} = 0,$$

$$\text{or} \quad \lambda_l = n \cdot \gcd_{a_r \in A^{app}} T_r^{app}, \quad n \in Z^* \tag{6-26}$$

约束（6-23）和约束（6-24）给出了实时性限制，即对于任意一个应用 a_r，$a_r \in A^{app}$，底层密钥揭露间隔 λ_l 与它的级 L_r^{app} 的乘积不能超过它的周期 T_r^{app}。由于根据认证协议，每个需要接收信号的任务最早要在信号被发出后下一个底层时间间隔才能完成对该信号的认证，因此增加认证机制后，一个应用的完成至少需要 L_r^{app} 个底层密钥揭露间隔的时间。此外，底层密钥揭露间隔的长度不能超过系统中最小的信号周期，以确保每个信号能够在其时间期限之前被接收方认证。

在一个底层时间间隔内，每个接收方至少产生三部分时间开销，其中包括等待当前间隔由发送方揭露密钥的时间开销 C_g^{td}、认证接收的密钥的时间开销 C_g^{key} 以及认证之前时间间隔存储的消息帧的时间开销 C_g^{MAC}，因此约束（6-25）给出了底层时间间隔的下限。对于每个节点，这三部分时间开销可以认为是已知的，由于已知网络的速率，能够求出已知大小的数据帧在网络上的传输时间，因此密钥的传输时间等于每个密钥的传输时间与接收方在每个间隔需要接收的密钥数量的乘积（即其对应的发送方的数量）。而认证密钥和消息认证码的时间开销与处理节点的计算能力、选择的哈希函数以及密钥和消息认证码的长度有关，从而系统设计者在确定哈希函数、密钥和消息认证码的大小后，可以提前测量上述两部分时间开销。约束（6-26）考虑了认证应用与控制应用调度在时间上的一致性，即底层时间间隔应该是所有应用周期最大公约数的整数倍或整除因子。

（2）控制应用与认证应用的协同调度设计　步骤 1 根据控制应用的实时性约束初步分析了底层密钥揭露间隔 λ_l 的有效值，然而并不是每个满足上述约束的底层间隔的值都能够确保在增加认证机制之后，系统是可调度的。在车载控制系统上应用认证协议后，除了控制应用外，系统需要传输额外的信号（即在每个底层间隔传输密钥信号），并执行额外的任务（每个消息帧的消息认证码生成和认证任务以及每个密钥信号揭露和认证任务），从而增加了 CPU 和带宽消耗。此外，每个消息帧只有在生成其消息认证码的密钥被揭露后才能得到认证并使用，因此增加了时间开销。上述开销都极大地影响了车载控制系统的可调度性。考虑到高层密钥揭露时间间隔的长度远大于系统的超周期，在 CPU 和网络上一个预留的时隙对高层密钥的传输和密钥认证任务的执行来说是足够的，因此本节忽略了高层密钥信号和密钥认证任务对系统调度的影响。

图 6-53 给出了应用认证协议到图 6-50 中的系统后，更新的控制应用拓扑图，其中信号 σ_1 被封装到帧 f_1 中，σ_2 和 σ_3 被封装到 f_2，σ_4、σ_5 和 σ_6 被封装到 f_3，σ_7 被封装到 f_4，每个消息帧的消息认证码生成和认证任务简单地由符号 g 和 v 标识。图 6-53b 给出了增加的安全相关应用，其中每个应用包括发送方 e_g 产生的密钥释放任务 τ_g^{rel}、密钥信号 τ_g^{key} 以及接收方 $e_{g'}$ 产生的对应的密钥认证任务 $\tau_{g,g'}^{ver}$。

根据提出的认证协议，越小的底层密钥揭露间隔会导致协议相关应用的执行越频繁，从而浪费更多的处理资源和带宽资源。而越大的底层密钥揭露间隔，会导致信号响应时间越长，从而导致控制应用中任务、信号和时间关键型路径错过其时间期限的可能性越大。因此步骤 2 尝试找到满足系统可调度性的最大底层密钥揭露间隔的值。

首先，将由步骤 1 得到的集合 Λ 中所有的 λ_l 值按降序排列。依次根据每一个底层密钥揭露间隔 λ_l，在满足控制应用实时性、信号和任务顺序、时间触发通信协议和消息认证协议约束的前提下，计算应用相关的信号和认证协议相关信号到消息帧的封装、帧的调度以及应用相关的任务和认证协议相关的任务的调度。这个过程一直反复进行直到找到可行的控制应用与认证应用的协同调度方案。控制应用与认证应用的协同调度与系统所使用的网络通信协议密切相关。

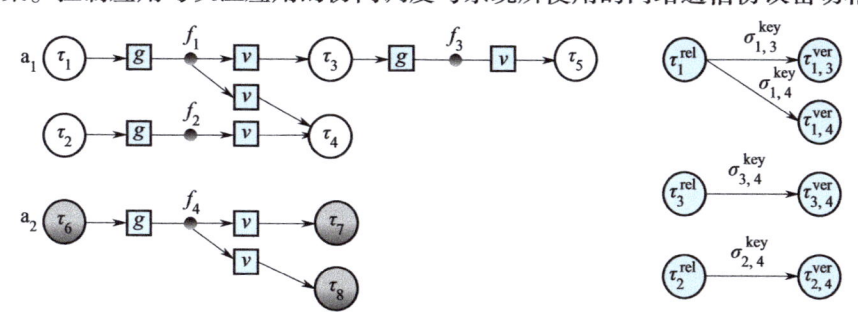

a) 增加安全机制到图6-50的应用后控制应用的拓扑图　　b) 增加的安全相关应用

图 6-53　更新的应用拓扑图

（3）多层分级单向密钥链的参数配置　对于由步骤 2 得到的底层密钥揭露间隔 λ_l 的值，本小节提出了一个基于整数非线性规划（Integer Non-Linear Programming，INLP）的方法以在满足系统允许的资源参数、协议初始化时间和协议周期约束的前提下，计算优化的多层分级单向密钥链参数配置。

$$\max : \frac{\phi_l T_{\text{run}}^{\text{pro}}}{\lambda_l \left\{ \sum_{h=2,\cdots,l} \left[\phi_h (\varphi_h + 1) \prod_{h'=1,\cdots,h-1} \varphi_{h'} \right] + \phi_1 (\varphi_1 + 1) \right\}} \quad (6-27)$$

s.t.

$$\prod_{h=1,\cdots,l} \varphi_h = \frac{T_{\text{run}}^{\text{pro}}}{\lambda_l} \quad (6-28)$$

$$\sum_{h=1,\cdots,l} (\varphi_h + 1) \phi_h \leq M \quad (6-29)$$

$$\sum_{h=1,\cdots,l} (\varphi_h + 1) C_g^h \leq T_{\text{init}}^{\text{pro}}, \forall e_g \in E \quad (6-30)$$

$$\lambda_h = \lambda_l \prod_{h'=h+1,\cdots,l} \varphi_{h'}, \forall h \quad (6-31)$$

$$\phi_h = \begin{cases} L_1, & \text{if } 1 \leq \lambda_h \leq 10^3 \\ L_2, & \text{if } 10^3 \leq \lambda_h \leq 10^6 \\ L_3, & \text{if } 10^6 \leq \lambda_h \leq 10^9 \\ L_4, & \text{if } 10^9 \leq \lambda_h \leq T_{\text{run}}^{\text{pro}} \end{cases}, \forall h \quad (6-32)$$

$$\sum_{h=1,\cdots,l-1} \left(\frac{C_g^h}{\lambda_h} \right) + \frac{C_g^l}{\lambda_l} \leq U, \forall e_g \in E \quad (6-33)$$

目标函数（6-27）旨在最大化多层分级单向密钥链对带宽资源的使用效率，其描述了真正用于认证应用消息帧的底层密钥使用的带宽占整个 l 层密钥链使用带宽的比例。已知系统需要的协议运行周期 $T_{\text{run}}^{\text{pro}}$、底层密钥揭露间隔 λ_l 和底层密钥链的密钥大小 ϕ_l，底层所有密钥（除初始密钥外）需要的带宽开销为 $\phi_l T_{\text{run}}^{\text{pro}} / \phi_l$。此外，由于除初始密钥外每层密钥总数等于该层密钥链的长度与密钥链的数量的乘积，而每层密钥链的数量又等于其上一层除初始密钥外密钥的总数量，因此第 h 层密钥总数为 $\varphi_h \prod_{h'=1,\cdots,h-1} \varphi_{h'}$。已知每层初始密钥的总数量等于该层的链数（每个链有一个初始密钥），因此第 h 层初始密钥总数为 $\prod_{h'=1,\cdots,h-1} \varphi_{h'}$。从而整个分级 l 层密钥链的带宽开销为

$$\lambda_l \left\{ \sum_{h=2,\cdots,l} \left[\phi_h (\varphi_h + 1) \prod_{h'=1,\cdots,h-1} \varphi_{h'} \right] + \phi_1 (\varphi_1 + 1) \right\} 。$$

等式（6-28）描述了底层密钥链的总数量等于 $T_{\text{run}}^{\text{pro}} / \phi_l$。约束（6-29）保

证了密钥链产生的内存开销不超过系统允许的内存限制 M。约束（6-30）保证了密钥链初始化产生的时间开销不超过系统允许的认证协议初始化时间 T_{run}^{pro}。约束（6-31）表述了第 h 层密钥的揭露时间间隔 λ_h 等于其所包含的底层密钥数量与底层密钥揭露间隔 λ_l 的乘积。约束（6-32）表述了第 h 层密钥的大小根据该层密钥揭露间隔长度 λ_h 确定，其中整个多层分级密钥链的运行周期 T_{run}^{pro} 被分为 4 个区间，每个区间对应一个由系统设计者根据系统安全需求提前制定的密钥大小。最后，约束（6-33）表述了所有层密钥产生任务的 CPU 使用率的和不能超过系统允许的认证协议对 CPU 的使用率上限 U。此处，由于每层密钥的大小取决于该层密钥揭露间隔的长度，从而会导致具有不同密钥大小的两层对应不同的密钥产生任务执行时间（即不同长度的输入会导致不同的哈希函数执行时间），但考虑经过在多个具有不同运算能力的微处理器上的测试，低于 30 字节的输入对哈希函数执行时间几乎没有影响，因此本节假定每个处理单元 e_g 计算每层密钥的时间 C_g^h 相同，并作为已知量。

6. 性能评估

为了确定提出的轻量级认证协议在真实车载环境的可行性，本小节首先测试了三款在汽车和其他工业领域常用的具有不同性能指标的微控制器（包括飞思卡尔的 S12X、MPC564X 和英飞凌的 TriCore）计算密码算法所用的时间开销。考虑哈希函数 MD5 对于实时环境下较短的密钥揭露间隔而言是安全的并具有较小的计算开销，本章使用 MD5 构建密钥链并计算消息认证码。图 6-54 给出了上述三款微控制器计算不同长度输入的 MD5 所用的时间，其中 S12X、MPC564X 和 TriCore 的频率分别设置为 40 MHz、80 MHz 和 180 MHz。结果显示 MPC564X

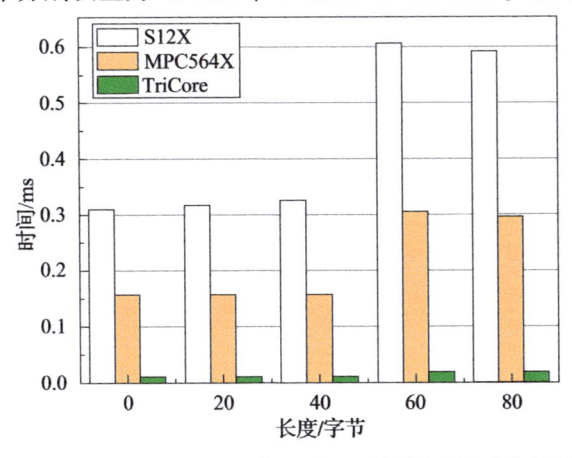

图 6-54 S12X、MPC564X 和 TriCore 计算 MD5 产生的时间开销

的平均计算时间比 S12X 快近 1.005 倍，平均计算时间为 0.215 ms，而 Tri-Core 的平均计算时间比 S12X 和 MPC564X 快一个数量级，平均计算时间为 0.0116 ms。根据试验结果，上述运行时间相对于车载系统中毫秒级的任务执行时间而言是可行的。

本小节测试了关于不同的底层密钥揭露时间间隔长度，提出的轻量级认证协议（本小节简称为 L-TESLA）的带宽资源使用效率，以及其在初始化时间、内存、计算和带宽资源开销方面与原始 TESLA 的对比。试验设置如下：TriCore 作为微控制器，MD5 作为构建密钥链和生成消息认证码的哈希函数。对于密钥揭露时间间隔长度在 $1\sim10^3$ ms 区间内的密钥链的层，其密钥大小设置为 4 字节，对于间隔长度在 $10^3\sim10^6$ ms 区间内的层，密钥大小为 10 字节，对于间隔长度大于 10^6 ms 的层，密钥大小为 16 字节。系统允许的协议初始化时间、协议运行周期、CPU 使用率和内存上限分别为 100ms、8×10^9 ms、1/20 和 24 KB。本章使用 LINGO11.0 作为提出的 INLP 模型的求解器。本小节选取了 5 个不同的底层密钥揭露时间间隔长度：0.5ms、1ms、2ms、4ms 和 8ms，并假定在每个间隔每个发送方平均发送 5 个消息帧，网络传输速率为 10Mbit/s。

图 6-55 首先给出了使用基于 INLP 的多层分级单向密钥链参数优化配置方法得到的带宽资源利用率（即用于认证应用消息帧的底层密钥使用的带宽占整个 l 层密钥链使用带宽的比例）。所有的试验都得到了一个 4 层的密钥链，但每个试验对应的每层密钥数量不同。结果显示，经过优化的带宽使用率最高约为 0.99948，最低约为 0.99940。根据试验结果，分级多层的密钥链构建方式只产生了极少的无用密钥（即不用于认证消息帧的密钥）和带宽。接下来的试验进一步证明了基于多层分级密钥链的认证协议与传统基于单层密钥链的认证协

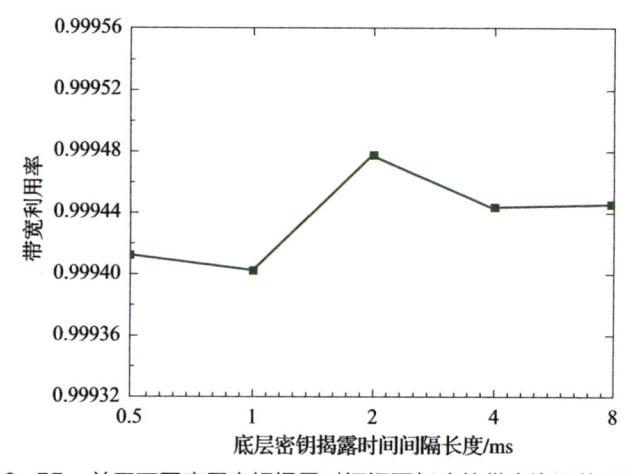

图 6-55　关于不同底层密钥揭露时间间隔长度的带宽资源使用效率

议相比对资源开销的节约。

图 6-56 给出了 L-TESLA 与 TESLA 的初始化时间对比。图中横坐标为底层密钥数量，由于本试验考虑相同的协议运行周期 8×10^9 ms，因此当底层密钥揭露时间间隔长度为 0.5ms、1ms、2ms、4ms 和 8ms 时，对应的底层密钥数量分别为 1.6×10^{10}、8×10^9、4×10^9、2×10^9 和 1×10^9。试验结果显示在所有的测试中，基于单层密钥链的 TESLA 需要的协议初始化时间都远大于提出的基于多层分级密钥链的 L-TESLA，且平均为 L-TESLA 的 1.371×10^6 倍。此外随着底层密钥数量的成比例增加，TESLA 需要的协议初始化时间也随之成比例增加，与之相比，提出的 L-TESLA 在所有试验中得到的协议初始化时间均保持在 50 ms 左右。这是由于 TESLA 需要在系统初始化时，一次性生成并保存所有的密钥，而 L-TESLA 只需生成并保存每层第一个密钥链的所有密钥和原语。

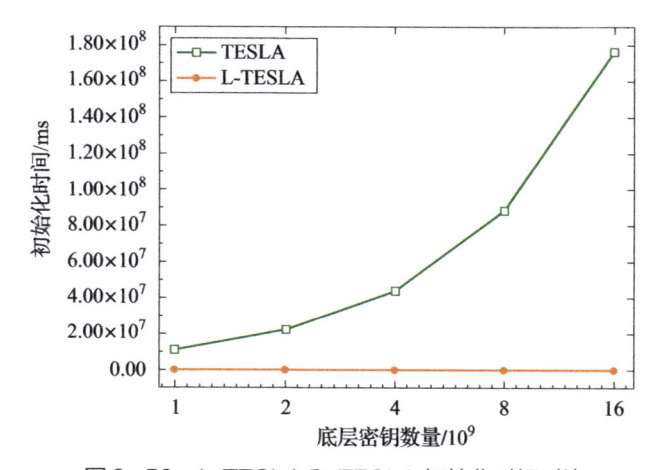

图 6-56　L-TESLA 和 TESLA 初始化时间对比

类似地，图 6-57 给出了 L-TESLA 与 TESLA 的内存开销对比。试验结果显示在所有的测试中，基于单层密钥链的 TESLA 需要的内存都远大于提出的基于多层分级密钥链的 L-TESLA，且平均为 L-TESLA 的 4.619×10^7 倍。此外，随着底层密钥数量的增加，协议的内存开销也随之成比例增加，与之相比，提出的 L-TESLA 在所有试验中得到的内存开销均保持在 21KB 左右。

图 6-58 给出了 L-TESLA 与 TESLA 的 CPU 资源消耗率（即产生和认证密钥以及产生和认证消息认证码的任务对 CPU 资源的使用率）对比。试验结果显示在所有的测试中，基于单层密钥链的 TESLA 的 CPU 资源消耗率都大于提出的基于多层分级密钥链的 L-TESLA，其中 TESLA 的平均 CPU 资源消耗率为 0.1705，而 L-TESLA 为 0.1023。这是由于 TESLA 要求每个时间间隔揭露的密钥必须附加到当前间隔发送的所有多播消息上，从而导致了大量计算资源的浪费。

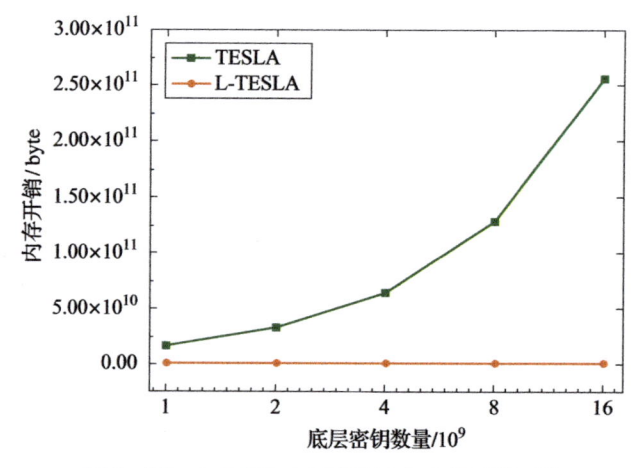

图6-57 L-TESLA 和 TESLA 内存开销对比

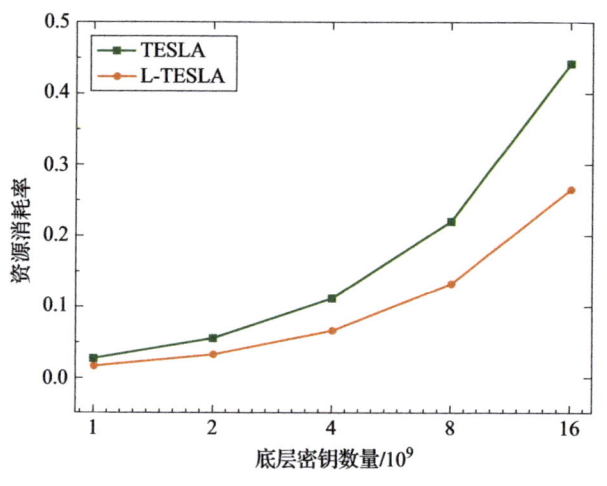

图6-58 L-TESLA 和 TESLA 的 CPU 资源消耗率对比

类似地，图6-59给出了 L-TESLA 与 TESLA 的带宽资源消耗率对比（即发送密钥信号以及消息认证码对带宽资源的使用率）。试验结果显示，在所有的测试中，基于单层密钥链的 TESLA 的带宽资源消耗率都远大于提出的基于多层分级密钥链的 L-TESLA，且平均为 L-TESLA 的4.37倍。此外，当底层密钥数量为 1.6×10^{10} 和 8×10^9 时（即底层密钥揭露时间间隔长度为 0.5ms 和 1ms 时），TESLA 的带宽资源消耗率为2.56和1.28，因此在网络传输速率为 10 Mbit/s 时，TESLA 仅用于传输密钥和消息认证码的使用的带宽已经超过上限。这是由于，第一，TESLA 要求每个时间间隔揭露的密钥必须附加到当前间隔发送的所有多播消息上，从而导致了大量带宽资源的浪费；第二，TESLA 协议使用的消息认证码长度为16字节，从而导致每个消息帧中的协议开销过大。而根据 L-TESLA 协议，每个密钥在当前间隔只需发送一次,并根据安全需求适当截短了消息认证码的长度,本试验假定每小时允许的系统失败率为 10^{-9},每个发送方的最小消息周期与底层密钥揭露时间间隔长度相等,根据式(6-22),当间隔长度为 0.5ms、1ms、2ms、4ms 和 8ms 时,消息认证码长度分别为 53bit、52bit、51bit、50bit 和 49bit。

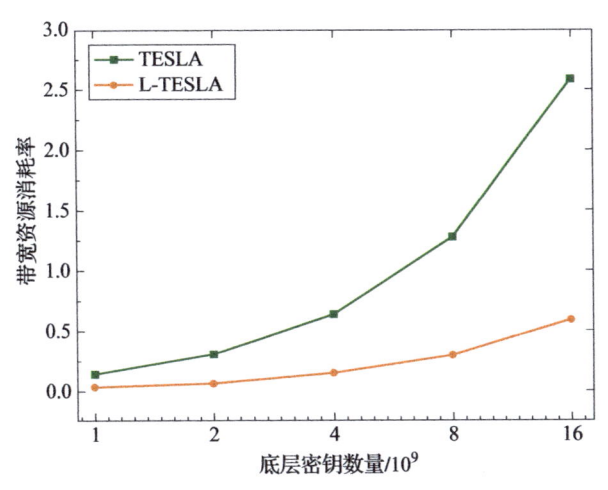

图 6-59　L-TESLA 和 TESLA 的带宽资源消耗率对比

6.2.5　安全车端网络层案例 3——车载以太网安全通信协议

汽车以太网由于其高带宽、高吞吐量和低成本而被认为是未来汽车的骨干网络。随着互联汽车环境的出现,车载网络(如汽车以太网)现在连接到外部网络(如 3G/4G/5G 移动网络),使攻击者能够利用汽车以太网漏洞进行攻击。本节概述了一种用于汽车以太网的安全协议。该协议包括两个安全模块:密钥分发(KD)和安全通信(SC)。在启动阶段,KD 将密钥分发给所有合法的 ECU。在通信阶段,SC 提供以下重要的基线安全原语:数据机密性和数据真实性。采用 CANoe 软件和 MPC5646C 微控制器评估所提出的安全协议的有效性和实时性能。结果表明,所提出的安全协议能够在满足实时性要求的前提下,提高车载以太网的防御能力。

1. 方法概述

(1)密钥分发模块　车辆启动后,网关 ECU 按照固定的顺序将密钥分发给各个合法的 ECU。网关 ECU 有一组数字证书,其中包含网络中每个合法 ECU 的身份和密钥等信息。在非对称加密算法 RSA 和动态密码机制的基础上,本小节在车载以太网环境中构建了一个安全高效的密钥分发过程,该过程提供相互身份认证和隐式密钥分发。密钥分发过程如图 6-60 所示。

阶段1：ECU_G 选择一个随机数 RN_i，用 PUK_i 对 K_1、K_2、RN_i 的组合进行加密得到 C_1，传给 ECU_i：

$$C_1 = AE_{PUK_i}(K_1 \| K_2 \| RN_i)$$

阶段2：ECU_i 使用 PRK_i 解密 C_1 得到 K_1、K_2、RN_i：

$$K_1 \| K_2 \| RN_i = AD_{PRK_i}(C_1)$$

阶段3：ECU_i 用 K_2 为 ID_i 和 RN_i 生成 MAC_i，传给 ECU_G：

$$MAC_i = H_{K_2}(ID_i \| RN_i)$$

阶段4：ECU_G 使用 K_2 为 ID_i 和 RN_i 生成 MAC_G：

$$MAC_G = H_{K_2}(ID_i \| RN_i)$$

阶段5：ECU_G 将 MAC_G 与 MAC_i 进行比较。通过比较它们，可以判断 ECU_i 的密钥分发是否成功。

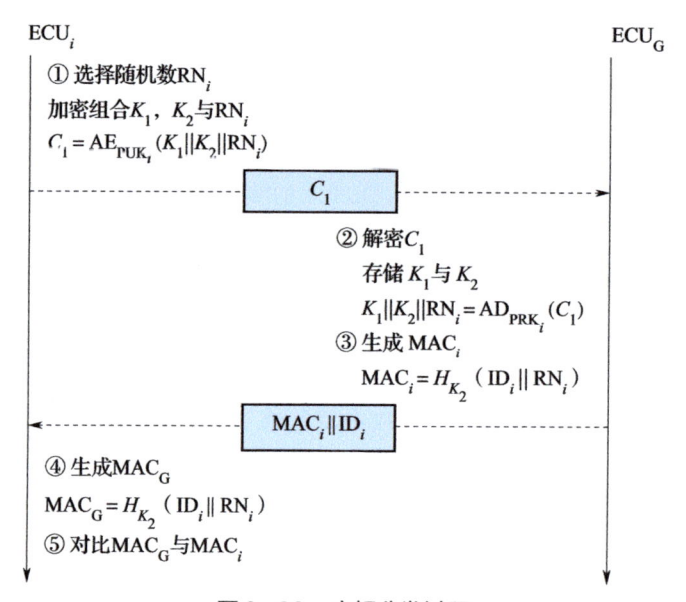

图6-60 密钥分发过程

密钥分发过程完成后，所有合法 ECU 成功获得加密密钥和认证密钥。密钥仅在此次启动后有效，并由网关 ECU 定期更新。在启动阶段，网关 ECU 对各个 ECU 进行密钥分发过程。虽然攻击者可以窃听密钥分发消息，但它没有合法 ECU 的私钥，因此，它无法解密包含密钥的消息。攻击者无法获得通信过程所需的密钥。此外，公钥仅在合法 ECU 和网关 ECU 之间共享。没有公钥的攻击者无法伪装成网关 ECU 打开密钥分发过程。鉴于 RSA 的安全性已得到证明，攻击者无法在没有公钥和私钥的情况下影响密钥分发过程。

（2）安全通信模块　密钥分发过程完成后，各 ECU 获得加密密钥和认证密钥。因此，它们有能力加密、解密和验证消息。本小节全面分析了汽车以太网的安全要求和约束。我们选择对称加解密算法 DES 和消息摘要算法 HMAC-MD5 作为主要算法来设计一种安全通信方法。在这种方法中，每个 ECU 都有一个序列号，用于提供消息的新鲜度。在通信之前，初始序列号被设置为零，并在每次使用时递增。网络中的每条消息都有一串由序列号和加密数据计算得到的消息认证码。接收方通过比较消息认证码来验证消息的真实性。发送端 ECU_i 和接收端 ECU_j 的通信过程如图 6-61 所示。

```
发送方                                          接收方
ECU_i                                          ECU_j
① 加密数据 M
C_2 = SE_{K_1}(M)
② 生成 MAC_i
MAC_i = H_{K_2}(C_2 ∥ SN_i)
          ——— MAC_i ∥ C_2 ———>
③ SN_i 加 1
SN_i = SN_i + 1
                                    ④ 生成 MAC_j
                                    MAC_j = H_{K_2}(C_2 ∥ SN_j)
                                    ⑤ 对比 MAC_j 与 MAC_i
                                    ⑥ 解密 C_2
                                        SE_{K_1}(C_2)
                                    ⑦ SN_j 加 1
                                    SN_j = SN_j + 1
```

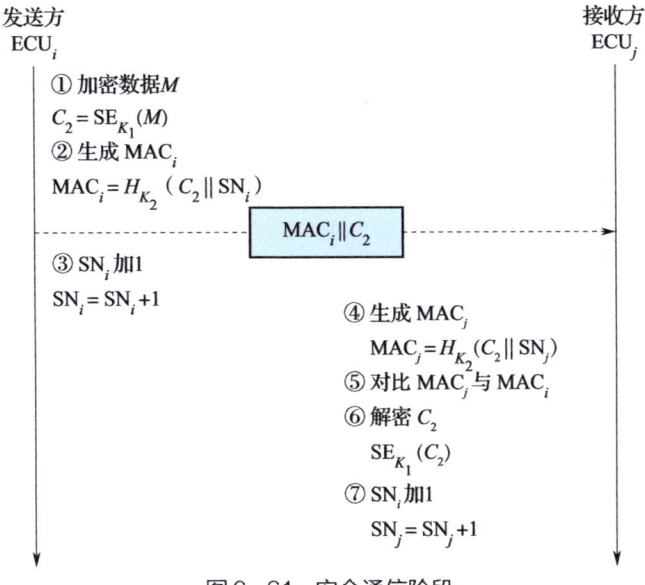

图 6-61 安全通信阶段

发送消息：

阶段 1：发送端 ECU_i 用 K_1 加密待传数据 M 得到 C_2：

$$C_2 = SE_{K_1}(M)$$

阶段 2：ECU_i 为 C_2 和 SN_i 用 K_2 生成 MAC_i，并用 C_2 将其传输给 ECU_j：

$$MAC_i = H_{K_2}(C_2 \| SN_i)$$

阶段 3：ECU_i 使 SN_i 加一：

$$SN_i = SN_i + 1$$

接收消息：

阶段 1：接收器 ECU_j 为 C_2 生成 MAC_j，并使用 K_2 生成 SN_j：

$$MAC_j = H_{K_2}(C_2 \| SN_j)$$

阶段 2：ECU_j 将 MAC_j 与 MAC_i 进行比较。通过比较它们，可以确认消息是否合法。如果消息合法，则继续执行。否则，将触发攻击警报。

阶段 3：ECU_j 用 K_1 解密 C_2 得到 M：

$$M = SE_{K_1}(C_2)$$

阶段 4：ECU_j 使 SN_j 加一：

$$SN_j = SN_j + 1$$

在通信阶段，发送方用加密密钥 K_1 对要传输的数据进行加密，接收方用相同的加密密钥 K_1 对接收到的数据进行解密。虽然攻击者可以窃听合法 ECU 之间的通信消息，但攻击者没有加密密钥 K_1。因此，它无法解密通信消息，即无法获得消息的明文形式。

在通信过程中，HMAC-MD5 生成的 128 位 MAC 提供了消息的真实性，发送方和接收方维护的序列号提供了消息的新鲜度。发送方为要传输的消息生成 MAC 和由发送方使用认证密钥 K_2 维护的序列号。接收方还为接收到的消息生成 MAC 以及由接收方使用认证密钥 K_2 维护的序列号。通过比较 MAC，接收方可以确认消息是否合法。攻击者还可能使用已知的 MAC 输入结构来生成伪造的消息。然而，攻击者在没有认证密钥的情况下无法生成与伪造消息对应的 MAC。攻击者伪造 MAC 的唯一方法是从 2^{128} 个可能的 MAC 中选择一个 128 位的字符串。在车载系统中，消息传输的时间间隔很短。因此，网络中的任何攻击者都可以在短时间内伪造出一个 128 位的 MAC，但如果每 5ms 传输一个数据帧，则传输 2^{128} 个数据帧所花费的时间是无法计算的。因此，攻击者伪造 MAC 攻击成功的概率接近于零。鉴于 DES 和 HMAC-MD5 的安全性得到证明，攻击者无法破解消息的密文或伪装成合法的 ECU 参与通信过程。

2. 性能评估

为了对所提出的安全协议进行有效性和实时性能评估，本节构建了一个汽车以太网试验平台。如图 6-62 所示，试验平台包括一个网关 ECU 和 9 个普通 ECU，其中 ECU_9 为非法，其余为合法。

（1）有效性评估　表 6-7 显示了密钥分发的过程。非法 ECU_9 攻击网络有两种情况：

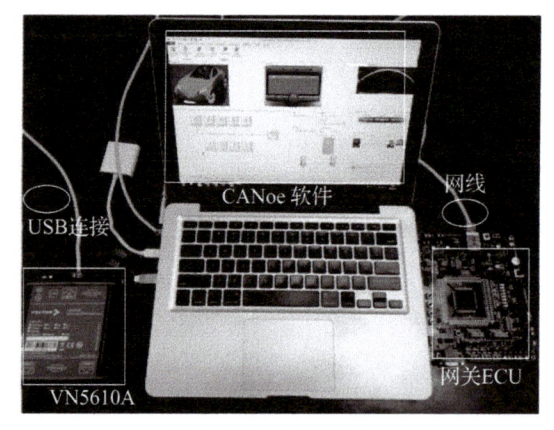

图 6-62　试验平台

1）ECU_9 试图伪装成合法的 ECU 来获取密钥。鉴于 ECU 发送的密钥分配消息是用合法 ECU 的公钥加密的，ECU_9 没有公钥对应的私钥。因此，即使它截获了消息，也无法获得密钥。

2) ECU_9 试图截取合法 ECU 回传给 ECU_G 的确认信息,并再次传输造成密钥分发过程的混乱,如表 6-7 第 6 条信息所示。确认消息中的消息鉴权码是为识别合法 ECU 而生成的,是 ECU_G 选择的随机数。这个时候,随机数已经更新了。因此,ECU_G 可以通过验证消息认证码来确认消息是否来自合法的 ECU。

表 6-7　密钥分发试验数据

	源地址	目的地址	消息长度	消息（前 8 字节）
1	00-04-9f-00-00-00	00-04-9f-00-00-01	0x0040	45 78 4D 36 69 59 71 55
2	00-04-9f-00-00-01	00-04-9f-00-00-00	0x0040	01 45 79 75 53 39 43 30
3	00-04-9f-00-00-00	00-04-9f-00-00-02	0x0040	65 68 57 42 51 45 67 44
4	00-04-9f-00-00-02	00-04-9f-00-00-00	0x0040	02 38 77 76 42 66 75 43
5	00-04-9f-00-00-00	00-04-9f-00-00-03	0x0040	6a 68 72 44 70 4f 6e 4a
6	00-04-9f-00-00-09	00-04-9f-00-00-00	0x0040	02 38 77 76 42 66 75 43
7	00-04-9f-00-00-03	00-04-9f-00-00-00	0x0040	03 64 61 6a 6c 78 61 57
8	00-04-9f-00-00-00	00-04-9f-00-00-04	0x0040	51 51 58 72 4b 33 6d 38
9	00-04-9f-00-00-04	00-04-9f-00-00-00	0x0040	04 30 50 59 62 47 6d 58
10	00-04-9f-00-00-00	00-04-9f-00-00-05	0x0040	34 72 45 6c 79 64 71 2b
11	00-04-9f-00-00-05	00-04-9f-00-00-00	0x0040	05 30 34 73 66 57 30 58
12	00-04-9f-00-00-00	00-04-9f-00-00-06	0x0040	41 51 66 51 36 31 6c 47
13	00-04-9f-00-00-06	00-04-9f-00-00-00	0x0040	06 77 6f 71 4a 61 50 73
14	00-04-9f-00-00-00	00-04-9f-00-00-07	0x0040	55 32 46 73 64 47 56 6b
15	00-04-9f-00-00-07	00-04-9f-00-00-00	0x0040	07 75 65 70 6b 33 30 77
16	00-04-9f-00-00-00	00-04-9f-00-00-08	0x0040	54 67 6d 38 6e 4e 75 71
17	00-04-9f-00-00-08	00-04-9f-00-00-00	0x0040	08 68 57 42 51 45 67 44

表 6-8 显示了所有 ECU 之间的通信过程。非法 ECU_9 攻击 ECU_1 有以下三种情况:

窃听信息:ECU_9 试图通过窃听信息获取重要信息。然而,网络中每个合法的 ECU 都有一个加密密钥,并且消息在传输之前使用加密密钥进行加密。因此,ECU_9 即使收到消息也无法解密。

伪造信息:ECU_9 伪装成合法 ECU 试图与 ECU_1 通信,但没有认证密钥无法生成正确的信息认证码。如表 6-8 中第 17 与 18 条消息所示,ECU_9 发送消息认证码不正确的消息。ECU_1 收到消息后,验证消息验证码,并发出攻击警报。

重放消息:ECU_9 试图通过传输之前已经传输过的消息来使网络无法正常工作。在网络中,通信双方通过维护序列号来记录消息的数量。如表 6-8 中第 19 与 20 条消息所示,ECU_9 发送一条已发送的消息。此时 ECU_1 的序列号已经改变；因此，正确的消息验证码也发生了变化。ECU₁ 收到消息后，验证消息验证码，并发出攻击警报。

表6-8　安全通信试验数据

	源地址	目的地址	消息长度	消息（前8字节）	合法性信息
1	00-04-9f-00-00-01	00-04-9f-00-00-02	0x05dc	41 42 48 30 64 74 61 48	True
2	00-04-9f-00-00-01	00-04-9f-00-00-02	0x05dc	4c 56 4e 4d 6c 32 6c 33	True
3	00-04-9f-00-00-02	00-04-9f-00-00-01	0x05dc	36 67 6c 36 78 67 49 72	True
4	00-04-9f-00-00-02	00-04-9f-00-00-01	0x05dc	50 6c 59 6b 58 50 34 34	True
5	00-04-9f-00-00-03	00-04-9f-00-00-04	0x05dc	55 32 46 73 64 47 56 6b	True
6	00-04-9f-00-00-03	00-04-9f-00-00-04	0x05dc	58 31 39 4d 6d 74 4d 79	True
7	00-04-9f-00-00-04	00-04-9f-00-00-03	0x05dc	46 45 36 4c 72 69 58 4c	True
8	00-04-9f-00-00-04	00-04-9f-00-00-03	0x05dc	65 54 4b 75 7a 75 68 66	True
9	00-04-9f-00-00-05	00-04-9f-00-00-06	0x05dc	4f 53 69 32 6d 46 45 30	True
10	00-04-9f-00-00-05	00-04-9f-00-00-06	0x05dc	54 48 59 75 24 93 56 33	True
11	00-04-9f-00-00-06	00-04-9f-00-00-05	0x05dc	48 59 79 6f 4d 52 32 73	True
12	00-04-9f-00-00-06	00-04-9f-00-00-05	0x05dc	44 67 51 71 4c 4a 48 37	True
13	00-04-9f-00-00-07	00-04-9f-00-00-08	0x05dc	5a 38 77 76 42 66 75 43	True
14	00-04-9f-00-00-07	00-04-9f-00-00-08	0x05dc	32 71 4c 33 6f 4e 79 4d	True
15	00-04-9f-00-00-08	00-04-9f-00-00-07	0x05dc	64 81 26 45 78 63 21 49	True
16	00-04-9f-00-00-08	00-04-9f-00-00-07	0x05dc	2a 25 8e 64 59 22 2f 9d	True
17	00-04-9f-00-00-09	00-04-9f-00-00-01	0x05dc	54 46 55 1a 23 25 6b 3f	False
18	00-04-9f-00-00-09	00-04-9f-00-00-01	0x05dc	b4 b4 43 76 c4 f5 65 23	False
19	00-04-9f-00-00-09	00-04-9f-00-00-01	0x05dc	4c 56 4e 4d 6c 32 6c 33	False
20	00-04-9f-00-00-09	00-04-9f-00-00-01	0x05dc	50 6c 59 6b 58 50 34 34	False

（2）实时性评估　本节采用非对称加密算法 RSA 和消息摘要算法 HMAC-MD5。安全通信包括五个部分的时间成本，即发送方对消息进行加密、在网络中传输数据帧、接收方对消息进行解密、发送方生成消息验证码、接收方生成消息验证码的时间成本。因此，单个合法 ECU 密钥分发的时间成本 T_a 为

$$T_a = 2(T_{RSA} + T_{HMAC-MD5} + T_{com})$$

式中，T_{RSA} 是非对称加密算法 RSA 在加解密消息时产生的时间成本；$T_{HMAC-MD5}$ 是消息摘要算法 HMAC-MD5 在计算消息验证码时产生的时间成本；T_{com} 是数据帧的传输。

采用对称加密算法 DES 和消息摘要算法 HMAC-MD5。安全通信包括五个部分的时间成本，即发送方对消息进行加密、发送方生成消息验证码、在网络中传输数据帧、接收方解密消息、生成消息验证码的时间成本。因此，通信响

应时间 T_r 为

$$T_r = 2(T_{DES} + T_{HMAC-MD5}) + T_{com}$$

式中，T_{DES} 是对称加密算法 DES 在加解密消息时产生的时间成本；$T_{HMAC-MD5}$ 是消息摘要算法 HMAC-MD5 在计算消息验证码时产生的时间成本；T_{com} 是数据帧的传输。

在试验中，通过在 MPC5646C 上实现算法来测量 RSA 算法、DES 算法和 HMAC-MD5 算法的执行时间。算法的执行时间与 CPU 时钟频率密切相关。因此，CPU 时钟速率更改为 60MHz、80MHz、100MHz 和 120MHz。为了获得可靠的结果，重复测量 10000 次以获得平均执行时间。结果如图 6-63 所示。在 TriCore 和 FPGA 上实现了这些算法，CPU 时钟速率更改为 80MHz，结果如图 6-64 所示。

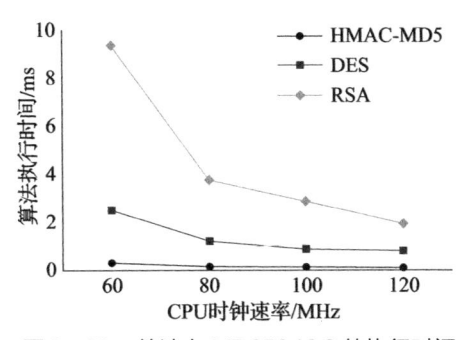

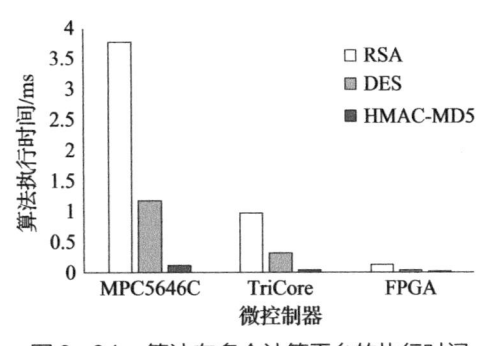

图 6-63　算法在 MPC5646C 的执行时间

图 6-64　算法在多个计算平台的执行时间

本节测试了所提出的协议对不同规模的车载系统的影响。随着整车系统规模的扩大，ECU 的数量也随之增加。为了评估所提出的协议在不同系统规模上的性能，对于每个 CPU 时钟速率，根据 ECU 的数量绘制了密钥分发时间和平均通信响应时间。如图 6-65 和图 6-66 所示，横轴代表 ECU 数量，在 10、20、30、40 之间变化，即横轴上的 ECU 数量代表 ECU 的车载系统规模。

在启动过程中，网关 ECU 以固定的顺序将密钥分发给每个合法的 ECU。因此，ECU 的数量对密钥分发时间有很大的影响。图 6-65 显示，在任何 CPU 时钟速率下，随着 ECU 数量的增加，密钥分发时间也会增加。当 CPU 时钟频率为 120MHz 时，10 个 ECU 在不到 40ms 的时间内完成了密钥分发过程。当 CPU 时钟速率为 60MHz 时，40 个 ECU 在不到 800ms 的时间内完成了密钥分发过程。对于真正的汽车以太网，CPU 时钟速率代表车辆性能。因此，当将所提出的安全协议应用于具有高性能或低性能 ECU、系统规模大或小的车辆时，能够在可接受的时间内完成密钥分发过程。此外，通信响应时间也很重要。如图 6-66 所示，当 CPU 时钟频率为 120MHz 时，通信响应时间小于 2ms。当 CPU 时钟速率为60MHz时，通信响应时间小于6ms。而且，随着ECU数量的增加，通信响应时间保持稳定，不会对车载系统造成任何影响。因此，当将上述安全协议应用到具有高性能或低性能ECU、系统规模大或小的车辆时，通信响应时间可以满足汽车以太网的实时性要求，充分保证其可用性。

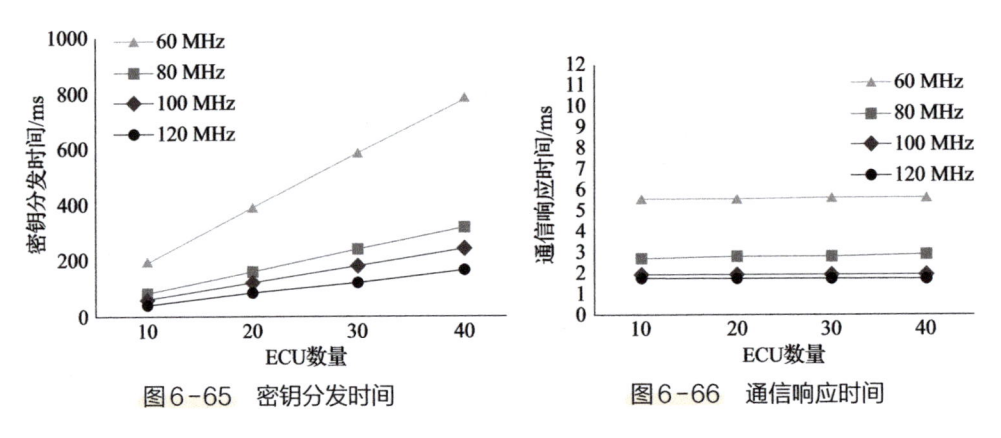

图6-65　密钥分发时间

图6-66　通信响应时间

6.2.6　安全车端网络层案例4——信息安全防护协议性能与开销之间的量化权衡模型

在完成轻量级信息安全防护协议的设计、验证与初步评估后，信息安全防护协议性能与开销之间的量化权衡有利于进一步节约汽车电子系统的计算资源与带宽资源。信息安全防护协议性能与开销之间的量化权衡模型将安全协议顶层参数与底层密码学原语参数以及系统允许用于安全协议的资源约束和时间约束参数进行符号化描述，将安全协议参数与任务调度之间的耦合度作为分类条件，依次揭示参数设计与安全性能和开销之间的量化权衡关系。

如图6-67所示，面向与任务调度松耦合的部分顶层安全协议参数（如密钥链结构和应用的非对称密码学原语）与底层密码学原语参数（如非对称加密算法的密钥长度等），设计满足系统资源约束和时间约束以及协议安全约束与逻辑约束下的参数优化设置方法，实现有利于提高资源利用率的参数优化设置；面向与任务调度紧耦合的顶层安全协议参数（如底层密钥释放间隔、应用的对称密码学原语等）与底层密码学原语参数（如散列算法输出长度、分组加密算法的密钥长度和迭代轮数等），探索相关参数的设计与其达到的安全级别和其产生的资源和时间开销之间的耦合关系，设计安全性能与开销之间的量化权衡模型。本节仅以与任务调度紧耦合参数中分组加密算法RC6参数为例，说明模型构建原则。

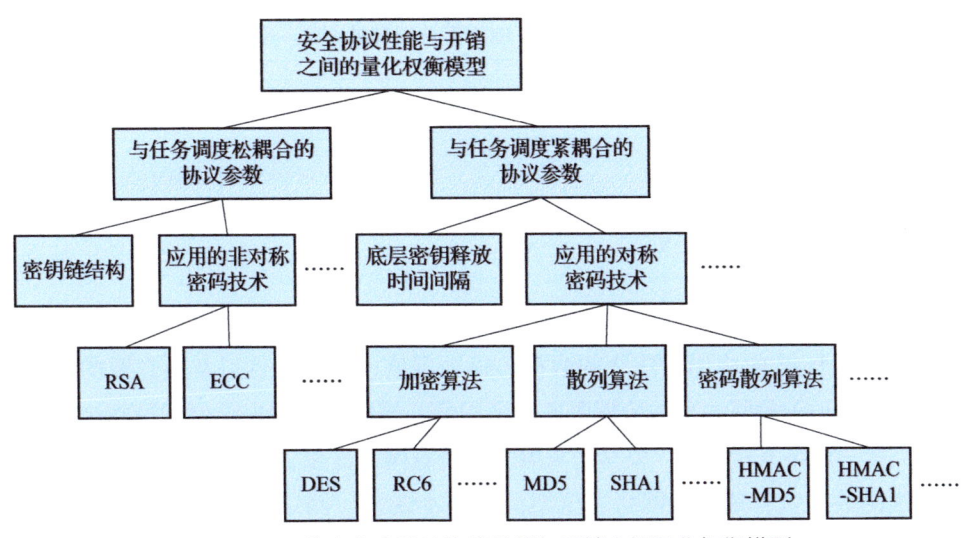

图6-67 信息安全防护协议性能与开销之间量化权衡模型

分组密码算法 RC6 属于协议底层用于保护数据机密性的对称加密算法，其与系统响应/控制功能任务和信号紧密地协同运行，RC6 的参数设计与安全性量化权衡模型独立于顶层协议，具有普适性。通常，分组密码算法的安全性能随着密钥长度和迭代轮数增加而增大，系统设计者可以通过密钥长度和迭代轮数的设置在所需的安全级别和时间开销之间进行权衡。破解分组密码算法的开销一方面相对于其使用的密钥长度和迭代轮数呈指数增长，另一方面取决于所使用的密码攻击方法。

定义9：安全级别以比特为单位，n 比特安全性表示攻击者能够通过 2^n 次操作破坏密码系统安全性。

RC6 算法的密钥长度设置范围为 8～2040 比特，迭代轮数设置范围为 1～255。表 6-9 列出了根据当前 RC6 算法进行的最强大攻击之一的报告所总结的迭代轮数与安全级别的映射关系。进而，可在拟采用的计算资源上运行 RC6 算法，记录其运行时间与密钥长度和迭代轮数之间的映射关系。例如，设计者考虑使用 512 位密钥大小的 RC6 算法，根据表 6-9，12 轮迭代的安全级别为 102 位，同时根据测试，使用带有 512 位密钥和 12 轮迭代的 RC6 算法对 16 个字节的数据进行加密/解密的时间为 4.9μs。因此，RC6 算法在 4.9μs 的安全级别为 102 位。以此类推，能够获得该算法安全性能与安全开销的其他耦合关系对。采用类似的方法，依次构建汽车行业推荐采用的若干密码学原语的安全开销模型，这些模型的建立使能了任何在底层安全算法所需的安全级别和时间开销之间进行权衡的设计者进行动态、自适应的联合设计。

表 6-9 攻击不同迭代轮数的 RC6 算法所需的明文 – 密文对数量

迭代轮数	8	12	16	20	24
线性攻击	2^{62}	2^{102}	2^{152}	2^{182}	2^{222}

6.3 安全的车载网关

安全的车载网关旨在采取强有力的安全措施来保护由多个车载网络构成的电子通信的多个 ECU 应用程序之间数据传输的保密性、完整性以及消息源的真实性，同时保护车载网关数据传输服务的可用性。该层主要的安全保护措施包括安全防火墙与网络入侵检测。安全防火墙监控所有网络流量，并阻止不符合指定安全标准的数据包，是构成网络安全架构的基本要素。网络入侵检测用于识别网络流量中的异常情况并在可疑数据包到达其他链接网关的节点之前将其阻止。

6.3.1 防火墙

防火墙指在两个或多个网络之间建立单点设备、软件等，监控所有网络流量，并阻止不符合指定安全标准的数据包，是构成网络安全架构的基本要素。防火墙主要用于实现用户身份验证、审计/日志记录。广义防火墙可分为网络层防火墙和应用层防火墙。网络防火墙是一个系统或一组系统，用于使用预配置的规则或过滤器来控制两个网络（受信任的网络和不受信任的网络）之间的访问[112]。在网络层防火墙中，可以将一个简单的路由器视为网络层防火墙，以 IP 网络为例，它根据数据包的源地址、目标地址和端口过滤数据包。在应用层防火墙中，主机代理服务器会检查所有通过它的流量，并防止不同网络之间的直接流量访问。应用层防火墙可以用作网络地址转换器，因为流量在通过有效掩盖发起连接来源的应用程序后，从一侧进出另一侧。并非所有 OSI 层都需要防火墙功能。现代防火墙在应用层、传输层、网络层和数据链路层上运行，添加额外的层允许防火墙容纳高级应用程序和协议。防火墙可以充当虚拟专用网络网关，对内容进行加密并将其转发到其他网络。同时，防火墙能够用于内容过滤，过滤传入信息的内容，例如进入网络流量。在更高层（应用程序、传输层）工作的防火墙，例如应用程序代理网关防火墙，通常对特定用户进行用户身份验证和日志记录。

1. 包过滤防火墙

数据包过滤路由器是最基本的防火墙类型，大多集成在路由器软件中，是一种高速灵活的防火墙。数据包过滤器配置有基于系统地址和通信系统接口的访问控制规则。数据包过滤器能够部署在任何依赖第 3 层寻址的网络基础设施中,当其从不受信任的网络接收数据包时,所有传入的数据包都会使用定义的规则集进行过滤(接受或丢弃),并且转发到在 OSI 堆栈的更高层定义的其他防火墙,见表 6 – 10。包过滤防火墙的主要优势包括速度和灵活性。数据包过滤器的主要弱点为:容易受到网络级别的攻击,例如地址欺骗;由于其工作在网络层,无法阻止对上层的攻击以及执行高级用户身份验证方案。

表 6 – 10 数据包过滤防火墙示例

源地址	源端口	目的地址	目的端口	动作	描述
Any	Any	192.168.1.0	>1023	Allow	允许返回 TCP 连接到内部子网
192.168.1.1	Any	Any	Any	Deny	避免防火墙与外接连接
Any	Any	192.168.1.1	Any	Deny	避免外界用户直接访问防火墙
192.168.1.0	Any	Any	Any	Allow	内部用户可以访问外部服务器
Any	Any	192.168.1.2	SMTP	Allow	允许外部用户向内部发邮件

2. 状态检测防火墙

状态检测防火墙基于数据包过滤机制,进一步检查 OSI 网络层的数据包报头,并验证数据包是否属于合法连接。使用预定义的状态相关规则检查数据包报头信息,随后将有关状态更改的信息存储到动态状态表中。状态表中的数据将被进一步评估以验证数据包是否属于同一连接。状态检测防火墙具有与包过滤防火墙相同的优点和缺点,但由于引入了 OSI 第 4 层感知,状态检测比纯包过滤具有更多的限制。

3. 应用代理防火墙

应用代理防火墙将较低层访问控制与应用程序层功能结合在一起,并在 OSI 堆栈的应用程序级别上工作,源和目标之间不能存在直接的端到端连接或会话,防火墙作为消息的代理,可以使用高级用户身份验证和日志记录机制,包括用户或密码身份验证,硬件或软件令牌身份验证,源地址身份验证等,应用代理防火墙的所有流量都必须通过代理并进行分析,因此主要弱点是它们对性能的影响。

4. 电路网关防火墙

电路网关防火墙类似于数据包过滤器,但其工作在传输层。电路网关连接属于不同网络的两个系统，监视请求的会话是否合法，并充当中间监视点。例如，电路级防火墙不发送网络计算机的 IP 地址，而是发送一个电路级地址，将 LAN 隐藏在防火墙后面。电路级防火墙的优点为其使防火墙后面的 LAN 不可见，主要缺点为其不过滤单个数据包。

5. 分布式防火墙

分布式防火墙的策略在参与防火墙的每个主机上实施，并共享由中央管理节点固定的策略。每台主机在网络、传输或应用程序级别处理传入和传出。分布式防火墙的主要优点是有多个阻塞点，提高了防火墙的性能和可用性。特别是，不再有可以隔离整个网络的单点故障。

在车内防火墙过滤策略通常在网关处执行，其根据定义的授权规则决定是转发消息还是丢弃消息。这些规则通常会定义传输层必须匹配的模式，以便消息被转发（正规则）或被丢弃（负规则）。此类策略的规则主要基于传输层参数（源地址和目标地址、源域或目标域等）。对于处理能力较强的网关，防火墙同时可过滤基于应用层信息，例如结合消息内容、历史状态以及车辆环境信息等进行过滤以及合理性检查。车内过滤策略需根据应用程序等安全关键与紧急程度，考虑信息和相关功能的有效性，制定阻止规则。

CAN 网络多层防火墙框架如图 6-68 所示，通过施加交换机进行总线隔离，根据 CAN-ID 解析源地址和目的地址进行路由，在 OSI 的 3 层和 4 层采用过滤机制，通过深度数据包监测进行 CAN 负载过滤，在上层进行状态感知 CAN 数据包过滤，同时可进行基于数据包频率的 CAN 过滤。

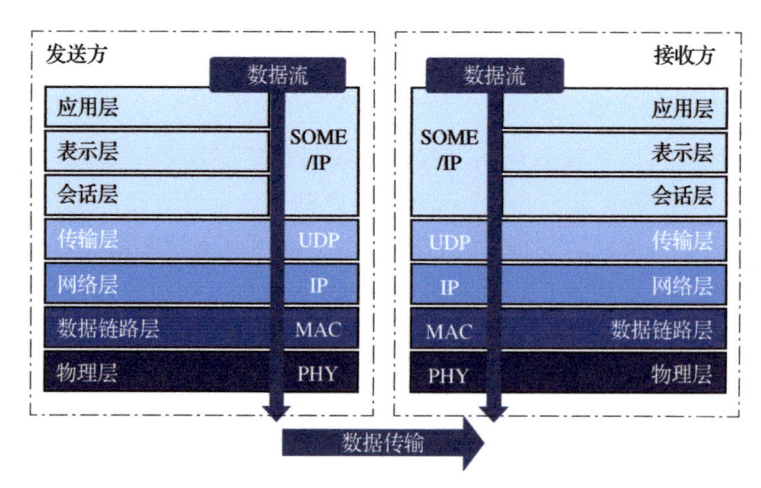

图 6-68 CAN 防火墙

以太网的防火墙检查输入和输出的以太网消息，在固定的时间范围内决定阻止还是允许消息转发，维护和施加网段隔离，建立和保持以太网所有层级上通信域，包括无状态包过滤、状态包检测以及深度数据包检测，根据车辆上下文关联以提供状态感知策略，基于权限规则集的通信策略实施并允许两个过滤器：白名单（只允许预先定义的通信流）和黑名单（避免已知的攻击）。

6.3.2 分区域网络隔离

车辆架构内各功能域之间的通信隔离，如易受到攻击的娱乐信息系统不允许与动力传动系统、底盘系统等安全相关域直接进行通信；以及对具有安全隐患的外部请求进行身份授权认证等，确保相同/不同域的节点之间进行合法数据交互，如图6-69所示。

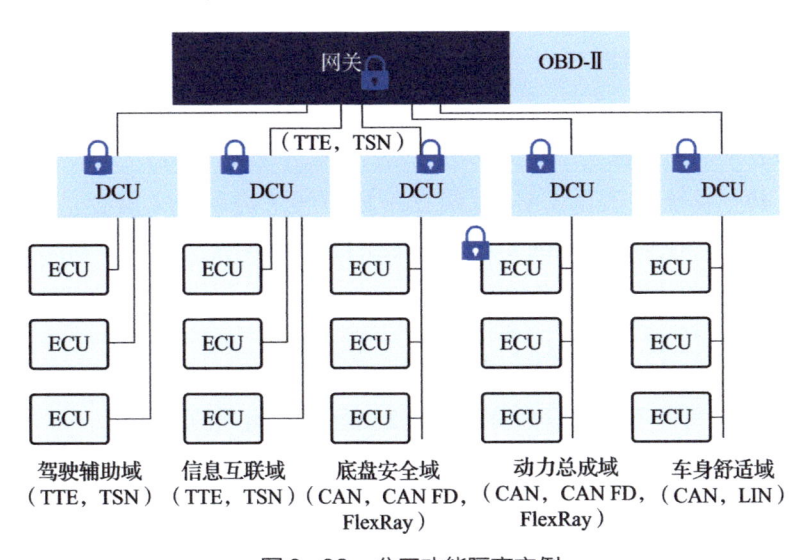

图6-69 分区功能隔离实例

6.3.3 异常检测

异常检测属于反应式安全策略，实时监控网络系统状态，并在检测到潜在威胁时立即做出响应以确保系统安全，是重要的网关层信息安全防护手段[105]。异常检测方法通过检查系统是否偏离正常行为进行攻击识别，检测通常从系统活动的训练或正常模型开始，通过将当前系统的活动与先前捕获的正常模型进行比较，以检测行为变化并将这些偏差标记为异常。目前，异常检测主要包括基于统计、基于知识以及机器学习的三类方法。基于统计的异常检测方法将当前观察到的系统统计概况与先前确定的统计概况进行比较，由于汽车电子系统内部网络和电子组件的复杂性使其难以被建立为一个精确的统计模型，该方法用于车载网关的异常检测误报率较高，更适合作为补充检查。基于知识的检测方法依赖于描述网络行为的规范，系统合法信息交互行为由其功能和其他交互组件的约束描述，将偏离规范之外的操作认定为异常，具备低资源开销和低误报率的优点，但该方法泛化性能较差。基于机器学习的异常方法学习大量数据，期望挖掘特征与输入之间的关联关系，对不同攻击类型检测敏感性不足。

1. 安全车端网关层案例1——基于信息熵的CAN总线异常检测

本节概述了一种使用信息熵的CAN总线异常检测方法，使用该方法能够检测CAN总线洪泛、重放等攻击，并且检测效果达到预期。在信息学领域，熵用来描述一个系统的不确定性。熵值越高，系统越混乱。汽车CAN总线的信息传输较为规律，消息种类固定、周期稳定，其熵值较为稳定。当向网络注入新报文或者某个ECU忽然断开时，系统熵值会有较大变化，反映出系统的异常行为。

（1）异常检测方法

定义10：系统E表示CAN总线在一段时间T内的报文集合，其中$\{\varepsilon_1, \varepsilon_2, \cdots, \varepsilon_n\}$为$T$时间内出现的$n$种不同标识符的CAN报文消息，则此CAN总线在时间段T内的信息熵定义为

$$H(E) = \sum_{\varepsilon \in E} P(\varepsilon) \log \frac{1}{P(\varepsilon)}$$

其中，$P(\varepsilon)$为每种不同标识符的报文在T时间段内出现的概率。

假定CAN总线上第i种报文ε_i在T时间内发送的数量n_i为$n_i = \dfrac{T}{c_i}$，则第i种报文在T时间内出现的概率$P(\varepsilon_i)$可表示为

$$P(\varepsilon_i) = \frac{n_i}{\text{total}_T} = \frac{T}{c_i} \frac{1}{T \sum_{i=1}^{n} \dfrac{1}{c_i}} = \frac{1}{c_i \sum_{i=1}^{n} \dfrac{1}{c_i}}$$

定义11：系统E表示CAN总线在一段时间T内的报文集合，其中$\{\varepsilon_1, \varepsilon_2, \cdots, \varepsilon_n\}$为$T$内时间内出现的$n$种不同标识符的CAN报文消息，具有相同状态空间的两组不同概率分布$P(\varepsilon)$和$Q(\varepsilon)$，定义其KL散度（Kullback-Leibler Divergence）为

$$D(P \| Q) = \sum_{\varepsilon \in E} P(\varepsilon) \log \frac{P(\varepsilon)}{Q(\varepsilon)}$$

其中，$P(\varepsilon)$和$Q(\varepsilon)$为每种不同标识符的报文在T时间段内出现的概率。

将信息熵引入 CAN 网络的异常检测中，通过正常情况 CAN 总线的报文数据得到样本库，作为判断总线是否出现异常的基线。在检测时，对待检测的 CAN 总线数据进行分析，计算当前总线的信息熵，并与基线样本对比判断当前 CAN 总线中是否出现异常。

异常检测包括两个部分：标定阶段和检测阶段。标定阶段主要是 CAN 总线数据分析处理过程，构建基线数据库；检测阶段包括数据收集、数据预处理、熵值计算、与基线数据库比对分析、警报 5 个过程，得出判断结果，如图 6-70 所示。

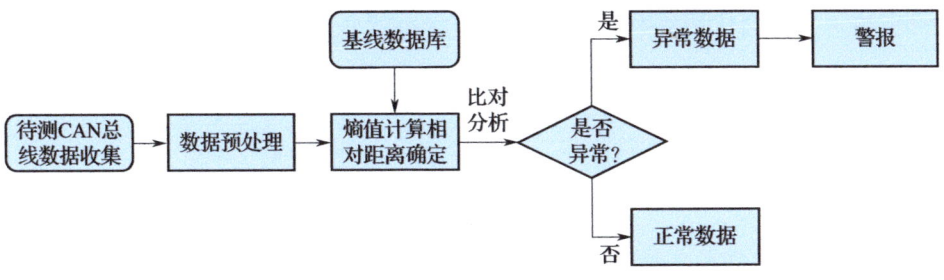

图 6-70 异常检测效果评估

（2）试验环境搭建　仿真试验系统环境为 Windows 7，使用 Vector 公司 CANoe（Version 8.01 SP）模拟 CAN 总线环境，使用 ZLG USB-CAN-Ⅱ 模拟一个入侵 ECU 发起攻击，如图 6-71 所示。

图 6-71　CAN 总线仿真试验环境

模拟的网络使用 CANoe 的 System Demo，其模拟了汽车行驶时，CAN 网络各 ECU 工作的状态和报文发送的情况。该 Demo 包括两路 CAN 总线，分别为 Power_train 和 Comfort。Power_train 子网模拟了汽车的动力 CAN 总线，其中包括发动机、档位、制动等主控制单元，Comfort 子网模拟了车身 CAN 总线，主要为车灯和仪表显示等功能。模拟的两个 CAN 总线子网络 Power_train 和 Comfort，由一个网关连接，如图 6-72 所示，两个子网络的速率均为 33kbit/s。共包含 9 个 ECU，共 17 种不同周期和数据长度的消息报文，见表 6-11。

攻击虚拟节点用以实施洪泛攻击，如图 6-73 所示。利用 USB–CAN–Ⅱ模拟真实攻击节点来对 CAN 总线发起伪造攻击，例如，控制车速的报文为 ABSdata，标识符为 0x000000C9，其中车速信号在数据位的前两位，因此从 USB–CAN–Ⅱ 向 CANoe 中模拟的 CAN 总线中插入标识符为 0x000000C9 的报文并改变其中前两位的值就可以改变车速。如图 6-73 所示，在 10s 后通过 USB–CAN–Ⅱ 向 Power_train 子网发送伪造的 0x000000C9 报文，使其车速突然提升。

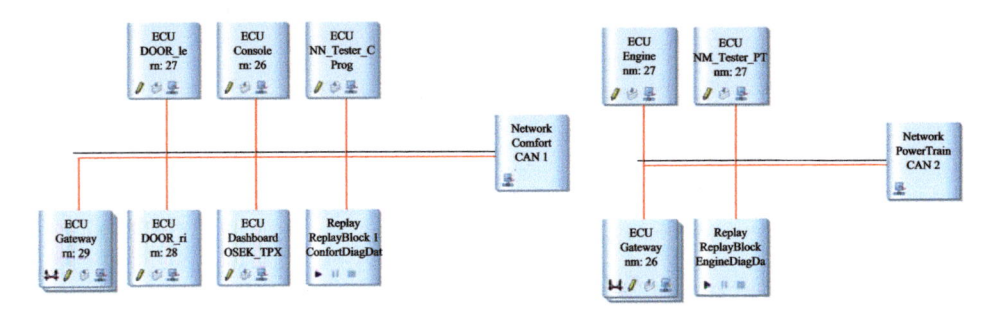

图 6-72　CAN 总线仿真

表 6-11　试验环境 CAN 网络报文

	标识符（hex）	描述	周期/s	数据大小/字节
1	110	Gateway_1（网关1）	0.1	3
2	1A0	Console_1（中控1）	0.02	4
3	1F0	DOORl（车门）	0.02	1
4	1F1	DOORr（车门）	0.02	1
5	67	IgnitionInfo（点火）	0.02	2
6	64	EngineData（发动机）	0.05	8
7	66	EngineDataIEEE（发动机）	0.05	8
8	111	Gateway_2（网关2）	0.05	8
9	C9	ABSdata（ABS）	0.05	6
10	3FC	GearBoxInfo（变速器）	0.05	1
11	41A	NMConsole（中控）	1.2	4
12	51A	NM_Gateway_PowerTrain（传动网关）	0.6	4
13	41B	NM_DOORleft（车门）	1.2	4
14	51B	NM_Engine（发动机）	0.6	4
15	41C	NM_DOORright（车门）	1.2	4
16	41D	NM_Gateway（网关）	1.2	4
17	1A1	Console_2（中控2）	0.5	2

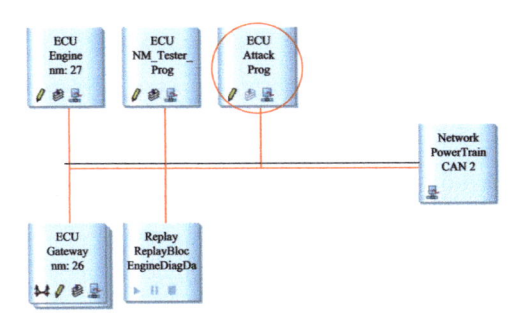

图6-73 虚拟攻击节点

(3) 信息熵值计算

攻击场景1：向 Power_train 子网中发送周期为0.05s、帧 ID 为 0x00、数据域长度为8个字节的攻击报文。试验结果显示：攻击者向网络中发送一个新 ID 的报文使得 Power_train 子网的信息熵增加。从表6-12中很容易看出，新出现的攻击增加了整个系统的信息熵。

表6-12 攻击场景1：攻击者在 T 时间段发送标识符为 0x00 的报文消息

	标识符(hex)	描述	周期/s	数据大小/字节	H_i（时间 T 内无攻击）	H_i（攻击者发送 ID0x00 消息）
1	0x67	Ignition_Info（点火）	0.02	2	0.5307	0.5277
2	0x64	EngineData（发动机）	0.05	8	0.4088	0.3848
3	0x66	EngineDataIEEE（发动机）	0.05	8	0.4088	0.3848
4	0x3FC	GearBoxInfo（变速器）	0.05	1	0.4088	0.3848
5	0xC9	ABSdata（ABS）	0.05	6	0.4088	0.3848
6	0x51A	NM_Gateway_PowerTrain（传动网关）	0.6	4	0.4088	0.0741
7	0x51B	NM_Engine（发动机）	0.6	4	0.0816	0.0717
8	0x00	Attacker（攻击者）	0.05	8	0.0789	0.3590
		$H(E) = \text{sum}(H), T = 15 \text{seconds}$			2.3264	2.5717

攻击场景2：攻击跨越两个整段时间 T，在 4~16 s 向 Power_train 子网中发送周期为0.05s、帧 ID 为 0x00、数据域长度为8个字节的攻击报文，表6-13 为 Power_train 子网信息熵的变化情况。试验结果显示：在两段时间 T 内 Power_train 子网的信息熵均增加，但是由于攻击报文在后一个时间段出现的时间较短，其信息熵的变化十分微小，因此信息熵对存在时间极短攻击报文的检测结果并不理想。

表6-13 攻击场景2：攻击者在 4~16s 发送标识符为 0x00 的报文消息

间隔（$T = 15s$）	00:00.00~00:14.99	00:15.00~00:29.99	00:30.00~00:44.99	00:45.00~00:59.99
无攻击 $H(E)$	2.3306	2.3289	2.3309	2.3316
有攻击 $H(E)$	2.6299	2.3334	2.3309	2.3316

攻击场景 3：攻击者在某一时间段 T 重放一种报文消息，根据计算网络内所有不同种报文消息在相邻时间间隔的相对 KL 散度，判断是否发生该类攻击。

图 6-74 显示在第 5 组和第 6 组相对距离值发生较大变化，能够看出 CAN 报文 0xC9 在第 5 个和第 6 个时间间隔发生了较大变化，可判定在第 6 个时间间隔，存在该报文的重放攻击。

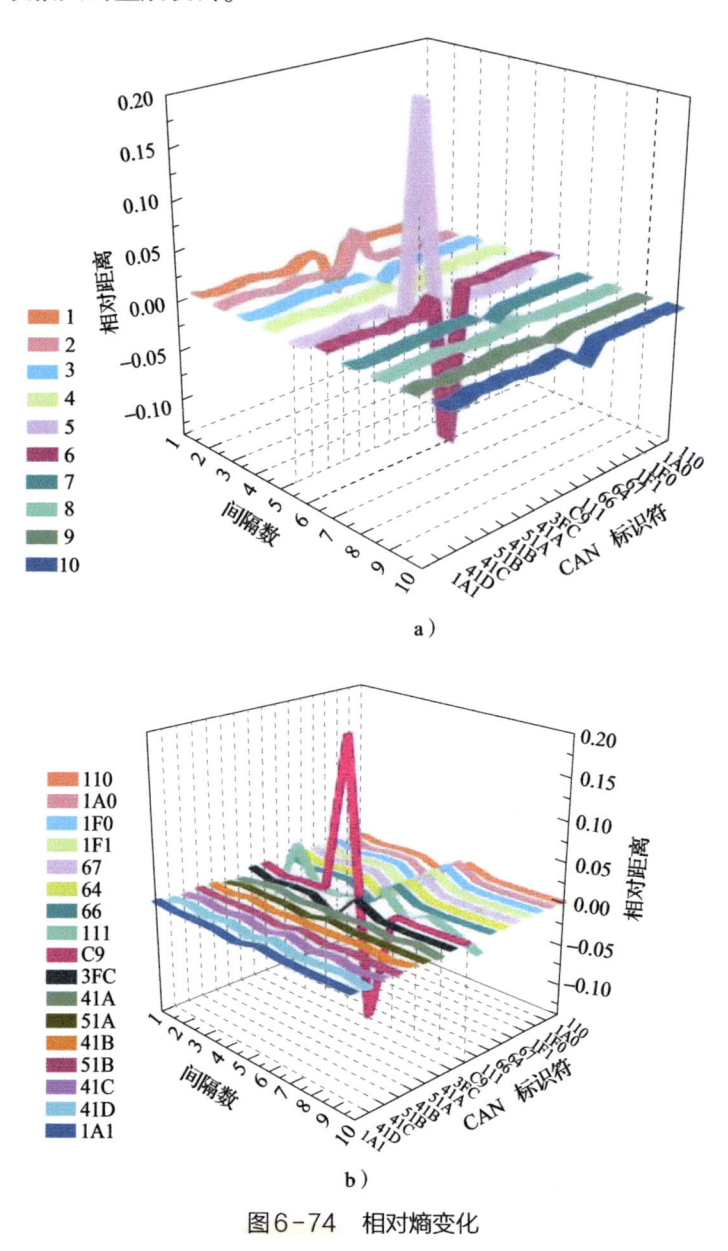

a）

b）

图 6-74　相对熵变化

通过三种不同的攻击场景，验证了信息熵的变化能够用来检测 CAN 总线中的异常行为，但时间间隔选定、基线熵值的选定均需根据系统正常数据进行标定，以达到更精准的检测效果。

2. 安全车端网关层案例2——基于信息熵和决策树的 CAN FD 总线异常检测

随着车内智能驾驶、座舱等功能的发展，车内数据传输量大幅度提高，具有更大数据负载、灵活数据速率的车载控制器区域网络 CAN FD 在促进多个传感器、执行器和位于关键子系统内的 ECU 之间的实时数据交换中起着关键作用。本节概述了一种车载 CAN FD 网络异常状态的双重检测技术，用于在智能化车辆动态行驶时对车载 CAN FD 网络报文进行标识级与内容级异常的实时双重检测，通过相对熵与活跃熵检测 CAN FD 报文标识级异常，通过决策树检测 CAN FD 报文内容级异常，以便面向潜在威胁能够实时触发反应式响应，从而确保汽车电子系统的安全性。

（1）方法概述　基于相对熵与活跃熵的 CAN FD 报文标识级异常监测实时计算一定时间段内的熵值，与标准熵值范围对比，识别报文消息正常或异常。

1）熵值标定。熵值标定步骤采集已有实际车辆 CAN FD 网络数据，获得一定时间段 T_{total} 内的网络报文，分别设置不同时间间隔长度 T_{int}^1, T_{int}^2, $\cdots$, $T_{int}^{n_t}$，计算 T_{total}/T_{int}^m, $m \in (1, \cdots, n_t)$ 个不同间隔 CAN FD 相对熵和活跃熵，并通过对比各个时间间隔熵值对异常的敏感情况，选取熵值计算的时间间隔参数，进而根据选定的时间间隔标定车辆在正常情况下的熵值基线标准。

CAN FD 网络报文周期与报文种类、数量相对稳定，相对熵能够有效表征网络出现异常，相对熵计算方法如下：假定 CAN FD 网络在一定时长为 T 的时间间隔内传输 n_f 种报文，标识符集合为 $F = \{f_1, f_2, \cdots, f_{n_f}\}$，对应的传输周期分别为 $P = \{t_1, t_2, \cdots, t_{n_f}\}$，则 CAN FD 总线报文 f_i 在第 j 个时间间隔的传输次数为

$$n_{f_i} = \frac{T}{t_{n_i}}$$

CAN FD 总线报文 f_i 在第 j 个时间间隔的传输概率为

$$P(f_i) = \frac{n_{f_i}}{\sum_{i=1}^{n_f} n_{f_i}}$$

CAN FD 总线报文 f_i 在 n_T 个时间间隔内传输概率均值为 $\bar{p}(f_i)$，则 CAN FD 网络系统在第 j 个时间间隔相对熵为

$$D(p \parallel \overline{p}) = \sum_{i=1}^{n_f} p(f_i) \log \frac{p(f_i)}{\overline{p}(f_i)}$$

相对熵对于属性选择较为敏感，相比之下活跃熵为流层级的检测方法，适用于网络系统流量方面的异常检测，与相对熵形成互补，活跃熵计算方法如下：CAN FD 网络系统中电子控制单元集合为 $E = \{\varepsilon_1, \varepsilon_2, \cdots, \varepsilon_{n_e}\}$，电控单元 ε_k 的状态集合为 $K = \{\theta_1, \theta_2, \cdots, \theta_{n_\theta}\}$，系统某一特定时刻的状态集合为 $\theta_l = (\tau_1, \tau_2, \cdots, \tau_{n_e})$，其中 τ_k 为 $ECU\varepsilon_k$ 在时刻 θ_l 的状态，a 表示 $ECU\varepsilon_k$ 的一次数据传输行为，ε_k 向 CAN FD 网络发送消息时 $a = 1$，ε_k 从 CAN FD 网络接收消息时 $a = -1$，经过行为后，系统状态 θ_l 通过函数 ST 转移为 $\theta'_l = ST(\theta_l, a) = \{\tau_1, \tau_1, \cdots \tau_k + a, \tau_{k+1}, \cdots, \tau_{n_e}\}$。CAN FD 网络中 ECU 发送和接收消息的行为序列为 $\{a_1, a_2, \cdots, a_{n_a}\}$，网络系统状态为 $ST\{a_{n_a}, ST[a_{n_a-1}, \cdots, ST(a_1, \theta_1)]\}$。CAN FD 网络系统活跃状态集合为 $K_{active} = \{\theta_1, \theta_2, \cdots, \theta_{n_{ac}}\}$，其对应的概率集合为 $P_{active} = \{p_1, p_2, \cdots, p_{n_{ac}}\}$，则 CAN FD 网络系统的活跃熵为

$$H_{active} = -\sum_{i=1}^{n_{ac}} p_i \log p_i$$

$$p_i = \frac{c_i}{\sum_{j=1}^{n_{ac}} c_i}$$

其中，c_i 为 CAN FD 总线系统处于状态 θ_l 的次数。

根据计算结果得到车辆在正常状态下两种熵值的取值范围，取值范围被作为异常检测的标准。

2）熵值检测。该阶段分别计算待测数据的相对熵、活跃熵值，并与正常范围比对，如果熵值处于正常范围之外，则将触发预警；如果处于正常范围之内，则说明网络正常。

基于决策树的 CAN FD 报文内容级异常检测面向每个不同 CAN FD 报文的不同内容属性构建决策树并将报文依次放入决策树模型中检验，判断报文内容是否异常。

1）数据预处理。数据预处理根据 CAN FD 报文数据负载段包括的内容字段属性，如车速、前车距离信息、路边距等进行划分，面向每一个不同内容属性分别生成训练和测试数据样本集合。将 CAN FD 总线报文数据按照内容属性进行分类，可细化系统的影响因素，检测将更准确，保证每一个 CAN FD 报文中的每一类内容均在一定范围内，波动不会过大，较为稳定。

2）决策树构建。决策树模型包括选择决策树模型的所有属性、生成决策树

模型、对决策树模型进行剪枝处理。决策树模型的建立单靠所有的数据，利用所得模型可以对正确性未知的数据进行检测，模拟后得到结果。

选择 CART 决策树模型，属性选择使用基尼指数，D 为 CAN FD 报文中一个内容数据段集合，该集合基尼度为

$$\text{CANFD\_Gini}(A) = -\sum_{j=1}^{n}\sum_{j'\neq j} p_j p_{j'} = 1 - \sum_{j=1}^{2} p_j^2$$

其中，n 表示样本集合中数据的属性种类数目。样本集合 A 随机抽取两个样本数据，这两个样本数据不是同一类数据的概率，这一特征用上述基尼度 $\text{CANFD\_Gini}(A)$ 表示。样本集合 A 的数据纯度越低，$\text{CANFD\_Gini}(A)$ 越大。对于某一个特定属性 X，属性 X 的基尼指数的定义为

$$\text{Gini}[\text{index}(A, X)] = \sum_{j=1}^{n} \frac{|A_j|}{|A|} \text{CANFD\_Gini}(A_j)$$

其中，特定属性 X 的种类数量为 n；样本数据集合 A 的样本数目为 $|A|$；样本集合 A 中所有在 X 处取 x_j 大小的样本数据的数量为 $|A_j|$；属性 X 取 x_j 大小的样本数据集合基尼度为 $\text{CANFD\_Gini}(A_j)$。

CART 决策树模型根据基尼指数构建，根据数据属性进行二分类，划分过程选择基尼指数最小的决策树模型作为最终模型。为避免决策树模型的过拟合问题，以及决策树模型分支过多、模型冗杂的问题，建立决策树模型时进行预剪枝和后剪枝，以保证模型在测试集上有较好的效果。预剪枝是预先估计出数据集合 A 中不起重要作用的属性，在生成模型之前就停止利用该属性生成叶子节点的行为。后剪枝是在决策树模型已经生成之后，对决策树由末尾开始剪枝，提升决策树模型的泛化能力。

（2）性能评估　仿真平台采用 Simulink 搭建 CAN FD 总线并模拟攻击节点，网络由 7 个 ECU 构成，其中 6 个为正常节点，1 个为攻击节点，ECU 之间传输 16 种不同种类的 CAN FD 报文消息，消息内容来自实际车辆运行过程中采集的 CAN FD 总线报文，见表 6－14，并模拟伪造和拒绝服务攻击。

1）基于相对熵与活跃熵的 CAN FD 报文标识级异常监测。经过实际数据预处理之后，得到时间段长度为 480s 的数据集合，分别按照 16s、12s、8s、4s 四种时间间隔，分别计算 30 组相邻时间间隔 T 内的 CAN FD 总线网络的相对熵值，表 6－15 为 CAN FD 总线网络相对熵统计，分别对每一种时间间隔的系统相对熵进行统计计算，得到每种时间间隔 T 下的最大相对熵值、最小相对熵值、平均相对熵值，表 6－16 为 CAN FD 网络中 ECU_1 的最大活跃熵值、最小活跃熵值、平均活跃熵值。

表6-14 试验环境 CAN FD 网络报文

	标识符(hex)	描述	周期/s	数据大小/字节
1	07D	发动机功率	0.023	32
2	06F	转矩	0.024	16
3	07C	转速	0.021	32
4	0A7	燃油消耗量	0.021	32
5	A40	燃油消耗率	0.021	16
6	0C0	燃油温度	0.021	16
7	08A	进气压力	0.020	16
8	09A	润滑油压力	0.021	32
9	0AC	车道线	0.021	16
10	09C	仪表显示	0.021	32
11	C16	交通标志	0.021	32
12	42C	行人	0.021	16
13	41A	前车距离	0.021	16
14	14E	车速	0.021	18
15	11A	车轮转速	0.022	32
16	4FC	路边距	0.020	16

表6-15 不同时间间隔 T 的总线网络相对熵统计数据 （单位：$\times 10^{-3}$）

	最大	最小	平均	差值
16s	2.7313	-7.1144	0.0072	9.8456
12s	2.6958	-33.3796	0.0459	36.0755
8s	1.6413	-6.9390	0.0055	8.5804
4s	2.4808	-32.5388	0.0426	35.0196

表6-16 ECU_1 不同时间间隔 T 的总线活跃熵统计数据 （单位：$\times 10^{-3}$）

	最大	最小	平均	差值
16s	2.6802	3.3103	3.0561	0.6301
12s	2.4187	3.0852	2.7413	0.6665
8s	2.2481	3.0607	2.6592	0.8126
4s	1.8294	2.7500	2.4373	0.9206

①伪造攻击。在上述的试验条件下，攻击者在第4个时间间隔为16s、12s、8s、4s内，发送周期为0.05s、帧ID为0x20、数据域长度为32个字节的伪造攻击报文，攻击后，车辆的发动机转速异常，导致车辆真实的行驶速度比预定的速度高，出现危险驾驶的情况，威胁到行车安全。

表6-17为经过攻击后的 CAN FD 总线网络相对熵值的变化情况。通过

表 6-17 所示的试验结果,可以发现,攻击者向 CAN FD 总线网络发送一个在系统中从未出现的 ID 报文,攻击之后系统的相对熵明显增大。容易分析得出,在 CAN FD 总线系统受到新的攻击者攻击后,总线网络中出现一种原来系统中本不存在的报文 ID,使得总线网络的复杂度大大提升,即系统的不确定性增加,导致系统在这一时间间隔 T 内的信息熵明显增大,通过分析计算发现系统的相对熵同样明显增大。通过观察可以发现,系统受到攻击之后,总线网络的信息熵增幅相对于相对熵的增幅并没有十分明显,此时也显现出选择相对熵作为判断 CAN FD 总线网络是否受到攻击的基线更有优势。

表 6-18 为经过攻击前后 CAN FD 网络中 ECU_1 的活跃熵,能够看出,在攻击者向 CAN FD 总线网络发送大量攻击的报文消息之后,系统的活跃熵增加,而活跃熵增大原理与系统受到攻击时相对熵增大原理相似。由于在同一时间间隔 T 下的连续 30 组活跃熵跨度较大,当对系统进行少量攻击时,CAN FD 总线网络的活跃熵变化幅度不是十分明显,因此活跃熵针对洪泛攻击更为有效。

表 6-17 攻击场景 1:攻击者在第 4 个时间间隔 T 内发送标识符为 0x20 的报文消息总线网络相对熵值 （单位：$\times 10^{-3}$）

	D_i(时间 T 内无攻击)	D_i(攻击者发送 ID0x20 消息)
16s	2.4900	11.0753
12s	2.4808	10.8317
8s	1.5828	10.2391
4s	2.4808	10.9349

表 6-18 攻击场景 1:攻击者在第 4 个时间间隔 T 内发送标识符为 0x20 的报文消息 ECU_1 的活跃熵 （单位：$\times 10^{-3}$）

	D_i(时间 T 内无攻击)	D_i(攻击者发送 ID0x20 消息)
32s	2.9916	3.1427
16s	2.6819	2.9453
12s	2.5830	2.9197
8s	2.5222	2.9398

②拒绝服务攻击。在时间间隔为 16s 的第 6 组数据上突然重放大量报文,图 6-75 为该攻击下 CAN FD 网络相对熵的变化。能够看出,CAN FD 总线网络相对熵大幅度波动,在第 5 组和第 6 组有巨大变化,第 6 组到第 7 组同样变化明显,只有第 6 组与其他各组数据差异很大,因此可以判断外部攻击是在第 3 个时间间隔内发生重放攻击。表 6-19 为该攻击下的活跃熵值。

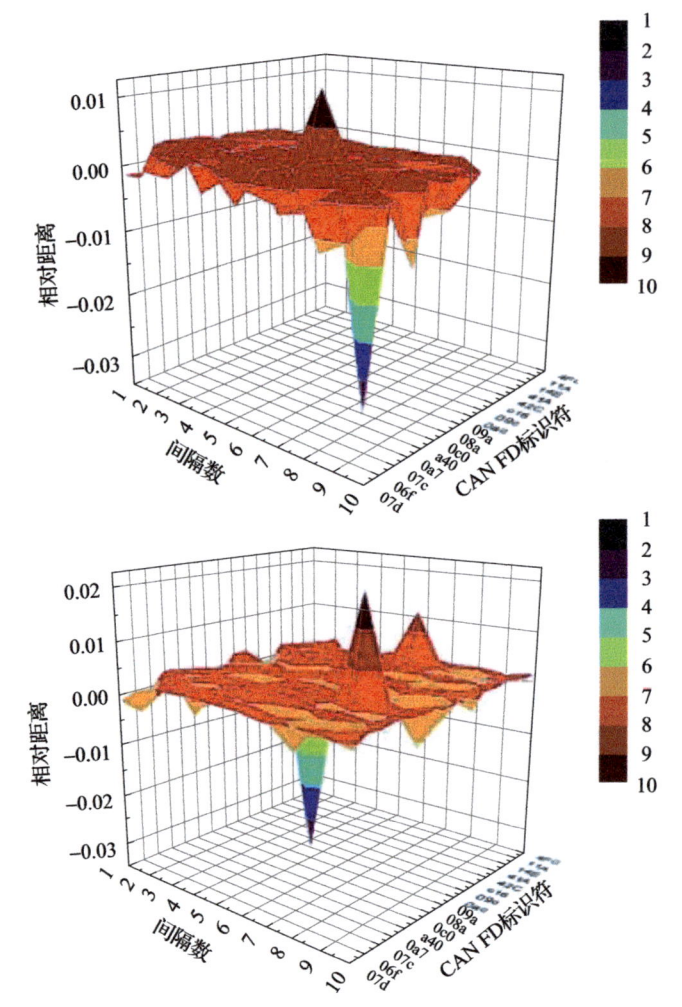

图6-75 拒绝服务攻击下的 CAN FD 相对熵的变化

表6-19 攻击场景2：攻击者在 12~28s 发送大量标识符为 0x20 的报文消息 ECU_1 的活跃熵

间隔（$T=16s$）	00:00.00~00:15.99	00:16.00~00:31.99	00:32.00~00:47.99	00:48.00~00:63.99
无攻击	2.8633	2.8999	3.0144	2.9916
有攻击	2.8981	2.9734	3.0144	2.9916

通过利用相对熵、活跃熵进行车载 CAN FD 总线网络异常检测，能够发现：活跃熵更适用于判断总线 ECU 受到大量攻击或攻击较猛烈的情况；而相对熵更适用于一般性的攻击，其灵敏度较高，尽管攻击频次不是很高，依然能够检测出异常点。因此，在实际利用熵解决 CAN FD 总线网络异常检测问题时，可以将相对熵、活跃熵结合使用，提高检测方法的准确性和效率。

2）基于决策树的 CAN FD 报文内容级异常监测。本次试验将建立3个不同内容级决策树模型,包括车速、行人距离、车道线信息。

根据车轮参数与车速内容建立决策树模型,该内容信息由18位数据组成,在剪枝行为之后所得的决策树模型如图6-76所示,该决策树使用数量为2200的训练样本集合训练,训练后所得决策树模型的属性顺序为:Data1、Data6、Data3、Data9、Data12,生成的决策树深度为5。本决策树模型在测试集时所得的测试准确率为96.5000%。

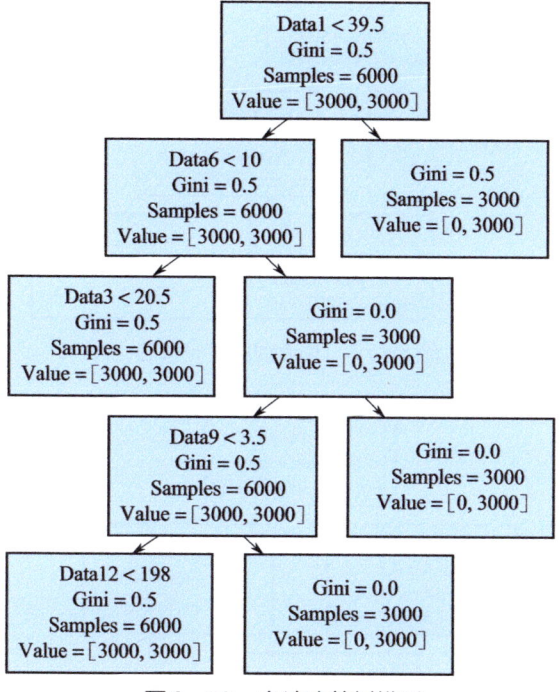

图6-76 车速决策树模型

车辆在使用时,车道线等视觉信息由16位数据组成,根据实际车道距离信息数据建立决策树,经过剪枝后如图6-77所示,该决策树使用数量为6000的训练样本集合训练,训练后得到属性的选择顺序为:Data2、Data15、Data13、Data5、Data10,生成的决策树深度为5,叶子节点数量为5,本决策树在测试时所得的测试准确率为93.636%。

车辆在使用时,行人距离等视觉信息由16位数据组成,根据实际车道距离信息数据建立决策树,经过剪枝后如图6-78所示,该决策树使用数量为6000的训练样本集合训练,训练后得到属性的选择顺序为:Data1、Data6、Data12、Data4、Data13、Data8、Data2,生成的决策树深度为6,叶子节点数量为8,本决策树在测试时所得的测试准确率为96.000%。图6-79为基于决策树的异常检测平均性能曲线。

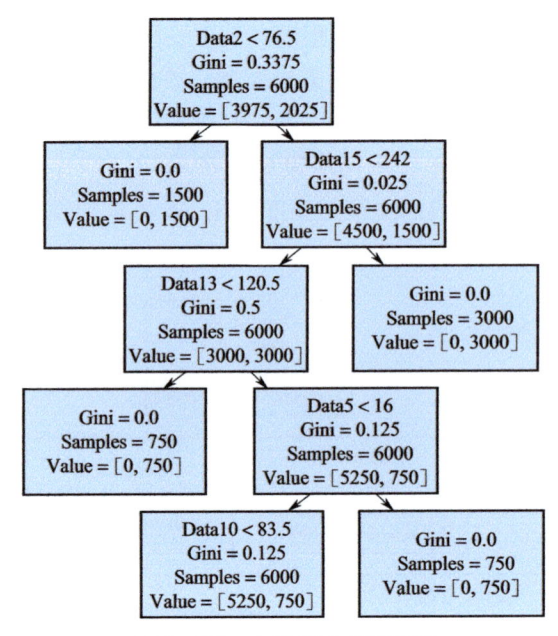

图6-77　车道线决策树模型

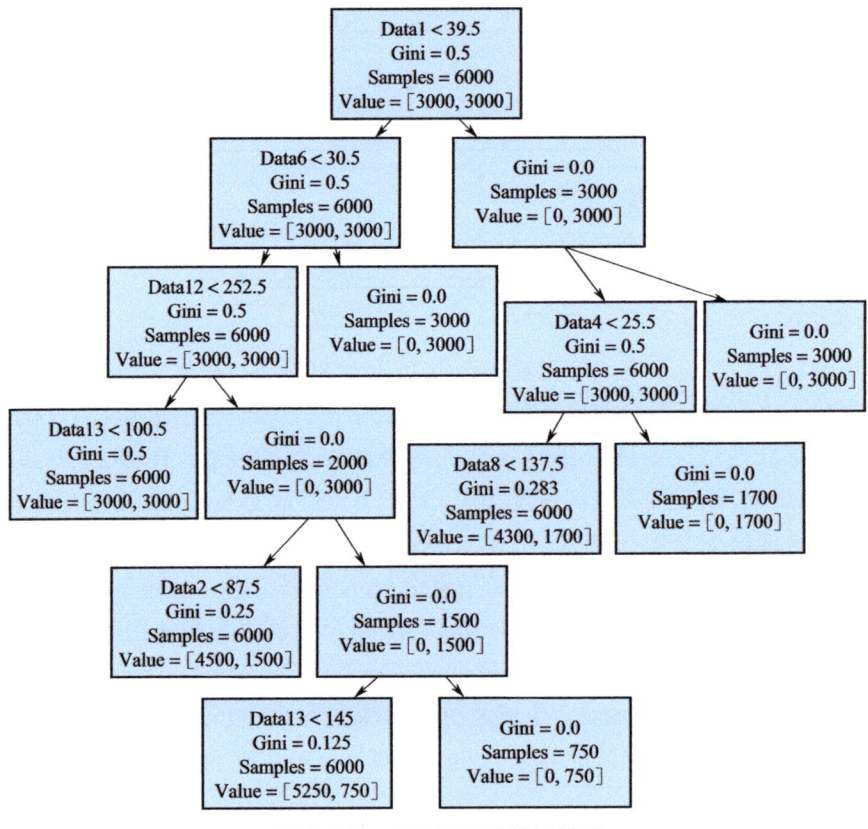

图6-78　行人距离决策树模型

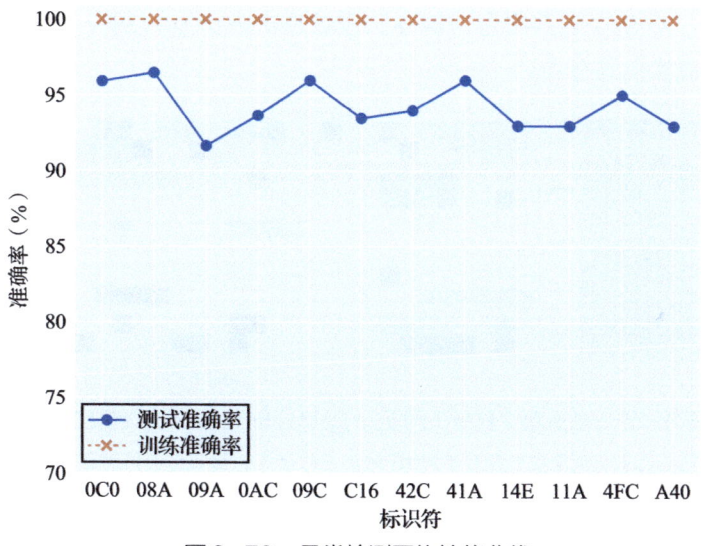

图6-79　异常检测平均性能曲线

3. 安全车端网络层案例1——考虑时间序列物理语义的应用层异常检测

本节概述了一种用于CAN FD网络的物理语义增强异常检测（PSEAD）方法。该方法有效地提取并标准化消息数据字段中存在的真实物理意义特征，使用增加了自注意机制的长短期记忆（LSTM）网络，实现对高维数据中时间信息的无监督捕获。由于充分利用了物理意义特征中的上下文信息，与非物理语义感知的整帧组合检测方法相比，该方法更擅长利用消息中每个段落固有的物理重要性。试验结果表明，其在检测难以侦测的重放攻击时误分类率仅为0.64%，对于DoS、模糊测试和欺骗攻击则实现了零误分类。

（1）方法概述

1）基于真实物理含义的时序特征提取。在真实汽车上采集无攻击的原始CAN FD数据集，将原始数据集中80%的数据划分为训练集，剩下20%的数据划分为测试集，图6-80为数据集分布；进而通过调整窗口滑动步长与打乱序列顺序的方法对训练集进行数据增强处理，在测试集中插入攻击报文生成攻击数据集。在数据集中新增的分类标签中，Benign表示原本的正常报文，DoS表示拒绝服务攻击报文，Fuzzing表示模糊攻击报文，Spoofing表示欺骗攻击报文，Replay表示重放攻击报文。生成的CAN FD攻击数据集共有20888帧报文，其中拒绝服务攻击报文共有1826帧，模糊攻击报文共有894帧，欺骗攻击报文共有593帧，重放攻击报文共有583帧。如表6-20所示，生成的攻击数据集中正常报文占比为81.35%，拒绝服务攻击报文占比为8.74%，模糊攻击报文占比为 4.28%，欺骗攻击占比为 2.84%，重放攻击占比为 2.79%。图 6-81 为攻击数据集生成实例与分布。

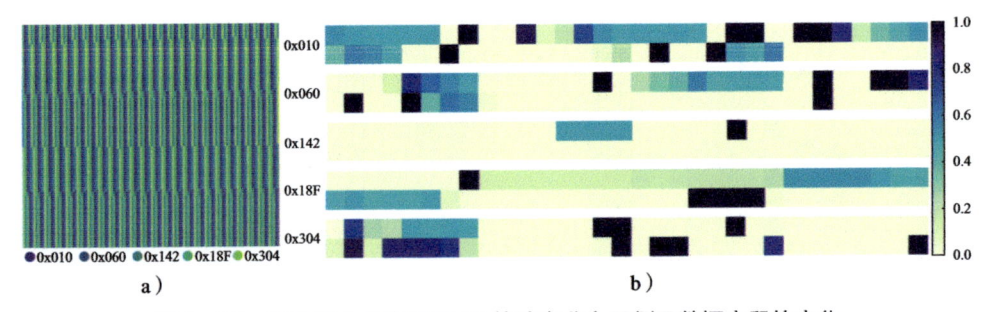

图 6-80 训练集中具有不同 ID 的消息分布示例及数据字段的变化

注：图 a 中不同颜色表示训练集中具有不同 ID 的消息的分布；图 b 中不同颜色表示数据字段中相应位的变化，浅黄色表示该位始终为 0，深蓝色表示该位始终为 1，其他颜色表示易变的位。

表 6-20 攻击数据集中的报文种类及占比

报文类型	报文数量/帧	占比
Benign	16992	81.35%
DoS	1826	8.74%
Fuzzing	894	4.28%
Spoofing	593	2.84%
Replay	583	2.79%

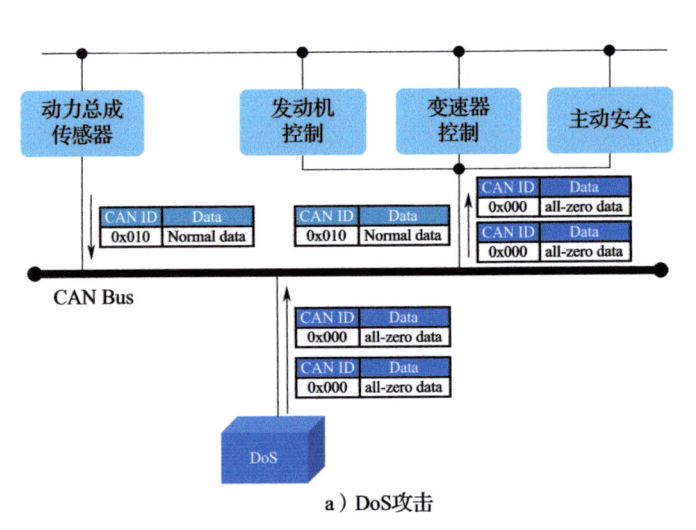

a）DoS 攻击

图 6-81 攻击数据集的生成

b）模糊测试攻击

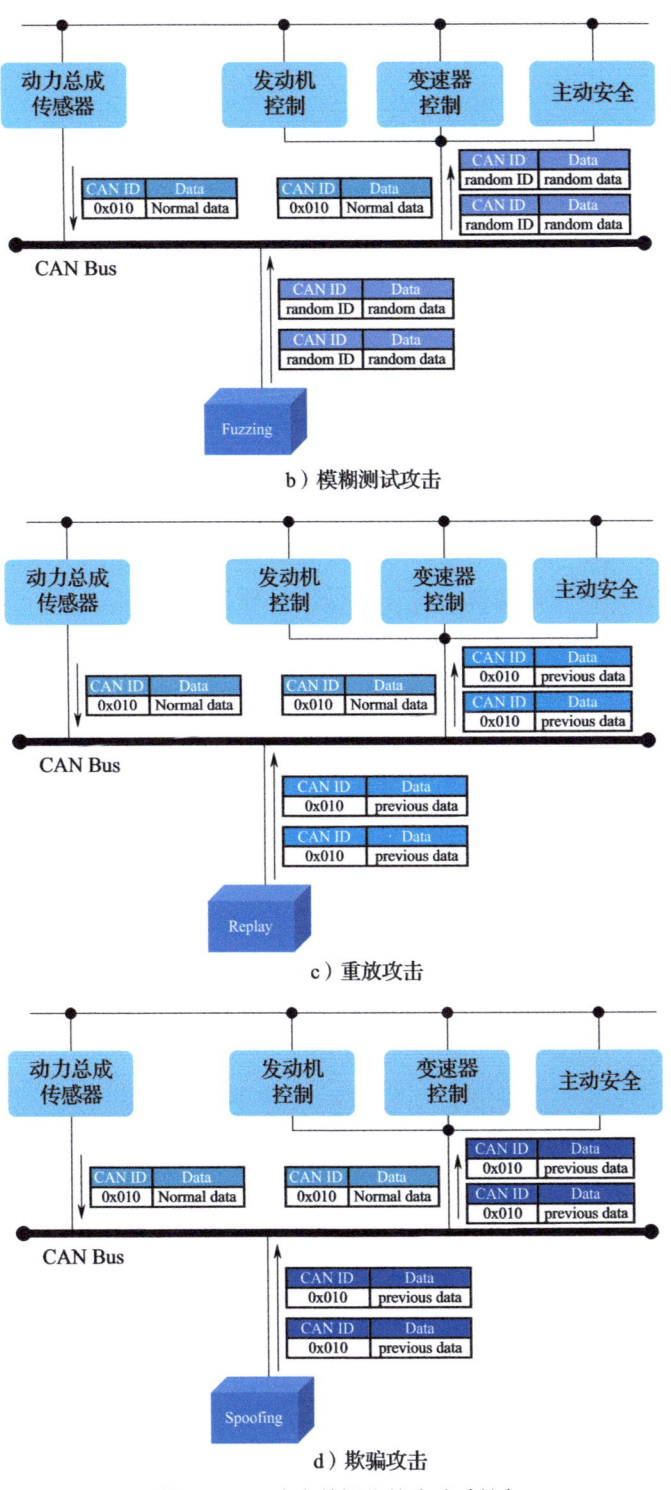

c）重放攻击

d）欺骗攻击

图6-81 攻击数据集的生成（续）

e）攻击消息的分布

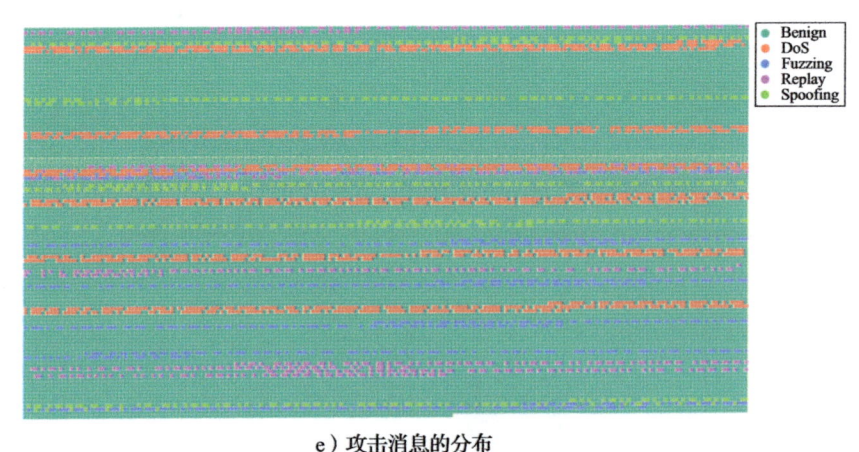

图 6-81 攻击数据集的生成（续）

根据不同的 CAN ID 的物理含义划分规则提取报文数据字段的真实物理含义，对每个 CAN ID 的物理含义特征进行预处理，以保持数据集完整性；同时基于数据种类数量对各个输入特征分别进行了独热编码和最小－最大缩放处理，提高了模型对输入特征的理解能力。

2）基于结合自注意力机制的长短时记忆网络的异常检测。基于结合自注意力机制的长短时记忆网络的异常检测主要包括四个子步骤：网络模型搭建、模型的训练以及模型的验证与性能评价，其中网络模型搭建完成结合自注意力机制的长短时记忆网络的搭建，模型的训练基于训练集输入特征与期望输出完成对模型的训练，模型的验证与性能评价基于攻击数据集输入特征与实际输出完成对训练好的模型的验证并基于特定指标对模型性能进行评价。

搭建含有 LSTM 层、自注意力层以及全连接（Dense）层的机器学习模型进行时间序列预测，模型架构如图 6-82 所示。

对于模型所有学习的特征 $\boldsymbol{X}_s = (\boldsymbol{X}_{s,1}, \boldsymbol{X}_{s,2}, \cdots, \boldsymbol{X}_{s,n_{max}})$，$\boldsymbol{X}_{s,i} = (x_{1i}, x_{2i}, \cdots, x_{n_si})^T$ $(i \in \{1, 2, \cdots, n_{max}\})$ 代表了报文中提取出的第 i 类特征，$x_{ji}(j \in \{1, 2, \cdots, n_S\})$ 为训练集中第 j 帧报文中提取出的一个特征值，n_S 为总的训练样本数，故对于 $\boldsymbol{X}_s$，有：

$$\boldsymbol{X}_s = \begin{bmatrix} \boldsymbol{X}_{s,1} \\ \boldsymbol{X}_{s,2} \\ \vdots \\ \boldsymbol{X}_{s,n_{max}} \end{bmatrix}^T = \begin{bmatrix} x_{11} & x_{12} & \cdots & x_{1n_{max}} \\ x_{21} & x_{22} & \cdots & x_{2n_{max}} \\ \vdots & \vdots & & \vdots \\ x_{n_S1} & x_{n_S2} & \cdots & x_{n_Sn_{max}} \end{bmatrix}$$

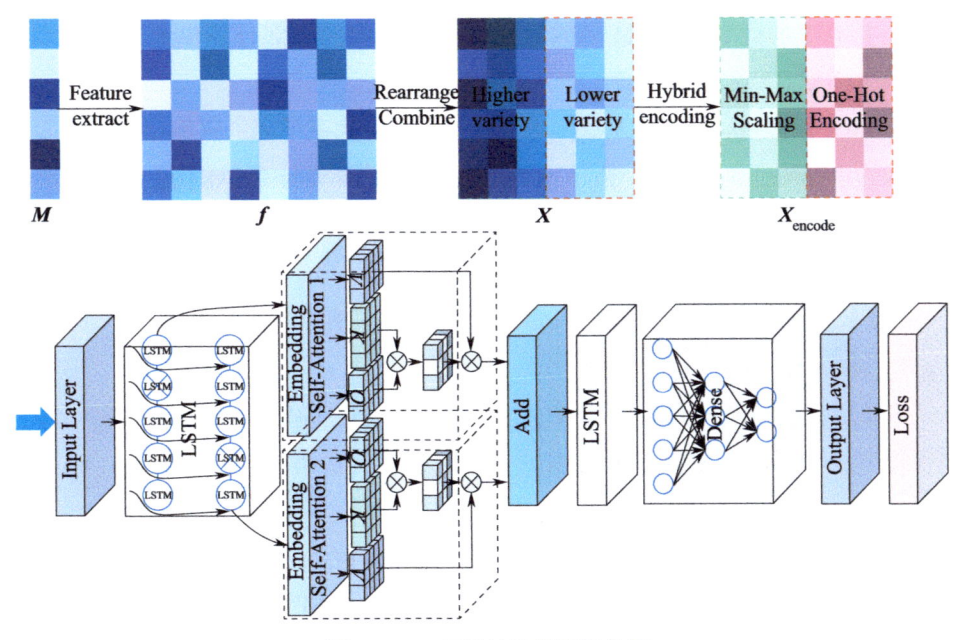

图 6-82 异常检测模型架构图

输入层：

$$X_{\text{input}} = (X_{\text{input},1},\ X_{\text{input},2},\ \cdots,\ X_{\text{input},l})^{\text{T}}$$

$$X_{\text{output}} = (X_{\text{output},1},\ X_{\text{output},2},\ \cdots,\ X_{\text{output},l})^{\text{T}}$$

其中，$X_{\text{input},i}$，$X_{\text{output},i}(i \in \{1, 2, \cdots, l\})$ 分别是 X_{input} 与 X_{output} 中的一对相互对应的元素，即输入 $X_{\text{input},i}$ 时，期望输出为 $X_{\text{output},i}$，对于 $X_{\text{input},i}$ 与 $X_{\text{output},i}$，有：

$$X_{\text{input},i} = \begin{bmatrix} x_{(1+iz)1} & x_{(1+iz)2} & \cdots & x_{(1+iz)n_{\max}} \\ x_{(2+iz)1} & x_{(2+iz)2} & \cdots & x_{(2+iz)n_{\max}} \\ \vdots & \vdots & & \vdots \\ x_{(u+iz)1} & x_{(u+iz)2} & \cdots & x_{(u+iz)n_{\max}} \end{bmatrix}$$

$$X_{\text{output},i} = \begin{bmatrix} x_{(u+1+iz)1} & x_{(u+1+iz)2} & \cdots & x_{(u+1+iz)n_{\max}} \\ x_{(u+2+iz)1} & x_{(u+2+iz)2} & \cdots & x_{(u+2+iz)n_{\max}} \\ \vdots & \vdots & & \vdots \\ x_{(u+v+iz)1} & x_{(u+v+iz)2} & \cdots & x_{(u+v+iz)n_{\max}} \end{bmatrix}$$

LSTM 1 层：输入序列 X_{input} 首先经过一个拥有 512 个隐藏单元的 LSTM 层，采用 tanh 激活函数，其输出 $X_{\text{LSTM1,output}}$ 的形状为（None，u，512），同时应用

dropout 以 0.2 的概率将 LSTM 的输入和隐藏状态中的一部分随机地设置为零，从而减少模型对特定输入依赖，进而防止过拟合。

LSTM 2 层：该层输入为 $X_{LSTM1,output}$，具有 256 个隐藏单元，其输出 $X_{LSTM2,output}$ 的形状为（None，u，256），激活函数与 dropout 的设置与 LSTM 1 层一致。

Self – Attention 1 层：该层输入为 $X_{LSTM1,output}$，具有 128 个隐藏单元，其输出 X_{SA1} 的形状为（None，u，128）。

Self – Attention 2 层：该层输入为 $X_{LSTM2,output}$，具有 128 个隐藏单元，其输出 X_{SA2} 的形状为（None，u，128）。

Add 层：该层输入为 X_{SA1} 与 X_{SA2}，将自注意力层的输出特征结合在一起，使得模型能够更好地捕捉输入数据的重要特征，其输出 X_{add} 的形状为（None，u，128）。

LSTM 3 层：该层输入为 X_{add}，具有 64 个隐藏单元，其输出 $X_{LSTM3,output}$ 的形状为（None，u，64），激活函数与 dropout 的设置与 LSTM 1 层一致。

输出层：该层是具有一个神经元的全连接层，其输出 Y_{output} 的形状为（None，u，1）。

根据设定的滑动窗口与输出序列大小得到训练集输入特征与期望输出，以此作为模型的输入，通过设置合理的学习率、轮次数目和批大小等超参数对模型进行训练。本节从完成数据预处理的训练集中提取出对应的输入特征与期望输出。选取 Adam 作为优化器，将训练轮次设定为 100，批大小设定为 32，学习率设定为 $1×10^{-3}$。选取均方差（Mean Squared Error，MSE）作为损失函数，其数学表达式如下：

$$MSE = \frac{1}{N}\sum_{i=1}^{N}(y_{ture,i} - y_{predict,i})^2$$

其中，N 为样本数量；$y_{ture,i}$ 为第 i 个样本的真实值；$y_{predict,i}$ 为第 i 个样本的预测值。完成 100 个训练轮次后，保存训练好的模型。

（2）试验流程及结果　利用攻击数据集的输入特征与实际输出对训练好的模型进行验证，以 TP、FP、TN、FN、Accuracy、Precision、Recall、F1 Score 作为评估模型性能的指标。加载训练完成的模型，对攻击数据集输入特征中的每一个元素进行预测，基于预测值与其对应的实际输出计算每次预测的均方差损失值。设定一个均方差阈值 θ，若均方差损失值小于 θ，则表明预测结果符合期望，该报文为正常报文；若均方差损失值超出 θ，则表明预测结果不符合期望，报文存在异常。通过比较模型的预测结果与报文实际的标签是否一致即可得出 TP、FP、TN、FN 等指标。

TP：表示真正例，即模型正确地将正例预测为正例的数量。

FP：表示假正例，即模型错误地将负例预测为正例的数量。

TN：表示真负例，即模型正确地将负例预测为负例的数量。

FN：表示假负例，即模型错误地将正例预测为负例的数量。

Accuracy：表示模型正确预测的样本数占总样本数的比例，准确率越高，模型性能越好，计算公式为

$$\text{Accuracy} = \frac{TP + TN}{TP + FP + TN + FN}$$

Precision：表示在所有预测为正例的样本中，模型正确预测为正例的比例，精确率高表示模型在正例预测中的准确性高，计算公式为

$$\text{Precision} = \frac{TP}{TP + FP}$$

Recall：表示在所有实际正例中，模型正确预测为正例的比例，召回率高表示模型对正例的识别能力强，计算公式为

$$\text{Recall} = \frac{TP}{TP + FN}$$

F1 Score：综合考虑精确率和召回率的指标，F1 值将精确率和召回率结合在一起，更全面地评估模型的性能，计算公式为

$$\text{F1 Score} = \frac{2 \times \text{Precision} \times \text{Recall}}{\text{Precision} + \text{Recall}}$$

根据上述公式即可完成 Accuracy、Precision、Recall、F1 Score 评价指标的计算，进而完成对该异常检测模型性能的分析。

使用 Python PyCharm IDE 2023.1.2 和 Keras，并使用 TensorFlow 作为后端，使用 AMD Ryzen 7925HX with Radeon Graphics CPU 2.50 GHz，16 GB RAM，Windows 11（64 位）和 NVIDIA GeForce GTX 4060 Laptop GPU 进行试验。异常检测模型的 TP、FP、TN、FN、Accuracy、Precision、Recall、F1 Score 的指标见表 6-21。异常检测模型对各类攻击识别准确率见表 6-22。

表 6-21 基于真实物理含义的 CAN FD 异常检测模型的性能评价指标

指标	TP	FP	TN	FN	Accuracy	Precision	Recall	F1 Score
值	14611	80	3816	2376	88.24%	99.46%	86.01%	0.9225

表 6-22　对各类攻击识别的准确率

类型	DoS	Fuzzing	Spoofing	Replay
识别	1826	894	572	524
未识别	0	0	21	59
准确率	100%	100%	96.46%	89.88%

试验结果表明，基于真实物理含义的 CAN FD 异常检测方法，在实车数据集上的精确率达到了 99.46% 以上，对欺骗攻击的识别准确率为 96.46%，特别是对拒绝服务攻击和模糊攻击的识别准确率高达 100%。

4. 安全车端网络层案例2——基于 LSTM/Attention 的 CAN FD 总线异常检测

本节概述了一种用于 CAN FD 网络的异常检测模型，如图 6-83 所示，包括用于二分类正常/异常检测的网络异常数据检测模型（ADDM）及用于多分类检测的网络异常分类检测多分类模型（ACDM）。该方法提取并标准化 CAN FD

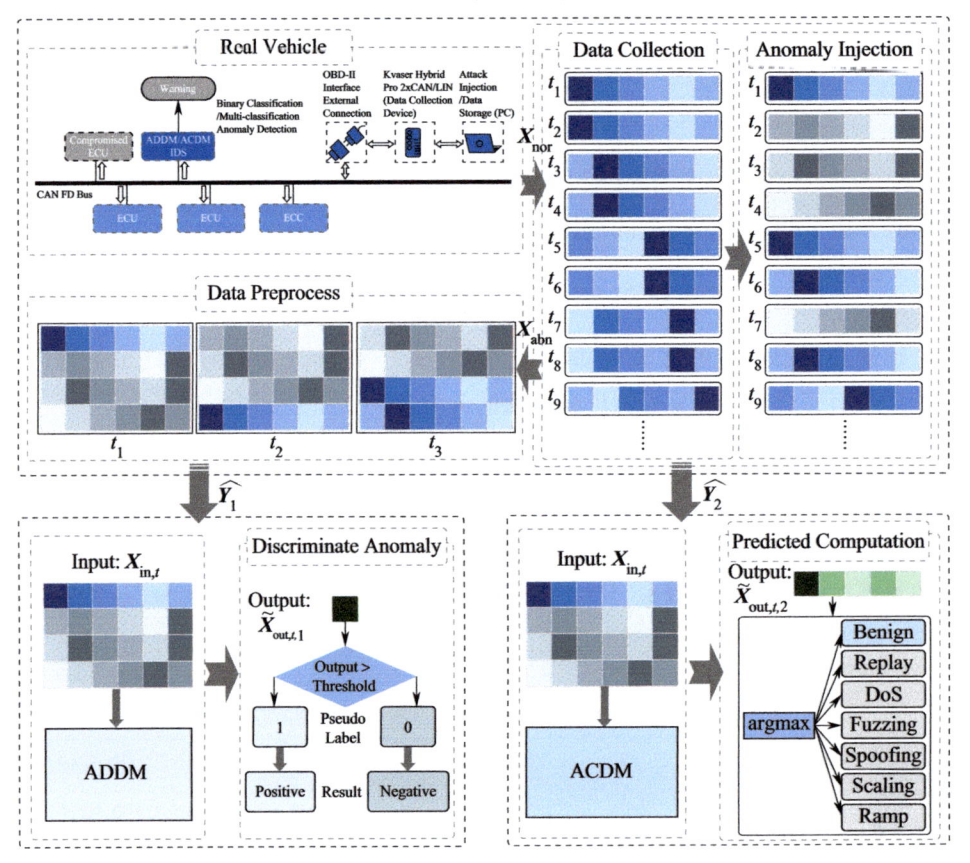

图 6-83　异常检测双模型架构图

总线消息中的帧 ID 和数据域，使用 LSTM 和注意力机制。ADDM 采用长短期记忆（LSTM）层来捕捉 CAN FD 帧数据中的长期依赖关系和时间模式，从而识别出偏离既定规范的帧。ACDM 通过用注意力机制加权 LSTM 层的输出，进一步改进了序列关系的识别能力，便于多攻击分类。该方法在两个数据集上进行了评估：一个是基于我们根据已知攻击模式设计的真实车辆数据集，另一个是由韩国的黑客与防御研究实验室（HCRL）开发的 CAN FD 入侵数据集。我们的方法在异常检测中具有更广泛的适用性和更精细的分类能力。与仅基于 LSTM 的模型和基于 CNN-LSTM 的模型相比，我们方法的准确率分别提高了 1.44% 和 1.01%[113]。

（1）方法概述

1）数据收集。我们从真实车辆的 CAN FD 总线收集数据集。该数据集包含在指定时间范围内通过车载网络传输的 CAN FD 消息，其中包括时间戳、CAN FD ID、数据字段和 DLC。随后对这个数据集进行处理，去除错误数据、执行进制转换和进行特征提取。经过这些步骤，可以获得一个精炼的包含正常消息的数据集，称为 X_{nor}：

$$X_{nor} = \begin{bmatrix} X_1 \\ X_2 \\ \vdots \\ X_n \end{bmatrix} = \begin{bmatrix} x_{1,1} & x_{1,2} & \cdots & x_{1,d} \\ x_{2,1} & x_{2,2} & \cdots & x_{2,d} \\ \vdots & \vdots & & \vdots \\ x_{n,1} & x_{n,2} & \cdots & x_{n,d} \end{bmatrix}$$

其中，$X_1, X_2, \cdots X_n$ 分别表示每个消息帧中的特征并且 $x_{t,j}(t \in \{1, 2, \cdots, n\}, j \in \{1, 2, \cdots, d\})$ 表示 t 时刻的第 j 个特征。

2）异常数据的生成。根据 CAN FD 通信的特点和攻击模式，我们在这项工作中创建了一个包含异常数据的攻击数据集 X_{abn}，包括重放攻击（Replay）、拒绝服务攻击（DoS）、模糊攻击（Fuzzing）、欺骗攻击（Spoofing）、缩放攻击（Scaling Attack）和斜坡攻击（Ramp Attack）。

3）数据预处理。这个步骤对数据集 X_{abn} 应用了最小-最大规范化处理。并且对于分配给每个帧的分类标签，采用二进制编码方案，其中"0"表示特定类别的缺失，"1"表示存在。对于 ADDM 中的二分类，标签可以表示为

$$Y_1 = [Y_{Benign}]$$

其中，Y_{Benign} 的值表示 CAN FD 数据帧的真实标签。对于 ACDM，标签可以写成：

$$Y_2 = [Y_{Benign}, Y_{Replay}, Y_{DoS}, Y_{Fuzzing}, Y_{Spoofing}, Y_{Scaling}, Y_{Ramp}]$$

其中，$Y_{Benign}, Y_{Replay}, Y_{DoS}, Y_{Fuzzing}, Y_{Spoofing}, Y_{Scaling}, Y_{Ramp}$ 分别表示该数据帧所对应

的每个种类标签。这种方法便于清晰地区分不同类别，简化了模型对每个帧的分类任务。此外，它还允许对连续帧之间的时间关系进行更精确和高效的分析，这对于在 CAN FD 系统中准确检测异常至关重要。本方法将一组连续的 CAN FD 总线消息定义为一个单独的窗口。采用滑动窗口方法，选择一组连续帧作为窗口。使用被规定的时间窗口大小和步长大小来处理数据集，进而获得预处理后的数据集 $X_{\text{in},T}$ 作为模型输入。

4）用于正常/异常二分类异常检测的网络异常数据检测模型（ADDM）。在 CAN FD 消息的异常检测背景下，不同时刻的 CAN FD 消息之间存在随时间变化的时间依赖性和数值关系。LSTM 网络可以利用门控机制（包括遗忘门、输入门和输出门）来学习 CAN FD 消息数据的历史模式，包括 CAN FD ID、数据字段和时间戳的变化。通过历史时刻的状态数据对当前时刻的状态数据的影响，LSTM 网络能够适应数据在不同时间的依赖模式的变化。通过使用大量的内部参数进行推断，LSTM 层能够在面对异常时发现差异，能够精确地识别长期和短期异常。

ADDM 利用了 LSTM 在处理和记忆长期序列信息方面的优势。例如 DoS 和重放攻击等每种攻击类型，在数据流中形成特定的序列模式，LSTM 通过其门控机制可有效地学习这些模式。随着网络行为的演变，这些攻击的特征也在变化。LSTM 能够基于新数据持续更新其内部状态，适应这些变化，并增强其检测新型攻击的能力。

如图 6-84 所示，ADDM 的神经网络模型具有多层架构，专为序列数据处理设计，适用于时间序列分析和数据流中的异常检测。对帧数据进行预处理后，将输入 $X_{\text{in},T}$ 送入模型。

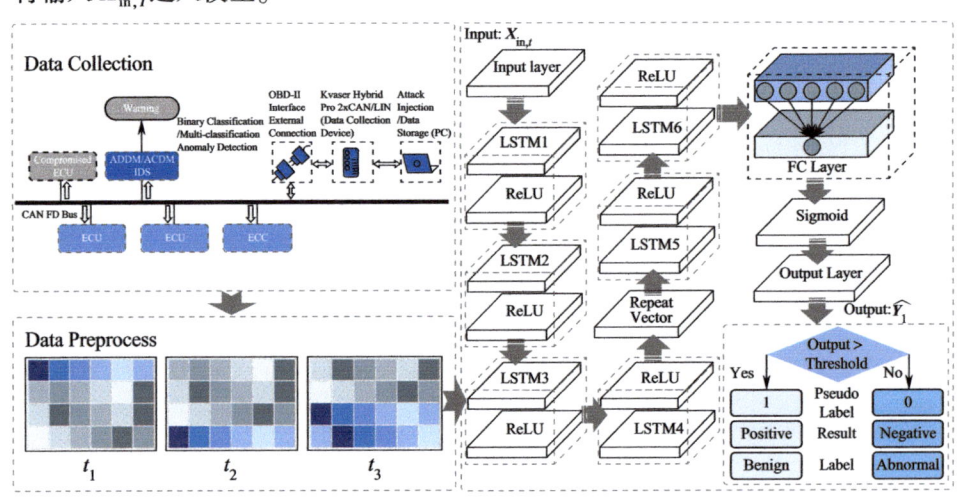

图 6-84　ADDM 模型架构图

LSTM 层处理输入序列如下：

$$f_t = \sigma(W_f * [h_{t-1}, X_t] + b_f)$$

其中，f_t 代表遗忘门的输出；σ 代表 sigmoid 函数，作用是将输出局限在 0~1 之间；W_f 是遗忘门的权重；b_f 是偏置值；h_{t-1} 是 t 时刻前一步的隐藏状态表示；X_t 是 $X_{in,T}$ 其中一个时间步。

$$i_t = \sigma(W_i * [h_{t-1}, X_t] + b_i)$$
$$\overline{C}_t = \tanh(W_c * [h_{t-1}, X_t] + b_c)$$

其中，i_t 是输入门的输出；$\overline{C}_t$ 是新的候选值；W_i 和 W_c 是权重值；b_i 和 b_c 是偏置值。

$$C_t = f_t * C_{t-1} + i_t * \overline{C}_t$$

其中，新的细胞状态 C_t 是两部分的结合：一部分是旧的被遗忘门限定的单元状态，另一部分是被输入门限定的新的候选值。

$$o_t = \sigma(W_o * [h_{t-1}, X_t] + b_o)$$
$$h_t = o_t * \tanh(C_t)$$

其中，o_t 是输出门的输出；W_o 是输出门的权重；b_o 是偏置值。输出门控制下一个隐藏状态的值。新的隐藏状态 h_t 是输出门的输出和通过 tanh 函数传递的单元状态的乘积。这些公式共同决定了 LSTM 层在处理顺序数据时如何更新其内部状态，从而能够有效地捕获长期依赖关系。时间 T 的输入 $X_{in,T}$，将由这些公式按顺序处理。H_t 表示单个 LSTM 层的输出。

ADDM 网络从一个输入层开始，这个输入层经过定制以摄取初始数据格式。输入层之后是从 LSTM1 层到 LSTM4 层。LSTM 层能够捕捉数据中的长期依赖性和复杂模式。在 LSTM4 层之后，包含一个一维向量的最后隐藏状态 $H_{t,4}$ 被传递到一个重复向量层。重复向量层的作用是补足不同 LSTM 层之间输出与输入维度之间的差异。重复向量层按以下方式处理输入序列：

$$V_{rep,1} = \text{RepeatVector}(H_{t,4})$$

其中 $V_{rep,1}$ 是被 $H_{t,4}$ 重复后得到的向量或矩阵。通过 LSTM5 和 LSTM6 层的输出可以表示为 $H_{t,6}$。随后的全连接神经网络层整合了 LSTM 层提取的特征，并应用线性变换：

$$\hat{Y}_1 = \sigma_{n1}(W_{n1} * H_{t,6} + b_{n1})$$

其中：$\hat{Y}_1$ 是模型的输出；σ_{n1} 表示 sigmoid 函数，作为激活函数来提供输出；W_{n1} 是层的权重；$H_{t,6}$ 也是全连接层的输入；b_{n1} 是偏差。

ADDM 模型以输出层结束，并且选择二元交叉熵（Binary Cross-Entropy,

BCE）作为损失函数，用来量化预测概率 $\tilde{X}_{\text{out},t,1}$ 与实际标签之间的偏差。二元交叉熵的表示如下：

$$BCE = -\frac{1}{N}\sum_{n_1=1}^{N}\left[Y_1\log\hat{Y}_1 + (1-Y_1)\log(1-\hat{Y}_1)\right]$$

其中，N 是样本总数；优化目标是最小化预测结果与实际结果之间的误差。

5）用于多分类异常检测的网络异常分类检测模型（ACDM）。ACDM 旨在对 CAN FD 数据集当中的帧进行分类。在这项工作中，良性帧和几种类型的异常帧都被视为分类结果中的不同类型。在 CAN FD 总线的异常检测中，时间序列数据往往存在高依赖性，因此不同时刻和 ID 的 CAN FD 帧中显示出高相关性。不同时间点的 CAN FD 消息反映了车辆在各个时刻状态的变化，并且不同数据和时间之间的相关性也在动态变化。注意力机制非常适合计算 CAN FD 数据帧之间的依赖性和相关性关系。通过利用这些相关属性的差异，尤其是注意力得分的偏差，可以精确检测偏离正常模式的异常数据消息。

在 ACDM 中，不同时间点的数据作为查询（Query）、键（Key）、值（Value）在注意力机制中进行计算，以计算不同时间点数据之间的时间关系。如果某个特定的帧 ID 或数据模式与异常行为高度相关，注意力机制可以通过为这些特定时间步骤分配更高的权重来帮助模型，从而便于识别此类行为。ACDM 可以有效分类异常行为：对于重放攻击，LSTM 可以识别时间序列中的重复模式，而注意力机制突出显示这些模式的时间点；对于 DoS 攻击，LSTM 识别数据流中短期内优先级请求的大幅增加，注意力机制帮助模型专注于攻击开始的关键阶段；模糊攻击涉及攻击者向系统发送大量随机改变的数据包以引发错误，LSTM 学习与正常数据的偏差，而注意力机制识别关键的异常点；在欺骗攻击中，消息模仿其他设备或用户。LSTM 和注意力机制都可以通过长期数据学习识别这些变化；缩放攻击和斜坡攻击通过缩放或逐步增加/减少某些参数值逐渐影响系统性能。LSTM 可以捕捉到这种缩放或逐步变化，而注意力机制识别关键时刻下的数据模式变化。

如图 6-85 所示，ACDM 具有一个复杂的架构，包括由注意力机制增强的堆叠 LSTM 层。该模型从输入层开始，该层将输入序列 $X_{\text{in},t}$ 输入一系列 LSTM 层，具体为 LSTM1 到 LSTM3。这些层的任务是捕获序列中的时间依赖性。这三个 LSTM 层的输出分别表示为 $H_{t,1}$、$H_{t,2}$、$H_{t,3}$。在 LSTM3 层之后，一个重复向量层使用 $H_{t,3}$，一个一维向量，生成一个重复 $H_{t,3}$ 生成的矩阵 $V_{\text{rep},2}$。序列随后进入 LSTM4 层，该层处理 $V_{\text{rep},2}$，以产生输出 $H_{t,4}$。

第 6 章 智能汽车安全防护措施

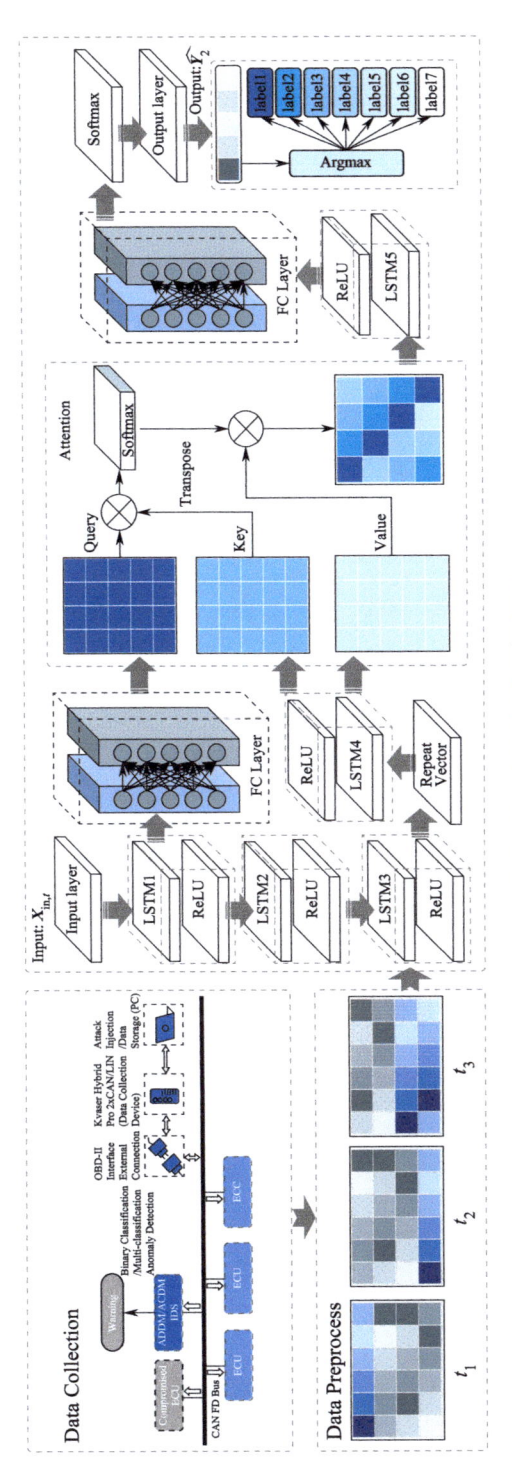

图6-85 ACDM模型架构图

在这部分中提到的 LSTM1 层的输出 $H_{t,1}$ 设计为一个全连接（Fully Connected，FC）层，如下所示：

$$H_{FC} = \sigma_{m1}(W_{m1} * H_{t,1} + b_{m1})$$

其中，σ_{m1} 表示 sigmoid 函数；W_{m1} 是层的权重；b_{m1} 是偏差；H_{FC} 是 FC 层的输出。

接下来，网络引入了一个注意力机制模块。它使用来自全连接层的输出 H_{FC} 作为查询（Q），使用 LSTM4 层的输出 $H_{t,4}$ 作为键（K）和值（V）。注意力机制是一个关键组件，使模型能够专注于输入序列中与分类任务相关的特定部分。注意力输出通过一系列操作生成，包括点积、缩放和应用 Softmax 函数来生成加权后的和。这个和表示输入序列每个部分的相对重要性。注意力模块的过程如下所示：

$$S_{attn} = Q * K^T = H_{FC} * H_{t,4}^T$$

$$S_{attn,scaled} = \frac{S_{attn}}{\sqrt{d_K}}$$

$$\alpha = \text{Softmax}(W_s * S_{attn,scaled} + b_s)$$

$$A = \alpha * V = \alpha * H_{t,4}$$

其中，S_{attn} 是注意力分数，通过计算 $H_{FC}(Q)$ 和 $H_{t,4}^T(K^T)$ 得到；$S_{attn,scaled}$ 是缩放后的注意力分数；W_s 是权重；b_s 是偏置值；α 是注意力权重，由 Softmax 对注意力分数归一化形成；A 表示注意力模块的输出。通过注意力层后，数据到达 LSTM5 层，生成输出 $H_{t,5}$。随后，数据通过全连接层处理，输出一个 7 维向量，表示为 $Z = [z_1, z_2, z_3, z_4, z_5, z_6, z_7]$。对于分类任务，最终输出层使用 Softmax 函数计算每个类别的概率。过程如下：

$$\text{Softmax}(z_i) = \frac{e^{z_i}}{\sum_{i=1}^{7} e^{z_i}}$$

$$\hat{Y}_2 = \text{Softmax}([z_1, z_2, z_3, z_4, z_5, z_6, z_7])$$

其中，$\hat{Y}_2$ 是模型的输出。

实际标签使用独热编码，并形成一维向量。为了衡量预测误差，模型采用分类交叉熵（Categorical Cross-Entropy，CCE）损失用于多分类。损失函数如下：

$$\text{CCE} = -\sum_{n=1}^{N}\sum_{m=1}^{M} y_2 \log(\hat{y}_2)$$

其中，N 是样本的总数量；y_2 是真实的类别标签。

（2）试验流程及结果　在这项工作中提出的两个子模型在两个数据集上进

行了验证。第一个数据集是来自具有 L2 级自动驾驶能力的真实车辆的原始 CAN FD 帧消息，由我们使用设备采集。第二个数据集为 CAN FD Intrusion Dataset，包含洪泛、模糊和故障攻击，其是由韩国的黑客与防御研究实验室（HCRL）开发。此外，我们采用了基于 LSTM 的 IDS，以及基于 CNN-LSTM 的 IDS 进行对比。我们的试验设置是使用基于 Python 的 Keras 框架，硬件计算设备是 NVIDIA GeForce RTX 4090 GPU。

我们使用上例中所述的 TP、FP、TN、FN、Accuracy、Precision、Recall、Specificity、F1 Score 来对试验结果进行统计和评估。ADDM 试验统计结果见表 6-23，ACDM 的试验统计结果见表 6-24。

表 6-23 ADDM 的性能评价指标

	F1 Score	Type of Attack	TPR (Recall)	FPR	TNR (Specificity)	FNR	Accuracy	Precision
Real-vehicle dataset	ADDM	0.9996	0.0008	0.9992	0.0004	0.9995	0.9997	0.9997
	LSTM-based model	0.9946	0.0229	0.9771	0.0054	0.9900	0.9918	0.9932
	CNN-LSTM model	0.9955	0.0118	0.9882	0.0045	0.9935	0.9958	0.9956
HCRL dataset	ADDM	1.000	3×10^{-5}	0.9999	0	0.9999	0.9999	0.9999
	LSTM-based model	0.9999	4×10^{-5}	0.9999	2×10^{-6}	0.9999	0.9999	0.9999
	CNN-LSTM model	0.9999	0.0003	0.9997	4×10^{-5}	0.9999	0.9999	0.9999

在检测 CAN FD 帧消息中的异常时，基于注意力和 LSTM 的模型与仅基于 LSTM 或基于 CNN-LSTM 的模型相比具有独特的优势。首先，注意力机制允许模型更有效地关注异常行为中的关键特征，因为它可以动态地调整模型对输入数据不同部分的关注，从而增强模型识别异常模式的精确性。相比之下，传统的 LSTM 模型虽然能够捕捉时间序列数据中的长期依赖关系，但面对复杂或微妙的异常时可能缺乏足够的灵活性。虽然基于 CNN-LSTM 的模型通过卷积层增强了特征提取，但在序列的时间相关性方面，它不及基于注意力模型的动态调整能力。因此，结合注意力和 LSTM 的模型不仅保留了 LSTM 处理时间序列数据的优势，还通过注意力机制增强了在异常信号中识别关键特征的能力，提供了更准确、更灵活的异常检测性能。

本节提出的方法在处理 DoS 攻击方面取得了理想的结果，与比较方法相当。

对于模糊测试、欺骗、缩放和斜坡攻击，我们的方法通过结合注意力机制和 LSTM，并堆叠 LSTM 层，提高了检测性能。除了使用我们收集并注入攻击的真实车辆数据集外，本节提出的模型还在 HCRL 提供的开源 CAN FD Intrusion Dataset 上进行了验证，结果显示我们提出的方法优于比较方法。

表 6 – 24 ACDM 的性能评价指标

Dataset	Type of Attack	Model	Accuracy	Precision	Recall	Specificity	F1 Score
Real-vehicle dataset	Replay	ACDM	**0.9994**	**0.9939**	**0.9953**	**0.9996**	**0.9946**
		LSTM-based model	0.9850	0.9447	0.7916	0.9971	0.8614
		CNN-LSTM model	0.9893	0.9659	0.8472	0.9981	0.9027
	DoS	ACDM	**1.0000**	**1.0000**	**1.0000**	**1.0000**	**1.0000**
		LSTM-based model	1.0000	1.0000	1.0000	1.0000	1.0000
		CNN-LSTM model	1.0000	1.0000	1.0000	1.0000	1.0000
	Fuzzing	ACDM	**0.9987**	**0.9795**	**0.9974**	**0.9987**	**0.9884**
		LSTM-based model	0.9966	0.9570	0.9851	0.9973	0.9709
		CNN-LSTM model	0.9971	0.9614	0.9897	0.9976	0.9754
	Spoofing	ACDM	**0.9988**	**0.9935**	**0.9629**	**0.9998**	**0.9780**
		LSTM-based model	0.9964	0.9688	0.9041	0.9991	0.9353
		CNN-LSTM model	0.9973	0.9765	0.9269	0.9993	0.9511
	Scaling	ACDM	**0.9996**	**0.9939**	**0.9917**	**0.9998**	**0.9928**
		LSTM-based model	0.9991	0.9793	0.9906	0.9994	0.9849
		CNN-LSTM model	0.9991	0.9824	0.9884	0.9995	0.9854
	Ramp	ACDM	**0.9998**	**0.9995**	**0.9954**	**0.9999**	**0.9975**
		LSTM-based model	0.9993	0.9888	0.9898	0.9996	0.9893
		CNN-LSTM model	0.9994	0.9954	0.9863	0.9998	0.9908
HCRL dataset	Flooding	ACDM	**1.0000**	**1.0000**	**1.0000**	**1.0000**	**1.0000**
		LSTM-based model	1.0000	1.0000	1.0000	1.0000	1.0000
		CNN-LSTM model	1.0000	1.0000	1.0000	1.0000	1.0000
	Fuzzing	ACDM	**0.9999**	**0.9999**	**1.0000**	**0.9999**	**0.9999**
		LSTM-based model	0.9999	0.9996	0.9997	0.9999	0.9997
		CNN-LSTM model	0.9999	0.9998	0.9989	0.9999	0.9993
	Malfunction	ACDM	**1.0000**	**1.0000**	**1.0000**	**1.0000**	**1.0000**
		LSTM-based model	1.0000	1.0000	1.0000	1.0000	1.0000
		CNN-LSTM model	0.9999	0.9999	0.9999	0.9999	0.9999

与现有的 LSTM 和 CNN-LSTM 模型相比，我们的方法在检测性能上表现出色，在真实车辆数据集和 HCRL 的 CAN FD 入侵数据集上都取得了改进。在真实车辆数据集上的二分类正常/异常检测中，ADDM 的分类准确率比基于 LSTM 的模型高出 0.50%，比 CNN-LSTM 模型高出 0.41%；在 HCRL 数据集上，ADDM 的分类准确率与基于 LSTM 的模型和 CNN-LSTM 模型持平，均为 99.99%。在真实车辆数据集上进行的精细化六分类异常检测中，ACDM 的最大准确率改进比基于 LSTM 的模型高出 1.44%，比 CNN-LSTM 模型高出 1.01%。在 HCRL 数据集上，ACDM 的多类检测平均准确率与基于 LSTM 的模型持平，均为 100%，并且比 CNN-LSTM 模型的准确率提高了 0.01%。较少的假阴性和假阳性显示了 ACDM 的广泛适用性。

6.4 安全的车载接口

安全的车载接口层旨在采取强有力的安全措施来保护车联网通信数据传输的保密性、完整性以及消息源的真实性，同时保护车联网数据传输服务的可用性与隐私。

6.4.1 安全的证书管理系统

由于联网车辆应用程序在车辆、道路基础设施、交通管理中心和无线移动设备之间交换信息，因此需要一个安全系统来确保用户可以信任从其他系统用户收到的信息的真实性、完整性以及隐私保护。信息的可信赖性和隐私保护是未来协作交通的关键，公钥基础设施（PKI）是创建、管理、分发、使用、存储和吊销数字证书以及管理公钥加密所需的一组角色、策略和过程。PKI 的目的是为一系列网络活动（如电子商务、互联网银行和机密电子邮件）促进安全的信息电子传输。

汽车 PKI 系统为 OBU、RSU、手持设备发布证书保障通信的可靠性，同时提供设备认证保障隐私：

1）保护 V2X 通信避免其被攻击，并保障车联网服务的可用性。
2）保护隐私。
3）回收与不良行为相关的证书。

当前已有的 C-ITS PKI 模型包括 IEEE 1609.2、NHTSA CAMP SCMS、ETSI TC ITS、EC 和 C2C-C 等。SCMS 是基于公钥基础设施车联网消息安全解决方案，其采用加密和证书管理方法来促进可信通信。SCMS 通过为授权的系统参与者颁发数字证书来验证安全性和移动性消息,为了保护车主和运营商的隐私,证书不包含任何个人或设备识别信息,而是用作系统凭证,以便系统中的其他用户可以信任每个消息的来源。SCMS[114]为车载设备生成注册证书和多个假名证书,用来保护隐私。此外,SCMS通过不良行为检测识别不良行为者,并在必要时撤销证书。

SCMS为设备提供了使用数字证书以可信赖和私密的方式交换信息的机制,其为实现互操作性提供了一个关键要素——不同的汽车品牌和型号将能够相互交流并交换可信数据,而无需预先存在协议或改变车辆设计。

如图6-86所示,SCMS提供安全基础设施来颁发和管理构成V2V和V2I通信信任基础的安全证书。连接的车辆设备注册到SCMS,从证书颁发机构(CA)获取安全证书,并将这些证书作为数字签名的一部分附加到它们的消息中。证书证明该设备是系统中受信任的参与者,同时还维护隐私。不当行为检测和报告允许系统在必要时识别不良行为者并撤销消息权限。

SCMS生态系统中的CA创建、分发和撤销证书。CA形成了一条信任链,每个权威机构代表该链上的一个单独链接。该链遵循一个层次结构,因此来自链上任何实体(CA)的证书签名被验证为验证者爬上链的一个链接,并且如果链上的最后一个签名被验证并且该实体是隐式信任的(一个信任锚),则整个链被接受,信任流向链底的实体。SCMS使用多种证书类型,具体取决于联网车辆应用程序是安装在车辆上还是路边单元(RSU)上。

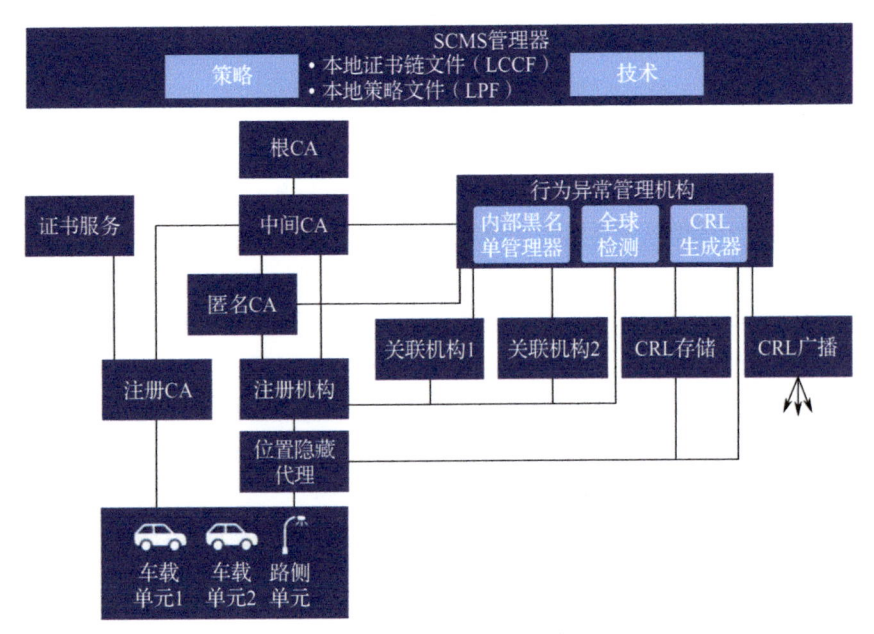

图6-86 SCMS架构示意图

1. 证书注册

（1）机载设备（OBE）

1）OBE 注册证书。注册证书用来请求其他证书——假名和身份证书。认证过程将为 OBE 提供与 SCMS 接口的授权，并在引导过程中请求注册证书。

2）假名证书。假名证书是短期的，主要用于基本的安全消息认证和不当行为报告。出于隐私原因，设备会获得多个同时有效的证书，以便它可以经常更改它们。

3）标识证书。OBE 使用标识证书主要用于 V2I 应用程序中的授权。当前的 V2I 应用程序都不需要 OBE 在应用程序级别进行加密，未来可能存在该需要。由于身份标识证书没有隐私限制，因此 OBE 一次只有一个身份证书对给定应用程序有效。

（2）RSU

1）RSU 注册证书。注册证书用来请求申请证书。认证过程将为 RSU 提供与 SCMS 接口的授权，并在引导过程中请求注册证书。

2）应用证书。RSU 使用应用证书来签署任何传输的空中消息，例如信号相位和时间。由于 RSU 没有隐私限制，因此 RSU 一次只有一个对给定应用程序有效的应用程序证书。

2. 证书回收

除了对基本安全消息进行身份验证和验证之外，系统用户还需要能够检测和阻止已被破坏的消息——无论是有意还是错误。由于基本安全消息为设备提供情境感知以发出安全警告和警报，因此接收带有不准确数据的虚假消息可能是极其危险的。SCMS 将实施不当行为授权，收集由环境中的设备在本地生成的不当行为报告。不当行为报告为 SCMS 提供可用于确定设备是否未在适当级别执行的信息。如果 SCMS 收到足够多的不当行为报告，它会将设备的证书添加到证书撤销列表（CRL）并将更新的 CRL 分发给环境中的其他设备。一旦另一台设备识别出来自 CRL 上的设备的消息，它将不再认为是发送和接收消息的可信来源。

车辆应具有本地不端行为检查能力，如图 6-87 所示，以确定从其他车辆上收到的信息是否可信。例如，信息包含内容与其他多数信息矛盾，或与车端传感器感知信息矛盾等。车辆最初能够匿名报告不端行为，随着行为报告的增多，更需证明其可信度。

6.4.2 隐私保护

1. 共享证书

共享证书指将每个证书分配给一个数目足够大的车辆群体，以使得攻击者难

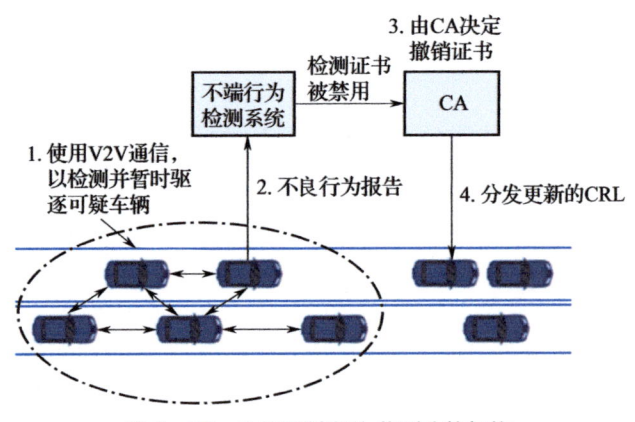

图6-87 车辆不端行为监测功能架构

以将某个证书链接到某个特定车辆。组合认证是最早提出的共享认证方法，其工作方式为：①证书产生，一个 CA 创建一个共享证书池，其中包含 N 对私人和公用密钥以及证书应用的所有车辆，密钥与证书有效期能够设置较长，如几个月甚至几年；②证书分配，每辆车给出从共享池随机选择的统一 $n \leqslant N$ 的证书以及其相关的公私密钥对；③证书撤销和替换，CA 通过将签名标记到 CRL 上来撤销发布的证书，使得 CRL 对所有车辆有效，并使用一个新的证书替换；④车辆 CRL 的处理，验证每辆车被撤销的证书是否通过检查，证书的签名是否在 CRL 等。

2. 短期独有证书

短期独有证书指一辆车能够拥有多个独有的证书，并基于时间、地点或消息选取对应的不同证书，使得恶意攻击者无法将不同证书链接到同一个证书拥有者，并无法从各证书中得到用来对应证书拥有者的信息。与共享证书相比，短期独有证书的主要优势在于当撤销某一个车辆证书时不会影响到其他车辆证书的分配。然而，该方式将会导致 PKI 系统的证书规模显著增加，证书撤销的规模和处理时间复杂度显著增加。基本短期独有证书基本形式如下：①证书产生，每个车辆生成其公私密钥对，并申请 CA 发布公钥证书；②证书分配，每个车辆被分配大量的独有证书，每个证书具有较短的时间期限；③证书的撤销与替换，当 CA 认定车辆行为不端，CA 将撤销分配到车辆的证书，并让所有车辆看到更新的 CRL，当车辆即将使用完所有的有效证书时，需从 CA 申请新一批证书；④CRL 对车辆的处理，车辆通过查看证书标识符是否在 CRL 中，查证其证书是否被撤销。

3. 群签名

群签名指群内成员代表该群组对消息进行签名，能够验证哪个群签名由群内成员产生，但无法显示群签名由哪个成员产生。每个群有一个群组级公共密钥，任何群成员都能够用其验证群签名。群管理员负责建立并维护群，创建和更新群组级公共密钥。群成员为匿名集合，任一群成员产生群签名的可能性相等，以保证充分的匿名性。群签名需要满足如下基本要求：正确性、不可伪造性、匿名性、无关联性、可追溯性以及仿陷害性。多数群签名方案依赖于知识的零知识证明机制。

6.4.3 PRESERVE: V2X 安全通信系统

PRESERVE[46]为 V2X 通信提供接近于实际应用的安全和隐私保护措施，为 V2X 系统提供安全和隐私子系统。PRESERVE 以智能交通系统（Intelligent Transportation System，ITS）为背景。Routing Table（Network layer routing table）存放相邻节点的位置信息，包括节点最近更新的时间戳；LDM（Local Dynamic Map）用来收集和管理所有收到的消息，相关信息与交通安全性和交通效率有关；CCU（Communication and Control Unit）是不同通信链路的中央路由器，比如 ITS G5A/B/C 等。

PRESERVE 的车辆安全架构主要包括 ITS 通信的三个组成部分：车辆（Vehicle Station）、路侧设施（Roadside Station）和后台服务（Central Station），如图 6-88 所示。其中，通信的参与方和通信通道来源于美国交通部和 ETSI

图 6-88 PRESERVE 的 ITS 架构

关于 ITS 的体系架构。另外，车辆包括运行 ITS 应用的车载单元（On-board Unit，OBU）、通信设施（如无线电、通信栈等）和与车载网络的连接。安全子系统为车载通信和外部的 V2X 通信提供保护，并通过硬件安全模块（HSM）存储密码证书、加速密码算法。路侧设施与车辆具有相同的架构，为车辆通信和固定点之间的通信提供网关功能。后台服务主要关注安全应用服务（为车辆和路侧设施提供软件）和安全体系架构（提供安全的证书服务，如 PKI 体系）。

PRESERVE VSA 把安全功能分为六个方面：安全通信（Secure Communication）、安全信息（Secure Information）、安全管理（Secure Management）、安全分析（Secure Analysis）、安全和隐私策略（Security and Privacy Policies）、密码算法（Cryptographic Operations）。

安全通信关注内部和外部的安全通信问题，如图 6-89 所示。对于内部通信，如传感器数据、命令和信号等，需要进行安全传输以确保数据不会被篡改；对于外部通信，接收方至少需要验证发送方的真实性和授权特性，以及所传输数据的完整性。安全信息对车辆和路侧设施存储、交换的数据进行保护，包括安全存储、安全软件、隐私保护、数据一致性、数据有效性。安全管理负责对安全通信所需要的证书和安全设施进行组织管理。安全分析对安全相关的信息进行监控、审计和日志。安全和隐私策略负责管理、存储和执行安全和隐私方面的策略，定义系统资源的访问控制规则、管理匿名和其他隐私保护策略。

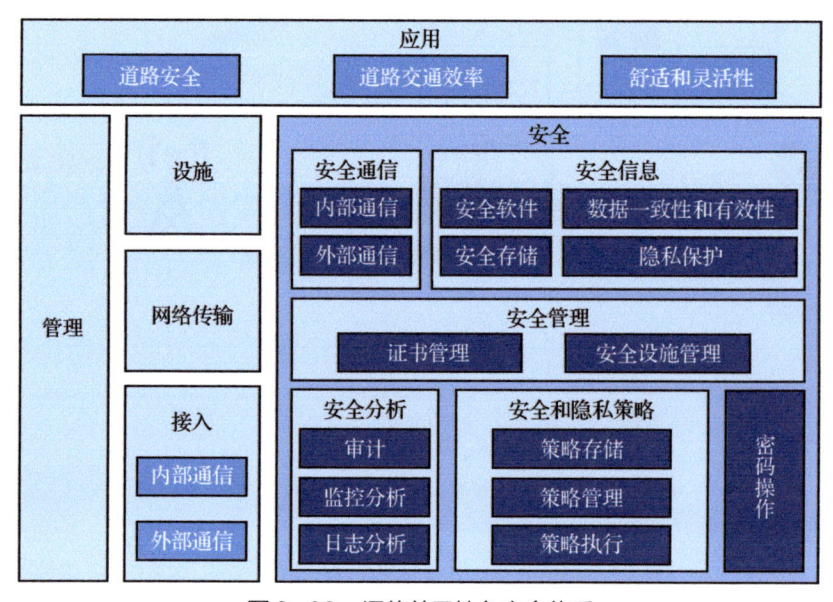

图 6-89 通信单元抽象安全体系

密码算法提供基本的安全功能，如加解密、签名的生成与验证等。

在 PRESERVE 中，消息发送和消息接收方采用基于 PKI 的数字证书来保障通信的可信性，如图 6-90 所示，主要包含三个实体：根 CA（Root Certificate Authority，RCA）、长期 CA（Long-Term Certificate Authority，LTCA）、匿名 CA（Pseudonym Certificate Authority，PCA）。RCA 是 PKI 的信任锚（Trust Anchor），RCA 的证书由 RCA 自身签名，对证书通过 hash 函数生成摘要，作为证书 ID：cert-ID；LTCA 负责管理 ITS 系统的长期证书；PCA 负责管理 ITS 系统的匿名证书。PCA 用于 V2X 通信，以保证 V2X 通信过程的匿名特性，达到保护车辆隐私的目的。

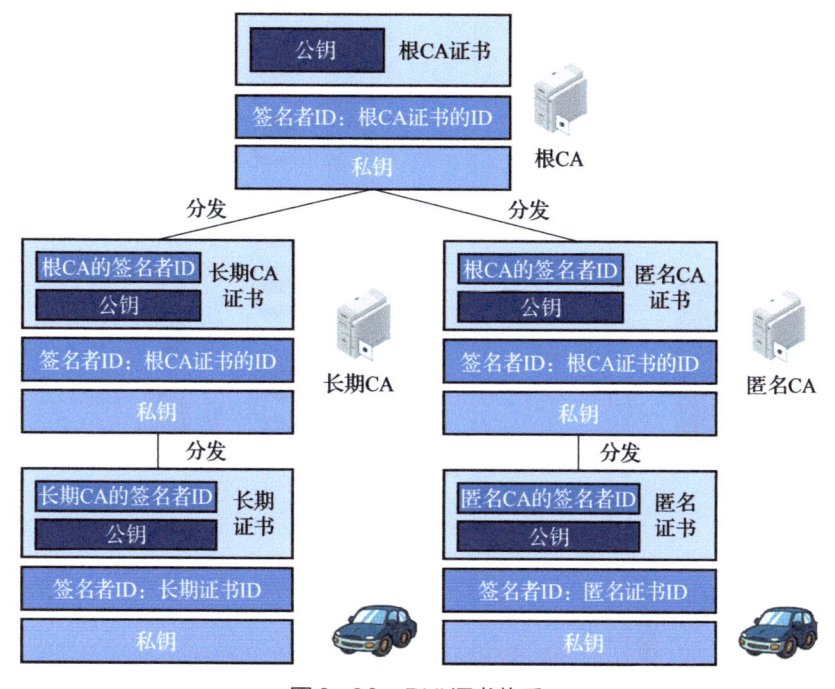

图 6-90　PKI 证书体系

6.5　安全的管理

安全的管理不同于以上四层安全防护措施，其侧重于车辆投入市场后的全生命周期安全监测与管理。如图 6-91～图 6-93 所示，车企可在云端部署数字孪生管理平台，监控车辆运行状态，包括信息安全态势、功能安全态势等，并在存在安全风险时及时标识风险、修复漏洞并配置更新[47]。图 6-94 给出了安全管理层对里程欺诈问题的检测。

图6-91 数字孪生安全监测

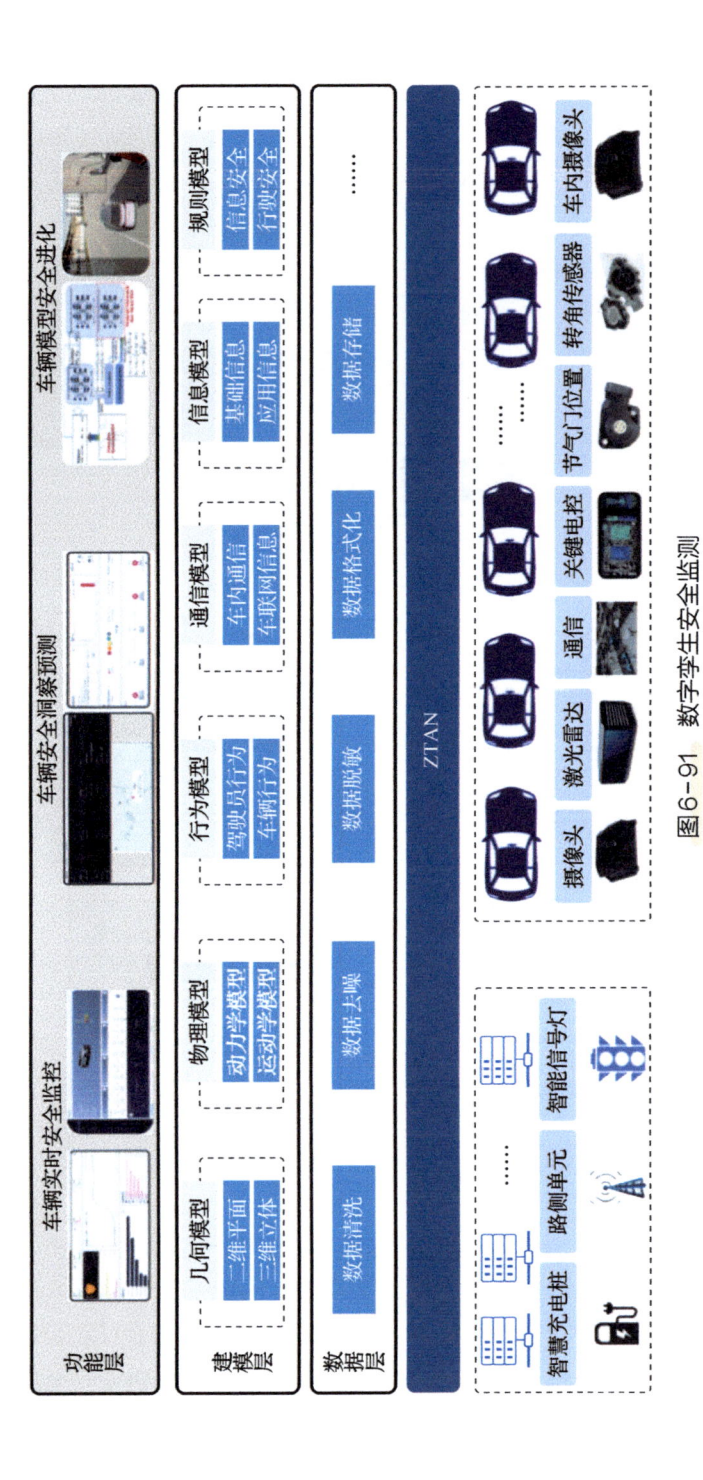

第 6 章　智能汽车安全防护措施

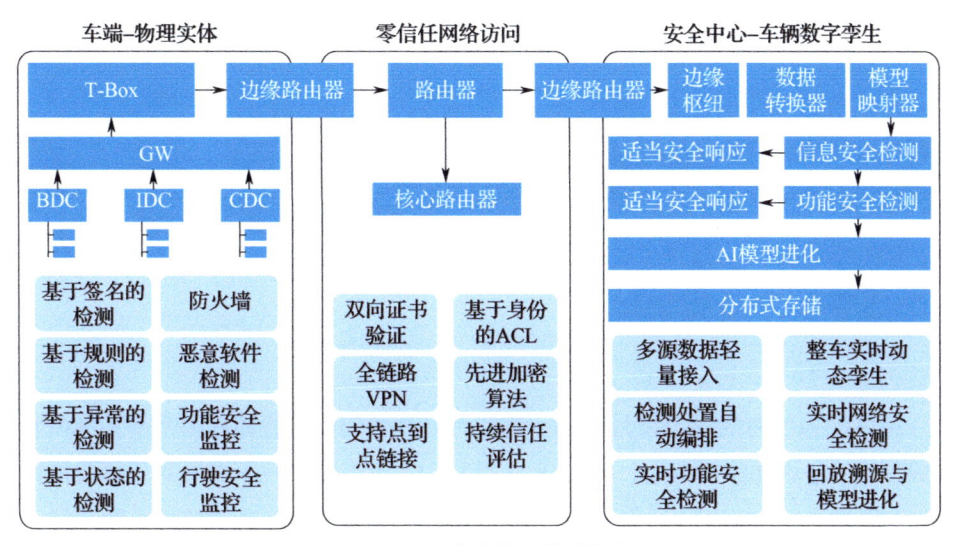

图 6-92　安全管理策略部署

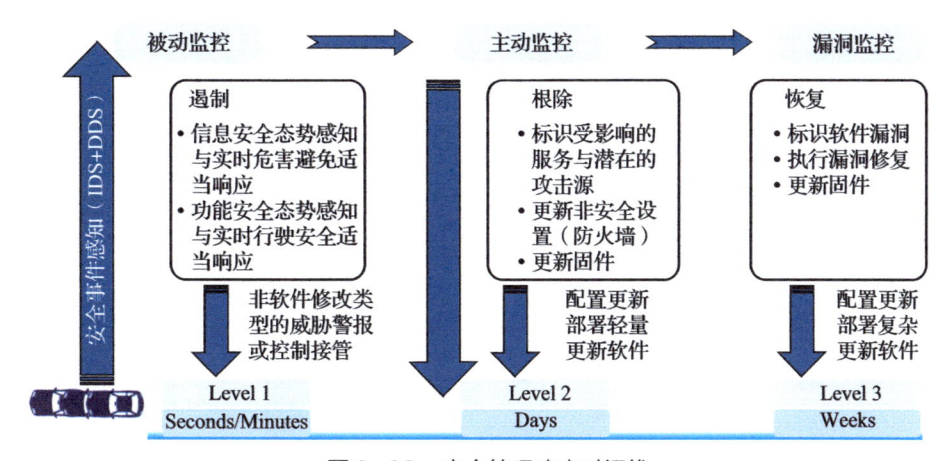

图 6-93　安全管理响应时间线

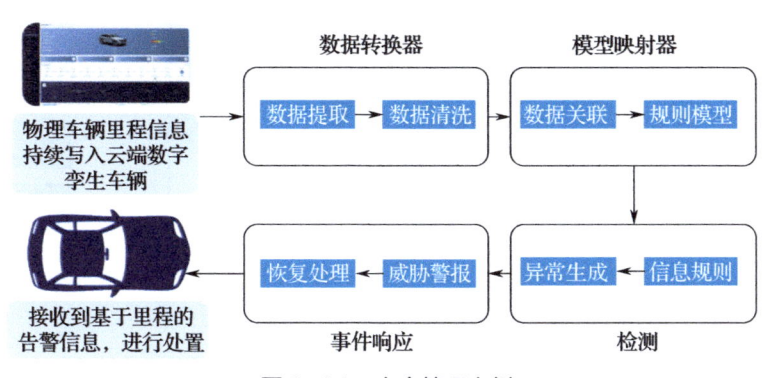

图 6-94　安全管理实例

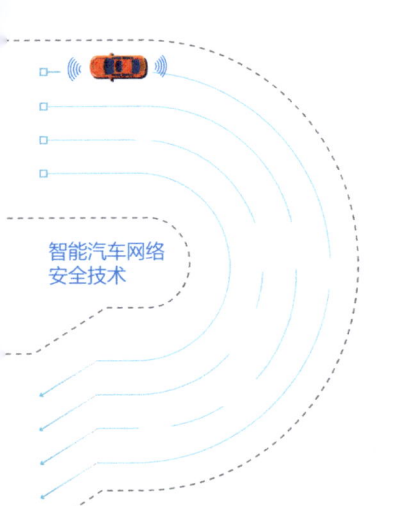

第 7 章
智能汽车网络安全验证

以风险为导向的安全设计有助于在车辆全生命周期流程体系中平衡不断增长的威胁与日益增加的复杂性。UNECE 法规 R.155 要求针对汽车引入基于风险的网络安全管理系统（CSMS），采取相应的安全措施，同时要求通过测试证明其适当性和有效性。信息安全测试能够将安全需求与设计决策直接联系起来，遵循安全需求分析、解决方案建模和面向测试的需求工程组合的三峰模型，确保从初始安全分析和风险评估到定义安全需求的完全可追溯性。信息安全测试通常开始于静态代码分析，进而进行单元测试，最后通过专用方法进一步进行测试，例如模糊测试和鲁棒性评估，直至渗透测试的水平[115]。安全测试难以完备彻底的完成，需要平衡被攻击的成本、破坏性后果与实施适当的安全机制和在整个生命周期中保持安全更新的开销。智能汽车网络安全的测试维度如图 7-1 所示。

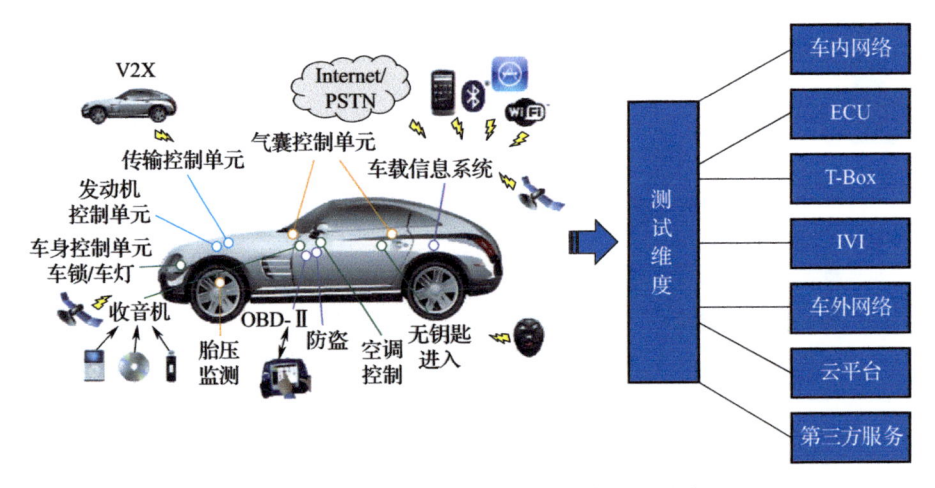

图 7-1 当今汽车开放的网联接口与测试维度

信息安全测试的基本原则包括：

1）全面性原则。不同于传统 IT 系统，智能网联汽车作为直接影响用户生命财产安全的移动终端，需保证汽车产品全流程生命周期中每一个产品的信息安全质量。信息安全的测试应覆盖产品流程认证与产品功能测试，前者涉及整车产品生命周期的安全管理机制认证，后者涉及产品固件、软件、硬件安全威胁的分析和测试。

2）针对性原则。面向汽车的不同应用场景，进行针对性测试，充分考虑不同场景汽车可能存在的攻击面和各种威胁。

3）可复制性原则。智能网联汽车信息安全测试应满足测试流程、测试用例与测试方法的可复制性，以保证结论的公平性和可比性。

7.1 安全验证流程

智能汽车信息安全测试流程如图7-2所示，通常从风险点分析开始，根据车内网络、电子控制单元（Electronic Control Unit，ECU）、智能车载终端（Telematic BOX，T-Box）、信息娱乐系统（In-Vehicle Infotainment，IVI）、车外网路、云平台与第三方服务等维度所存在的风险点，进行相应的测试方案设计，包括测试工具、测试方法、测试用例等的设计，以及测试环境搭建，包括硬件环境与软件环境的搭建；进而进行信息安全测试，包括用例执行、现象观察、问题分析、漏洞确认等；最后进行测试结果分析，包括漏洞分析汇总与修复建议。

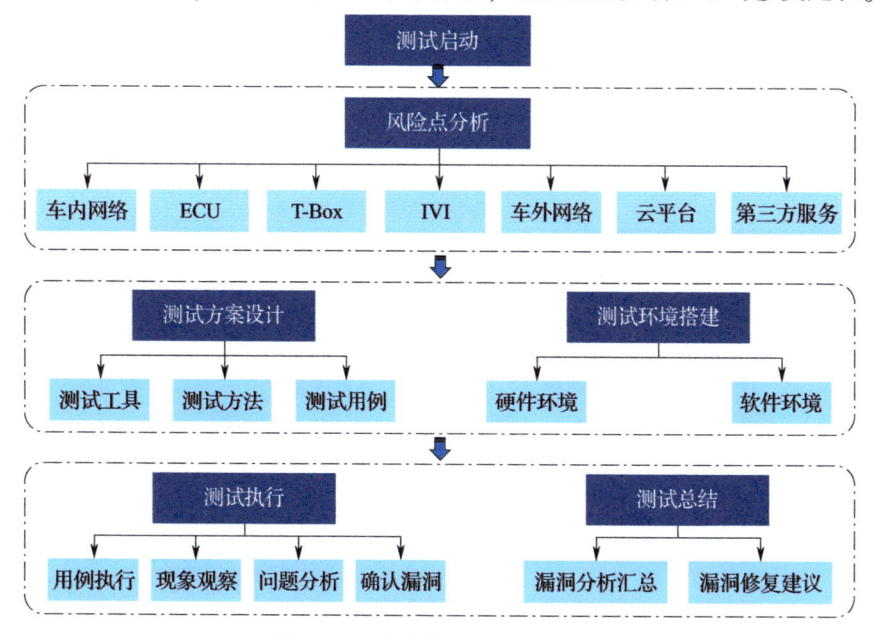

图7-2 汽车信息安全测试流程

测试用例的制定一方面需针对性考虑各维度风险点，如表7-1列出了面向ECU维度风险的测试内容；另一方面需针对覆盖各维度的整体应用流程考虑所涉及的风险点，如表7-2列出了面向某车型OTA应用的测试内容[116]。

表7-1 ECU风险测试内容

测试项目	测试指标	测试内容	预期结果
固件测试	数据处理漏洞检测	测试是否有数据处理漏洞	具有合理、安全的数据处理机制
	应用程序接口（API）滥用数据漏洞	测试接口调用是否有漏洞	接口调用合理
	安全特性漏洞	测试是否有安全特性漏洞	安全特性合理
	时序状态漏洞	测试是否有时序状态漏洞	时序状态合理
	异常处理漏洞序列	测试是否有异常处理漏洞	具有合理的异常处理机制
代码测试	劣质代码漏洞检测	测试是否存在漏洞	不存在漏洞
	不恰当的处理程序漏洞检测	测试是否存在不恰当的处理机制	不存在不恰当的处理机制
	初始化和清理错误漏洞检测	测试是否存在初始化和清理错误	不存在初始化和清理错误
	封装不充分漏洞检测	测试是否存在封装不充分	不存在封装不充分
恶意代码防护测试	注入缺陷漏洞检测	能否抵御注入攻击	具有抵御注入攻击机制
	失效的身份认证和会话管理漏洞检测	是否存在身份认证和会话管理机制	具有身份认证和会话管理机制
	跨站脚本缺陷漏洞检测	是否存在跨站脚本防御机制	存在跨站脚本防御机制
	功能级别访问控制缺失漏洞检测	是否存在功能级别访问控制漏洞	不存在功能级别访问控制漏洞
	跨站请求指令伪造漏洞检测	是否存在跨站请求指令漏洞	不存在跨站请求指令漏洞
内存防护测试	不安全的直接对象引用漏洞检测	是否存在不安全的直接对象引用机制	使用安全的对象引用机制
	安全配置错误漏洞检测	是否存在安全配置错误	不存在错误的安全配置
	已知易受攻击组件漏洞检测	是否使用已知易受攻击组件	不存在明显的易受攻击组件

表 7-2 OTA 业务风险测试内容

评估项	测试内容	测试点
系统安全	系统安全	车端 Linux 系统端口信息泄露 车端 Android 系统端口信息泄露
通信安全	篡改	OTA 云端与车端无线通信链路传输数据篡改
通信安全	信息泄露	OTA 云端与车端无线通信链路信息泄露 OTA 云端与车端无线通信链路传输协议指令信息泄露 T-Box、车机、网关 CAN 通信信息泄露 网关（GM）与 ECU 通信及统一诊断服务（UDS）信息泄露 云端与车端无线通信链路信息泄露 OTA 云平台升级包非法下载 T-Box 或车机与其他控制设备升级数据信息泄露
数据安全	信息泄露	T-Box 或车机与其他控制器之间升级数据信息泄露 升级包数据存储信息泄露 OTA 车端程序源代码泄露 根证书数据存储信息泄露 密钥文件数据存储信息泄露 OTA 日志文件数据存储信息泄露
数据安全	篡改	根证书数据存储篡改 车辆设备软件版本数据存储信息篡改 升级包数据篡改

7.2 安全测试技术

7.2.1 代码审计

代码审计指安全测试人员在源代码级别搜索黑客可以利用的编程错误或安全漏洞。该过程关注已实施安全措施的正确行为以及可能处理来自潜在黑客的恶意输入的代码，例如解析器、加密实现或通信堆栈（例如用于网络、无线电、用户界面）。代码审计还可以识别在实施过程中发现的错误，例如输入验证不正确和存储问题（例如缓冲区溢出）。代码审计可通过静态应用安全测试与动态应用安全测试完成。

静态应用安全测试（SAST） 为白盒测试，指在代码编译之前扫描应用程序，是汽车行业软件开发人员在其专有代码中检测 SQL 注入、跨站点脚本和缓冲区溢出等安全漏洞的重要方法，主要用于发现软件开发周期早期阶段的问题。

动态应用安全测试（DAST） 为黑盒测试，指在运行环境中执行代码测试漏洞和动态变量的行为，并尝试像攻击者一样对其进行破解。

7.2.2 漏洞扫描

漏洞扫描指利用已知漏洞测试目标系统的安全性。该阶段，测试人员通常使用具有当前已知测试对象弱点的数据库进行测试，例如，在 ECU 环境中扫描统一诊断服务（UDS）协议以查找典型种子值太低或关键计算算法太弱等弱点。

7.2.3 模糊测试

模糊测试用于检查被测系统的稳健性，测试过程中，安全人员会生成大量非典型或无效输入，以便运行系统的许多不同内部状态，以触发可能导致系统受到网络攻击的故障、异常或不可预见的信息。在汽车领域进行模糊测试，需覆盖与汽车相关的协议，包括 CAN、ISO-TP、UDS、USB、蓝牙、Wi-Fi 和基于以太网的协议（IP、TCP、UDP、FTP、TLS、ETC）。

7.2.4 渗透测试

在渗透测试中，测试人员通过尝试以黑客的方式识别和破解系统的防御机制来访问目标系统及其所有组件和应用程序。在汽车领域，渗透测试通常用于测试单个 ECU、ECU 组或整车的 IT 安全性，以验证由于技术实施错误、第三方供应商的组件、系统组件的异常交互或与概念的偏差等引起的潜在错误。如图 7-3 所示，渗透测试的内容主要包括以下方面：

1）信息传输安全。信息传输安全测试从车内网络安全和车云通信安全两个方面开展。车内网络安全主要针对车内网络设备（T-Box、IVI 等）系统的安全性进行测试，测试内容包括虚假消息入侵、代码/数据未经授权修改、会话劫持或重放攻击、未经授权访问敏感数据、拒绝服务攻击、获取车辆特权控制、病毒及恶意消息。车云通信安全主要针对汽车和云平台通信的安全性进行测试，测试内容包括车内通信网络连接、云端对外通信接口、通信协议。

2）外部连接安全。外部连接安全测试从 Wi-Fi、蓝牙、无线钥匙和卫星导航四个方面开展。Wi-Fi 安全主要针对车机通过 Wi-Fi 与外部设备连接的安全性进行测试，测试内容包括启动/关闭、连接状态显示、配置方式显示、通信连接、钓鱼 Wi-Fi、端口扫描、漏洞探测。蓝牙安全主要针对车机通过蓝牙与外部设备连接的安全性进行测试，测试内容包括启动/关闭、连接状态显示、通信认证、漏洞扫描等。无线钥匙安全主要监听无线钥匙通信内容，查看是否存在漏

第 7 章　智能汽车网络安全验证

智能网联汽车安全渗透测试指标

信息传输安全
- 车内网络安全
  - 虚假消息入侵
  - 代码/数据未经授权修改
  - 会话劫持或重放攻击
  - 未经授权访问敏感数据
  - 拒绝服务攻击
  - 获取车辆特权控制
  - 病毒及恶意消息
  - 车内通信网络连接
- 车云通信安全
  - 病毒及恶意消息
  - 车内通信网络连接

外部连接安全
- Wi-Fi 安全
  - 启动/关闭
  - 连接状态显示
  - 配置方式显示
  - 通信连接
  - 钓鱼 Wi-Fi
  - 端口扫描
  - 漏洞探测
- 蓝牙安全
  - 启动/关闭
  - 连接状态显示
  - 配置方式显示
  - 通信连接
  - 通信认证
  - 漏洞扫描
- 无线钥匙安全
  - 认证校验
  - 通信加密
- 卫星导航安全
  - GPS 干扰
  - GPS 欺骗

ECU 安全
- 电路板安全
  - 敏感引脚
  - 闪存安全
- 片上总线安全
- 权限控制
  - 权限隔离安全
  - 敏感数据安全
- 操作系统安全
  - 安全配置
  - 安全补丁
  - 漏洞排查
- 业务逻辑安全

数据安全
- 代码安全
  - 代码提取
  - 防调试
  - 防逆向分析
- 个人信息安全
  - 个人信息存储
  - 未授权访问
- 数据非授权篡改
  - 非法篡改用户交互数据
  - 用户数据清除
  - 密钥安全
  - 证书数据安全
  - 车辆行驶数据安全
  - 非法篡改诊断数据
  - 非法篡改操作系统日志

物理非法操控
- OBD 安全
  - 总线间数据传输
  - 总线数据协议
  - 访问控制
  - 非授权设备告警
- USB 安全
  - 文件传输安全
  - 非授权设备攻击

云平台安全
- 信息收集系统安全
  - 域名相关测试
  - 开放端口扫描测试
- 信息泄露
  - 调试信息
  - 代码信息
  - 用户信息泄露
- 配置安全
  - 上传缺陷
  - 基础配置与应用配置安全
  - 控制台安全
- 业务逻辑
  - 验证码安全
  - 用户认证缺陷
  - 常见业务逻辑缺陷
- 授权安全会话安全
  - 资源访问
  - 权限测试

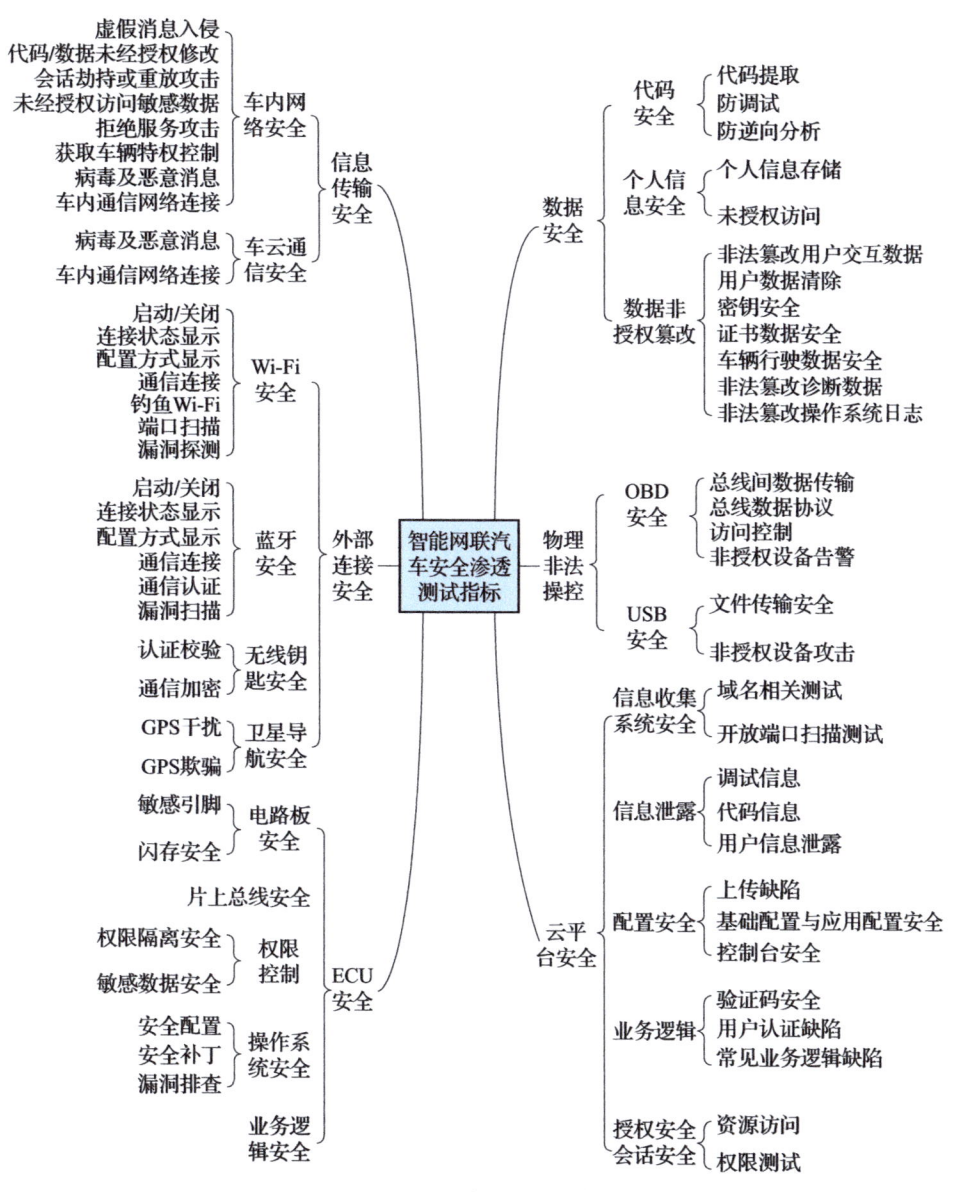

图 7-3　渗透测试内容

洞，测试内容包括认证校验、通信加密。卫星导航安全主要针对汽车导航定位模块的安全性进行测试，测试内容包括 GPS 干扰、GPS 欺骗。

3）数据安全。数据安全测试从代码安全、个人信息安全和数据非授权篡改三个方面开展。代码安全主要针对车机应用、手机应用与云端应用的代码安全性进行测试，测试内容包括代码提取、防调试、防逆向分析。个人信息安全主要针对车机和手机应用的个人信息安全性进行测试，测试内容包括个人信息存储、

289

未授权访问。数据非授权篡改主要针对车机和手机应用敏感数据的安全性进行测试，测试内容包括非法篡改用户交互数据、用户数据清除、密钥安全、证书数据安全、车辆行驶数据安全、非法篡改诊断数据、非法篡改操作系统日志。

4）ECU 安全。ECU 安全测试从电路板、片上总线、I/O 接口、启动、权限控制、业务逻辑与操作系统安全等方面开展。电路板安全包括硬件调试接口关闭、敏感引脚、闪存安全测试等。片上总线安全包括 SPI、I2C 总线安全测试等。I/O 接口安全包括 USB 等 I/O 接口安全测试等。安全启动包括 bootloader 安全保护、固件签名校验安全测试等。权限控制包括应用、进程权限隔离安全、敏感数据安全测试等。业务逻辑安全包括 ECU 内具体业务逻辑流程安全测试等。操作系统安全包括安全配置、安全补丁与漏洞排查安全测试等。

5）云平台安全。云平台安全测试从信息收集系统安全、信息泄露、配置安全、业务逻辑与授权会话方面开展。信息收集安全包括域名相关测试、开放端口扫描测试等。系统安全包括架构安全组件安全测试。信息泄露安全包括调试信息、代码信息与用户信息泄露测试。配置安全包括上传缺陷、过时文件、控制台安全、基础配置与应用配置安全测试等。业务逻辑安全包括验证码安全、常见业务逻辑缺陷与用户认证缺陷测试等。授权安全包括资源访问、权限测试等。会话安全包括会话重用、未验证会话建立测试等。

6）物理非法操控。物理非法操控从 OBD 安全和 USB 安全两个方面开展。OBD 安全主要测试内容包括总线间数据传输、总线数据协议、访问控制、非授权设备告警。USB 安全主要测试内容包括文件传输安全、非授权设备攻击。

7.2.5　侧信道攻击测试

侧信道攻击测试通常分为被动和主动侧信道攻击测试。在被动侧信道攻击（也称为侧信道分析）中，测试人员通过测量目标系统的物理特性（如时间行为、功耗和电磁辐射）得出有关内部数据处理的结论。主动侧信道攻击旨在故意操纵系统，如典型方法故障注入攻击，测试人员试图通过暂时中断电源或电磁注入等手段在微处理器中引发处理错误[117]。

7.2.6　功能安全测试

功能安全测试用于验证所使用的安全机制的规范是否正确和完全实现，需验证安全机制是否在目标平台上正确集成。在车辆环境中，集成测试需协同多个 ECU 与通信网络，以验证分布式部署的车辆功能的安全性。

7.2.7 基于数字孪生的安全测试

数字孪生指将物理对象的虚拟模型以数字的形式表示,从而能够在构建之前对其进行模拟以促进预测性维护。数字孪生可用于建模车辆的组件,例如驾驶辅助系统或信息娱乐系统,进行安全分析。基于数字孪生的信息安全测试将数字模型转换为测试用例,例如将全分析结果转化为攻击向量进行漏洞扫描,或将模型换为状态机并进行故障注入和模型检查[118]。

7.3 安全测试标准

随着汽车信息安全问题的日益严峻,国际国内标准、行业标准相继出台,包括 UNECE WP. 29 TFCS 工作组发布的 WP29 - R155 - 2020《网络安全与网络安全管理系统》,车辆信息安全指导标准 ISO 21434 与 SAE J3061、GB/T 40861—2021《汽车信息安全通用技术要求》[119]以及诊断测试相关标准 SAE J1979[120]等,见表 7 - 3。

WP29 - R155 - 2020《网络安全与网络安全管理系统》法规从网络安全角度提出了对新车辆及其制造组织的要求,规定了 OEM 需要满足的网络安全要求,并计划将该要求作为整车厂获得特定国家范围内特定车型认证的前提条件,法规的内容框架如图 7 - 4 所示。其中,CSMS(Cyber Security Management System,网络安全管理体系认证)审查 OEM 是否在汽车的完整生命周期内制定了网络安全相关的保障流程,以确保汽车全生命周期中都有对应的流程措施用以控制相关风险。根据法规要求,OEM 必须获得 CSMS 认证证书,并且在特定车型研发及量产项目上充分证明其认证体系中涵盖的流程能够充分且有效运行之后,才具备申请特定车型型式认证的资格。

表 7 - 3 汽车信息安全标准

标准组织	标准名称
ISO/SAE	ISO/SAE 21434《道路车辆网络安全工程》
SAE	SAE J3061《信息物理融合系统网络安全指南》
SAE	SAE J1979《汽车诊断技术规范》
SAC	GB/T 40861—2021《汽车信息安全通用技术要求》
SAC	GB/T 40856—2021《车载信息交互系统信息安全技术要求及试验方法》[121]
SAC	GB/T 35273—2020《信息安全技术 个人信息安全规范》[122]

(续)

标准组织	标准名称
CCSA	VD/T 3751—2020《车联网信息服务　数据安全技术要求》[123]
CCSA	YD/T 3756—2020《车联网信息服务　用户个人信息保护要求》[124]
CSAE	T/CSAE 211—2021《智能网联汽车数据共享安全要求》[125]

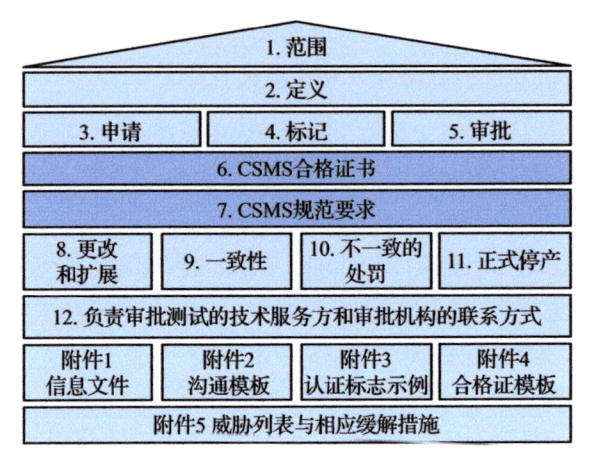

图 7-4　法规内容框架

7.4　安全测试工具

安全测试每个阶段需要使用不同的工具，表 7-4 概述了广泛使用的测试工具的优势和局限性，例如可用性、可扩展性和更新可用性。

表 7-4　汽车信息测试工具

工具名称	测试方法与适用范围	优势	局限性
CANoe	ECU 与车载网络的开发、仿真、测试，包括信息安全测试	1. 其开放式设计有助于轻松连接到其他工具 2. 可用于嗅探和分析所有汽车网络 3. 包括 XCP（ECU 开发的标准协议）	测试语言复杂
Scapy	汽车 ECU 和网络设备的漏洞扫描与利用	1. 支持多种网络协议 2. 交互式数据包和结果操作 3. 快速数据包设计	1. 无法同时处理大量数据包 2. 部分支持某些复杂协议
BreakingPoint	通过漏洞扫描与利用验证网络安全性能	1. 大量支持的应用协议 2. 漏洞利用、恶意软件、僵尸网络和分布式拒绝服务攻击的持续更新	1. 使用推荐的硬件会增加成本 2. 需安装在管理程序上

（续）

工具名称	测试方法与适用范围	优势	局限性
bESTORM	1. 模糊和验证网络和嵌入式设备 2. 使用 XML 的新协议定义 3. 测试应用程序和硬件、多协议模糊器	1. 嵌入式设备协议模糊测试 2. PenTester 可以轻松设置新的协议测试模块 3. 有效组合可实现高速测试	1. 高价 2. 需要个人培训和支持
Defensics	1. 黑盒模糊测试 API 和服务，发现和修复软件和设备中的未知漏洞 2. 软件、CAN 和 IP 协议模糊测试	1. 高级文件和协议模板模糊器使用户能够构建自己的测试用例 2. 独立于操作系统	成本高
Namp	1. 网络扫描 2. 端口扫描	1. 绕过防火墙或 IDS 2. 服务/操作系统检测能力	扫描较弱的设备和拥塞的网络可能会导致意外拒绝服务或网络速度变慢
AttifyOS	物联网设备和连接性渗透测试	1. 此发行版包含 PenTest 嵌入式固件和软件所需的工具 2. 无线电网络渗透测试	需安装在虚拟机上
Keysight PenTest Platform PathWave	控制器、复杂子系统、整车渗透测试、汽车通信系统测试	1. 涵盖从硬件连接到应用层的所有相关接口 2. 威胁数据库的持续更新	1. 使用推荐 Keysight 硬件会增加成本 2. 需要个人培训和支持
CANBadger	ECU 黑客使用中间人攻击和劫持安全访问	1. 自动模糊和测试 2. CANBadger 服务器有助于多种设备	用于 PenTest 的硬件不易获得，须使用推荐的框图构建
Seleae Logic 8	嵌入式设备逻辑分析	易于分析嵌入式硬件	速度会随着所用频道的增加而下降

参考文献

[1] SAE International. Taxonomy and definitions for terms related to driving automation systems for on-road motor vehicles：SAE J3016_202104[S/OL]. (2021-04-30)[2024-05-01]. https：//www. sae. org/standards/content/j3016_202104/.

[2] LEE C H T, CHAN C C, HE Y, et al. Framework of digital renaissance with human-in-the-loop [M]//CHAN C C, ZHOU G Y, HAN W. Integration of energy, information, transportation and humanity：renaissance from digitization. Cambridge：Elsevier, 2023：169.

[3] TENG S, HU X, DENG P, et al. Motion planning for autonomous driving: the state of the art and future perspectives[J]. IEEE Transactions on Intelligent Vehicles, 2023 8(6): 3692-3711. DOI: 10.1109/TIV. 2023. 3274536.

[4] SUN X, WANG G, FAN Y, et al. A formation autonomous navigation system for unmanned surface vehicles with distributed control strategy[J]. IEEE Transactions on Intelligent Transportation Systems, 2020, 22(5): 2834-2845. DOI: 10.1109/TITS. 2020. 2976567.

[5] GUO X, YANG J, ZHANG J. Research on user behavior oriented intelligent interactive design of automobile cockpit[C]//Proceedings of the 5th International Conference on Information Technologies and Electrical Engineering. New York: ACM, 2022: 521-525. DOI: 10.1145/3582935. 3583022.

[6] HILDEBRAND B, BAZA M, SALMAN T, et al. A comprehensive review on blockchains for Internet of Vehicles: challenges and directions[J]. Computer Science Review, 2023, 48: 100547. DOI: 10.1016/j. cosrev. 2023. 100547.

[7] WANG X, ZHU H, NING Z, et al. Blockchain intelligence for Internet of Vehicles: challenges and solutions[J]. IEEE Communications Surveys & Tutorials, 2023, 25(4): 2325-2355. DOI: 10.1109/COMST. 2023. 3305312.

[8] LI W, XUE J, TAN R, et al. Global-local-feature-fused driver speech emotion detection for intelligent cockpit in automated driving[J]. IEEE Transactions on Intelligent Vehicles, 2023, 8 (4): 2684-2697. DOI: 10.1109/TIV. 2023. 3259988.

[9] BERTONCELLO M, HUSAIN A, MÖLLER T. Setting the framework for car connectivity and user experience[J]. McKinsey Quarterly, 2018.

[10] MAHMUD I, MEDHA M B, HASANUZZAMAN M. Global challenges of electric vehicle charging systems and its future prospects: a review[J]. Research in Transportation Business & Management, 2023, 49: 101011. DOI: 10.1016/j. rtbm. 2023. 101011.

[11] LI X, CHAN C C, ZHAO H, et al. Integration of energy, transportation, and information with humanity[M]//CHAN C C, ZHOU G Y, HAN W. Integration of energy, information, transportation and humanity: renaissance from digitization. Cambridge: Elsevier, 2023: 73.

[12] LI Y, OUYANG M, CHAN C C, et al. Key technologies and prospects for electric vehicles within emerging power systems: insights from five aspects[J]. CSEE Journal of Power and Energy Systems, 2024, 10(2): 439-447. DOI: 10.17775/CSEEJPES. 2024. 00190.

[13] MAHREZ Z, SABIR E, BADIDI E, et al. Smart urban mobility: when mobility systems meet smart data[J]. IEEE Transactions on Intelligent Transportation Systems, 2021, 23(7): 6222 – 6239. DOI: 10.1109/TITS.2021.3084907.

[14] PIMENTEL J. Multi-agent safety[M]. Warrendale: SAE International, 2019.

[15] BURKACKY O, DEICHMANN J, KLEIN B, et al. Cybersecurity in automotive: mastering the challenge[R/OL]. (2020 – 06 – 22)[2024 – 05 – 02]. http://www.mckinsey.com/industries/automotive-and-assembly/our-insights/cybersecurity-in-automotive-mastering-the-challenge.

[16] PIMENTEL J. Safety of the intended functionality[M]. Warrendale: SAE International, 2019.

[17] Upstream Security. 2024 global automotive cybersecurity report[R]. 2024.

[18] 工业和信息化部人才交流中心,恩智浦(中国)管理有限公司.智能互联汽车的网络安全技术及应用[M].北京:电子工业出版社,2018.

[19] BHATTACHARJEE S. Practical industrial internet of things security: a practitioner's guide to securing connected industries[M]. Birmingham: Packt Publishing, 2018.

[20] Upstream Security. 2020 global automotive cybersecurity report[R]. 2020.

[21] YU Z, GAO H, CONG X, et al. A survey on cyber-physical systems security[J]. IEEE Internet of Things Journal, 2023, 10(24): 21670 – 21686. DOI: 10.1109/JIOT.2023.3289625.

[22] LI Q, HUANG H, LI R, et al. A comprehensive survey on DDoS defense systems: new trends and challenges[J]. Computer Networks, 2023, 233: 109895. DOI: 10.1016/j.comnet.2023.109895.

[23] KO R K L. Cyber autonomy: automating the hacker—self-healing, self-adaptive, automatic cyber defense systems and their impact on industry, society, and national security[M]//STEFF R, BURTON J, SOARE S R. Emerging technologies and international security: machines, the state, and war. Abingdon: Routledge, 2020: 173.

[24] CHEN H, LIU J, WANG J, et al. Towards secure intra-vehicle communications in 5G advanced and beyond: vulnerabilities, attacks and countermeasures[J]. Vehicular Communications, 2023, 39: 100548. DOI: 10.1016/j.vehcom.2022.100548.

[25] PEKARIC I, SAUERWEIN C, HASELWANTER S, et al. A taxonomy of attack mechanisms in the automotive domain[J]. Computer Standards & Interfaces, 2021, 78: 103539. DOI: 10.1016/j.csi.2021.103539.

[26] SEETHARAMAN D, WOODALL B. Honda recalls 2.5 million vehicles on software issue [EB/OL]. (2011 – 08 – 06)[2024 – 05 – 01]. https://www.reuters.com/article/us-honda-recall/honda-recalls-2-5-million-vehicles-on-software-issue-idUSTRE77432120110805/.

[27] DENTON T. Automobile electrical and electronic systems[M]. Abingdon: Routledge, 2017.

[28] VON DER WENSE H C. Introduction to local interconnect network: 2000 – 01 – 0153[R]. Warrendale: SAE International, 2000. DOI: 10.4271/2000 – 01 – 0153.

[29] IVERSEN W R. Intel and Bosch team for real-time car net[J]. Electronics, 1986, 59(9): 15 – 16.

[30] MAKOWITZ R, TEMPLE C. FlexRay—a communication network for automotive control systems[C]//2006 IEEE International Workshop on Factory Communication Systems. New York: IEEE, 2006: 207 – 212.

[31] MOST Cooperation. MOST specification revision 2. 3[S/OL]. (2004 – 08)[2024 – 05 – 30]. https://www. mostcooperation. com/specifications/.

[32] MATHEUS K, KÖNIGSEDER T. Automotive Ethernet[M]. Cambridge: Cambridge University Press, 2021.

[33] STAUFFER D R, MECHLER J T, SORNA M A, et al. High speed SerDes devices and applications[M]. Berlin: Springer, 2008.

[34] BELLO L L. Novel trends in automotive networks: a perspective on Ethernet and the IEEE Audio Video Bridging[C]//Proceedings of the 2014 IEEE Emerging Technology and Factory Automation (ETFA). New York: IEEE, 2014: 1 – 8. DOI: 10. 1109/ETFA. 2014. 7005251.

[35] STEINER W, BAUER G, HALL B, et al. Time-triggered Ethernet[M]//OBERMAISSER R. Time-triggered communication. Boca Raton: CRC Press, 2018: 209 – 248.

[36] ZHAO L, HE F, LI E, et al. Comparison of time sensitive networking (TSN) and TTEthernet [C]//2018 IEEE/AIAA 37th Digital Avionics Systems Conference (DASC). New York: IEEE, 2018: 1 – 7. DOI: 10. 1109/DASC. 2018. 8569454.

[37] PIMENTEL J. Automated vehicle safety[M]. Warrendale: SAE International, 2019.

[38] UNECE. Uniform provisions concerning the approval of vehicles with regards to cyber security and cyber security management system: E/ECE/TRANS/505/Rev. 3/Add. 154[S/OL]. Geneva: United Nations Economic Commission for Europe, 2021[2024 – 06 – 01]. https://unece. org/sites/default/files/2021 – 03/R155e. pdf.

[39] UNECE. Uniform provisions concerning the approval of vehicles with regards to software update and software updates management system: E/ECE/TRANS/505/Rev. 3/Add. 155[S/OL]. Geneva: United Nations Economic Commission for Europe, 2021[2024 – 06 – 01]. https://unece. org/sites/default/files/2021 – 03/R156e. pdf.

[40] Vehicle Cybersecurity Systems Engineering Committee. Cybersecurity guidebook for cyber-physical vehicle systems: SAE J3061[S]. Warrendale: SAE International, 2016.

[41] HANS-LEO R. Functional safety for road vehicles: new challenges and solutions for e-mobility and automated driving[M]. Berlin: Springer, 2018.

[42] ISO/TC 22/SC 32. Road vehicles – cybersecurity engineering: ISO/SAE 21434[S/OL]. Geneva: ISO, 2021[2024 – 06 – 02]. https://www. iso. org/standard/70918. html.

[43] Vehicle Electrical System Security Committee. Hardware protected security for ground vehicles: SAE J3101_202002[S/OL]. Warrendale: SAE International, 2020[2024 – 06 – 01]. https://www. sae. org/standards/content/j3101_202002/.

[44] Data Link Connector Vehicle Security Committee. Diagnostic link connector security: SAE J3138_202210[S/OL]. Warrendale: SAE International, 2022[2024 – 06 – 02]. https://www. sae. org/standards/content/j3138_201806/.

[45] Fraunhofer Institute for Secure Information Technology. E-safety vehicle intrusion protected applications(EVITA)[R/OL]. [2024 – 06 – 02]. https://evita-project. org/Publications/EVITAD0. pdf.

[46] BIßMEYER N, MAUTHOFER S, PETIT J, et al. PREparing SEcuRe VEhicle-to-X Communication Systems: V2X Security Architecture v2[R/OL]. (2014 – 01 – 31)[2024 – 06 – 02]. https://preserve-project. eu/www. preserve-project. eu/sites/preserve-project. eu/

files/PRESERVE-D1. 3-V2X_Security_Architecture_V2. pdf.

[47] National Highway Traffic Safety Administration. Cybersecurity best practices for modern vehicles: DOT HS 812 333[R]. Washington, DC: NHTSA, 2016: 17 – 20.

[48] HEINECKE H, SCHNELLE K P, FENNEL H, et al. AUTomotive Open System ARchitecture: an industry-wide initiative to manage the complexity of emerging automotive E/E-architectures: 2004 – 21 – 0042[R/OL]. (2004 – 10 – 18)[2024 – 06 – 02]. https://www. sae. org/publications/technical-papers/content/2004 – 21 – 0042/.

[49] CHEN S, ZHANG Z, ZHANG L, et al. A semi-supervised learning framework combining CNN and multi-scale transformer for traffic sign detection and recognition[J]. IEEE Internet of Things Journal, 2024, 11(11): 19500 – 19519. DOI: 10. 1109/JIOT. 2024. 3367899.

[50] GIBBS C. Automotive cybersecurity issues and vulnerabilities [M]. New York: Novinka, 2016.

[51] JICHICI C, GROZA B, RAGOBETE R, et al. Effective intrusion detection and prevention for the commercial vehicle SAE J1939 CAN bus [J]. IEEE Transactions on Intelligent Transportation Systems, 2022, 23(10): 17425 – 17439. DOI: 10. 1109/TITS. 2022. 3151712.

[52] LI B, QI P, LIU B, et al. Trustworthy AI: from principles to practices[J]. ACM Computing Surveys, 2023, 55(9): 1 – 46. DOI: 10. 1145/3555803.

[53] KABIR M R, RAVI B B Y, RAY S. A virtual prototyping platform for exploration of vehicular electronics[J]. IEEE Internet of Things Journal, 2023, 10(18): 16144 – 16155. DOI: 10. 1109/JIOT. 2023. 3267339.

[54] ALEDHARI M, RAHOUTI M, QADIR J, et al. Motion comfort optimization for autonomous vehicles: concepts, methods, and techniques[J]. IEEE Internet of Things Journal, 2023, 11(1): 378 – 402. DOI: 10. 1109/JIOT. 2023. 3287489.

[55] ZHU R, LI L, WU S, et al. Multi-agent broad reinforcement learning for intelligent traffic light control[J]. Information Sciences, 2023, 619: 509 – 525. DOI: 10. 1016/j. ins. 2022. 11. 062.

[56] BENDIAB G, HAMEURLAINE A, GERMANOS G, et al. Autonomous vehicles security: challenges and solutions using blockchain and artificial intelligence[J]. IEEE Transactions on Intelligent Transportation Systems, 2023, 24(4): 3614 – 3637. DOI: 10. 1109/TITS. 2023. 3236274.

[57] SHEN Z, GU C, XIANG X. Co-circle: energy-efficient collaborative neighbor discovery for IoT applications[J]. IEEE Internet of Things Journal, 2023, 10(18), 16358 – 16370. DOI: 10. 1109/JIOT. 2023. 3267806.

[58] GERMER M, MARSCHNER U, RICHTER A. Energy harvesting for tire pressure monitoring systems from a mechanical energy point of view[J]. IEEE Internet of Things Journal, 2022, 9(10): 7700 – 7714. DOI: 10. 1109/JIOT. 2022. 3152547.

[59] VASHISHT S, RAKSHIT D. Recent advances and sustainable solutions in automobile air conditioning systems[J]. Journal of Cleaner Production, 2021, 329: 129754. DOI: 10. 1016/j. jclepro. 2021. 129754.

[60] ZHANG L, WANG Q, CHEN J, et al. Brake-by-wire system for passenger cars: a review of structure, control, key technologies, and application in X-by-wire chassis[J]. eTransportation, 2023, 18: 100292. DOI: 10. 1016/j. etran. 2023. 100292.

[61] ZHANG L, ZHANG R, WU T, et al. Safe reinforcement learning with stability guarantee for motion planning of autonomous vehicles[J]. IEEE Transactions on Neural Networks and Learning Systems, 2021, 32(12):5435-5444. DOI:10.1109/TNNLS.2021.3084685.

[62] HU X, HAN J, TANG X, et al. Powertrain design and control in electrified vehicles: a critical review[J]. IEEE Transactions on Transportation Electrification, 2021, 7(3):1990-2009. DOI:10.1109/TTE.2021.3056432.

[63] Robert Bosch GmbH. Bosch automotive electrics and automotive electronics: systems and components, networking and hybrid drive[M]. Berlin: Springer, 2014.

[64] CHEN L, WANG Y, ZHAO J, et al. A novel adaptive control scheme for automotive electronic throttle based on extremum seeking[J]. IEEE Transactions on Circuits and Systems I: Regular Papers, 2023,70(6),2599-2611. DOI:10.1109/TCSI.2023.3258465.

[65] MACHACEK D T, BARHOUMI K, RITZMANN J M, et al. Multi-level model predictive control for the energy management of hybrid electric vehicles including thermal derating[J]. IEEE Transactions on Vehicular Technology, 2022, 71(10):10400-10414. DOI:10.1109/TVT.2022.3183866.

[66] 王亚辉,薛志荣,李俊,等.智能座舱 HMI 设计:从人因理论到设计实践[M].北京:清华大学出版社,2023.

[67] WANG Z, ZHAN J, DUAN C, et al. A review of vehicle detection techniques for intelligent vehicles[J]. IEEE Transactions on Neural Networks and Learning Systems, 2022, 34(8):3811-3831. DOI:10.1109/TNNLS.2021.3128968.

[68] TENG S, HU X, DENG P, et al. Motion planning for autonomous driving: the state of the art and future perspectives[J]. IEEE Transactions on Intelligent Vehicles, 2023,8(6),3692-3711. DOI:10.1109/TIV.2023.3274536.

[69] 刘丛志,张亚辉.智能车辆系统动力学与控制[M].北京:清华大学出版社,2023.

[70] 罗莉华.车辆自适应巡航系统的控制策略研究[M].上海:上海交通大学出版社,2013.

[71] ZHANG P, TIAN D, ZHOU J, et al. Joint optimization of platoon control and resource scheduling in cooperative vehicle-infrastructure system[J]. IEEE Transactions on Intelligent Vehicles, 2023,8(6),3629-3646. DOI:10.1109/TIV.2023.3265866.

[72] JO H J, CHOI W. A survey of attacks on controller area networks and corresponding countermeasures[J]. IEEE Transactions on Intelligent Transportation Systems, 2021, 23(7):6123-6141. DOI:10.1109/TITS.2021.3078740.

[73] DEDE G, HAMON R, JUNKLEWITZ H, et al. Cybersecurity challenges in the uptake of artificial intelligence in autonomous driving: EUR 30568 EN[R/OL]. (2021-02-10)[2024-05-31]. https://publications.jrc.ec.europa.eu/repository/handle/JRC122440. DOI:10.2760/551271.

[74] TANENBAUM A S, WETHERALL D J. 计算机网络:第5版[M].严伟,潘爱民,译.北京:清华大学出版社,2012.

[75] IEEE. IEEE standard for local and metropolitan area networks—timing and synchronization for time-sensitive applications in bridged local area networks: IEEE Std. 802.1AS[S/OL]. New York: IEEE, 2017[2024-06-03]. https://grouper.ieee.org/groups/802/1/pages/802.1AS-rev.html#:~:text=This%20standard%20specifies%20the%20protocol%20and%

20procedures%20used,networks%3B%20for%20example%2C%20IEEE%20802%20and%20similar%20media.

[76] IEEE. IEEE standard for local and metropolitan area networks—virtual bridged local area networks amendment 14: stream reservation protocol (SRP): IEEE Std. 802.1Qat-2010[S/OL]. New York: IEEE, 2010[2024-06-03]. https://ieeexplore.ieee.org/stamp/stamp.jsp?tp=&arnumber=5594972. DOI: 10.1109/IEEESTD.2010.5594972.

[77] IEEE. IEEE standard for local and metropolitan area networks—virtual bridged local area networks amendment 12: forwarding and queuing enhancements for time-sensitive streams: IEEE Std. 802.1Qav-2009[S/OL]. New York: IEEE, 2009. https://ieeexplore.ieee.org/document/5375704. DOI: 10.1109/IEEESTD.2009.5375704.

[78] WANG C T, QIN G H, ZHAO R, et al. An information security protocol for automotive Ethernet [J]. Journal of Computers, 2021, 32(1): 39-52. DOI: 10.3966/199115992021023201004.

[79] TAKAHASHI J, ARAGANE Y, MIYAZAWA T, et al. Automotive attacks and countermeasures on LIN-bus[J]. Journal of Information Processing, 2017, 25: 220-228. DOI: 10.2197/ipsjjip.25.220.

[80] APPAJOSYULA K S V V, PACHARLA S R. Review on CAN bus protocol: attacks, difficulties, and potential solutions: 2023-01-0926[R/OL]. (2023-04-11)[2024-06-03]. https://www.sae.org/publications/technical-papers/content/2023-01-0926/. DOI: 10.4271/2023-01-0926.

[81] MURVAY P S, GROZA B. Efficient physical layer key agreement for FlexRay networks[J]. IEEE Transactions on Vehicular Technology, 2020, 69(9): 9767-9780. DOI: 10.1109/TVT.2020.3002616.

[82] D'ANNA G. Cybersecurity for commercial vehicles[M]. Warrendale: SAE International, 2018.

[83] DE V M, COSTANTINO G, MATTEUCCI I, et al. A systematic review on security attacks and countermeasures in automotive Ethernet[J]. ACM Computing Surveys, 2024, 56(6): 1-38. DOI: 101145/3637059.

[84] KIM S, SHRESTHA R. Automotive cyber security: introduction, challenges, and standardization [M]. Singapore: Springer, 2020.

[85] CONTRERAS-CASTILLO J, ZEADALLY S, GUERRERO IBÁÑEZ J A. A seven-layered model architecture for Internet of Vehicles[J]. Journal of Information and Telecommunication, 2017, 1(1): 4-22. DOI: 10.1080/24751839.2017.1295601.

[86] STARON M. Automotive software architectures[M]. Cham: Springer, 2021.

[87] YAN M, LI J, HARPAK G. Security research report on Mercedes-Benz cars[R]. London: Black Hat, 2020.

[88] NASH L, BOEHMER G, WIREMAN M, et al. Securing the future of mobility: addressing cyber risk in self-driving cars and beyond[R]. New York: Deloitte University Press, 2017.

[89] MILLER C, VALASEK C. Remote exploitation of an unaltered passenger vehicle[R]. London: Black Hat, 2015.

[90] PIMENTEL J. The safety of controllers, sensors, and actuators[M]. Warrendale: SAE International, 2019.

[91] GHOSH S. Automotive cybersecurity: from perceived threat to stark reality[M]. Warrendale: SAE International, 2016.

[92] ENISA. Good Practices for security of smart cars[R/OL]. (2019 – 11 – 25)[2024 – 06 – 01]. https://www.enisa.europa.eu/publications/smart-cars.

[93] U. S. Department of Transportation. Security credential management system (SCMS)[R/OL]. [2024 – 06 – 01]. https://www.its.dot.gov/resources/scms.html.

[94] ALATWI H A, MORISSET C. Threat modeling for machine learning-based network intrusion detection systems[C]//2022 IEEE International Conference on Big Data (Big Data). New York: IEEE, 2022: 4226 – 4235. DOI: 10.1109/BigData55660.2022.10020368.

[95] MAHMOOD S, NGUYEN H N, SHAIKH S A. Systematic threat assessment and security testing of automotive over-the-air (OTA) updates[J]. Vehicular Communications, 2022, 35: 100468. DOI: 10.1016/j.vehcom.2022.100468.

[96] SCHÄUFFELE J, ZURAWKA T. Automotive software engineering[M]. Berlin: Springer, 2010.

[97] WOOD M, ROBBEL P, MAASS M, et al. Safety first for automated driving[R]. Dublin: Aptiv, 2019.

[98] MISRA. MISRA C: 2012 guidelines for the use of the C language in critical systems[R]. Nuneaton: MIRA, 2013.

[99] ISO. Road vehicles—functional safety: ISO 26262 – 1: 2018[S/OL]. Geneva: ISO, 2018 [2024 – 06 – 03]. https://www.iso.org/standard/68383.html.

[100] PIMENTEL J. The role of ISO 26262[M]. Warrendale: SAE International, 2019.

[101] LEE E, SEO Y D, OH S R, et al. A survey on standards for interoperability and security in the Internet of Things[J]. IEEE Communications Surveys & Tutorials, 2021, 23(2): 1020 – 1047. DOI: 10.1109/COMST.2021.3067354.

[102] SUN X, YU F R, ZHANG P. A survey on cyber-security of connected and autonomous vehicles (CAVs)[J]. IEEE Transactions on Intelligent Transportation Systems, 2021, 23(7): 6240 – 6259. DOI: 10.1109/TITS.2021.3085297.

[103] ZURAWKA T, SCHAEUFFELE J, CAREY R. Automotive software engineering[M]. Warrendale: SAE International, 2016.

[104] SOMMERHALDER M. Hardware security module[M/OL]//MULDER V, MERMOUD A, LENDERS V, et al. Trends in data protection and encryption technologies. Cham: Springer, 2023: 83 – 87[2024 – 06 – 01]. https://library.oapen.org/handle/20.500.12657/75398. DOI: 10.1007/978 – 3 – 031 – 33386 – 6.

[105] HASSANIEN A E, ELHOSENY M. Cybersecurity and secure information systems[M]. Cham: Springer, 2019.

[106] HOTELLIER E, SICARD F, FRANCQ J, et al. Standard specification-based intrusion detection for hierarchical industrial control systems[J]. Information Sciences, 2024, 659: 120102. DOI: 10.1016/j.ins.2024.120102.

[107] GORZAŁCZANY M B, RUDZIŃSKI F. Intrusion detection in Internet of Things with MQTT protocol—an accurate and interpretable genetic-fuzzy rule-based solution[J]. IEEE Internet of Things Journal, 2022, 9(24): 24843 – 24855. DOI: 10.1109/JIOT.2022.3194837.

[108] KOSTAS K, JUST M, LONES M A. IoTDevID: a behavior-based device identification method for the IoT[J]. IEEE Internet of Things Journal, 2022, 9(23): 23741-23749. DOI: 10.1109/JIOT.2022.3191951.

[109] SHALEV-SHWARTZ S, SHAMMAH S, SHASHUA A. On a formal model of safe and scalable self-driving cars[J]. arXiv preprint, 2017. DOI:10.48550/arXiv.1708.06374.

[110] 国家车辆事故深度调查体系(National Automobile Accident In-Depth Investigation System)[EB/OL]. [2024-06-01]. http://www.samrdprc.org.cn/NAIS/.

[111] AL-ODAT Z A, ALI M, ABBAS A, et al. Secure hash algorithms and the corresponding FPGA optimization techniques[J]. ACM Computing Surveys (CSUR), 2020, 53(5): 1-36. DOI: 10.1145/3311724.

[112] YADAV R S, LIKHAR P. Firewall: a vital constituent of network security[M]// GOUNTIA D, DALEI D K, MISHRA S. Information technology security: modern trends and challenges. Singapore: Springer, 2024: 47-67.

[113] GAO F, LIU J, LIU Y, et al. Multi-attack intrusion detection for in-vehicle CAN FD messages[J]. Sensors, 2024, 24(11): 3461. DOI:10.3390/s24113461.

[114] BRECHT B, THERRIAULT D, WEIMERSKIRCH A, et al. A security credential management system for V2X communications[J]. IEEE Transactions on Intelligent Transportation Systems, 2018, 19(12): 3850-3871. DOI: 10.1109/TITS.2018.2797529.

[115] WINNER H, PROKOP G, MAURER M. Automotive systems engineering II[M]. Cham: Springer, 2018.

[116] ISO. Road vehicles — safety of the intended functionality: ISO 21448:2022[S/OL]. Geneva: ISO, 2022[2024-5-16]. https://www.iso.org/standard/77490.html.

[117] EKERT D, DOBAJ J, SALAMUN A. Cybersecurity verification and validation testing in automotive[J]. Journal of Universal Computer Science, 2021, 27(8), 850-867. DOI: 10.3897/jucs.71833.

[118] DAJSUREN Y, VAN DEN BRAND M. Automotive systems and software engineering[M]. Cham: Springer, 2019.

[119] 全国汽车标准化技术委员会. 汽车信息安全通用技术要求: GB/T 40861—2021[S]. 北京: 中国标准出版社, 2021.

[120] Vehicle E E System Diagnostic Standards Committee. E/E diagnostic test modes: SAE J1979/ISO 15031-5[S/OL]. New York: SAE International, 2017[2024-05-15]. https://www.sae.org/standards/content/j1979_201702/.

[121] 全国汽车标准化技术委员会. 车载信息交互系统信息安全技术要求及试验方法: GB/T 40856—2021[S]. 北京: 中国标准出版社, 2021.

[122] 全国信息安全标准化技术委员会. 信息安全技术 个人信息安全规范: GB/T 35273—2020[S]. 北京: 中国标准出版社, 2020.

[123] 中国通信标准化协会. 车联网信息服务 数据安全技术要求: YD/T 3751—2020[S]. 北京: 人民邮电出版社, 2020.

[124] 中国通信标准化协会. 车联网信息服务 用户个人信息保护要求: YD/T 3746—2020[S]. 北京: 人民邮电出版社, 2020.

[125] 中国汽车工程学会,车载信息服务产业应用联盟. 智能网联汽车数据共享安全要求: T/CSAE 211—2021[S]. 北京:中国汽车工程学会, 2021.